中国林业统计年鉴 2015

CHINA FORESTRY STATISTICAL YEARBOOK

国家林业局 ◎ 编

中国林业出版社
CHINA FORESTRY PUBLISHING HOUSE

图书在版编目(CIP)数据

中国林业统计年鉴.2015/国家林业局编.—北京:中国林业出版社,2016.9
ISBN 978-7-5038-8715-4

Ⅰ.①中… Ⅱ.①国… Ⅲ.①林业经济—统计资料—中国—2015—年鉴
Ⅳ.①F326.2-66

中国版本图书馆 CIP 数据核字(2016)第 222321 号

中国林业统计年鉴(2015)

作者:国家林业局
地址:北京市东城区和平里东街 18 号
电话:010-83143580
E-mail:luckyhr@163.com
出版:中国林业出版社(100009 北京市西城区德内大街刘海胡同 7 号)
发行:新华书店北京发行所
印刷:北京中科印刷有限公司
版次:2016 年 9 月第 1 版
印次:2016 年 9 月第 1 次
开本:880mm×1230mm 1/16
印张:30.75
字数:1100 千字
定价:258 元

中国林业统计年鉴2015

CHINA

FORESTRY STATISTICAL YEARBOOK **2015**

说明

一、为了适应改革开放的需要，便于国内外各界了解中国林业建设与发展情况，我们编辑的《中国林业统计年鉴》从1987年开始公开出版，每年出版一册，供广大读者作为资料性的工具书使用。

二、本书系根据各省、自治区、直辖市林业管理部门和国家林业局直属单位上报的2015年林业统计年报和其他有关资料编辑而成。全书分为：森林和湿地资源、生态建设、产业发展、从业人员和劳动报酬、林业投资、林业教育6个部分及国有林区135个木材采运企业和20个重点营林局主要统计指标、林业工作站和乡村林场基本情况、森林主要灾害情况、全国分县造林情况、全国历年主要统计指标完成情况、2006～2015年主要林产品进出口情况、野生动植物进出口情况和世界主要国家林业情况8个附录。

三、本书数据除特别标注外不包括香港特别行政区、澳门特别行政区以及台湾省。

四、“—”表示数据不足本表最小单位数、不详或无该项数据。

五、为了不断提高图书质量，竭诚欢迎广大读者提出改进意见。

编者

2016年6月

Preface

To meet requirements of reform and opening-up, *China Forestry Statistical Yearbook* has been annually published since 1987. The yearbook, as a reference tool, is used to help people from all walks of life at home and abroad to understand forestry construction and development in China.

China Forestry Statistical Yearbook 2015 is edited on the basis of some relevant information and the statistics submitted by the competent forestry departments of provinces, autonomous regions, municipalities directly under the Central Government and some institutions affiliated to the State Forestry Administration. The yearbook is composed of six components including forest and wetland resources, ecological improvement, development of forestry industry, employment, forestry investment and education. It also contains 8 appendices of major statistical data of 135 forest industry enterprises and 20 key silviculture bureaus in state-owned forest areas, forestry working stations and rural forest farms, major forest disasters, afforestation in counties, main forestry statistical indicators over years, import and export of primary forest products (2006 ~ 2015), import and export of wild fauna and flora and forestry in major countries of the world.

The yearbook (in case there are no specific notes) does not include the data of Hong Kong Special Administrative Region, Macao Special Administrative Region and Taiwan Province.

"—" indicates that the figure is not large enough to be measured with the smallest unit in the table or the data are not available.

In order to improve the quality of the yearbook, the suggestions and comments are warmly welcomed.

Editor

June, 2016

目录

CONTENTS

一、森林和湿地资源

Forest and Wetland Resources

二、生态建设

Ecological Development

三、产业发展

Forest Industrial Development

四、从业人员和劳动报酬

Employment and Wages

五、林业投资

Investment in Forestry

六、林业教育

Forestry Education

附录一：国有林区 135 个木材采运企业和 20 个重点营林局主要统计指标

Annex I　Main Statistical Indicators for 135 Timber Harvesting Enterprises and 20 Key Silviculture Bureaus in the State – Owned Forest Areas

附录二：林业工作站和乡村林场基本情况

Annex II Forestry Working Stations and Rural Forest Farms

附录三：森林主要灾害情况

Annex III　Major Forest Disasters

附录四：全国分县造林情况

Annex IV　National Afforestation by County

附录五：全国历年主要统计指标完成情况

Annex V　Main Statistical Indicators in Calendar Years

附录六：2006～2015年主要林产品进出口情况

Annex VI Import and Export of Major Forest Products Between 2006 and 2015

附录七：野生动植物进出口情况

Annex VII Import and Export of Wild Fauna and Flora

附录八：世界主要国家林业情况

Annex VIII Forestry in Major Countries in the World

1

森林和湿地资源

FOREST AND WETLAND RESOURCES

全国森林资源情况

单位:万公顷、万立方米

地区	森林覆盖率		林地面积	活立木总蓄积	森林面积①	森林蓄积	人工林		天然林		乔木林单位面积蓄积量(立方米/公顷)
	森林覆盖率(%)①	排序					面积	蓄积	面积	蓄积	
全国合计	**21.63**	**—**	**31259.00**	**1643280.62**	**20768.73**	**1513729.72**	**6933.38**	**248324.85**	**12184.12**	**1229583.97**	**89.79**
北　京	35.84	16	101.35	1828.04	58.81	1425.33	37.15	785.65	21.58	639.68	33.22
天　津	9.87	29	15.62	453.98	11.16	374.03	10.56	354.89	0.60	19.14	49.74
河　北	23.41	19	718.08	13082.23	439.33	10774.95	220.90	5683.81	173.93	5091.14	34.65
山　西	18.03	22	765.55	11039.38	282.41	9739.12	131.81	2665.79	129.54	7073.33	46.28
内蒙古	21.03	21	4398.89	148415.92	2487.90	134530.48	331.65	9798.18	1401.20	124732.30	78.53
辽　宁	38.24	14	699.89	25972.07	557.31	25046.29	307.08	9487.54	210.13	15558.75	64.28
吉　林	40.38	11	856.19	96534.93	763.87	92257.37	160.56	10397.42	602.47	81859.95	122.45
黑龙江	43.16	9	2207.40	177720.97	1962.13	164487.01	246.53	16423.73	1715.60	148063.28	84.37
上　海	10.74	28	7.73	380.25	6.81	186.35	6.81	186.35	0.00	0.00	42.74
江　苏	15.80	24	178.70	8461.42	162.10	6470.00	156.82	6320.85	5.28	149.15	51.69
浙　江	59.07	3	660.74	24224.93	601.36	21679.75	258.53	6831.76	342.83	14847.99	52.87
安　徽	27.53	18	443.18	21710.12	380.42	18074.85	225.07	9374.77	155.23	8700.08	61.97
福　建	65.95	1	926.82	66674.62	801.27	60796.15	377.69	24853.23	423.58	35942.92	100.20
江　西	60.01	2	1069.66	47032.40	1001.81	40840.62	338.60	11121.88	663.21	29718.74	51.70
山　东	16.73	23	331.26	12360.74	254.60	8919.79	244.52	8709.27	10.08	210.52	55.25
河　南	21.50	20	504.98	22880.68	359.07	17094.56	227.12	10465.76	131.95	6628.80	55.98
湖　北	38.40	13	849.85	31324.69	713.86	28652.97	194.85	6007.07	454.05	22645.90	50.06
湖　南	47.77	8	1252.78	37311.50	1011.94	33099.27	474.61	14094.46	476.17	19004.81	45.26
广　东	51.26	6	1076.44	37774.59	906.13	35682.71	557.89	15467.69	325.72	20215.02	49.92
广　西	56.51	4	1527.17	55816.60	1342.70	50936.80	634.52	22272.16	481.86	28664.64	56.34
海　南	55.38	5	214.49	9774.49	187.77	8903.83	136.20	2313.16	51.57	6590.67	91.69
重　庆	38.43	12	406.28	17437.31	316.44	14651.76	92.55	3591.72	153.80	11060.04	69.47
四　川	35.22	17	2328.26	177576.04	1703.74	168000.04	449.26	15964.49	891.42	152035.55	141.92
贵　州	37.09	15	861.22	34384.40	653.35	30076.43	237.30	11557.35	299.07	18519.08	62.83
云　南	50.03	7	2501.04	187514.27	1914.19	169309.19	414.11	11020.33	1335.98	158288.86	110.88
西　藏	11.98	25	1783.64	228812.16	1471.56	226207.05	4.88	156.75	844.25	226050.30	266.59
陕　西	41.42	10	1228.47	42416.05	853.24	39592.52	236.97	2812.14	532.16	36780.38	61.93
甘　肃	11.28	27	1042.65	24054.88	507.45	21453.97	102.97	2831.83	168.94	18622.14	86.79
青　海	5.63	30	808.04	4884.43	406.39	4331.21	7.44	430.72	34.05	3900.49	114.43
宁　夏	11.89	26	180.10	872.56	61.80	660.33	14.43	317.44	5.72	342.89	41.66
新　疆	4.24	31	1099.71	38679.57	698.25	33654.09	94.00	6026.66	142.15	27627.43	187.81
香　港②	22.55	—	2.49	—	2.49	—	—	—	—	—	—
澳　门③	30.00	—	0.09	—	0.09	—	—	—	—	—	—
台　湾④	58.79	—	210.24	35874.40	210.24	35820.90	—	—	—	—	—

①全国森林覆盖率和森林面积中含国家特别规定的灌木林新增面积,各省(区、市)森林覆盖率和森林面积含国家特别规定的灌木林面积。

②香港特别行政区数据来源于《中国统计年鉴(2012)》。

③澳门特别行政区数据来源于《澳门统计年鉴(2011)》。

④台湾省数据来源于《第三次台湾森林资源及土地利用调查(1993 年)》。

全国湿地资源情况

单位:万公顷

地区	湿地总面积	按类型分				
		近海与海岸湿地	河流湿地	湖泊湿地	沼泽湿地	人工湿地
全国合计	**5360.26**	**579.59**	**1055.21**	**859.38**	**2173.29**	**674.59**
北　京	4.81	—	2.27	0.02	0.13	2.39
天　津	29.56	10.43	3.23	0.36	1.09	14.45
河　北	94.19	23.19	21.25	2.66	22.36	24.73
山　西	15.19	—	9.69	0.31	0.81	4.38
内蒙古	601.06	—	46.37	56.62	484.89	13.18
辽　宁	139.48	71.32	25.15	0.29	11.01	31.71
吉　林	99.76	—	22.35	11.20	52.74	13.47
黑龙江	514.33	—	73.35	35.60	386.43	18.95
上　海	46.46	38.66	0.73	0.58	0.93	5.56
江　苏	282.28	108.75	29.66	53.67	2.80	87.40
浙　江	111.01	69.25	14.12	0.89	0.07	26.68
安　徽	104.18	—	30.96	36.11	4.29	32.82
福　建	87.10	57.56	13.51	0.03	0.02	15.98
江　西	91.01	—	31.08	37.41	2.58	19.94
山　东	173.75	72.85	25.78	6.26	5.41	63.45
河　南	62.79	—	36.89	0.69	0.49	24.72
湖　北	144.50	—	45.04	27.69	3.69	68.08
湖　南	101.97	—	39.84	38.58	2.93	20.62
广　东	175.34	81.51	33.79	0.15	0.36	59.53
广　西	75.43	25.90	26.89	0.63	0.24	21.77
海　南	32.00	20.17	3.97	0.06	—	7.80
重　庆	20.72	—	8.73	0.03	0.01	11.95
四　川	174.78	—	45.23	3.74	117.59	8.22
贵　州	20.97	—	13.81	0.25	1.10	5.81
云　南	56.35	—	24.18	11.85	3.22	17.10
西　藏	652.90	—	143.45	303.52	205.43	0.50
陕　西	30.85	—	25.76	0.76	1.10	3.23
甘　肃	169.39	—	38.17	1.59	124.48	5.15
青　海	814.36	—	88.53	147.03	564.54	14.26
宁　夏	20.72	—	9.79	3.35	3.81	3.77
新　疆	394.82	—	121.64	77.45	168.74	26.99
香　港	4.47	—	—	—	—	—
澳　门	2.55	—	—	—	—	—
台　湾	11.18	—	—	—	—	—

注:湿地总面积按类型分不包括香港、澳门和台湾。

2

生态建设

ECOLOGICAL DEVELOPMENT

全国营造林生产主要指标

指 标 名 称	单位	2015 年
一、人工造林面积	**公顷**	**4361827**
其中:新造混交林面积	公顷	1145826
其中:新造灌木林面积	公顷	327282
其中:新造竹林面积	公顷	37204
二、飞播造林面积	**公顷**	**128390**
1. 荒山飞播面积	公顷	127724
2. 飞播营林面积	公顷	666
三、当年新封山(沙)育林面积	**公顷**	**2152877**
1. 无林地和疏林地新封山育林面积	公顷	1544074
2. 有林地和灌木林地新封山育林面积	公顷	608803
四、退化林修复面积	**公顷**	**739281**
其中:纯林改造混交林面积	公顷	29491
1. 低效林改造面积	公顷	684752
2. 退化防护林改造面积	公顷	54529
五、森林抚育面积	**公顷**	**7812621**
六、人工更新面积	**公顷**	**299577**
其中:新造混交林面积	公顷	54541
其中:人工促进天然更新面积	公顷	56825
七、年末实有封山(沙)育林面积	**公顷**	**27509897**
八、四旁(零星)植树	**万株**	**212374**
九、林木种苗		
1. 林木种子采集量	吨	26441
2. 当年苗木产量	万株	6713418
3. 育苗面积	公顷	1366950
其中:国有育苗面积	公顷	81314

注:森林抚育面积特指中、幼龄林抚育。

2015年与2014年比较

2014 年	2015 年比 2014 年增减 (%)
4052912	**7.62**
—	—
311569	5.04
46903	-20.68
109654	**17.09**
108055	18.20
1599	-58.35
1853832	**16.13**
1388645	11.19
465187	30.87
—	**—**
—	—
—	—
—	—
9019639	**-13.38**
292453	**2.44**
—	—
—	—
24719474	**11.29**
205721	**3.23**
31422	-15.85
6777066	-0.94
1412326	-3.21
—	—

各地区营造林

地 区	人工造林面积				飞播造林面积		
	合 计	其中:新造混交林面积	其中:新造灌木林面积	其中:新造竹林面积	合 计	荒山飞播面积	飞播营林面积
全国合计	**4361827**	**1145826**	**327282**	**37204**	**128390**	**127724**	**666**
北 京	8133	6074	—	—	—	—	—
天 津	8032	753	—	—	—	—	—
河 北	284083	60370	526	—	—	—	—
山 西	220945	100318	17843	—	—	—	—
内蒙古	360896	86764	127545	—	79389	79389	—
内蒙古集团	5288	383	1384	—	—	—	—
辽 宁	102615	15018	5997	—	—	—	—
吉 林	112003	12442	2152	—	—	—	—
吉林集团	8333	78	86	—	—	—	—
长白山集团	5397	—	—	—	—	—	—
黑龙江	41093	4916	680	—	—	—	—
龙江集团	2672	349	—	—	—	—	—
上 海	3241	2142	98	—	—	—	—
江 苏	42576	13069	8693	—	—	—	—
浙 江	20985	8606	398	144	—	—	—
安 徽	146000	28901	1529	2678	—	—	—
福 建	33919	9168	856	323	—	—	—
江 西	141678	35623	13134	48	—	—	—
山 东	206552	35772	1328	—	—	—	—
河 南	154749	64470	—	—	13332	13332	—
湖 北	186022	46032	—	4135	—	—	—
湖 南	215728	104085	31389	917	—	—	—
广 东	118463	94057	3333	28	—	—	—
广 西	100764	4374	2491	276	—	—	—
海 南	10241	392	524	135	—	—	—
重 庆	150853	44064	1549	3895	—	—	—
四 川	264567	26082	3833	10411	—	—	—
贵 州	329509	83370	—	—	—	—	—
云 南	350510	20294	12986	14206	—	—	—
西 藏	29436	10000	—	—	—	—	—
陕 西	222564	81001	4863	—	34670	34670	—
甘 肃	254308	86496	14670	8	—	—	—
青 海	53042	24000	29659	—	—	—	—
宁 夏	37895	16826	17145	—	—	—	—
新 疆	149553	20347	24061	—	999	333	666
新疆兵团	25976	3737	4361	—	—	—	—
大兴安岭	872	—	—	—	—	—	—

生产情况(一)

单位:公顷

当年新封山(沙)育林面积			退化林修复面积			
合计	无林地和疏林地新封山育林面积	有林地和灌木林地新封山育林面积	合计	其中:纯林改造混交林面积	低效林改造面积	退化防护林改造面积
2152877	**1544074**	**608803**	**739281**	**29491**	**684752**	**54529**
7798	247	7551	4338	279	4312	26
—	—	—	—	—	—	—
58840	58507	333	18338	3667	1169	17169
59999	59999	—	5000	—	5000	—
227733	227372	361	26774	—	25161	1613
—	—	—	23771	—	23771	—
100257	80349	19908	840	—	840	—
4667	4667	—	59633	3	56293	3340
—	—	—	24922	—	24922	—
—	—	—	27904	—	27904	—
67038	48569	18469	24775	386	24775	—
—	—	—	23676	—	23676	—
—	—	—	—	—	—	—
400	—	400	299	42	249	50
31739	11038	20701	6931	1330	6685	246
80002	3704	76298	7954	805	6455	1499
139412	53361	86051	26308	5480	15217	11091
59368	54836	4532	27129	5677	26718	411
1333	—	1333	10417	111	10417	—
31931	31931	—	16808	—	16808	—
98177	60889	37288	—	—	—	—
188577	160279	28298	134710	2881	131856	2854
124885	4541	120344	76846	4640	71032	5814
47959	24727	23232	7185	1456	6537	648
—	—	—	1440	—	1440	—
88921	70843	18078	6921	1333	6721	200
59496	53625	5871	82328	67	81529	799
153737	152993	744	—	—	—	—
151574	36588	114986	74864	1334	74265	599
53350	53350	—	—	—	—	—
69799	52171	17628	52053	—	52053	—
62283	59552	2731	2773	—	107	2666
59626	59626	—	—	—	—	—
36743	36743	—	6675	—	1208	5467
87233	83567	3666	39122	—	39085	37
20778	20778	—	1544	—	1507	37
—	—	—	18820	—	18820	—

各地区营造林

地区	森林抚育面积	人工更新面积			年末实有封山(沙)育林面积
		合计	其中:新造混交林面积	其中:人工促进天然更新面积	
全国合计	**7812621**	**299577**	**54541**	**56825**	**27509897**
北京	69438	62	—	59	81532
天津	64550	—	—	—	26014
河北	444487	5262	900	932	892071
山西	65123	—	—	—	719739
内蒙古	537907	9262	1912	293	3975418
内蒙古集团	350120	133	—	—	—
辽宁	99964	11565	—	454	1780649
吉林	223594	23548	6199	7010	622893
吉林集团	50049	10570	3001	5199	215647
长白山集团	81471	2165	524	99	150127
黑龙江	608684	2066	—	—	888661
龙江集团	498676	—	—	—	296200
上海	19251	—	—	—	—
江苏	152147	1941	508	380	7732
浙江	235730	11940	3118	3057	1209297
安徽	560665	2985	285	593	1116884
福建	335947	54185	15176	11487	530433
江西	379158	5519	782	689	1064019
山东	358253	2905	299	—	101604
河南	217066	—	—	—	425819
湖北	116048	3918	115	920	1179811
湖南	362815	20814	7985	1420	1330472
广东	577505	81137	14349	9132	802719
广西	498000	41667	2003	20063	1802327
海南	21454	9961	188	—	216732
重庆	133384	—	—	—	331262
四川	160913	2551	127	—	447077
贵州	307333	—	—	—	528966
云南	180686	5581	197	—	1202139
西藏	24533	—	—	—	1328084
陕西	152946	—	—	—	935055
甘肃	169493	—	—	—	952073
青海	24200	—	—	—	1152882
宁夏	146816	—	—	—	377489
新疆	333931	2708	398	336	1480044
新疆兵团	223068	597	295	—	186268
大兴安岭	230600	—	—	—	—

生产情况(二)

单位:公顷

四旁(零星)植树(万株)	林木种苗			
	林木种子采集量(吨)	当年苗木产量(万株)	育苗面积	
			合计	其中:国有育苗面积
212374	**26441**	**6713418**	**1366950**	**81314**
100	4	11603	14626	1473
464	—	22534	9716	569
10786	4136	458136	76795	3527
10023	504	451180	73009	5737
2327	1311	416437	49120	5887
46	—	9385	127	127
5149	942	208644	35479	2007
1859	138	260835	10025	1910
5	52	12921	121	121
5	36	7142	114	97
559	527	163633	10063	5612
117	98	39299	498	498
28	—	11899	12903	773
7180	630	295062	148316	2358
2254	44	468647	138973	1417
14965	170	77511	97409	3170
3821	15	43494	2551	451
4796	48	158218	115714	3783
17089	5835	770787	194170	3570
18921	802	315101	62120	1917
14449	282	198319	50229	1718
20667	17	59375	1102	331
8066	76	53421	15177	465
7099	192	124957	9828	673
336	26	23499	1137	157
11306	144	88059	24509	424
18524	1396	90481	40460	795
1913	531	129555	4072	964
9614	3427	87863	2707	338
—	1	3144	626	293
9325	1750	432092	32757	2379
5537	721	675526	48258	16278
1355	163	142865	8000	712
781	577	211129	35626	1501
3077	2031	251443	41421	10083
779	25	16932	6717	6106
—	1	7969	52	42

指　标	总计	天然林资源保护工程	退耕还林工程	京津风沙源治理工程
一、造林面积	**2840512**	**644794**	**636023**	**223251**
1. 人工造林	1584332	154397	635690	110633
2. 飞播造林	107391	71470	—	24167
3. 新封山育林	1025703	306160	333	84486
4. 退化林修复	123086	112767	—	3965
二、森林抚育面积	**1759986**	**1537274**	**—**	**19727**
三、年末实有封山育林面积	**14211762**	**5061480**	**1673597**	**2658683**
四、全部林业投资完成额	**7056599**	**2983638**	**2752809**	**111595**
其中:中央投资	5630609	2656286	2408772	81814
地方投资	669310	182040	111961	25454

工程建设情况

单位:公顷、万元

三北及长江流域等重点防护林体系工程							野生动物植物保护及自然保护区建设工程
合计	三北防护林工程	长江流域防护林体系工程	沿海防护林体系工程	珠江流域防护林体系工程	太行山绿化工程	平原绿化工程	
1336444	**766014**	**237247**	**188489**	**96628**	**48066**	**—**	**—**
683612	416749	99933	106916	33078	26936	—	—
11754	11754	—	—	—	—	—	—
634724	337256	136780	80720	58905	21063	—	—
6354	255	534	853	4645	67	—	—
202985	**55949**	**68462**	**71390**	**7184**	**—**	**—**	**—**
4818002	**3100433**	**704033**	**569348**	**273321**	**170867**	**—**	**—**
954103	**551846**	**103717**	**247150**	**31420**	**19970**	**—**	**254454**
360104	207247	63087	54690	19673	15407	—	123633
277236	163036	22140	83478	4240	4342	—	72619

各地区林业重点生态工程造林面积

单位:公顷

地区	全部造林面积	林业重点生态工程造林面积					其他造林面积
		合计	天然林资源保护工程	退耕还林工程	京津风沙源治理工程	三北及长江流域等重点防护林体系工程	
全国合计	**7681952**	**2840512**	**644794**	**636023**	**223251**	**1336444**	**4841440**
北京	20331	12633	—	—	9764	2869	7698
天津	8032	8032	—	—	2827	5205	—
河北	366523	130066	—	16394	41466	72206	236457
山西	285944	182346	38667	57968	33346	52365	103598
内蒙古	704054	426278	131949	18949	124484	150896	277776
内蒙古集团	29192	29059	29059	—	—	—	133
辽宁	215277	114219	—	3332	—	110887	101058
吉林	199851	74006	47604	—	—	26402	125845
吉林集团	43825	21994	21994	—	—	—	21831
长白山集团	35466	23581	23581	—	—	—	11885
黑龙江	134972	92780	26348	—	—	66432	42192
龙江集团	26348	26348	26348	—	—	—	—
上海	3241	—	—	—	—	—	3241
江苏	45216	15239	—	—	—	15239	29977
浙江	71595	11051	—	—	—	11051	60544
安徽	236941	40961	—	10370	—	30591	195980
福建	253824	56638	—	—	—	56638	197186
江西	233694	75339	—	—	—	75339	158355
山东	221207	43398	—	—	—	43398	177809
河南	216820	53686	8600	—	—	45086	163134
湖北	288117	88328	33331	25332	—	29665	199789
湖南	559829	38823	—	8443	—	30380	521006
广东	401331	97653	—	—	—	97653	303678
广西	197575	41352	—	11317	—	30035	156223
海南	21642	8108	1440	237	—	6431	13534
重庆	246695	99155	31553	67602	—	—	147540
四川	408942	123683	51319	72364	—	—	285259
贵州	483246	63687	12600	48887	—	2200	419559
云南	582529	241638	88717	149355	—	3566	340891
西藏	82786	19432	2192	—	—	17240	63354
陕西	379086	216904	95668	58686	11364	51186	162182
甘肃	319364	105113	18181	43470	—	43462	214251
青海	112668	75852	20572	—	—	55280	36816
宁夏	81313	51807	15362	—	—	36445	29506
新疆	279615	212613	999	43317	—	168297	67002
新疆兵团	48895	39174	—	10001	—	29173	9721
大兴安岭	19692	19692	19692	—	—	—	—

注:2015 年全部造林面积包括人工造林、飞播造林、新封山育林、退化林修复和人工更新面积。

天然林资源保护工程建设情况

指　标	单位	合计	东北、内蒙古等重点国有林区	长江上游、黄河上中游地区
一、工程区木材产量	**立方米**	**6086185**	**1899388**	**4186797**
其中：人工林木材产量	立方米	3873553	127086	3746467
二、营造林情况				
1. 人工造林	公顷	154397	20718	133679
其中：灌木林面积	公顷	29549	1384	28165
2. 飞播造林	公顷	71470	999	70471
3. 当年新封山(沙)育林	公顷	306160	—	306160
①无林地和疏林地新封山育林面积	公顷	218238	—	218238
②有林地和灌木林地新封山育林面积	公顷	87922	—	87922
4. 退化林修复面积	公顷	112767	107096	5671
5. 森林抚育面积	公顷	1537274	1225186	312088
三、年末实有封山(沙)育林面积	**公顷**	**5061480**	**821609**	**4239871**
四、年末实有森林管护面积	**公顷**	**114267121**	**37663724**	**76603397**
1. 国有林	公顷	70741271	37663724	33077547
2. 集体和个人所有的国家级公益林	公顷	20792139	—	20792139
3. 集体和个人所有的地方公益林	公顷	22733711	—	22733711
五、工程区项目实施单位人员情况				
1. 年末人数	人	778947	635865	143082
其中：混岗职工人数	人	87213	86043	1170
(1)在岗职工	人	544506	404361	140145
(2)其他从业人员	人	1887	512	1375
(3)离开本单位保留劳动关系人员	人	232554	230992	1562
2. 在岗职工年平均人数	人	514834	380908	133926
3. 在岗职工年工资总额	万元	1814344	1276883	537461
4. 年末实有离退休人员	人	668563	534580	133983
5. 当年离退休人员生活费	万元	1812220	1427062	385158
6. 年末参加基本养老保险人数	人	703621	541157	162464
其中：在岗职工	人	498984	378053	120931
7. 年末参加基本医疗保险人数	人	813270	595173	218097
其中：在岗职工	人	478827	354342	124485
六、全部林业投资完成额	**万元**	**2983638**	**1625850**	**1357788**
其中：中央投资	万元	2656286	1596344	1059942
地方投资	万元	182040	17924	164116
1. 营造林	万元	301973	159945	142028
2. 森林管护	万元	743372	328304	415068
3. 生态效益补偿	万元	629247	61286	567961
4. 社会保险(养老、医疗、失业、工伤、生育)	万元	543896	408244	135652
5. 政社性支出	万元	383350	356311	27039
6. 其他	万元	381800	311760	70040

各地区天然林资源

地　　区	工程区木材产量（立方米）		营造林情况（公顷）							
			人工造林			当年新封山（沙）育林				
	合　计	其中：人工林木材产量	合　计	其中：灌木林面积	飞播造林	合计	无林地和疏林地新封山育林面积	有林地和灌木林地新封山育林面积	退化林修复面积	森林抚育面积
全国合计	**6086185**	**3873553**	**154397**	**29549**	**71470**	**306160**	**218238**	**87922**	**112767**	**1537274**
北　京	—	—	—	—	—	—	—	—	—	—
天　津	—	—	—	—	—	—	—	—	—	—
河　北	—	—	—	—	—	—	—	—	—	—
山　西	58280	18469	12000	22	—	26667	26667	—	—	—
内蒙古	904446	180235	40041	23251	35801	32336	32336	—	23771	425921
内蒙古集团	779733	75684	5288	1384	—	—	—	—	23771	350120
辽　宁	—	—	—	—	—	—	—	—	—	—
吉　林	1048831	16751	8215	—	—	—	—	—	39389	114923
吉林集团	419635	11456	2833	—	—	—	—	—	19161	49385
长白山集团	581648	5020	4615	—	—	—	—	—	18966	60028
黑龙江	40135	34651	2672	—	—	—	—	—	23676	498676
龙江集团	40135	34651	2672	—	—	—	—	—	23676	498676
上　海	—	—	—	—	—	—	—	—	—	—
江　苏	—	—	—	—	—	—	—	—	—	—
浙　江	—	—	—	—	—	—	—	—	—	—
安　徽	—	—	—	—	—	—	—	—	—	—
福　建	—	—	—	—	—	—	—	—	—	—
江　西	—	—	—	—	—	—	—	—	—	—
山　东	—	—	—	—	—	—	—	—	—	—
河　南	113308	111893	6667	—	—	1933	1933	—	—	—
湖　北	570000	260000	4665	—	—	28666	22915	5751	—	23732
湖　南	—	—	—	—	—	—	—	—	—	—
广　东	—	—	—	—	—	—	—	—	—	—
广　西	—	—	—	—	—	—	—	—	—	—
海　南	1687	—	—	—	—	—	—	—	1440	3000
重　庆	191338	174407	4888	—	—	26665	8587	18078	—	13335
四　川	1697227	1697227	11322	—	—	39997	39997	—	—	73432
贵　州	1180953	1173286	4000	—	—	8600	8600	—	—	—
云　南	247562	187667	20320	5810	—	62726	17310	45416	5671	80201
西　藏	—	—	259	—	—	1933	1933	—	—	11200
陕　西	16702	16564	20531	383	34670	40467	24521	15946	—	85987
甘　肃	6876	2403	7051	67	—	11130	8399	2731	—	—
青　海	—	—	5999	—	—	14573	14573	—	—	16867
宁　夏	—	—	4895	16	—	10467	10467	—	—	6067
新　疆	8840	—	—	—	999	—	—	—	—	—
新疆兵团	—	—	—	—	—	—	—	—	—	—
大兴安岭	—	—	872	—	—	—	—	—	18820	183933

保护工程建设情况(一)

年末实有封山(沙)育林面积(公顷)	年末实有森林管护面积(公顷)				工程区项目实施单位人员情况				
					年末人数(人)				
	合计	国有林	集体和个人所有的国家级公益林	集体和个人所有的地方公益林	合计	其中:混岗职工人数	在岗职工	其他从业人员	离开本单位保留劳动关系人员
5061480	**114267121**	**70741271**	**20792139**	**22733711**	**778947**	**87213**	**544506**	**1887**	**232554**
—	—	—	—	—	—	—	—	—	—
—	—	—	—	—	—	—	—	—	—
—	—	—	—	—	—	—	—	—	—
254649	5163348	1635808	766446	2761094	10513	—	10378	125	10
911220	20966128	14417525	2182314	4366289	164501	60878	64736	235	99530
—	9685580	9685580	—	—	149703	60607	50269	—	99434
—	—	—	—	—	—	—	—	—	—
368138	3962546	3962546	—	—	99823	2518	67989	—	31834
215647	1344448	1344448	—	—	43874	807	32268	—	11606
150127	2335449	2335449	—	—	52051	1711	32092	—	19959
296200	8046754	8046754	—	—	315878	19160	217900	140	97838
296200	8046754	8046754	—	—	315878	19160	217900	140	97838
—	—	—	—	—	—	—	—	—	—
—	—	—	—	—	—	—	—	—	—
—	—	—	—	—	—	—	—	—	—
—	—	—	—	—	—	—	—	—	—
—	—	—	—	—	—	—	—	—	—
—	—	—	—	—	—	—	—	—	—
—	—	—	—	—	—	—	—	—	—
13331	1689959	195367	563985	930607	3749	—	3739	—	10
329590	3322454	782040	1505747	1034667	9859	138	9825	34	—
—	—	—	—	—	—	—	—	—	—
—	—	—	—	—	—	—	—	—	—
—	—	—	—	—	—	—	—	—	—
36573	459333	459333	—	—	2209	—	1988	168	53
97468	3004023	387998	1110588	1505437	3232	—	3232	—	—
270420	17699620	12168333	4832235	699052	30769	—	29766	53	950
18667	4606461	318667	2443127	1844667	6346	736	5673	362	311
842499	10179032	4330366	3372666	2476000	11441	—	10825	616	—
1933	1276667	1276667	—	—	128	—	14	114	—
580449	11894109	3726766	2843665	5323678	22074	189	21823	—	251
441905	4732518	3314905	968099	449514	24199	—	24199	—	—
350496	3678169	2816971	83867	777331	7755	—	7755	—	—
154555	1148106	463331	119400	565375	6537	—	6510	—	27
93387	4338976	4338976	—	—	3411	—	3360	39	12
—	100000	100000	—	—	155	—	155	—	—
—	8098918	8098918	—	—	56523	3594	54794	1	1728

地区	工程区项目实施单位人员情况							
	在岗职工年平均人数(人)	在岗职工年工资总额(万元)	年末实有离退休人员(人)	当年离退休人员生活费(万元)	年末参加基本养老保险人数(人)		年末参加基本医疗保险人数(人)	
					合计	其中:在岗职工	合计	其中:在岗职工
全国合计	**514834**	**1814344**	**668563**	**1812220**	**703621**	**498984**	**813270**	**478827**
北京	—	—	—	—	—	—	—	—
天津	—	—	—	—	—	—	—	—
河北	—	—	—	—	—	—	—	—
山西	10454	49978	5016	17827	13174	9351	13657	9584
内蒙古	66845	274575	95306	293468	102826	63244	106411	65063
内蒙古集团	52270	210787	86404	264069	89096	50269	89096	50269
辽宁	—	—	—	—	—	—	—	—
吉林	62651	231340	77767	160474	94205	66569	106524	64266
吉林集团	31258	117318	36420	77138	43874	32268	43874	31106
长白山集团	27749	100157	38251	76140	46535	32793	56370	31595
黑龙江	198002	592165	294506	788458	291622	195691	325624	171138
龙江集团	198002	592165	294506	788458	291622	195691	325624	171138
上海	—	—	—	—	—	—	—	—
江苏	—	—	—	—	—	—	—	—
浙江	—	—	—	—	—	—	—	—
安徽	—	—	—	—	—	—	—	—
福建	—	—	—	—	—	—	—	—
江西	—	—	—	—	—	—	—	—
山东	—	—	—	—	—	—	—	—
河南	3739	9016	1622	3414	4754	3132	4754	3066
湖北	9666	39209	3731	13239	9754	9658	9758	9658
湖南	—	—	—	—	—	—	—	—
广东	—	—	—	—	—	—	—	—
广西	—	—	—	—	—	—	—	—
海南	2028	7331	3348	7479	2173	1907	2218	1948
重庆	3187	18981	3369	14109	5012	2951	5970	3231
四川	28398	124154	68449	189251	53191	28886	87634	28886
贵州	5673	29813	6311	21466	5261	5261	8519	5673
云南	10345	25600	15270	32582	10208	10208	16539	10208
西藏	14	64	—	—	14	14	14	14
陕西	20546	89312	9971	30728	19058	16669	23535	16027
甘肃	21355	82513	11588	40638	27007	21339	31618	23051
青海	7755	11780	782	3170	3057	3057	3057	3057
宁夏	6432	28902	4719	9611	6498	5493	6558	6120
新疆	3398	17833	3019	11294	3367	3175	6349	3352
新疆兵团	155	526	136	452	291	155	291	155
大兴安岭	54346	181778	63789	175012	52440	52379	54531	54485

保护工程建设情况(二)

全部林业投资完成额(万元)								
合计	其中		营造林	森林管护	生态效益补偿	社会保险(养老、医疗、失业、工伤、生育)	政社性支出	其他
	中央投资	地方投资						
2983638	**2656286**	**182040**	**301973**	**743372**	**629247**	**543896**	**383350**	**381800**
—	—	—	—	—	—	—	—	—
—	—	—	—	—	—	—	—	—
—	—	—	—	—	—	—	—	—
76767	60795	14538	13067	25981	27534	8959	280	946
420457	366327	7394	118485	137896	55109	93269	4744	10954
243533	243533	—	80783	84584	—	78166	—	—
—	—	—	—	—	—	—	—	—
266511	252369	4185	24330	39424	55215	94107	25368	28067
90771	88201	235	12604	14215	22855	33600	6392	1105
157723	146327	3774	10382	23306	32360	56588	17456	17631
724588	724588	—	—	67585	—	157939	227587	271477
724588	724588	—	—	67585	—	157939	227587	271477
—	—	—	—	—	—	—	—	—
—	—	—	—	—	—	—	—	—
—	—	—	—	—	—	—	—	—
—	—	—	—	—	—	—	—	—
—	—	—	—	—	—	—	—	—
—	—	—	—	—	—	—	—	—
—	—	—	—	—	—	—	—	—
9602	9602	—	2267	4780	—	1785	770	—
62636	57105	5531	5548	11298	36800	5511	1655	1824
—	—	—	—	—	—	—	—	—
—	—	—	—	—	—	—	—	—
—	—	—	—	—	—	—	—	—
17710	7924	8305	480	14110	—	2066	151	903
70520	40666	20273	5692	16725	43105	3671	626	701
317971	292955	25016	23088	101410	132742	53632	1599	5500
93610	77573	16037	2286	32750	51379	4983	1217	995
189919	105935	25406	18693	47721	100163	10925	3772	8645
13747	13747	—	1090	10490	1918	19	20	210
215375	183102	20888	27761	54924	91123	15922	5218	20427
112451	97375	9063	8836	33336	26256	16903	7333	19787
59339	40946	18393	7036	39020	1887	614	3600	7182
20603	17624	2976	3500	10459	—	6519	125	—
44328	40149	4035	667	25209	6016	7473	781	4182
921	921	—	—	750	—	171	—	—
267504	267504	—	39147	70254	—	59599	98504	—

东北、内蒙古等重点国有林区

地　　区	工程区木材产量（立方米）		造林面积(公顷)							
	合　计	其中：人工林木材产量	人工造林		飞播造林	当年新封山(沙)育林			退化林修复面积	森林抚育面积
			合　计	其中：灌木林面积		合计	无林地和疏林地新封山育林面积	有林地和灌木林地新封山育林面积		
全国合计	**1899388**	**127086**	**20718**	**1384**	**999**	**—**	**—**	**—**	**107096**	**1225186**
北　京	—	—	—	—	—	—	—	—	—	—
天　津	—	—	—	—	—	—	—	—	—	—
河　北	—	—	—	—	—	—	—	—	—	—
山　西	—	—	—	—	—	—	—	—	—	—
内蒙古	799895	75684	8959	1384	—	—	—	—	23771	424654
内蒙古集团	779733	75684	5288	1384	—	—	—	—	23771	350120
辽　宁	—	—	—	—	—	—	—	—	—	—
吉　林	1048831	16751	8215	—	—	—	—	—	39389	114923
吉林集团	419635	11456	2833	—	—	—	—	—	19161	49385
长白山集团	581648	5020	4615	—	—	—	—	—	18966	60028
黑龙江	40135	34651	2672	—	—	—	—	—	23676	498676
龙江集团	40135	34651	2672	—	—	—	—	—	23676	498676
上　海	—	—	—	—	—	—	—	—	—	—
江　苏	—	—	—	—	—	—	—	—	—	—
浙　江	—	—	—	—	—	—	—	—	—	—
安　徽	—	—	—	—	—	—	—	—	—	—
福　建	—	—	—	—	—	—	—	—	—	—
江　西	—	—	—	—	—	—	—	—	—	—
山　东	—	—	—	—	—	—	—	—	—	—
河　南	—	—	—	—	—	—	—	—	—	—
湖　北	—	—	—	—	—	—	—	—	—	—
湖　南	—	—	—	—	—	—	—	—	—	—
广　东	—	—	—	—	—	—	—	—	—	—
广　西	—	—	—	—	—	—	—	—	—	—
海　南	1687	—	—	—	—	—	—	—	1440	3000
重　庆	—	—	—	—	—	—	—	—	—	—
四　川	—	—	—	—	—	—	—	—	—	—
贵　州	—	—	—	—	—	—	—	—	—	—
云　南	—	—	—	—	—	—	—	—	—	—
西　藏	—	—	—	—	—	—	—	—	—	—
陕　西	—	—	—	—	—	—	—	—	—	—
甘　肃	—	—	—	—	—	—	—	—	—	—
青　海	—	—	—	—	—	—	—	—	—	—
宁　夏	—	—	—	—	—	—	—	—	—	—
新　疆	8840	—	—	—	999	—	—	—	—	—
新疆兵团	—	—	—	—	—	—	—	—	—	—
大兴安岭	—	—	872	—	—	—	—	—	18820	183933

天然林资源保护工程建设情况(一)

年末实有封山(沙)育林面积(公顷)	年末实有森林管护面积(公顷)				工程区项目实施单位人员情况				
					年末人数(人)				
	合计	国有林	集体和个人所有的国家级公益林	集体和个人所有的地方公益林	合计	其中:混岗职工人数	在岗职工	其他从业人员	离开本单位保留劳动关系人员
821609	**37663724**	**37663724**	**—**	**—**	**635865**	**86043**	**404361**	**512**	**230992**
—	—	—	—	—	—	—	—	—	—
—	—	—	—	—	—	—	—	—	—
—	—	—	—	—	—	—	—	—	—
—	—	—	—	—	—	—	—	—	—
27311	12757197	12757197	—	—	158021	60771	58330	164	99527
—	9685580	9685580	—	—	149703	60607	50269	—	99434
—	—	—	—	—	—	—	—	—	—
368138	3962546	3962546	—	—	99823	2518	67989	—	31834
215647	1344448	1344448	—	—	43874	807	32268	—	11606
150127	2335449	2335449	—	—	52051	1711	32092	—	19959
296200	8046754	8046754	—	—	315878	19160	217900	140	97838
296200	8046754	8046754	—	—	315878	19160	217900	140	97838
—	—	—	—	—	—	—	—	—	—
—	—	—	—	—	—	—	—	—	—
—	—	—	—	—	—	—	—	—	—
—	—	—	—	—	—	—	—	—	—
—	—	—	—	—	—	—	—	—	—
—	—	—	—	—	—	—	—	—	—
—	—	—	—	—	—	—	—	—	—
—	—	—	—	—	—	—	—	—	—
—	—	—	—	—	—	—	—	—	—
—	—	—	—	—	—	—	—	—	—
—	—	—	—	—	—	—	—	—	—
—	—	—	—	—	—	—	—	—	—
36573	459333	459333	—	—	2209	—	1988	168	53
—	—	—	—	—	—	—	—	—	—
—	—	—	—	—	—	—	—	—	—
—	—	—	—	—	—	—	—	—	—
—	—	—	—	—	—	—	—	—	—
—	—	—	—	—	—	—	—	—	—
—	—	—	—	—	—	—	—	—	—
—	—	—	—	—	—	—	—	—	—
—	—	—	—	—	—	—	—	—	—
—	—	—	—	—	—	—	—	—	—
93387	4338976	4338976	—	—	3411	—	3360	39	12
—	100000	100000	—	—	155	—	155	—	—
—	8098918	8098918	—	—	56523	3594	54794	1	1728

地区	工程区项目实施单位人员情况							
	在岗职工年平均人数(人)	在岗职工年工资总额(万元)	年末实有离退休人员(人)	当年离退休人员生活费(万元)	年末参加基本养老保险人数(人)		年末参加基本医疗保险人数(人)	
					合计	其中:在岗职工	合计	其中:在岗职工
全国合计	**380908**	**1276883**	**534580**	**1427062**	**541157**	**378053**	**595173**	**354342**
北　京	—	—	—	—	—	—	—	—
天　津	—	—	—	—	—	—	—	—
河　北	—	—	—	—	—	—	—	—
山　西	—	—	—	—	—	—	—	—
内蒙古	60483	246436	92151	284345	97350	58332	99927	59153
内蒙古集团	52270	210787	86404	264069	89096	50269	89096	50269
辽　宁	—	—	—	—	—	—	—	—
吉　林	62651	231340	77767	160474	94205	66569	106524	64266
吉林集团	31258	117318	36420	77138	43874	32268	43874	31106
长白山集团	27749	100157	38251	76140	46535	32793	56370	31595
黑龙江	198002	592165	294506	788458	291622	195691	325624	171138
龙江集团	198002	592165	294506	788458	291622	195691	325624	171138
上　海	—	—	—	—	—	—	—	—
江　苏	—	—	—	—	—	—	—	—
浙　江	—	—	—	—	—	—	—	—
安　徽	—	—	—	—	—	—	—	—
福　建	—	—	—	—	—	—	—	—
江　西	—	—	—	—	—	—	—	—
山　东	—	—	—	—	—	—	—	—
河　南	—	—	—	—	—	—	—	—
湖　北	—	—	—	—	—	—	—	—
湖　南	—	—	—	—	—	—	—	—
广　东	—	—	—	—	—	—	—	—
广　西	—	—	—	—	—	—	—	—
海　南	2028	7331	3348	7479	2173	1907	2218	1948
重　庆	—	—	—	—	—	—	—	—
四　川	—	—	—	—	—	—	—	—
贵　州	—	—	—	—	—	—	—	—
云　南	—	—	—	—	—	—	—	—
西　藏	—	—	—	—	—	—	—	—
陕　西	—	—	—	—	—	—	—	—
甘　肃	—	—	—	—	—	—	—	—
青　海	—	—	—	—	—	—	—	—
宁　夏	—	—	—	—	—	—	—	—
新　疆	3398	17833	3019	11294	3367	3175	6349	3352
新疆兵团	155	526	136	452	291	155	291	155
大兴安岭	54346	181778	63789	175012	52440	52379	54531	54485

天然林资源保护工程建设情况(二)

全部林业投资完成额(万元)								
合计	其中		营造林	森林管护	生态效益补偿	社会保险(养老、医疗、失业、工伤、生育)	政社性支出	其他
	中央投资	地方投资						
1625850	**1596344**	**17924**	**159945**	**328304**	**61286**	**408244**	**356311**	**311760**
—	—	—	—	—	—	—	—	—
—	—	—	—	—	—	—	—	—
—	—	—	—	—	—	—	—	—
—	—	—	—	—	—	—	—	—
305209	303810	1399	95321	111722	55	87060	3920	7131
243533	243533	—	80783	84584	—	78166	—	—
—	—	—	—	—	—	—	—	—
266511	252369	4185	24330	39424	55215	94107	25368	28067
90771	88201	235	12604	14215	22855	33600	6392	1105
157723	146327	3774	10382	23306	32360	56588	17456	17631
724588	724588	—	—	67585	—	157939	227587	271477
724588	724588	—	—	67585	—	157939	227587	271477
—	—	—	—	—	—	—	—	—
—	—	—	—	—	—	—	—	—
—	—	—	—	—	—	—	—	—
—	—	—	—	—	—	—	—	—
—	—	—	—	—	—	—	—	—
—	—	—	—	—	—	—	—	—
—	—	—	—	—	—	—	—	—
—	—	—	—	—	—	—	—	—
—	—	—	—	—	—	—	—	—
—	—	—	—	—	—	—	—	—
—	—	—	—	—	—	—	—	—
—	—	—	—	—	—	—	—	—
17710	7924	8305	480	14110	—	2066	151	903
—	—	—	—	—	—	—	—	—
—	—	—	—	—	—	—	—	—
—	—	—	—	—	—	—	—	—
—	—	—	—	—	—	—	—	—
—	—	—	—	—	—	—	—	—
—	—	—	—	—	—	—	—	—
—	—	—	—	—	—	—	—	—
—	—	—	—	—	—	—	—	—
—	—	—	—	—	—	—	—	—
44328	40149	4035	667	25209	6016	7473	781	4182
921	921	—	—	750	—	171	—	—
267504	267504	—	39147	70254	—	59599	98504	—

长江上游、黄河上中游地区

地区	工程区木材产量（立方米）		造林面积（公顷）							
	合计	其中：人工林木材产量	人工造林		飞播造林	当年新封山(沙)育林			退化林修复面积	森林抚育面积
			合计	其中：灌木林面积		合计	无林地和疏林地新封山育林面积	有林地和灌木林地新封山育林面积		
全国合计	**4186797**	**3746467**	**133679**	**28165**	**70471**	**306160**	**218238**	**87922**	**5671**	**312088**
北京	—	—	—	—	—	—	—	—	—	—
天津	—	—	—	—	—	—	—	—	—	—
河北	—	—	—	—	—	—	—	—	—	—
山西	58280	18469	12000	22	—	26667	26667	—	—	—
内蒙古	104551	104551	31082	21867	35801	32336	32336	—	—	1267
内蒙古集团	—	—	—	—	—	—	—	—	—	—
辽宁	—	—	—	—	—	—	—	—	—	—
吉林	—	—	—	—	—	—	—	—	—	—
吉林集团	—	—	—	—	—	—	—	—	—	—
长白山集团	—	—	—	—	—	—	—	—	—	—
黑龙江	—	—	—	—	—	—	—	—	—	—
龙江集团	—	—	—	—	—	—	—	—	—	—
上海	—	—	—	—	—	—	—	—	—	—
江苏	—	—	—	—	—	—	—	—	—	—
浙江	—	—	—	—	—	—	—	—	—	—
安徽	—	—	—	—	—	—	—	—	—	—
福建	—	—	—	—	—	—	—	—	—	—
江西	—	—	—	—	—	—	—	—	—	—
山东	—	—	—	—	—	—	—	—	—	—
河南	113308	111893	6667	—	—	1933	1933	—	—	—
湖北	570000	260000	4665	—	—	28666	22915	5751	—	23732
湖南	—	—	—	—	—	—	—	—	—	—
广东	—	—	—	—	—	—	—	—	—	—
广西	—	—	—	—	—	—	—	—	—	—
海南	—	—	—	—	—	—	—	—	—	—
重庆	191338	174407	4888	—	—	26665	8587	18078	—	13335
四川	1697227	1697227	11322	—	—	39997	39997	—	—	73432
贵州	1180953	1173286	4000	—	—	8600	8600	—	—	—
云南	247562	187667	20320	5810	—	62726	17310	45416	5671	80201
西藏	—	—	259	—	—	1933	1933	—	—	11200
陕西	16702	16564	20531	383	34670	40467	24521	15946	—	85987
甘肃	6876	2403	7051	67	—	11130	8399	2731	—	—
青海	—	—	5999	—	—	14573	14573	—	—	16867
宁夏	—	—	4895	16	—	10467	10467	—	—	6067
新疆	—	—	—	—	—	—	—	—	—	—
新疆兵团	—	—	—	—	—	—	—	—	—	—
大兴安岭	—	—	—	—	—	—	—	—	—	—

天然林资源保护工程建设情况(一)

年末实有封山(沙)育林面积(公顷)	年末实有森林管护面积(公顷)				工程区项目实施单位人员情况				
					年末人数(人)				
	合计	国有林	集体和个人所有的国家级公益林	集体和个人所有的地方公益林	合计	其中:混岗职工人数	在岗职工	其他从业人员	离开本单位保留劳动关系人员
4239871	**76603397**	**33077547**	**20792139**	**22733711**	**143082**	**1170**	**140145**	**1375**	**1562**
—	—	—	—	—	—	—	—	—	—
—	—	—	—	—	—	—	—	—	—
—	—	—	—	—	—	—	—	—	—
254649	5163348	1635808	766446	2761094	10513	—	10378	125	10
883909	8208931	1660328	2182314	4366289	6480	107	6406	71	3
—	—	—	—	—	—	—	—	—	—
—	—	—	—	—	—	—	—	—	—
—	—	—	—	—	—	—	—	—	—
—	—	—	—	—	—	—	—	—	—
—	—	—	—	—	—	—	—	—	—
—	—	—	—	—	—	—	—	—	—
—	—	—	—	—	—	—	—	—	—
—	—	—	—	—	—	—	—	—	—
—	—	—	—	—	—	—	—	—	—
—	—	—	—	—	—	—	—	—	—
—	—	—	—	—	—	—	—	—	—
—	—	—	—	—	—	—	—	—	—
—	—	—	—	—	—	—	—	—	—
—	—	—	—	—	—	—	—	—	—
13331	1689959	195367	563985	930607	3749	—	3739	—	10
329590	3322454	782040	1505747	1034667	9859	138	9825	34	—
—	—	—	—	—	—	—	—	—	—
—	—	—	—	—	—	—	—	—	—
—	—	—	—	—	—	—	—	—	—
—	—	—	—	—	—	—	—	—	—
97468	3004023	387998	1110588	1505437	3232	—	3232	—	—
270420	17699620	12168333	4832235	699052	30769	—	29766	53	950
18667	4606461	318667	2443127	1844667	6346	736	5673	362	311
842499	10179032	4330366	3372666	2476000	11441	—	10825	616	—
1933	1276667	1276667	—	—	128	—	14	114	—
580449	11894109	3726766	2843665	5323678	22074	189	21823	—	251
441905	4732518	3314905	968099	449514	24199	—	24199	—	—
350496	3678169	2816971	83867	777331	7755	—	7755	—	—
154555	1148106	463331	119400	565375	6537	—	6510	—	27
—	—	—	—	—	—	—	—	—	—
—	—	—	—	—	—	—	—	—	—
—	—	—	—	—	—	—	—	—	—

地区	工程区项目实施单位人员情况							
	在岗职工年平均人数(人)	在岗职工年工资总额(万元)	年末实有离退休人员(人)	当年离退休人员生活费(万元)	年末参加基本养老保险人数(人)		年末参加基本医疗保险人数(人)	
					合计	其中:在岗职工	合计	其中:在岗职工
全国合计	**133926**	**537461**	**133983**	**385158**	**162464**	**120931**	**218097**	**124485**
北　京	—	—	—	—	—	—	—	—
天　津	—	—	—	—	—	—	—	—
河　北	—	—	—	—	—	—	—	—
山　西	10454	49978	5016	17827	13174	9351	13657	9584
内蒙古	6362	28139	3155	9123	5476	4912	6484	5910
内蒙古集团	—	—	—	—	—	—	—	—
辽　宁	—	—	—	—	—	—	—	—
吉　林	—	—	—	—	—	—	—	—
吉林集团	—	—	—	—	—	—	—	—
长白山集团	—	—	—	—	—	—	—	—
黑龙江	—	—	—	—	—	—	—	—
龙江集团	—	—	—	—	—	—	—	—
上　海	—	—	—	—	—	—	—	—
江　苏	—	—	—	—	—	—	—	—
浙　江	—	—	—	—	—	—	—	—
安　徽	—	—	—	—	—	—	—	—
福　建	—	—	—	—	—	—	—	—
江　西	—	—	—	—	—	—	—	—
山　东	—	—	—	—	—	—	—	—
河　南	3739	9016	1622	3414	4754	3132	4754	3066
湖　北	9666	39209	3731	13239	9754	9658	9758	9658
湖　南	—	—	—	—	—	—	—	—
广　东	—	—	—	—	—	—	—	—
广　西	—	—	—	—	—	—	—	—
海　南	—	—	—	—	—	—	—	—
重　庆	3187	18981	3369	14109	5012	2951	5970	3231
四　川	28398	124154	68449	189251	53191	28886	87634	28886
贵　州	5673	29813	6311	21466	5261	5261	8519	5673
云　南	10345	25600	15270	32582	10208	10208	16539	10208
西　藏	14	64	—	—	14	14	14	14
陕　西	20546	89312	9971	30728	19058	16669	23535	16027
甘　肃	21355	82513	11588	40638	27007	21339	31618	23051
青　海	7755	11780	782	3170	3057	3057	3057	3057
宁　夏	6432	28902	4719	9611	6498	5493	6558	6120
新　疆	—	—	—	—	—	—	—	—
新疆兵团	—	—	—	—	—	—	—	—
大兴安岭	—	—	—	—	—	—	—	—

天然林资源保护工程建设情况(二)

全部林业投资完成额(万元)								
合计	其中		营造林	森林管护	生态效益补偿	社会保险(养老、医疗、失业、工伤、生育)	政社性支出	其他
	中央投资	地方投资						
1357788	**1059942**	**164116**	**142028**	**415068**	**567961**	**135652**	**27039**	**70040**
—	—	—	—	—	—	—	—	—
—	—	—	—	—	—	—	—	—
—	—	—	—	—	—	—	—	—
76767	60795	14538	13067	25981	27534	8959	280	946
115248	62517	5995	23164	26174	55054	6209	824	3823
—	—	—	—	—	—	—	—	—
—	—	—	—	—	—	—	—	—
—	—	—	—	—	—	—	—	—
—	—	—	—	—	—	—	—	—
—	—	—	—	—	—	—	—	—
—	—	—	—	—	—	—	—	—
—	—	—	—	—	—	—	—	—
—	—	—	—	—	—	—	—	—
—	—	—	—	—	—	—	—	—
—	—	—	—	—	—	—	—	—
—	—	—	—	—	—	—	—	—
—	—	—	—	—	—	—	—	—
—	—	—	—	—	—	—	—	—
—	—	—	—	—	—	—	—	—
9602	9602	—	2267	4780	—	1785	770	—
62636	57105	5531	5548	11298	36800	5511	1655	1824
—	—	—	—	—	—	—	—	—
—	—	—	—	—	—	—	—	—
—	—	—	—	—	—	—	—	—
—	—	—	—	—	—	—	—	—
70520	40666	20273	5692	16725	43105	3671	626	701
317971	292955	25016	23088	101410	132742	53632	1599	5500
93610	77573	16037	2286	32750	51379	4983	1217	995
189919	105935	25406	18693	47721	100163	10925	3772	8645
13747	13747	—	1090	10490	1918	19	20	210
215375	183102	20888	27761	54924	91123	15922	5218	20427
112451	97375	9063	8836	33336	26256	16903	7333	19787
59339	40946	18393	7036	39020	1887	614	3600	7182
20603	17624	2976	3500	10459	—	6519	125	—
—	—	—	—	—	—	—	—	—
—	—	—	—	—	—	—	—	—
—	—	—	—	—	—	—	—	—

退耕还林工程建设情况

指　　标	单位	本年实际
一、营造林情况		
1. 退耕地造林	公顷	446280
其中：25°以上坡耕地退耕面积	公顷	370271
15°～25°水源地耕地退耕面积	公顷	18662
严重沙化耕地退耕面积	公顷	40021
退耕地造林按林种主导功能分		
①用材林	公顷	52166
②经济林	公顷	240045
③防护林	公顷	153570
④薪炭林	公顷	475
⑤特种用途林	公顷	24
2. 荒山荒地造林	公顷	189410
3. 当年新封山(沙)育林面积	公顷	333
①无林地和疏林地新封山育林面积	公顷	333
②有林地和灌木林地新封山育林面积	公顷	—
二、年末实有封山(沙)育林面积	**公顷**	**1673597**
三、全部林业投资完成额	**万元**	**2752809**
其中：中央投资	万元	2408772
地方投资	万元	111961
1. 种苗费	万元	200872
2. 完善政策补助资金	万元	1249790
3. 巩固退耕还林成果专项资金	万元	802670
4. 新一轮退耕还林补助资金	万元	413704
5. 其他	万元	85773

各地区退耕还林工程建设情况(一)

地　区	营造林情况(公顷)								
	退耕地造林				退耕地造林按林种主导功能分				
	合　计	其中			用材林	经济林	防护林	薪炭林	特种用途林
		25°以上坡耕地退耕面积	15°~25°水源地耕地退耕面积	严重沙化耕地退耕面积					
全国合计	**446280**	**370271**	**18662**	**40021**	**52166**	**240045**	**153570**	**475**	**24**
北　京	—	—	—	—	—	—	—	—	—
天　津	—	—	—	—	—	—	—	—	—
河　北	—	—	—	—	—	—	—	—	—
山　西	6667	6667	—	—	—	1303	5364	—	—
内蒙古	3334	—	—	3334	—	—	3334	—	—
内蒙古集团	—	—	—	—	—	—	—	—	—
辽　宁	3332	545	—	2787	44	2867	421	—	—
吉　林	—	—	—	—	—	—	—	—	—
吉林集团	—	—	—	—	—	—	—	—	—
长白山集团	—	—	—	—	—	—	—	—	—
黑龙江	—	—	—	—	—	—	—	—	—
龙江集团	—	—	—	—	—	—	—	—	—
上　海	—	—	—	—	—	—	—	—	—
江　苏	—	—	—	—	—	—	—	—	—
浙　江	—	—	—	—	—	—	—	—	—
安　徽	—	—	—	—	—	—	—	—	—
福　建	—	—	—	—	—	—	—	—	—
江　西	—	—	—	—	—	—	—	—	—
山　东	—	—	—	—	—	—	—	—	—
河　南	—	—	—	—	—	—	—	—	—
湖　北	22002	20692	110	—	1993	9195	10814	—	—
湖　南	6663	6663	—	—	1324	1257	4060	—	22
广　东	—	—	—	—	—	—	—	—	—
广　西	9934	9005	—	—	1673	7085	1004	172	—
海　南	—	—	—	—	—	—	—	—	—
重　庆	67602	52396	15206	—	9586	44792	13224	—	—
四　川	70481	70481	—	—	20280	38633	11566	—	2
贵　州	46667	46667	—	—	4835	33523	8309	—	—
云　南	68111	55511	2300	—	11290	44185	12503	133	—
西　藏	—	—	—	—	—	—	—	—	—
陕　西	57621	56741	546	—	695	15439	41317	170	—
甘　肃	43336	43336	—	—	—	14993	28343	—	—
青　海	—	—	—	—	—	—	—	—	—
宁　夏	—	—	—	—	—	—	—	—	—
新　疆	40530	1567	500	33900	446	26773	13311	—	—
新疆兵团	10001	—	—	9801	—	9792	209	—	—
大兴安岭	—	—	—	—	—	—	—	—	—

各地区退耕还林

地　区	营造林情况(公顷)				年末实有封山(沙)育林面积(公顷)
	荒山荒地造林	当年新封山(沙)育林面积			
		合　计	无林地和疏林地新封山育林面积	有林地和灌木林地新封山育林面积	
全国合计	**189410**	**333**	**333**	**—**	**1673597**
北　京	—	—	—	—	—
天　津	—	—	—	—	—
河　北	16394	—	—	—	114413
山　西	51301	—	—	—	58435
内蒙古	15282	333	333	—	151114
内蒙古集团	—	—	—	—	—
辽　宁	—	—	—	—	156134
吉　林	—	—	—	—	30470
吉林集团	—	—	—	—	—
长白山集团	—	—	—	—	—
黑龙江	—	—	—	—	199646
龙江集团	—	—	—	—	—
上　海	—	—	—	—	—
江　苏	—	—	—	—	—
浙　江	—	—	—	—	—
安　徽	10370	—	—	—	7450
福　建	—	—	—	—	—
江　西	—	—	—	—	17303
山　东	—	—	—	—	—
河　南	—	—	—	—	21667
湖　北	3330	—	—	—	35409
湖　南	1780	—	—	—	53113
广　东	—	—	—	—	—
广　西	1383	—	—	—	149168
海　南	237	—	—	—	—
重　庆	—	—	—	—	27333
四　川	1883	—	—	—	63527
贵　州	2220	—	—	—	6667
云　南	81244	—	—	—	68790
西　藏	—	—	—	—	—
陕　西	1065	—	—	—	96144
甘　肃	134	—	—	—	135416
青　海	—	—	—	—	119833
宁　夏	—	—	—	—	6134
新　疆	2787	—	—	—	155431
新疆兵团	—	—	—	—	2333
大兴安岭	—	—	—	—	—

工程建设情况(二)

全部林业投资完成额(万元)							
合计	其中		种苗费	完善政策补助资金	巩固退耕还林成果专项资金	新一轮退耕还林补助资金	其他
	中央投资	地方投资					
2752809	**2408772**	**111961**	**200872**	**1249790**	**802670**	**413704**	**85773**
1418	755	419	—	423	598	—	397
844	844	—	—	440	404	—	—
96385	86055	30	600	52806	39599	2494	886
100527	92752	5902	4000	57067	34124	5336	—
201839	184424	6	3734	115238	50595	30974	1298
—	—	—	—	—	—	—	—
51118	44321	13	1500	28143	18954	2508	13
49001	31787	91	31	23320	19425	5673	552
—	—	—	—	—	—	—	—
—	—	—	—	—	—	—	—
42761	32122	422	—	24634	18127	—	—
—	—	—	—	—	—	—	—
—	—	—	—	—	—	—	—
—	—	—	—	—	—	—	—
—	—	—	—	—	—	—	—
59264	45094	3270	979	37678	19528	—	1079
—	—	—	—	—	—	—	—
54183	30442	420	111	29762	20207	286	3817
—	—	—	—	—	—	—	—
69096	69096	—	—	38311	30785	—	—
126987	68266	52751	13390	53403	35887	20283	4024
100874	71586	4994	5113	66002	18917	5658	5184
—	—	—	—	—	—	—	—
48678	38650	294	4863	28084	9630	5690	411
2916	2878	—	94	2590	21	198	13
223878	210426	2383	30960	69614	65964	54064	3276
381919	369539	12380	15999	167289	161251	25000	12380
253900	245316	8584	—	117352	48675	49000	38873
201338	153115	7160	26498	60731	43203	63258	7648
7496	7496	—	—	5576	—	1500	420
234673	199850	11340	29408	133101	48241	21300	2623
270929	257352	117	38629	85855	82161	63197	1087
67108	67108	—	9000	23741	19259	15108	—
—	—	—	—	—	—	—	—
105677	99498	1385	15963	28630	17115	42177	1792
21412	15670	986	748	4162	7862	8638	2
—	—	—	—	—	—	—	—

京津风沙源治理工程建设情况

指　标	单位	全国合计	北京	天津	河北	山西	内蒙古	陕西
一、治理情况								
(一)营造林情况								
1. 人工造林	公顷	110633	—	2827	26799	23347	51630	6030
其中:灌木林面积	公顷	22664	—	—	—	1332	21332	—
2. 飞播造林	公顷	24167	—	—	—	—	24167	—
3. 当年新封山(沙)育林	公顷	84486	5799	—	14667	9999	48687	5334
①无林地和疏林地新封山育林面积	公顷	78354	—	—	14334	9999	48687	5334
②有林地和灌木林地新封山育林面积	公顷	6132	5799	—	333	—	—	—
4. 退化林修复面积	公顷	3965	3965	—	—	—	—	—
5. 森林抚育面积	公顷	19727	—	18427	—	—	1300	—
(二)年末实有封山(沙)育林面积	公顷	2658683	61399	26014	526188	148657	1883825	12600
(三)草地治理面积	公顷	29067	—	—	7867	6400	14800	—
(四)暖棚建设面积	平方米	664000	—	—	207000	340000	117000	—
(五)饲料机械台数	台	15258	—	—	2950	8260	4048	—
(六)小流域治理	公顷	45200	—	—	11800	21300	12100	—
(七)水利设施	处	2998	—	—	963	1278	757	—
(八)易地搬迁人数	人	8250	—	—	1770	5000	1480	—
(九)易地搬迁户数	户	1895	—	—	836	649	410	—
二、全部投资完成额	**万元**	**135766**	**5209**	**11188**	**23910**	**44452**	**45616**	**5391**
其中:林业投资完成额	万元	111595	5209	11188	23485	21638	45536	4539
其中:中央投资	万元	81814	3757	1188	20205	18068	34057	4539
地方投资	万元	25454	1452	10000	30	2743	11229	—
1. 营造林	万元	107196	5209	11188	23582	17148	44790	5279
2. 科技费用	万元	—	—	—	—	—	—	—
3. 其他	万元	28570	—	—	328	27304	826	112

三北及长江流域等重点防护林体系工程建设情况

单位：公顷、万元

指　　标	三北及长江流域等重点防护林体系工程						
	合　计	三北防护林工程	长江流域防护林体系工程	沿海防护林体系工程	珠江流域防护林体系工程	太行山绿化工程	平原绿化工程
一、营造林情况							
1. 人工造林	683612	416749	99933	106916	33078	26936	—
其中：灌木林面积	80888	78773	640	1475	—	—	—
2. 飞播造林	11754	11754	—	—	—	—	—
3. 当年新封山(沙)育林	634724	337256	136780	80720	58905	21063	—
①无林地和疏林地新封山育林	507842	311394	111872	34053	31212	19311	—
②有林地和灌木林地新封山育林	126882	25862	24908	46667	27693	1752	—
4. 退化林修复面积	6354	255	534	853	4645	67	—
①低效林改造面积	4858	255	534	850	3152	67	—
②退化防护林改造面积	1496	—	—	3	1493	—	—
5. 森林抚育面积	202985	55949	68462	71390	7184	—	—
二、年末实有封山(沙)育林面积	**4818002**	**3100433**	**704033**	**569348**	**273321**	**170867**	**—**
三、全部林业投资完成额	**954103**	**551846**	**103717**	**247150**	**31420**	**19970**	**—**
其中：中央投资	360104	207247	63087	54690	19673	15407	—
地方投资	277236	163036	22140	83478	4240	4342	—
1. 营造林	863907	507544	85142	226597	24714	19910	—
2. 种苗	51466	29869	9752	8845	3000	—	—
3. 森林防火	7385	1861	2216	2130	1178	—	—
4. 病虫害防治	7762	3758	1070	2361	573	—	—
5. 科技费用	4120	2890	685	363	182	—	—
6. 其他	19463	5924	4852	6854	1773	60	—
四、群众投工投劳(折合资金)	**98016**	**47131**	**26243**	**9904**	**11417**	**3321**	**—**

各地区三北及长江流域等重点

地　　区	营　造　林					
	人工造林		飞播造林	当年新封山(沙)育林		
	合　计	其中:灌木林面积		合　计	无林地和疏林地新封山育林	有林地和灌木林地新封山育林
全国合计	**683612**	**80888**	**11754**	**634724**	**507842**	**126882**
北　京	803	—	—	1999	247	1752
天　津	5205	—	—	—	—	—
河　北	52337	—	—	19869	19869	—
山　西	29233	—	—	23132	23132	—
内蒙古	74544	34123	11754	64598	64237	361
内蒙古集团	—	—	—	—	—	—
辽　宁	56794	—	—	54093	40278	13815
吉　林	21735	—	—	4667	4667	—
吉林集团	—	—	—	—	—	—
长白山集团	—	—	—	—	—	—
黑龙江	31139	680	—	35038	25902	9136
龙江集团	—	—	—	—	—	—
上　海	—	—	—	—	—	—
江　苏	15239	1218	—	—	—	—
浙　江	6717	48	—	4267	4267	—
安　徽	16523	—	—	14068	2666	11402
福　建	7226	20	—	49268	31692	17576
江　西	22005	—	—	53334	52301	1033
山　东	43398	102	—	—	—	—
河　南	23088	—	—	21998	21998	—
湖　北	12997	—	—	16668	16668	—
湖　南	15511	374	—	14469	14469	—
广　东	28599	—	—	63633	74	63559
广　西	16703	—	—	13332	13332	—
海　南	6431	353	—	—	—	—
重　庆	—	—	—	—	—	—
四　川	—	—	—	—	—	—
贵　州	2200	—	—	—	—	—
云　南	533	—	—	3033	—	3033
西　藏	6173	—	—	11067	11067	—
陕　西	27321	2520	—	23865	22316	1549
甘　肃	21015	1100	—	22447	22447	—
青　海	21947	15280	—	33333	33333	—
宁　夏	21179	6912	—	15266	15266	—
新　疆	97017	18158	—	71280	67614	3666
新疆兵团	15061	3541	—	14112	14112	—
大兴安岭	—	—	—	—	—	—

防护林体系工程建设情况(一)

单位:公顷

情况				
退化林修复面积			森林抚育面积	年末实有封山(沙)育林面积
合计	低效林改造面积	退化防护林改造面积		
6354	**4858**	**1496**	**202985**	**4818002**
67	67	—	—	7466
—	—	—	46123	—
—	—	—	4401	113478
—	—	—	—	191689
—	—	—	3200	662347
—	—	—	—	—
—	—	—	—	722998
—	—	—	—	38219
—	—	—	—	—
—	—	—	—	—
255	255	—	24495	296416
—	—	—	—	—
—	—	—	—	—
—	—	—	—	—
67	67	—	10753	155368
—	—	—	—	42491
144	141	3	58806	154861
—	—	—	667	287831
—	—	—	—	1007
—	—	—	—	90861
—	—	—	—	79291
400	400	—	1866	65954
5421	3928	1493	33701	180765
—	—	—	—	88868
—	—	—	—	—
—	—	—	—	—
—	—	—	—	—
—	—	—	—	13240
—	—	—	333	10824
—	—	—	—	11067
—	—	—	—	173306
—	—	—	—	236050
—	—	—	—	328743
—	—	—	18640	101614
—	—	—	—	763248
—	—	—	—	90828
—	—	—	—	—

各地区三北及长江流域等重点

地区	全部林业投资				
	合计	其中		营造林	种苗
		中央投资	地方投资		
全国合计	**954103**	**360104**	**277236**	**863907**	**51466**
北京	9150	446	8677	9108	—
天津	137763	1815	135641	133724	433
河北	123275	24716	5600	121687	721
山西	25071	20361	4488	25053	—
内蒙古	33419	30536	2688	33389	—
内蒙古集团	—	—	—	—	—
辽宁	36716	31160	3475	30015	6318
吉林	14968	14808	160	14618	245
吉林集团	—	—	—	—	—
长白山集团	—	—	—	—	—
黑龙江	25340	18528	1324	21802	1368
龙江集团	—	—	—	—	—
上海	—	—	—	—	—
江苏	87023	5237	3113	78957	4045
浙江	10862	3221	5246	9437	203
安徽	15527	8224	4299	13243	1552
福建	35865	12490	1538	35312	231
江西	26187	15339	7061	18930	2655
山东	34986	17212	13000	28236	4337
河南	14118	14118	—	14118	—
湖北	8127	6162	1650	5816	1464
湖南	22012	7794	7008	14621	3878
广东	27647	22715	4432	26788	173
广西	14696	8478	1754	11698	1969
海南	4911	3680	871	3509	427
重庆	—	—	—	—	—
四川	—	—	—	—	—
贵州	1165	1000	165	1165	—
云南	2206	1743	463	1711	—
西藏	4000	—	—	4000	—
陕西	16927	13260	1723	15727	686
甘肃	15294	13900	1394	14581	40
青海	7500	7500	—	7500	—
宁夏	10000	10000	—	10000	—
新疆	189348	45661	61466	159162	20721
新疆兵团	91548	9811	6545	67767	16190
大兴安岭	—	—	—	—	—

防护林体系工程建设情况(二)

单位:万元

完成额				群众投工投劳(折合资金)
森林防火	病虫害防治	科技费用	其他	
7385	**7762**	**4120**	**19463**	**98016**
—	—	—	42	—
—	1203	—	2403	—
—	47	—	820	5834
—	—	—	18	200
—	—	—	30	2030
—	—	—	—	—
30	68	114	171	12165
10	32	5	58	30
—	—	—	—	—
—	—	—	—	—
696	242	—	1232	11091
—	—	—	—	—
—	—	—	—	—
497	518	193	2813	130
533	463	—	226	115
202	133	53	344	2837
150	21	7	144	424
1364	425	202	2611	6906
1092	633	123	565	5347
—	—	—	—	831
148	118	90	491	1789
759	567	435	1752	17849
128	56	—	502	220
277	125	25	602	5512
24	26	6	919	—
—	—	—	—	—
—	—	—	—	—
—	—	—	—	—
350	138	—	7	—
—	—	—	—	—
85	367	—	62	1025
—	—	—	673	1387
—	—	—	—	—
—	—	—	—	2300
1040	2580	2867	2978	19994
668	2002	2757	2164	5567
—	—	—	—	—

各地区三北防护林

地区	营造林					
	人工造林		飞播造林	当年新封山(沙)育林		
	合计	其中:灌木林面积		合计	无林地和疏林地新封山育林	有林地和灌木林地新封山育林
全国合计	**416749**	**78773**	**11754**	**337256**	**311394**	**25862**
北京	133	—	—	—	—	—
天津	1874	—	—	—	—	—
河北	28748	—	—	10335	10335	—
山西	23567	—	—	18334	18334	—
内蒙古	74544	34123	11754	64598	64237	361
内蒙古集团	—	—	—	—	—	—
辽宁	46530	—	—	38093	26943	11150
吉林	21735	—	—	4667	4667	—
吉林集团	—	—	—	—	—	—
长白山集团	—	—	—	—	—	—
黑龙江	31139	680	—	35038	25902	9136
龙江集团	—	—	—	—	—	—
上海	—	—	—	—	—	—
江苏	—	—	—	—	—	—
浙江	—	—	—	—	—	—
安徽	—	—	—	—	—	—
福建	—	—	—	—	—	—
江西	—	—	—	—	—	—
山东	—	—	—	—	—	—
河南	—	—	—	—	—	—
湖北	—	—	—	—	—	—
湖南	—	—	—	—	—	—
广东	—	—	—	—	—	—
广西	—	—	—	—	—	—
海南	—	—	—	—	—	—
重庆	—	—	—	—	—	—
四川	—	—	—	—	—	—
贵州	—	—	—	—	—	—
云南	—	—	—	—	—	—
西藏	—	—	—	—	—	—
陕西	27321	2520	—	23865	22316	1549
甘肃	21015	1100	—	22447	22447	—
青海	21947	15280	—	33333	33333	—
宁夏	21179	6912	—	15266	15266	—
新疆	97017	18158	—	71280	67614	3666
新疆兵团	15061	3541	—	14112	14112	—
大兴安岭	—	—	—	—	—	—

工程建设情况(一)

单位:公顷

情况				
退化林修复面积			森林抚育面积	年末实有封山(沙)育林面积
合计	低效林改造面积	退化防护林改造面积		
255	**255**	**—**	**55949**	**3100433**
—	—	—	—	—
—	—	—	8480	—
—	—	—	1134	51337
—	—	—		99924
—	—	—	3200	662347
—	—	—	—	—
—	—	—	—	356960
—	—	—	—	38219
—	—	—	—	—
—	—	—	—	—
255	255	—	24495	296416
—	—	—	—	—
—	—	—	—	—
—	—	—	—	—
—	—	—	—	—
—	—	—	—	—
—	—	—	—	—
—	—	—	—	—
—	—	—	—	—
—	—	—	—	—
—	—	—	—	—
—	—	—	—	—
—	—	—	—	—
—	—	—	—	—
—	—	—	—	—
—	—	—	—	—
—	—	—	—	—
—	—	—	—	—
—	—	—	—	—
—	—	—	—	—
—	—	—	—	165575
—	—	—	—	236050
—	—	—	—	328743
—	—	—	18640	101614
—	—	—	—	763248
—	—	—	—	90828
—	—	—	—	—

各地区三北防护林

地区	全部林业投资				
	合计	其中		营造林	种苗
		中央投资	地方投资		
全国合计	**551846**	**207247**	**163036**	**507544**	**29869**
北京	5797	60	5737	5797	—
天津	79284	600	78377	78854	—
河北	105353	11169	4333	103863	631
山西	20018	16365	3625	20018	—
内蒙古	33419	30536	2688	33389	—
内蒙古集团	—	—	—	—	—
辽宁	28598	24860	2209	22233	6178
吉林	14968	14808	160	14618	245
吉林集团	—	—	—	—	—
长白山集团	—	—	—	—	—
黑龙江	25340	18528	1324	21802	1368
龙江集团	—	—	—	—	—
上海	—	—	—	—	—
江苏	—	—	—	—	—
浙江	—	—	—	—	—
安徽	—	—	—	—	—
福建	—	—	—	—	—
江西	—	—	—	—	—
山东	—	—	—	—	—
河南	—	—	—	—	—
湖北	—	—	—	—	—
湖南	—	—	—	—	—
广东	—	—	—	—	—
广西	—	—	—	—	—
海南	—	—	—	—	—
重庆	—	—	—	—	—
四川	—	—	—	—	—
贵州	—	—	—	—	—
云南	—	—	—	—	—
西藏	—	—	—	—	—
陕西	16927	13260	1723	15727	686
甘肃	15294	13900	1394	14581	40
青海	7500	7500	—	7500	—
宁夏	10000	10000	—	10000	—
新疆	189348	45661	61466	159162	20721
新疆兵团	91548	9811	6545	67767	16190
大兴安岭	—	—	—	—	—

工程建设情况(二)

单位:万元

完成额				
森林防火	病虫害防治	科技费用	其他	群众投工投劳(折合资金)
1861	**3758**	**2890**	**5924**	**47131**
—	—	—	—	—
—	430	—	—	—
—	39	—	820	3195
—	—	—	—	—
—	—	—	30	2030
—	—	—	—	—
30	68	18	71	6079
10	32	5	58	30
—	—	—	—	—
—	—	—	—	—
696	242	—	1232	11091
—	—	—	—	—
—	—	—	—	—
—	—	—	—	—
—	—	—	—	—
—	—	—	—	—
—	—	—	—	—
—	—	—	—	—
—	—	—	—	—
—	—	—	—	—
—	—	—	—	—
—	—	—	—	—
—	—	—	—	—
—	—	—	—	—
—	—	—	—	—
—	—	—	—	—
—	—	—	—	—
—	—	—	—	—
—	—	—	—	—
—	—	—	—	—
85	367	—	62	1025
—	—	—	673	1387
—	—	—	—	—
—	—	—	—	2300
1040	2580	2867	2978	19994
668	2002	2757	2164	5567
—	—	—	—	—

各地区长江流域防护林

地区	营造林					
	人工造林		飞播造林	当年新封山(沙)育林		
	合计	其中:灌木林面积		合计	无林地和疏林地新封山育林	有林地和灌木林地新封山育林
全国合计	**99933**	**640**	**—**	**136780**	**111872**	**24908**
北京	—	—	—	—	—	—
天津	—	—	—	—	—	—
河北	—	—	—	—	—	—
山西	—	—	—	—	—	—
内蒙古	—	—	—	—	—	—
内蒙古集团	—	—	—	—	—	—
辽宁	—	—	—	—	—	—
吉林	—	—	—	—	—	—
吉林集团	—	—	—	—	—	—
长白山集团	—	—	—	—	—	—
黑龙江	—	—	—	—	—	—
龙江集团	—	—	—	—	—	—
上海	—	—	—	—	—	—
江苏	4014	246	—	—	—	—
浙江	2246	—	—	1817	1817	—
安徽	16523	—	—	14068	2666	11402
福建	4538	20	—	27831	15358	12473
江西	15339	—	—	40001	38968	1033
山东	16238	—	—	—	—	—
河南	9754	—	—	15332	15332	—
湖北	12997	—	—	16668	16668	—
湖南	12111	374	—	9996	9996	—
广东	—	—	—	—	—	—
广西	—	—	—	—	—	—
海南	—	—	—	—	—	—
重庆	—	—	—	—	—	—
四川	—	—	—	—	—	—
贵州	—	—	—	—	—	—
云南	—	—	—	—	—	—
西藏	6173	—	—	11067	11067	—
陕西	—	—	—	—	—	—
甘肃	—	—	—	—	—	—
青海	—	—	—	—	—	—
宁夏	—	—	—	—	—	—
新疆	—	—	—	—	—	—
新疆兵团	—	—	—	—	—	—
大兴安岭	—	—	—	—	—	—

体系工程建设情况(一)

单位:公顷

情况				
退化林修复面积			森林抚育面积	年末实有封山(沙)育林面积
合计	低效林改造面积	退化防护林改造面积		
534	**534**	**—**	**68462**	**704033**
—	—	—	—	—
—	—	—	—	—
—	—	—	—	—
—	—	—	—	—
—	—	—	—	—
—	—	—	—	—
—	—	—	—	—
—	—	—	—	—
—	—	—	—	—
—	—	—	—	—
—	—	—	—	—
—	—	—	—	—
—	—	—	—	—
—	—	—	—	—
67	67	—	9420	119455
—	—	—	—	42491
67	67	—	57442	95724
—	—	—	667	252837
—	—	—	—	—
—	—	—	—	56174
—	—	—	—	79291
400	400	—	933	39263
—	—	—	—	—
—	—	—	—	—
—	—	—	—	—
—	—	—	—	—
—	—	—	—	—
—	—	—	—	—
—	—	—	—	—
—	—	—	—	11067
—	—	—	—	7731
—	—	—	—	—
—	—	—	—	—
—	—	—	—	—
—	—	—	—	—
—	—	—	—	—
—	—	—	—	—

各地区长江流域防护林

地区	全部林业投资				
	合计	其中		营造林	种苗
		中央投资	地方投资		
全国合计	**103717**	**63087**	**22140**	**85142**	**9752**
北京	—	—	—	—	—
天津	—	—	—	—	—
河北	—	—	—	—	—
山西	—	—	—	—	—
内蒙古	—	—	—	—	—
内蒙古集团	—	—	—	—	—
辽宁	—	—	—	—	—
吉林	—	—	—	—	—
吉林集团	—	—	—	—	—
长白山集团	—	—	—	—	—
黑龙江	—	—	—	—	—
龙江集团	—	—	—	—	—
上海	—	—	—	—	—
江苏	1885	1636	218	1140	514
浙江	1127	879	198	1018	73
安徽	15527	8224	4299	13243	1552
福建	14559	11389	1358	14121	131
江西	21583	12902	6547	16099	2046
山东	10903	6980	2702	9540	1048
河南	9180	9180	—	9180	—
湖北	8127	6162	1650	5816	1464
湖南	16826	5735	5168	10985	2924
广东	—	—	—	—	—
广西	—	—	—	—	—
海南	—	—	—	—	—
重庆	—	—	—	—	—
四川	—	—	—	—	—
贵州	—	—	—	—	—
云南	—	—	—	—	—
西藏	4000	—	—	4000	—
陕西	—	—	—	—	—
甘肃	—	—	—	—	—
青海	—	—	—	—	—
宁夏	—	—	—	—	—
新疆	—	—	—	—	—
新疆兵团	—	—	—	—	—
大兴安岭	—	—	—	—	—

体系工程建设情况(二)

单位:万元

完成额				群众投工投劳(折合资金)
森林防火	病虫害防治	科技费用	其他	
2216	**1070**	**685**	**4852**	**26243**
—	—	—	—	—
—	—	—	—	—
—	—	—	—	—
—	—	—	—	—
—	—	—	—	—
—	—	—	—	—
—	—	—	—	—
—	—	—	—	—
—	—	—	—	—
—	—	—	—	—
—	—	—	—	—
—	—	—	—	—
—	—	—	—	—
61	53	27	90	—
—	6	—	30	55
202	133	53	344	2837
140	16	7	144	424
1026	260	85	2067	3701
45	92	28	150	2113
—	—	—	—	349
148	118	90	491	1789
594	392	395	1536	14975
—	—	—	—	—
—	—	—	—	—
—	—	—	—	—
—	—	—	—	—
—	—	—	—	—
—	—	—	—	—
—	—	—	—	—
—	—	—	—	—
—	—	—	—	—
—	—	—	—	—
—	—	—	—	—
—	—	—	—	—
—	—	—	—	—
—	—	—	—	—
—	—	—	—	—

各地区沿海防护林

地　区	营造林					
	人工造林		飞播造林	当年新封山(沙)育林		
	合　计	其中:灌木林面积		合　计	无林地和疏林地新封山育林	有林地和灌木林地新封山育林
全国合计	**106916**	**1475**	**—**	**80720**	**34053**	**46667**
北　京	—	—	—	—	—	—
天　津	3331	—	—	—	—	—
河　北	16323	—	—	1934	1934	—
山　西	—	—	—	—	—	—
内蒙古	—	—	—	—	—	—
内蒙古集团	—	—	—	—	—	—
辽　宁	10264	—	—	16000	13335	2665
吉　林	—	—	—	—	—	—
吉林集团	—	—	—	—	—	—
长白山集团	—	—	—	—	—	—
黑龙江	—	—	—	—	—	—
龙江集团	—	—	—	—	—	—
上　海	—	—	—	—	—	—
江　苏	11225	972	—	—	—	—
浙　江	4471	48	—	2450	2450	—
安　徽	—	—	—	—	—	—
福　建	2688	—	—	21437	16334	5103
江　西	—	—	—	—	—	—
山　东	27160	102	—	—	—	—
河　南	—	—	—	—	—	—
湖　北	—	—	—	—	—	—
湖　南	—	—	—	—	—	—
广　东	20988	—	—	38899	—	38899
广　西	4035	—	—	—	—	—
海　南	6431	353	—	—	—	—
重　庆	—	—	—	—	—	—
四　川	—	—	—	—	—	—
贵　州	—	—	—	—	—	—
云　南	—	—	—	—	—	—
西　藏	—	—	—	—	—	—
陕　西	—	—	—	—	—	—
甘　肃	—	—	—	—	—	—
青　海	—	—	—	—	—	—
宁　夏	—	—	—	—	—	—
新　疆	—	—	—	—	—	—
新疆兵团	—	—	—	—	—	—
大兴安岭	—	—	—	—	—	—

体系工程建设情况(一)

单位:公顷

情况				
退化林修复面积			森林抚育面积	年末实有封山(沙)育林面积
合计	低效林改造面积	退化防护林改造面积		
853	**850**	**3**	**71390**	**569348**
—	—	—	—	—
—	—	—	37643	—
—	—	—	3267	25192
—	—	—	—	—
—	—	—	—	—
—	—	—	—	—
—	—	—	—	366038
—	—	—	—	—
—	—	—	—	—
—	—	—	—	—
—	—	—	—	—
—	—	—	—	—
—	—	—	—	—
—	—	—	—	—
—	—	—	1333	35913
—	—	—	—	—
77	74	3	1364	59137
—	—	—	—	—
—	—	—	—	1007
—	—	—	—	—
—	—	—	—	—
—	—	—	—	—
776	776	—	27783	82061
—	—	—	—	—
—	—	—	—	—
—	—	—	—	—
—	—	—	—	—
—	—	—	—	—
—	—	—	—	—
—	—	—	—	—
—	—	—	—	—
—	—	—	—	—
—	—	—	—	—
—	—	—	—	—
—	—	—	—	—
—	—	—	—	—
—	—	—	—	—

各地区沿海防护林

地区	全部林业投资				
	合计	其中		营造林	种苗
		中央投资	地方投资		
全国合计	**247150**	**54690**	**83478**	**226597**	**8845**
北　京	—	—	—	—	—
天　津	58479	1215	57264	54870	433
河　北	11296	7460	728	11198	90
山　西	—	—	—	—	—
内蒙古	—	—	—	—	—
内蒙古集团	—	—	—	—	—
辽　宁	8118	6300	1266	7782	140
吉　林	—	—	—	—	—
吉林集团	—	—	—	—	—
长白山集团	—	—	—	—	—
黑龙江	—	—	—	—	—
龙江集团	—	—	—	—	—
上　海	—	—	—	—	—
江　苏	85138	3601	2895	77817	3531
浙　江	9735	2342	5048	8419	130
安　徽	—	—	—	—	—
福　建	21306	1101	180	21191	100
江　西	—	—	—	—	—
山　东	24083	10232	10298	18696	3289
河　南	—	—	—	—	—
湖　北	—	—	—	—	—
湖　南	—	—	—	—	—
广　东	21498	17508	3871	21280	46
广　西	2586	1251	1057	1835	659
海　南	4911	3680	871	3509	427
重　庆	—	—	—	—	—
四　川	—	—	—	—	—
贵　州	—	—	—	—	—
云　南	—	—	—	—	—
西　藏	—	—	—	—	—
陕　西	—	—	—	—	—
甘　肃	—	—	—	—	—
青　海	—	—	—	—	—
宁　夏	—	—	—	—	—
新　疆	—	—	—	—	—
新疆兵团	—	—	—	—	—
大兴安岭	—	—	—	—	—

体系工程建设情况(二)

单位:万元

完成额				群众投工投劳（折合资金）
森林防火	病虫害防治	科技费用	其他	
2130	**2361**	**363**	**6854**	**9904**
—	—	—	—	—
—	773	—	2403	—
—	8	—	—	—
—	—	—	—	—
—	—	—	—	—
—	—	—	—	—
—	—	96	100	6086
—	—	—	—	—
—	—	—	—	—
—	—	—	—	—
—	—	—	—	—
—	—	—	—	—
—	—	—	—	—
436	465	166	2723	130
533	457	—	196	60
—	—	—	—	—
10	5	—	—	—
—	—	—	—	—
1047	541	95	415	3234
—	—	—	—	—
—	—	—	—	—
—	—	—	—	—
60	56	—	56	220
20	30	—	42	174
24	26	6	919	—
—	—	—	—	—
—	—	—	—	—
—	—	—	—	—
—	—	—	—	—
—	—	—	—	—
—	—	—	—	—
—	—	—	—	—
—	—	—	—	—
—	—	—	—	—
—	—	—	—	—
—	—	—	—	—
—	—	—	—	—

各地区珠江流域防护林

地　　区	营　造　林					
	人工造林		飞播造林	当年新封山(沙)育林		
	合　计	其中:灌木林面积		合　计	无林地和疏林地新封山育林	有林地和灌木林地新封山育林
全国合计	**33078**	**—**	**—**	**58905**	**31212**	**27693**
北　京	—	—	—	—	—	—
天　津	—	—	—	—	—	—
河　北	—	—	—	—	—	—
山　西	—	—	—	—	—	—
内蒙古	—	—	—	—	—	—
内蒙古集团	—	—	—	—	—	—
辽　宁	—	—	—	—	—	—
吉　林	—	—	—	—	—	—
吉林集团	—	—	—	—	—	—
长白山集团	—	—	—	—	—	—
黑龙江	—	—	—	—	—	—
龙江集团	—	—	—	—	—	—
上　海	—	—	—	—	—	—
江　苏	—	—	—	—	—	—
浙　江	—	—	—	—	—	—
安　徽	—	—	—	—	—	—
福　建	—	—	—	—	—	—
江　西	6666	—	—	13333	13333	—
山　东	—	—	—	—	—	—
河　南	—	—	—	—	—	—
湖　北	—	—	—	—	—	—
湖　南	3400	—	—	4473	4473	—
广　东	7611	—	—	24734	74	24660
广　西	12668	—	—	13332	13332	—
海　南	—	—	—	—	—	—
重　庆	—	—	—	—	—	—
四　川	—	—	—	—	—	—
贵　州	2200	—	—	—	—	—
云　南	533	—	—	3033	—	3033
西　藏	—	—	—	—	—	—
陕　西	—	—	—	—	—	—
甘　肃	—	—	—	—	—	—
青　海	—	—	—	—	—	—
宁　夏	—	—	—	—	—	—
新　疆	—	—	—	—	—	—
新疆兵团	—	—	—	—	—	—
大兴安岭	—	—	—	—	—	—

体系工程建设情况(一)

单位:公顷

退化林修复面积 合计	退化林修复面积 低效林改造面积	退化林修复面积 退化防护林改造面积	森林抚育面积	年末实有封山(沙)育林面积
4645	**3152**	**1493**	**7184**	**273321**
—	—	—	—	—
—	—	—	—	—
—	—	—	—	—
—	—	—		—
—	—	—	—	—
—	—	—	—	—
—	—	—	—	—
—	—	—	—	—
—	—	—	—	—
—	—	—	—	—
—	—	—	—	—
—	—	—	—	—
—	—	—	—	—
—	—	—	—	—
—	—	—	—	—
—	—	—	—	—
—	—	—	—	—
—	—	—	—	34994
—	—	—	—	—
—	—	—	—	—
—	—	—	—	—
—	—	—	933	26691
4645	3152	1493	5918	98704
—	—	—	—	88868
—	—	—	—	—
—	—	—	—	—
—	—	—	—	—
—	—	—	—	13240
—	—	—	333	10824
—	—	—	—	—
—	—	—	—	—
—	—	—	—	—
—	—	—	—	—
—	—	—	—	—
—	—	—	—	—
—	—	—	—	—
—	—	—	—	—

各地区珠江流域防护林

地区	全部林业投资				
	合计	其中		营造林	种苗
		中央投资	地方投资		
全国合计	**31420**	**19673**	**4240**	**24714**	**3000**
北京	—	—	—	—	—
天津	—	—	—	—	—
河北	—	—	—	—	—
山西	—	—	—	—	—
内蒙古	—	—	—	—	—
内蒙古集团	—	—	—	—	—
辽宁	—	—	—	—	—
吉林	—	—	—	—	—
吉林集团	—	—	—	—	—
长白山集团	—	—	—	—	—
黑龙江	—	—	—	—	—
龙江集团	—	—	—	—	—
上海	—	—	—	—	—
江苏	—	—	—	—	—
浙江	—	—	—	—	—
安徽	—	—	—	—	—
福建	—	—	—	—	—
江西	4604	2437	514	2831	609
山东	—	—	—	—	—
河南	—	—	—	—	—
湖北	—	—	—	—	—
湖南	5186	2059	1840	3636	954
广东	6149	5207	561	5508	127
广西	12110	7227	697	9863	1310
海南	—	—	—	—	—
重庆	—	—	—	—	—
四川	—	—	—	—	—
贵州	1165	1000	165	1165	—
云南	2206	1743	463	1711	—
西藏	—	—	—	—	—
陕西	—	—	—	—	—
甘肃	—	—	—	—	—
青海	—	—	—	—	—
宁夏	—	—	—	—	—
新疆	—	—	—	—	—
新疆兵团	—	—	—	—	—
大兴安岭	—	—	—	—	—

体系工程建设情况(二)

单位:万元

完成额				群众投工投劳（折合资金）
森林防火	病虫害防治	科技费用	其他	
1178	**573**	**182**	**1773**	**11417**
—	—	—	—	—
—	—	—	—	—
—	—	—	—	—
—	—	—	—	—
—	—	—	—	—
—	—	—	—	—
—	—	—	—	—
—	—	—	—	—
—	—	—	—	—
—	—	—	—	—
—	—	—	—	—
—	—	—	—	—
—	—	—	—	—
—	—	—	—	—
—	—	—	—	—
—	—	—	—	—
—	—	—	—	—
338	165	117	544	3205
—	—	—	—	—
—	—	—	—	—
—	—	—	—	—
165	175	40	216	2874
68	—	—	446	—
257	95	25	560	5338
—	—	—	—	—
—	—	—	—	—
—	—	—	—	—
—	—	—	—	—
350	138	—	7	—
—	—	—	—	—
—	—	—	—	—
—	—	—	—	—
—	—	—	—	—
—	—	—	—	—
—	—	—	—	—
—	—	—	—	—
—	—	—	—	—

各地区太行山绿化

地区	营造林					
	人工造林		飞播造林	当年新封山(沙)育林		
	合计	其中:灌木林面积		合计	无林地和疏林地新封山育林	有林地和灌木林地新封山育林
全国合计	**26936**	**—**	**—**	**21063**	**19311**	**1752**
北京	670	—	—	1999	247	1752
天津	—	—	—	—	—	—
河北	7266	—	—	7600	7600	—
山西	5666	—	—	4798	4798	—
内蒙古	—	—	—	—	—	—
内蒙古集团	—	—	—	—	—	—
辽宁	—	—	—	—	—	—
吉林	—	—	—	—	—	—
吉林集团	—	—	—	—	—	—
长白山集团	—	—	—	—	—	—
黑龙江	—	—	—	—	—	—
龙江集团	—	—	—	—	—	—
上海	—	—	—	—	—	—
江苏	—	—	—	—	—	—
浙江	—	—	—	—	—	—
安徽	—	—	—	—	—	—
福建	—	—	—	—	—	—
江西	—	—	—	—	—	—
山东	—	—	—	—	—	—
河南	13334	—	—	6666	6666	—
湖北	—	—	—	—	—	—
湖南	—	—	—	—	—	—
广东	—	—	—	—	—	—
广西	—	—	—	—	—	—
海南	—	—	—	—	—	—
重庆	—	—	—	—	—	—
四川	—	—	—	—	—	—
贵州	—	—	—	—	—	—
云南	—	—	—	—	—	—
西藏	—	—	—	—	—	—
陕西	—	—	—	—	—	—
甘肃	—	—	—	—	—	—
青海	—	—	—	—	—	—
宁夏	—	—	—	—	—	—
新疆	—	—	—	—	—	—
新疆兵团	—	—	—	—	—	—
大兴安岭	—	—	—	—	—	—

工程建设情况(一)

单位:公顷

情况				
退化林修复面积			森林抚育面积	年末实有封山(沙)育林面积
合计	低效林改造面积	退化防护林改造面积		
67	**67**	**—**	**—**	**170867**
67	67	—	—	7466
—	—	—	—	—
—	—	—	—	36949
—	—	—	—	91765
—	—	—	—	—
—	—	—	—	—
—	—	—	—	—
—	—	—	—	—
—	—	—	—	—
—	—	—	—	—
—	—	—	—	—
—	—	—	—	—
—	—	—	—	—
—	—	—	—	—
—	—	—	—	—
—	—	—	—	—
—	—	—	—	—
—	—	—	—	—
—	—	—	—	—
—	—	—	—	34687
—	—	—	—	—
—	—	—	—	—
—	—	—	—	—
—	—	—	—	—
—	—	—	—	—
—	—	—	—	—
—	—	—	—	—
—	—	—	—	—
—	—	—	—	—
—	—	—	—	—
—	—	—	—	—
—	—	—	—	—
—	—	—	—	—
—	—	—	—	—
—	—	—	—	—
—	—	—	—	—
—	—	—	—	—

各地区太行山绿化

地区	全部林业投资				
	合计	其中		营造林	种苗
		中央投资	地方投资		
全国合计	**19970**	**15407**	**4342**	**19910**	**—**
北京	3353	386	2940	3311	—
天津	—	—	—	—	—
河北	6626	6087	539	6626	—
山西	5053	3996	863	5035	—
内蒙古	—	—	—	—	—
内蒙古集团	—	—	—	—	—
辽宁	—	—	—	—	—
吉林	—	—	—	—	—
吉林集团	—	—	—	—	—
长白山集团	—	—	—	—	—
黑龙江	—	—	—	—	—
龙江集团	—	—	—	—	—
上海	—	—	—	—	—
江苏	—	—	—	—	—
浙江	—	—	—	—	—
安徽	—	—	—	—	—
福建	—	—	—	—	—
江西	—	—	—	—	—
山东	—	—	—	—	—
河南	4938	4938	—	4938	—
湖北	—	—	—	—	—
湖南	—	—	—	—	—
广东	—	—	—	—	—
广西	—	—	—	—	—
海南	—	—	—	—	—
重庆	—	—	—	—	—
四川	—	—	—	—	—
贵州	—	—	—	—	—
云南	—	—	—	—	—
西藏	—	—	—	—	—
陕西	—	—	—	—	—
甘肃	—	—	—	—	—
青海	—	—	—	—	—
宁夏	—	—	—	—	—
新疆	—	—	—	—	—
新疆兵团	—	—	—	—	—
大兴安岭	—	—	—	—	—

工程建设情况(二)

单位:万元

完成额				群众投工投劳（折合资金）
森林防火	病虫害防治	科技费用	其他	
—	**—**	**—**	**60**	**3321**
—	—	—	42	—
—	—	—	—	—
—	—	—	—	2639
—	—	—	18	200
—	—	—	—	—
—	—	—	—	—
—	—	—	—	—
—	—	—	—	—
—	—	—	—	—
—	—	—	—	—
—	—	—	—	—
—	—	—	—	—
—	—	—	—	—
—	—	—	—	—
—	—	—	—	—
—	—	—	—	—
—	—	—	—	—
—	—	—	—	—
—	—	—	—	—
—	—	—	—	482
—	—	—	—	—
—	—	—	—	—
—	—	—	—	—
—	—	—	—	—
—	—	—	—	—
—	—	—	—	—
—	—	—	—	—
—	—	—	—	—
—	—	—	—	—
—	—	—	—	—
—	—	—	—	—
—	—	—	—	—
—	—	—	—	—
—	—	—	—	—
—	—	—	—	—
—	—	—	—	—
—	—	—	—	—

林业系统野生动植物保护及自然保护区工程建设情况

指　　标	单位	本年实际
一、年末实有自然保护区个数	**个**	**2228**
其中：国家级	个	345
二、年末实有自然保护区面积	**百公顷**	**1242503**
其中：国家级	百公顷	810837
三、国际重要湿地个数	**个**	**49**
国际重要湿地面积	百公顷	41124
四、野生植物就地保护小区个数	**个**	**1423**
野生植物就地保护小区面积	百公顷	35317
五、野生植物种源培育基地	**个**	**1051**
六、野生动物种源繁育基地(不含观赏展演单位)	**个**	**6994**
1. 公益性野生动物救护繁育基地	个	193
2. 商业性野生动物驯养繁殖单位	个	6801
七、野生动物观赏展演单位	**个**	**457**
1. 动物园	个	192
2. 野生动物园	个	41
3. 马戏团等展演单位	个	224
八、野生动植物保护管理站	**个**	**2832**
九、鸟类环志中心(站)个数	**个**	**110**
十、野生动物疫源疫病监测站个数	**个**	**1385**
十一、野生动植物科研及监测机构个数	**个**	**638**
在野生动植物科研及监测机构中各类专业技术人员	人	2957
十二、从事野生动植物及自然保护区建设的职工人数	**人**	**52325**
其中：各类专业技术人员	人	17514
十三、野生动植物及自然保护区建设投资完成额	**万元**	**254454**
其中：中央投资	万元	123633
地方投资	万元	72619

各地区林业系统野生动植物保护及自然保护区工程建设情况(一)

单位:个、百公顷、人、万元

地区	年末实有自然保护区个数		年末实有自然保护区面积		国际重要湿地		野生植物就地保护小区	
	合计	其中:国家级	合计	其中:国家级	个数	面积	个数	面积
全国合计	**2228**	**345**	**1242503**	**810837**	**49**	**41124**	**1423**	**35317**
北京	16	2	1313	264	—	—	—	—
天津	5	1	529	10	—	—	—	—
河北	33	9	6089	2123	—	—	2	126
山西	45	7	10694	1168	—	—	45	10925
内蒙古	150	24	104854	32102	2	7477	6	202
内蒙古集团	8	3	12302	2885	—	—	—	—
辽宁	74	12	11199	2011	2	1397	36	521
吉林	42	14	25995	10082	2	2495	1	12
吉林集团	1	—	136	—	—	—	1	12
长白山集团	8	3	4344	2177	—	—	—	—
黑龙江	126	28	40693	19176	7	7146	32	4137
龙江集团	24	10	12221	6723	1	315	22	3829
上海	1	1	242	242	2	364	—	—
江苏	23	1	2929	27	2	5310	3	15
浙江	22	7	995	786	1	3	99	525
安徽	97	5	4046	954	1	333	27	155
福建	56	14	5052	2060	1	24	6	—
江西	216	14	11066	2311	1	224	565	278
山东	66	4	9032	1751	1	960	—	—
河南	24	10	5030	3361	—	—	—	—
湖北	58	13	9341	4097	3	643	175	2585
湖南	155	22	14243	6213	3	3930	180	1916
广东	270	8	12556	1627	4	679	18	420
广西	63	18	12834	3311	2	70	66	431
海南	32	7	2385	1371	1	54	2	74
重庆	53	6	7908	2666	—	—	10	261
四川	123	23	73461	26138	1	1666	92	8274
贵州	104	7	9096	2293	—	—	8	719
云南	132	18	26691	14033	4	136	14	1
西藏	61	8	410060	370140	2	1173	—	—
陕西	48	19	10551	5844	—	—	2	115
甘肃	49	16	79599	59788	2	2886	1	5
青海	10	7	216474	207338	3	1844	—	—
宁夏	6	6	4291	4291	—	—	26	1935
新疆	46	9	93757	16060	—	—	7	1685
新疆兵团	4	—	1038	—	—	—	—	—
大兴安岭	22	5	19501	7201	1	2295	—	—

注:国际重要湿地包括香港特别行政区 1 处。

各地区林业系统野生动植物保护

地　区	野生植物种源培育基地	野生动物种源繁育基地（不含观赏展演单位）			野生动物观赏展演单位			
		合计	公益性野生动物救护繁育基地	商业性野生动物驯养繁殖单位	合计	动物园	野生动物园	马戏团等展演单位
全国合计	**1051**	**6994**	**193**	**6801**	**457**	**192**	**41**	**224**
北　京	—	107	1	106	6	1	4	1
天　津	—	8	—	8	—	—	—	—
河　北	1	7	1	6	1	—	1	—
山　西	—	156	1	155	9	9	—	—
内蒙古	2	162	9	153	1	—	1	—
内蒙古集团	1	146	2	144	—	—	—	—
辽　宁	10	607	9	598	15	7	7	1
吉　林	16	62	6	56	8	6	2	—
吉林集团	—	—	—	—	—	—	—	—
长白山集团	4	—	—	—	—	—	—	—
黑龙江	3	91	6	85	—	—	—	—
龙江集团	3	87	4	83	—	—	—	—
上　海	—	4	2	2	2	1	1	—
江　苏	5	69	1	68	9	8	1	—
浙　江	17	884	23	861	13	6	2	5
安　徽	33	207	1	206	138	6	1	131
福　建	208	132	10	122	20	17	1	2
江　西	96	453	8	445	10	8	1	1
山　东	26	290	5	285	40	38	2	—
河　南	4	92	10	82	80	7	—	73
湖　北	15	193	16	177	17	15	2	—
湖　南	549	984	34	950	15	8	2	5
广　东	12	74	6	68	22	18	2	2
广　西	10	469	11	458	4	4	—	—
海　南	2	261	—	261	3	2	1	—
重　庆	3	169	1	168	4	2	2	—
四　川	3	223	5	218	10	7	3	—
贵　州	—	36	1	35	5	4	1	—
云　南	6	1108	8	1100	11	7	1	3
西　藏	—	—	—	—	1	1	—	—
陕　西	11	57	1	56	3	2	1	—
甘　肃	19	16	5	11	5	5	—	—
青　海	—	31	—	31	1	—	1	—
宁　夏	—	10	4	6	1	1	—	—
新　疆	—	32	8	24	3	2	1	—
新疆兵团	—	—	—	—	—	—	—	—
大兴安岭	—	—	—	—	—	—	—	—

及自然保护区工程建设情况(二)

单位:个、百公顷、人、万元

野生动植物保护管理站	鸟类环志中心(站)个数	野生动物疫源疫病监测站个数	野生动植物科研及监测机构个数	在野生动植物科研及监测机构中各类专业技术人员	从事野生动植物及自然保护区建设的职工人数		野生动植物及自然保护区建设投资完成额		
					个数	其中:各类专业技术人员	合计	其中	
								中央投资	地方投资
2832	**110**	**1385**	**638**	**2957**	**52325**	**17514**	**254454**	**123633**	**72619**
—	—	49	8	9	556	160	1850	868	982
7	—	5	1	24	192	122	2798	300	2498
14	1	14	6	44	957	285	759	579	180
20	1	28	10	27	948	297	2283	1157	1126
51	7	17	12	167	2207	615	8882	8167	715
—	1	6	6	86	735	322	2072	2072	—
165	3	103	33	128	1563	484	2621	1428	1173
109	2	10	35	194	2222	567	5237	4400	503
—	—	—	—	—	7	2	—	—	—
20	1	1	11	47	301	161	1098	761	3
150	15	40	28	133	1623	571	8802	7465	1037
93	7	16	13	73	703	233	944	755	189
10	1	25	1	5	172	58	31395	18	1271
9	4	22	1	6	1365	245	4577	—	15
72	2	20	14	119	1192	458	1867	1537	—
82	—	24	24	27	944	340	1021	642	332
45	—	40	3	35	1626	477	2473	1584	889
69	4	45	36	144	2398	955	9029	1603	1983
17	2	33	13	102	3898	1282	2900	2900	—
44	2	46	18	112	2576	621	2988	2800	188
156	9	71	69	210	2241	795	5234	1667	3567
364	10	246	113	385	6385	1584	17908	7018	5905
80	9	29	25	88	1149	418	10143	2458	5710
38	7	42	14	102	2400	699	20248	3535	12486
9	—	33	4	65	496	140	11371	4523	6848
202	—	39	18	50	729	201	3946	3537	409
450	—	45	18	244	2567	743	14463	11737	2207
143	6	12	4	51	2253	2142	4204	4000	204
191	7	78	22	261	2259	1028	10055	5729	3783
4	—	—	—	—	24	5	53386	33474	15712
88	3	55	7	21	1334	627	4306	2944	1056
37	—	64	9	24	2797	730	1903	1740	163
4	—	29	—	—	544	78	1818	1068	750
31	5	8	7	39	1374	306	1392	500	600
159	5	94	84	127	1075	352	2991	2812	166
1	—	3	1	5	14	5	55	20	30
12	5	19	1	14	259	129	1604	1443	161

各地区林业系统

地区	数量(个)							
	合计	森林生态	湿地生态	荒漠生态	野生植物	野生动物	草原与草甸	自然遗迹
全国合计	**2228**	**1391**	**424**	**35**	**126**	**238**	**4**	**10**
北京	16	11	3	—	—	2	—	—
天津	5	2	3	—	—	—	—	—
河北	33	21	9	—	1	2	—	—
山西	45	21	2	—	3	19	—	—
内蒙古	150	83	32	18	6	7	2	2
辽宁	74	54	16	—	—	4	—	—
吉林	42	20	13	—	6	3	—	—
黑龙江	148	45	71	—	7	22	2	1
上海	1	—	—	—	—	1	—	—
江苏	23	5	15	—	—	3	—	—
浙江	22	12	3	—	2	5	—	—
安徽	97	79	16	—	—	2	—	—
福建	56	36	7	—	6	7	—	—
江西	216	160	17	—	23	12	—	4
山东	66	37	19	—	4	6	—	—
河南	24	11	10	—	—	3	—	—
湖北	58	31	17	—	7	3	—	—
湖南	155	119	29	—	4	3	—	—
广东	270	221	24	—	11	14	—	—
广西	63	47	1	—	4	11	—	—
海南	32	19	7	—	1	5	—	—
重庆	53	23	12	—	9	9	—	—
四川	123	67	31	1	7	17	—	—
贵州	104	92	1	—	7	4	—	—
云南	132	93	14	—	11	11	—	3
西藏	61	18	14	2	2	25	—	—
陕西	48	20	7	1	2	18	—	—
甘肃	49	27	7	5	—	10	—	—
青海	10	3	2	2	—	3	—	—
宁夏	6	4	—	2	—	—	—	—
新疆	46	10	22	4	3	7	—	—

自然保护区分类情况

面积(万公顷)							
合计	森林生态	湿地生态	荒漠生态	野生植物	野生动物	草原与草甸	自然遗迹
12425.03	**3364.58**	**3526.81**	**3585.43**	**177.48**	**1736.03**	**8.11**	**26.59**
13.13	9.59	1.00	—	—	2.54	—	—
5.29	0.15	5.14	—	—	—	—	—
60.89	40.13	14.46	—	1.50	4.80	—	—
106.94	32.79	9.98	—	5.83	58.34	—	—
1048.54	325.08	251.10	396.44	30.96	11.57	7.69	25.70
111.99	60.73	48.49	—	0.00	2.78	—	—
259.95	176.40	54.10	—	15.72	13.73	—	—
601.93	134.86	402.18	—	14.38	50.07	0.42	0.03
2.42	—	—	—	—	2.42	—	—
29.29	0.52	27.76	—	—	1.01	—	—
9.95	7.60	0.68	—	0.96	0.70	—	—
40.46	14.86	23.45	—	—	2.16	—	—
50.52	30.61	6.41	—	2.18	11.31	—	—
110.66	68.32	22.47	—	6.45	12.95	—	0.47
90.32	23.88	58.35	—	1.83	6.27	—	—
50.30	16.60	22.30	—	—	11.40	—	—
93.41	43.25	26.84	—	14.06	9.25	—	—
142.43	88.49	51.87	—	0.71	1.35	—	—
125.56	92.73	21.80	—	3.37	7.66	—	—
128.34	109.30	0.28	—	4.31	14.45	—	—
23.85	19.24	1.05	—	0.17	3.38	—	—
79.08	40.20	7.61	—	15.04	16.23	—	—
734.61	355.74	277.96	2.37	31.88	66.66	—	—
90.96	78.17	0.96	—	3.57	8.26	—	—
266.90	199.25	10.19	—	10.81	46.26	—	0.39
4100.60	689.93	72.02	2984.10	0.07	354.48	—	—
105.51	47.76	10.69	0.67	1.14	45.26	—	—
795.99	303.47	124.04	94.10	—	274.39	—	—
2164.74	91.96	1534.50	37.76	—	500.52	—	—
42.91	27.41	—	15.49	—	—	—	—
937.57	235.55	439.14	54.51	12.53	195.84	—	—

各地区林业系统自然保护区分级情况

地　区	数量(个)					面积(万公顷)					占土地面积比例(%)	占土地面积比例排名
	合计	国家级	省级	市级	县级	合计	国家级	省级	市级	县级		
全国合计	**2228**	**345**	**709**	**316**	**858**	**12425.03**	**8108.37**	**3127.99**	**530.28**	**658.39**	**12.94**	**—**
北　京	16	2	7	7	—	13.13	2.64	6.15	4.34	—	7.81	10
天　津	5	1	3	1	—	5.29	0.10	4.58	0.60	—	4.68	24
河　北	33	9	21	1	2	60.89	21.23	38.29	0.84	0.53	3.26	27
山　西	45	7	38	—	—	106.94	11.68	95.25	—	—	6.85	13
内蒙古	150	24	50	15	61	1048.54	321.02	630.26	19.24	78.03	8.86	8
辽　宁	74	12	22	21	19	111.99	20.11	24.07	51.95	15.86	7.56	11
吉　林	42	14	21	2	5	259.95	100.82	157.66	0.94	0.53	13.87	5
黑龙江	148	33	71	19	25	601.93	263.77	224.36	87.24	26.56	13.24	6
上　海	1	1	—	—	—	2.42	2.42	—	—	—	3.81	26
江　苏	23	1	5	5	12	29.29	0.27	5.44	10.29	13.30	2.86	30
浙　江	22	7	9	—	6	9.95	7.86	1.25	—	0.84	0.98	31
安　徽	97	5	28	2	62	40.46	9.54	24.54	1.21	5.17	2.90	29
福　建	56	14	21	8	13	50.52	20.60	9.27	15.02	5.63	4.16	25
江　西	216	14	32	3	167	110.66	23.11	29.71	3.58	54.26	6.63	17
山　东	66	4	27	25	10	90.32	17.51	35.69	34.71	2.41	5.75	18
河　南	24	10	14	—	—	50.30	33.61	16.69	—	—	3.01	28
湖　北	58	13	21	19	5	93.41	40.97	33.49	13.95	5.00	5.02	23
湖　南	155	22	27	—	106	142.43	62.13	38.11	—	42.19	6.72	16
广　东	270	8	50	83	129	125.56	16.27	35.81	43.33	30.15	6.99	12
广　西	63	18	38	2	5	128.34	33.11	80.77	6.76	7.71	5.44	20
海　南	32	7	17	6	2	23.85	13.71	9.08	0.23	0.83	6.81	14
重　庆	53	6	9	6	32	79.08	26.66	13.03	7.18	32.21	9.60	7
四　川	123	23	51	17	32	734.61	261.38	235.26	68.89	169.08	15.17	4
贵　州	104	7	4	11	82	90.96	22.93	6.07	19.50	42.46	5.17	21
云　南	132	18	35	46	33	266.90	140.33	66.90	41.84	17.84	6.77	15
西　藏	61	8	10	11	32	4100.60	3701.40	254.91	62.73	81.56	33.61	1
陕　西	48	19	24	3	2	105.51	58.44	42.78	2.58	1.72	5.13	22
甘　肃	49	16	32	—	1	795.99	597.88	197.44	—	0.67	17.52	3
青　海	10	7	3	—	—	2164.74	2073.38	91.36	—	—	29.97	2
宁　夏	6	6	—	—	—	42.91	42.91	—	—	—	8.28	9
新　疆	46	9	19	3	15	937.57	160.60	719.78	33.33	23.86	5.65	19

3

产业发展

FOREST INDUSTRIAL DEVELOPMENT

林业产业总产值(一)

(按现行价格计算)　　单位:万元

指　　标	总产值
总　　计	**593627135**
一、第一产业	**202073172**
(一)涉林产业合计	191643469
其中:湿地产业	1171620
1. 林木育种和育苗	17113534
(1)林木育种	1290428
(2)林木育苗	15823106
2. 营造林	18470086
3. 木材和竹材采运	9998305
(1)木材采运	7297348
(2)竹材采运	2700957
4. 经济林产品的种植与采集	119488112
(1)水果种植	59377741
(2)坚果、含油果和香料作物种植	20202817
(3)茶及其他饮料作物的种植	10986200
(4)森林药材种植	8391408
(5)森林食品种植	10877365
(6)林产品采集	9652581
5. 花卉及其他观赏植物种植	21062653
6. 陆生野生动物繁育与利用	5510779
(二)林业系统非林产业	10429703
二、第二产业	**298933386**
(一)涉林产业合计	290962871
其中:湿地产业	1814412
1. 木材加工和木、竹、藤、棕、苇制品制造	114953014
(1)木材加工	21979059
(2)人造板制造	60334140

林业产业总产值(二)

(按现行价格计算) 单位:万元

指　　标	总产值
(3)木制品制造	24575620
(4)竹、藤、棕、苇制品制造	8064195
2. 木、竹、藤家具制造	50417257
3. 木、竹、苇浆造纸和纸制品	54521790
(1)木、竹、苇浆制造	7171751
(2)造纸	27622376
(3)纸制品制造	19727663
4. 林产化学产品制造	6040052
5. 木质工艺品和木质文教体育用品制造	5885991
6. 非木质林产品加工制造业	47810474
(1)木本油料、果蔬、茶饮料等加工制造	34827520
(2)野生动物食品与毛皮革等加工制造	2808256
(3)森林药材加工制造	10174698
7. 其他	11334293
(二)林业系统非林产业	7970515
三、第三产业	**92620577**
(一)涉林产业合计	84483207
其中:湿地产业	2007720
1. 林业生产服务	3626609
2. 林业旅游与休闲服务	67589463
3. 林业生态服务	6153179
4. 林业专业技术服务	2022142
5. 林业公共管理及其他组织服务	5091814
(二)林业系统非林产业	8137370
补充资料:竹产业产值	19229925
油茶产业产值	6328920
林下经济产值	54039375

各地区林业

(按现行

地　区	总　计	第　一					
		合　计	涉　林				
			合　计	其中：湿地产业	林木育种和育苗		
					小　计	林木育种	林木育苗
全国合计	**593627135**	**202073172**	**191643469**	**1171620**	**17113534**	**1290428**	**15823106**
北　京	1422701	974350	973658	1514	48388	2685	45703
天　津	244159	223828	223828	—	5152	265	4887
河　北	14745594	7202539	7171139	—	481940	20557	461383
山　西	4527466	3418049	3402999	—	703340	18708	684632
内蒙古	4177852	1973569	1791966	3881	336931	23354	313577
内蒙古集团	1100767	360862	350510	—	4561	42	4519
辽　宁	16645910	9176981	9008395	27978	648310	121703	526607
吉　林	15500553	3998506	3659856	2432	267061	13158	253903
吉林集团	1524667	292207	277302	—	8930	1121	7809
长白山集团	700589	268012	249749	—	13029	190	12839
黑龙江	14385038	5660970	3955321	892	209127	13483	195644
龙江集团	5013894	1948797	914735	—	11877	3069	8808
上　海	3917852	438955	438955	—	44785	—	44785
江　苏	40843282	10120883	9810954	246863	1528487	216855	1311632
浙　江	37634580	8408883	8389762	1700	1789844	730	1789114
安　徽	28318418	8645971	8385991	117240	1042873	97572	945301
福　建	42773410	7490312	7479212	1100	82165	14357	67808
江　西	30630245	9801482	9298296	21545	698357	36413	661944
山　东	63442512	23021100	22242285	116145	4481386	19347	4462039
河　南	16581934	8206210	7787396	57139	543631	86789	456842
湖　北	23241429	8462121	8019141	27565	495903	78225	417678
湖　南	32254551	10861200	9982695	376881	893208	242992	650216
广　东	71502750	8253893	8131717	6266	92033	8600	83433
广　西	43098962	14747466	12050615	2468	259776	28193	231583
海　南	4691584	2968452	2966866	—	13399	1660	11739
重　庆	6621930	3143447	3041827	5308	285071	81426	203645
四　川	26643488	10078638	9313038	9221	329581	55462	274119
贵　州	8102745	3446566	3383472	27073	237965	18102	219863
云　南	15044874	9714533	9370601	112223	196290	14432	181858
西　藏	264669	233003	233003	—	21641	1277	20364
陕　西	10143985	7892891	7843412	3523	569428	63928	505500
甘　肃	3857148	3361899	3296851	2333	174369	4109	170260
青　海	511686	503389	503389	210	10141	650	9491
宁　夏	1544316	914552	914552	120	182617	784	181833
新　疆	9485483	8333883	8313603	—	433945	4612	429333
新疆兵团	3225558	3182254	3167023	—	48124	3	48121
大兴安岭	826029	394651	258674	—	6390	—	6390

产业总产值(一)

价格计算)

单位:万元

营造林	木材和竹材采运			经济林产品的种植与采集		
	小计	木材采运	竹材采运	小计	水果种植	坚果、含油果和香料作物种植
18470086	**9998305**	**7297348**	**2700957**	**119488112**	**59377741**	**20202817**
382155	9456	9456	—	433503	383658	49545
43916	12046	12046	—	132420	128741	3679
506110	64429	64429	—	5484684	3977242	1215754
725963	7401	7401	—	1914875	1322009	517563
785493	103373	103373	—	445247	202935	43023
174764	63322	63322	—	44656	621	—
492956	147869	147869	—	5898595	2651823	1040674
163057	369795	369795	—	2231914	303681	103007
25429	87727	87727	—	121795	699	6974
24988	98012	98012	—	84252	199	12796
232452	112197	112197	—	3109628	146594	62573
130505	2261	2261	—	758346	1436	1182
57189	2831	1446	1385	292393	289898	—
1770966	296632	281292	15340	3997527	2791764	118385
341120	405859	135162	270697	5152599	2107956	298096
1253404	756155	511937	244218	4330832	1441115	417348
300242	1427657	786197	641460	4486532	1789972	170056
1062006	749919	418955	330964	4942124	2248953	649974
949952	410866	331991	78875	12615001	9994499	1820754
700007	257786	253040	4746	4378725	2180582	650382
835882	236863	179518	57345	5444486	2321804	375349
1645214	554108	450123	103985	5067988	2003765	1122453
371770	783324	559376	223948	4738769	3112159	194741
1294231	1822115	1514644	307471	7102930	4102436	508685
166857	65086	60770	4316	2308446	1068098	732507
443547	100294	63273	37021	1800665	1220075	146999
652032	494984	237191	257793	6386538	2568227	1491610
645923	185035	169767	15268	1920171	680480	208631
510831	526331	424250	102081	7439801	1689312	1704187
140336	36335	36263	72	34691	13693	14600
627055	36581	32693	3888	6393829	4020636	1463868
284810	3497	3413	84	2798215	1887941	631000
62854	1731	1731	—	428253	2753	2797
118823	166	166	—	596340	240610	26666
791157	17584	17584	—	7059711	2484330	4412275
449195	5177	5177	—	2659388	986443	1632586
111776	—	—	—	120680	—	5636

各地区林业

（按现行

地区	第一产业						
	涉林产业						林业系统非林产业
	经济林产品的种植与采集				花卉及其他观赏植物种植	陆生野生动物繁育与利用	
	茶及其他饮料作物的种植	森林药材种植	森林食品种植	林产品采集			
全国合计	**10986200**	**8391408**	**10877365**	**9652581**	**21062653**	**5510779**	**10429703**
北京	—	—	300	—	90777	9379	692
天津	—	—	—	—	30114	180	—
河北	300	143219	79746	68423	412912	221064	31400
山西	—	57642	14006	3655	44498	6922	15050
内蒙古	1588	73490	50593	73618	23335	97587	181603
内蒙古集团	—	1341	9408	33286	—	63207	10352
辽宁	108000	643798	1138259	316041	794942	1025723	168586
吉林	6770	1235730	487815	94911	143578	484451	338650
吉林集团	—	54660	42350	17112	509	32912	14905
长白山集团	—	3064	57635	10558	80	29388	18263
黑龙江	2704	261719	2365156	270882	48014	243903	1705649
龙江集团	—	89051	508098	158579	48	11698	1034062
上海	—	—	1508	987	41757	—	—
江苏	292854	236923	131373	426228	2155649	61693	309929
浙江	1154252	318185	1158730	115380	450332	250008	19121
安徽	1323481	372459	444170	332259	860109	142618	259980
福建	1257325	130809	571293	567077	1143134	39482	11100
江西	584288	208850	469874	780185	1735833	110057	503186
山东	572376	71034	126798	29540	2636372	1148708	778815
河南	566880	412625	307854	260402	1688554	218693	418814
湖北	1065947	369238	1081732	230416	903960	102047	442980
湖南	686443	483707	290852	480768	1614930	207247	878505
广东	257652	143644	319466	711107	2052437	93384	122176
广西	401841	438033	403170	1248765	1104550	467013	2696851
海南	7358	29839	5912	464732	355591	57487	1586
重庆	139390	111544	81833	100824	385534	26716	101620
四川	765566	319919	688526	552690	1179864	270039	765600
贵州	606546	186121	60736	177657	350740	43638	63094
云南	753715	841943	311540	2139104	614134	83214	343932
西藏	—	3198	3200	—	—	—	—
陕西	408366	175976	201173	123810	157049	59470	49479
甘肃	18720	233909	11585	15060	17891	18069	65048
青海	3043	417650	410	1600	62	348	—
宁夏	795	306829	80	21360	15965	641	—
新疆	—	154038	—	9068	9892	1314	20280
新疆兵团	—	40268	—	91	4482	657	15231
大兴安岭	—	9337	69675	36032	144	19684	135977

产业总产值(二)

价格计算)　　　　　　　　　　　　　　　　　　　　　　　　　单位:万元

第二产业							
合计	涉林产业						
	合计	其中:湿地产业	木材加工和木、竹、藤、棕、苇制品制造				
			小计	木材加工	人造板制造	木制品制造	竹、藤、棕、苇制品制造
298933386	**290962871**	**1814412**	**114953014**	**21979059**	**60334140**	**24575620**	**8064195**
31849	29730	—	29730	—	29730	—	—
4020	4020	—	—	—	—	—	—
6653099	6652147	—	3390905	191915	2966836	224285	7869
728487	723223	—	106191	45249	52449	8493	—
1193769	1047643	—	897903	819916	57274	20438	275
175157	30228	—	5288	5288	—	—	—
5008434	4929704	—	2649399	860945	817516	956295	14643
9385959	8636587	56534	2904941	814323	988170	1100451	1997
597494	423763	—	343987	9455	210824	123708	—
194847	89500	—	82672	7285	34243	41144	—
6163879	4727164	2085	2683681	1024593	803640	853177	2271
1498675	445401	—	261474	80870	29485	151119	—
3273133	3273133	—	531322	39067	11433	477043	3779
26102647	24783011	12360	16173265	2823021	11351239	1605325	393680
23328351	23320491	224434	6436301	608071	1433897	3319533	1074800
13990644	13625230	103820	9110680	1384332	5209825	1394892	1121631
33468199	33361298	41000	12051806	1297021	2888811	5346239	2519735
14608584	14002101	1951	4199919	563760	1200659	2072769	362731
35866355	35169107	6160	19106350	3593607	14124844	1092526	295373
6453239	6426025	19968	3162583	581023	2195781	318116	67663
8887066	8729629	26135	2654891	338296	1230556	803050	282989
11702922	10920081	338911	3892117	929185	1070392	1077404	815136
48281531	48150655	2590	7256123	1041797	4343380	1496630	374316
24020202	23155733	863794	12374882	3616135	6941429	1454226	363092
1448391	1447841	—	129409	77441	46374	4459	1135
2041567	1973980	400	606517	183123	224167	125781	73446
8751859	8551863	36444	2576509	507016	1496392	374796	198305
1098703	1069506	46376	501687	196757	121767	125920	57243
3981608	3891230	29600	1119488	352640	490896	258576	17376
7466	7466	—	7466	7466	—	—	—
1177381	1147414	—	350593	67856	216316	52609	13812
192258	182092	1750	8465	4452	2037	1078	898
—	—	—	—	—	—	—	—
366083	366083	100	275	275	—	—	—
594297	590007	—	25850	7341	18109	400	—
11884	11884	—	299	299	—	—	—
121404	68677	—	13766	2436	221	11109	—

各地区林业

（按现行

地区	第二 涉林					
	木、竹、藤家具制造	木、竹、苇浆造纸和纸制品				林产化学产品制造
		小计	木、竹、苇浆制造	造纸	纸制品制造	
全国合计	**50417257**	**54521790**	**7171751**	**27622376**	**19727663**	**6040052**
北京	—	—	—	—	—	—
天津	4020	—	—	—	—	—
河北	533699	30899	1603	25316	3980	37530
山西	28001	14064	3100	600	10364	150
内蒙古	15979	25129	479	—	24650	—
内蒙古集团	—	24650	—	—	24650	—
辽宁	633668	33300	31400	1900	—	23015
吉林	486264	535189	97485	262850	174854	14276
吉林集团	7088	—	—	—	—	9367
长白山集团	2952	—	—	—	—	1552
黑龙江	585416	398198	30592	300991	66615	6950
龙江集团	68119	607	410	77	120	4720
上海	1413578	955176	415575	539601	—	54675
江苏	1352461	4105595	244857	2341254	1519484	242023
浙江	3864676	8590360	669764	4594389	3326207	174397
安徽	1182642	432135	155989	208570	67576	146861
福建	4313692	6886761	1317787	2781257	2787717	915560
江西	7308086	331956	26595	277836	27525	619914
山东	3173900	4993603	1226846	3388622	378135	103290
河南	867821	847618	506495	219556	121567	17533
湖北	997798	2045647	483344	1359614	202689	59534
湖南	1341367	2007763	343691	1480065	184007	203458
广东	16245857	17487862	684504	7203341	9600017	903930
广西	1728126	2468834	160622	1240743	1067469	1967152
海南	43066	810493	500	809993	—	15910
重庆	532305	302087	182151	114078	5858	13541
四川	3178844	989740	471255	402601	115884	54526
贵州	114462	78963	38593	30401	9969	41995
云南	384248	119229	78524	37522	3183	410643
西藏	—	—	—	—	—	—
陕西	76797	29069	—	1276	27793	335
甘肃	8023	—	—	—	—	2300
青海	—	—	—	—	—	—
宁夏	—	110	—	—	110	—
新疆	1285	2010	—	—	2010	—
新疆兵团	85	—	—	—	—	—
大兴安岭	1176	—	—	—	—	10554

产业总产值(三)

价格计算) 单位:万元

木质工艺品和木质文教体育用品制造	非木质林产品加工制造业 小计	木本油料、果蔬、茶饮料等加工制造	野生动物食品与毛皮革等加工制造	森林药材加工制造	其他	林业系统非林产业
5885991	**47810474**	**34827520**	**2808256**	**10174698**	**11334293**	**7970515**
—	—	—	—	—	—	2119
—	—	—	—	—	—	—
12949	2478269	1711011	42019	725239	167896	952
422	563379	556105	1319	5955	11016	5264
65	53524	37316	16208	—	55043	146126
—	—	—	—	—	290	144929
55734	1361180	507049	487553	366578	173408	78730
58258	4522212	861194	125549	3535469	115447	749372
—	46258	37874	1287	7097	17063	173731
—	160	160	—	—	2164	105347
48572	627615	441914	68393	117308	376732	1436715
8510	33778	7897	—	25881	68193	1053274
12660	305722	163831	46519	95372	—	—
224134	2320072	956681	375955	987436	365461	1319636
1878058	2266061	1793705	172517	299839	110638	7860
490530	1995454	1682295	42899	270260	266928	365414
1286721	6339521	5714443	156296	468782	1567237	106901
172792	1227239	1193666	2200	31373	142195	606483
327272	6929034	6751426	10781	166827	535658	697248
101664	1263469	809935	12448	441086	165337	27214
153561	2577825	2086003	43354	448468	240373	157437
211303	2514470	2172913	102031	239526	749603	782841
250370	3332641	1853293	745229	734119	2673872	130876
259879	1999026	1025220	273477	700329	2357834	864469
86768	361449	361449	—	—	746	550
75032	237954	171024	14636	52294	206544	67587
120345	1183432	1046066	27836	109530	448467	199996
15177	250773	221227	2978	26568	66449	29197
41995	1510933	1408805	511	101617	304694	90378
—	—	—	—	—	—	—
1482	566119	483551	16270	66298	123019	29967
248	157205	149013	—	8192	5851	10166
—	—	—	—	—	—	—
—	364862	173555	20910	170397	836	—
—	458473	453156	—	5317	102389	4290
—	11000	11000	—	—	500	—
—	42561	41674	368	519	620	52727

各地区林业

（按现行

地区	第三					
	合计	涉林				
		合计	其中：湿地产业	林业生产服务	林业旅游与休闲服务	林业生态服务
全国合计	**92620577**	**84483207**	**2007720**	**3626609**	**67589463**	**6153179**
北　京	416502	376850	7100	81029	253154	22465
天　津	16311	16311	—	—	16311	—
河　北	889956	826419	—	69210	628577	40143
山　西	380930	352567	4852	37782	95874	122337
内蒙古	1010514	526168	5200	57654	313431	39205
内蒙古集团	564748	92615	—	—	79800	—
辽　宁	2460495	2308106	14629	15189	1696080	143480
吉　林	2116088	1330168	11816	61955	1098566	41999
吉林集团	634966	71978	—	19515	24877	8000
长白山集团	237730	64481	—	14746	16861	6554
黑龙江	2560189	1431627	32107	48231	1001929	109228
龙江集团	1566422	597700	807	11985	480882	4852
上　海	205764	205764	—	—	119769	81261
江　苏	4619752	4511741	359173	379704	2770430	572261
浙　江	5897346	5893176	31907	60985	5440213	232181
安　徽	5681803	5364294	209756	238794	3789367	750204
福　建	1814899	1812729	4230	51243	1410759	102448
江　西	6220179	5970173	33419	173176	4851852	590575
山　东	4555057	4259113	267279	253024	3023306	560767
河　南	1922485	1908551	33200	38838	1359012	352303
湖　北	5892242	5292394	65178	770887	3570122	356691
湖　南	9690429	8910863	425257	601317	6447535	958954
广　东	14967326	14451329	311000	50958	13694563	269230
广　西	4331294	3060129	15450	227016	2446687	100137
海　南	274741	273935	792	10049	238592	3167
重　庆	1436916	1393043	13805	25963	1214888	65786
四　川	7812991	7289530	15383	50821	6944386	149194
贵　州	3557476	3296977	115617	84280	2958645	165798
云　南	1348733	1103137	16740	72403	684769	78620
西　藏	24200	24200	—	—	24200	—
陕　西	1073713	1009497	3600	28923	681451	207384
甘　肃	302991	261870	1625	43212	76860	11655
青　海	8297	8297	—	282	7885	130
宁　夏	263681	261351	1156	67637	184014	9520
新　疆	557303	548544	5570	15279	408582	13176
新疆兵团	31420	31420	5000	320	28315	—
大兴安岭	309974	204354	1879	10768	137654	2880

产业总产值(四)

价格计算)

单位:万元

产　业			补充资料		
产　业					
林业专业技术服务	林业公共管理及其他组织服务	林业系统非林产业	竹产业产值	油茶产业产值	林下经济产值
2022142	**5091814**	**8137370**	**19229925**	**6328920**	**54039375**
2471	17731	39652	—	—	12716
—	—	—	—	—	1479
25838	62651	63537	—	—	377528
5902	90672	28363	—	—	18739
26149	89729	484346	—	—	418133
10048	2767	472133	—	—	118189
169152	284205	152389	—	—	698867
32973	94675	785920	—	—	1783924
7690	11896	562988	—	—	104977
1122	25198	173249	—	—	129689
40343	231896	1128562	—	—	2812842
24330	75651	968722	—	—	1618895
—	4734	—	—	—	277
221721	567625	108011	7972	60	341452
28891	130906	4170	4201219	304853	14977113
123523	462406	317509	1653269	250949	2105187
18748	229531	2170	4825894	308682	3881523
72075	282495	250006	3223149	2066278	1791438
272559	149457	295944	—	—	2751034
52123	106275	13934	6187	27204	1795198
148495	446199	599848	343259	333837	774340
399870	503187	779566	2064032	2238728	2236158
2466	434112	515997	108239	169395	280573
65758	220531	1271165	404153	448944	6650298
2553	19574	806	2125	42349	224974
24027	62379	43873	171139	13323	601962
84956	60173	523461	1966161	24966	6051124
18444	69810	260499	191623	47744	520840
78679	188666	245596	59354	39893	1767419
—	—	—	—	—	15144
35886	55853	64216	2108	11715	591149
28722	101421	41121	42	—	245881
—	—	—	—	—	410
165	15	2330	—	—	7440
30732	80775	8759	—	—	73501
2785	—	—	—	—	17667
8921	44131	105620	—	—	230712

全国主要林产工业产品产量2015年与2014年比较

主要指标	单 位	2015年	2014年	2015年比 2014年增减(%)
木材产量	万立方米	7218.21	8233.30	-12.33
1.原木	万立方米	6546.35	7553.46	-13.33
2.薪材	万立方米	671.86	679.84	-1.17
竹材产量	万根	235466.04	222439.93	5.86
锯材产量	万立方米	7430.38	6836.98	8.68
人造板产量	万立方米	28679.52	27371.79	4.78
1.胶合板	万立方米	16546.25	14970.03	10.53
2.纤维板	万立方米	6618.53	6462.63	2.41
3.刨花板	万立方米	2030.19	2087.53	-2.75
4.其他人造板	万立方米	3484.56	3851.59	-9.53
木竹地板产量	万平方米	77355.85	76022.40	1.75
松香类产品产量	吨	1742521	1700727	2.46
栲胶类产品产量	吨	7584	5013	51.29
紫胶类产品产量	吨	3344	4645	-28.01

全国主要木材、竹材产品产量

产品名称	单　位	全部产量
木材及竹材采伐产品		
一、商品材	**万立方米**	**7218.21**
其中:热带木材	万立方米	1098.85
针叶木材	万立方米	1403.39
1.原木	万立方米	6546.35
2.薪材	万立方米	671.86
按来源分:		
1.天然林	万立方米	527.79
2.人工林	万立方米	6690.42
按用途分:		
1.直接用原木	万立方米	1797.26
2.加工用材	万立方米	4122.45
3.造纸用材	万立方米	831.08
4.其他	万立方米	467.43
按生产单位分:		
1.系统内国有企业单位生产的木材	万立方米	419.50
2.系统内国有林场、事业单位生产的木材	万立方米	1302.86
3.系统外企、事业单位采伐自营林地的木材	万立方米	366.77
4.乡(镇)集体企业及单位生产的木材	万立方米	538.88
5.村及村以下各级组织和农民个人生产的木材	万立方米	4590.20
二、非商品材	**万立方米**	**2961.56**
1.农民自用材采伐量	万立方米	733.43
2.农民烧材采伐量	万立方米	2228.14
三、竹材		
(一)大径竹	万根	235466.04
其中:村及村以下各级组织和农民个人生产的大径竹	万根	136463.32
1.毛竹	万根	136748.93
2.其他	万根	98717.11
(二)小杂竹	万吨	1125.25

注:大径竹一般指直径在5厘米以上,以根为计量单位的竹材。

各地区主要木材、

地区	木材及竹材									
	商品									
	合计	其中		原木	薪材	按来源分		按用途分		
		热带木材	针叶木材			天然林	人工林	直接用原木	加工用材	造纸用材
全国合计	**7218.21**	**1098.85**	**1403.39**	**6546.35**	**671.86**	**527.79**	**6690.42**	**1797.26**	**4122.45**	**831.08**
北　京	12.92	—	0.18	7.81	5.11	0.04	12.88	11.28	1.08	—
天　津	17.04	—	—	17.04	—	—	17.04	—	—	—
河　北	80.45	—	2.56	63.87	16.57	8.58	71.87	9.03	62.35	0.62
山　西	14.10	—	1.05	10.16	3.94	4.44	9.67	8.52	0.93	—
内蒙古	142.62	—	43.52	136.32	6.30	73.59	69.03	30.46	65.24	3.46
内蒙古集团	77.97	—	41.39	75.98	2.00	70.40	7.57	16.04	18.59	2.60
辽　宁	165.92	—	23.28	145.83	20.09	4.92	161.00	88.72	68.00	2.23
吉　林	287.87	—	32.64	284.50	3.37	169.39	118.48	112.73	165.06	0.27
吉林集团	41.96	—	2.50	41.74	0.22	37.24	4.72	1.66	37.40	—
长白山集团	58.16	—	6.00	58.10	0.06	57.66	0.50	4.49	51.64	0.01
黑龙江	156.77	—	23.23	148.11	8.67	60.44	96.34	98.88	46.24	4.34
龙江集团	4.01	—	0.12	3.63	0.38	0.93	3.08	3.18	0.44	0.37
上　海	—	—	—	—	—	—	—	—	—	—
江　苏	131.82	—	0.71	122.59	9.23	0.01	131.81	34.37	89.96	3.86
浙　江	123.68	—	73.81	121.69	1.99	—	123.68	46.00	67.27	0.79
安　徽	457.96	—	88.03	399.29	58.67	20.62	437.35	175.64	252.48	8.78
福　建	496.99	—	203.58	448.14	48.86	8.54	488.46	151.23	296.67	14.59
江　西	232.16	—	190.76	217.73	14.43	30.29	201.87	72.27	139.75	8.83
山　东	364.01	—	0.44	310.50	53.51	—	364.01	74.10	257.88	16.08
河　南	228.88	—	0.06	205.65	23.23	0.17	228.72	9.71	199.26	3.37
湖　北	227.13	—	23.97	187.89	39.24	7.64	219.49	39.81	176.88	7.51
湖　南	262.75	—	60.83	243.40	19.35	7.52	255.23	88.62	144.22	18.62
广　东	790.83	127.90	149.91	711.74	79.09	9.24	781.59	280.66	371.57	106.02
广　西	2105.72	800.60	256.49	1940.10	165.62	11.40	2094.32	121.67	1306.89	528.48
海　南	124.47	124.47	1.52	107.83	16.64	0.20	124.27	28.05	42.15	34.17
重　庆	50.08	—	11.47	39.57	10.51	5.72	44.37	13.98	14.89	12.97
四　川	169.72	—	33.70	150.46	19.26	1.17	168.55	85.48	75.70	0.54
贵　州	175.28	—	87.17	168.35	6.93	6.88	168.40	52.86	110.17	9.78
云　南	348.47	45.87	92.21	309.54	38.93	90.79	257.68	131.70	151.26	45.61
西　藏	4.16	—	—	4.16	—	4.16	—	—	4.16	—
陕　西	6.82	—	1.36	5.87	0.95	0.14	6.68	3.03	3.56	0.12
甘　肃	3.35	—	0.03	3.35	—	0.24	3.11	1.60	0.88	—
青　海	1.25	—	—	1.18	0.07	0.20	1.05	0.26	0.92	0.06
宁　夏	1.05	—	—	0.78	0.27	—	1.05	—	0.78	—
新　疆	33.93	—	0.88	32.88	1.04	1.49	32.44	26.61	6.25	—
新疆兵团	10.64	—	—	10.64	—	—	10.64	8.56	2.08	—
大兴安岭	—	—	—	—	—	—	—	—	—	—

竹材产品产量(一)

单位:万立方米

采伐产品								
材						非商品材		
	按生产单位分							
其他	系统内国有企业单位生产的木材	系统内国有林场、事业单位生产的木材	系统外企、事业单位采伐自营林地的木材	乡(镇)集体企业及单位生产的木材	村及村以下各级组织和农民个人生产的木材	合计	农民自用材采伐量	农民烧材采伐量
467.43	**419.50**	**1302.86**	**366.77**	**538.88**	**4590.20**	**2961.56**	**733.43**	**2228.14**
0.56	—	0.02	1.06	1.29	10.55	11.28	11.18	0.10
17.04	—	—	—	—	17.04	—	—	—
8.45	—	29.24	0.02	2.90	48.29	17.03	2.71	14.32
4.65	0.29	6.98	—	0.17	6.66	0.96	0.78	0.18
43.46	78.07	8.11	2.22	1.73	52.49	5.45	4.99	0.46
40.74	77.97	—	—	—	—	—	—	—
6.97	14.06	42.73	0.15	38.43	70.55	30.83	12.18	18.64
9.81	126.56	73.69	9.65	20.77	57.21	—	—	—
2.90	41.96	—	—	—	—	—	—	—
2.03	58.16	—	—	—	—	—	—	—
7.32	6.86	95.23	1.81	6.06	46.82	7.15	7.12	0.03
0.02	4.01	—	—	—	—	—	—	—
—	—	—	—	—	—	—	—	—
3.62	—	14.31	8.61	23.34	85.56	16.06	11.97	4.08
9.63	0.04	12.35	0.26	14.81	96.22	24.24	6.11	18.14
21.07	0.95	39.82	3.07	21.59	392.54	108.90	54.31	54.58
34.50	54.29	81.14	8.39	34.64	318.53	1029.01	91.03	937.98
11.30	14.69	73.74	10.89	16.81	116.03	65.53	16.69	48.85
15.95	1.53	6.81	0.15	14.09	341.43	18.43	12.22	6.21
16.55	0.64	7.09	5.20	10.74	205.22	74.80	40.58	34.21
2.93	1.59	13.81	5.66	14.27	191.81	99.83	45.87	53.96
11.29	15.85	40.37	11.69	36.70	158.14	88.92	23.36	65.57
32.58	5.40	92.08	75.83	42.43	575.09	8.01	0.79	7.21
148.68	7.26	582.52	157.12	124.58	1234.24	544.57	195.96	348.61
20.11	39.76	1.34	27.05	13.56	42.76	4.44	2.35	2.08
8.24	—	11.07	0.77	14.33	23.91	16.60	9.53	7.07
8.00	1.47	15.30	6.31	15.36	131.29	96.51	28.14	68.36
2.47	1.25	21.71	3.69	25.73	122.89	13.30	4.54	8.76
19.91	37.99	26.09	26.15	42.98	215.26	576.75	104.82	471.93
—	—	4.16	—	—	—	45.09	20.24	24.86
0.11	0.22	0.73	0.04	0.62	5.21	50.52	19.57	30.94
0.87	0.05	0.94	0.06	0.42	1.88	0.58	0.46	0.12
0.01	—	—	0.05	—	1.20	1.24	1.20	0.04
0.27	0.03	—	0.75	0.05	0.22	0.40	0.40	—
1.06	10.64	1.49	0.14	0.48	21.19	5.16	4.32	0.83
—	10.64	—	—	—	—	—	—	—
—	—	—	—	—	—	—	—	—

各地区主要木材、竹材产品产量(二)

单位:万立方米

地区	木材及竹材采伐产品				
	竹　材				
	大径竹(万根)				小杂竹(万吨)
	合计	其中:村及村以下各级组织和农民个人生产的大径竹	毛竹	其他	
全国合计	**235466.04**	**136463.32**	**136748.93**	**98717.11**	**1125.25**
北　京	—	—	—	—	—
天　津	—	—	—	—	—
河　北	—	—	—	—	—
山　西	—	—	—	—	—
内蒙古	—	—	—	—	—
内蒙古集团	—	—	—	—	—
辽　宁	—	—	—	—	—
吉　林	—	—	—	—	—
吉林集团	—	—	—	—	—
长白山集团	—	—	—	—	—
黑龙江	—	—	—	—	—
龙江集团	—	—	—	—	—
上　海	—	—	—	—	0.05
江　苏	408.00	210.30	261.51	146.49	4.88
浙　江	19744.69	12799.18	18960.04	784.65	51.37
安　徽	15724.15	5745.10	12673.65	3050.50	64.17
福　建	71532.00	70062.00	46572.00	24960.00	221.39
江　西	18550.57	4342.50	17079.07	1471.50	15.37
山　东	—	—	—	—	—
河　南	153.89	135.89	153.89	—	15.13
湖　北	3123.76	1290.74	2343.13	780.63	10.55
湖　南	6398.59	3288.24	5564.83	833.75	9.50
广　东	12753.70	6301.48	4093.83	8659.86	194.99
广　西	52627.28	22369.73	17504.77	35122.50	70.15
海　南	829.48	46.30	37.99	791.49	0.13
重　庆	7692.41	674.77	970.52	6721.89	63.35
四　川	8163.39	4979.94	1476.01	6687.38	330.93
贵　州	1657.09	400.14	1310.73	346.36	6.17
云　南	15501.28	3779.02	7198.73	8302.55	65.56
西　藏	—	—	—	—	—
陕　西	605.78	38.00	548.24	57.55	1.41
甘　肃	—	—	—	—	0.15
青　海	—	—	—	—	—
宁　夏	—	—	—	—	—
新　疆	—	—	—	—	—
新疆兵团	—	—	—	—	—
大兴安岭	—	—	—	—	—

全国主要经济林产品生产情况

单位：吨

指　　标	产　量
各类经济林产品总量	**173562693**
一、水果	**146124304**
1. 苹果	40786836
2. 柑橘	30782937
3. 梨	18877400
4. 葡萄	14059995
5. 桃	13669176
6. 杏	2554815
7. 荔枝	2486821
8. 龙眼	1715443
9. 猕猴桃	1219587
10. 其他水果	19971294
二、干果	**10435165**
1. 板栗	2342054
2. 枣(干重)	5401925
3. 柿子(干重)	1151519
4. 仁用杏(大扁杏等甜杏仁)	116240
5. 榛子	125827
6. 松子	105941
7. 其他干果	1191659
三、林产饮料产品(干重)	**2161369**
1. 毛茶	1881176
2. 其他林产饮料产品	280193
四、林产调料产品(干重)	**671697**
1. 花椒	398224
2. 八角	147545
3. 桂皮	76080
4. 其他林产调料产品	49848
五、森林食品	**4235865**
1. 竹笋干	771623
2. 食用菌(干重)	2734563
3. 山野菜(干重)	397448
4. 其他森林食品(干重)	332231
六、森林药材	**2452871**
1. 银杏(白果)	115945
2. 山杏仁(苦杏仁)	176900
3. 杜仲	184406
4. 黄柏	44733
5. 厚朴	203564
6. 山茱萸	47665
7. 枸杞	293220
8. 沙棘	27061
9. 五味子	48608
10. 其他森林药材	1310769
七、木本油料	**5600282**
1. 油茶籽	2163492
2. 核桃	3331703
3. 油橄榄	27907
4. 油用牡丹籽	22572
5. 其他木本油料	54608
八、林产工业原料	**1881140**
1. 生漆	22806
2. 油桐籽	412042
3. 乌桕籽	32179
4. 五倍子	25081
5. 棕片	59145
6. 松脂	1326292
7. 紫胶(原胶)	3595

各地区主要经济林

地 区	各类经济林产品总量	水果产品								
		合 计	苹果	柑橘	梨	葡萄	桃	杏	荔枝	龙眼
全国合计	**173562693**	**146124304**	**40786836**	**30782937**	**18877400**	**14059995**	**13669176**	**2554815**	**2486821**	**1715443**
北 京	796869	714378	90254	—	139329	40331	381034	24119	—	—
天 津	276208	273409	47650	—	39836	81040	57248	3141	—	—
河 北	14475246	13110166	3665784	—	5059899	1659871	1931515	289005	—	—
山 西	5644604	4792366	3094502	—	805059	233958	465407	136768	—	—
内蒙古	579746	485752	129443	—	46690	75982	4006	31604	—	—
内蒙古集团	14644	1493	—	—	—	—	—	—	—	—
辽 宁	7295179	6046864	2816214	—	1421175	802810	570668	88618	—	—
吉 林	966065	649273	197506	—	127309	204917	1164	4889	—	—
吉林集团	11623	100	—	—	—	—	—	—	—	—
长白山集团	16659	280	—	—	260	20	—	—	—	—
黑龙江	810642	235139	107528	—	29264	57034	129	551	—	—
龙江集团	195554	4447	—	—	—	741	—	—	—	—
上 海	330555	330371	11	117189	28660	98369	78878	38	—	—
江 苏	3109361	2939779	612285	33870	770482	698723	648787	24193	—	—
浙 江	4941679	4332364	—	1966096	431465	717686	397641	—	—	—
安 徽	3634059	3052108	390796	41321	1160365	463833	725691	25274	—	—
福 建	7386354	5821911	25586	2376235	234945	166565	260362	—	471250	230193
江 西	5325373	4533632	626	4004673	172927	85051	74879	296	—	—
山 东	20287037	18795928	9906038	—	1590459	1510854	3915445	312054	—	—
河 南	7364155	6310410	3127715	114329	1190216	498455	839146	143131	—	—
湖 北	7834148	6398689	14746	4281452	572576	354611	1062078	12861	—	—
湖 南	6497888	4930582	—	3864751	196741	331909	137886	655	—	—
广 东	8527615	7855914	—	2761507	85832	1305	57137	—	1176109	727627
广 西	13135119	11395041	—	4873233	1095813	449652	285168	238	646146	611375
海 南	2379723	1824125	—	56552	—	—	1773	—	158810	61806
重 庆	3088114	2820288	7064	1883523	314151	139755	108598	11618	425	20115
四 川	6960759	5800183	609460	2926881	643773	325663	485867	12272	15323	55431
贵 州	2200753	1553692	51697	359633	323728	278315	226900	2651	870	770
云 南	8523731	5798087	306761	595129	540494	798919	246242	1764	17888	8126
西 藏	11149	7312	2905	154	2216	850	685	6	—	—
陕 西	11468448	9627151	6992049	519409	334843	356249	317394	94842	—	—
甘 肃	8931841	8393996	6833071	7000	366337	792253	200560	108770	—	—
青 海	104468	2827	896	—	1249	12	109	360	—	—
宁 夏	970546	821640	612973	—	19127	142311	11421	29525	—	—
新 疆	9682275	6470927	1143276	—	1132440	2692712	175358	1195572	—	—
新疆兵团	2836062	1792579	458417	—	413192	803631	67160	39994	—	—
大兴安岭	22984	—	—	—	—	—	—	—	—	—

产品生产情况(一)

单位:吨

		干果产品							
猕猴桃	其他水果	合　计	板栗	枣（干重）	柿子（干重）	仁用杏（大扁杏等甜杏仁）	榛子	松子	其他干果
1219587	**19971294**	**10435165**	**2342054**	**5401925**	**1151519**	**116240**	**125827**	**105941**	**1191659**
26	39285	77579	24311	11718	26513	5573	—	—	9464
—	44494	1365	1365	—	—	—	—	—	—
1740	502352	1101805	327482	554277	174209	30263	8614	3	6957
35	56637	615132	2564	482686	51309	20163	—	331	58079
—	198027	48318	—	910	—	14688	11712	9056	11952
—	1493	9174	—	—	—	—	118	9056	—
18	347361	750302	138262	235495	—	34775	94144	31396	216230
185	113303	31296	1253	—	—	89	6751	21510	1693
—	100	1418	—	—	—	—	29	1158	231
—	—	3228	—	—	—	—	—	3222	6
—	40633	19443	—	—	—	—	3695	14368	1380
—	3706	8577	—	—	—	—	662	6751	1164
1692	5534	—	—	—	—	—	—	—	—
7927	143512	73738	24237	12275	35052	635	—	—	1539
56998	762478	105285	86827	1298	9019	—	—	—	8141
19011	225817	144364	105870	12283	23548	200	—	—	2463
8504	2048271	264088	134893	125	122740	—	—	—	6330
28007	167173	37919	31076	737	2895	—	—	—	3211
6024	1555054	949114	313346	371400	127950	119	33	—	136266
64956	332462	376291	114805	119778	137279	1693	—	—	2736
26328	74037	474157	412402	31095	24619	11	—	—	6030
61391	337249	132418	101655	18131	10668	—	—	—	1964
3870	3042527	59975	21229	3300	28728	—	—	—	6718
5589	3427827	234662	101606	11365	121431	—	—	—	260
—	1545184	462917	—	—	—	—	—	—	462917
28449	306590	25513	16470	2785	1984	—	—	1143	3131
182735	542778	60280	38081	5629	6076	75	—	7036	3383
68635	240493	72496	58015	2930	4875	—	—	763	5913
7876	3274888	308284	200416	1975	28244	—	667	13645	63337
—	496	—	—	—	—	—	—	—	—
639451	372914	1174266	83272	850499	205821	4674	—	4104	25896
140	85865	217376	2617	159866	8559	1855	—	1388	43091
—	201	—	—	—	—	—	—	—	—
—	6283	66877	—	62338	—	11	—	—	4528
—	131569	2548496	—	2449030	—	1416	—	—	98050
—	10185	1014746	—	1013342	—	707	—	—	697
—	—	1409	—	—	—	—	211	1198	—

各地区主要经济林

地区	林产饮料产品(干重)			林产调料产品(干重)				
	合计	毛茶	其他林产饮料产品	合计	花椒	八角	桂皮	其他林产调料产品
全国合计	**2161369**	**1881176**	**280193**	**671697**	**398224**	**147545**	**76080**	**49848**
北京	—	—	—	46	46	—	—	—
天津	—	—	—	5	5	—	—	—
河北	5	5	—	10726	10726	—	—	—
山西	—	—	—	14315	13683	—	—	632
内蒙古	—	—	—	—	—	—	—	—
内蒙古集团	—	—	—	—	—	—	—	—
辽宁	—	—	—	—	—	—	—	—
吉林	—	—	—	—	—	—	—	—
吉林集团	—	—	—	—	—	—	—	—
长白山集团	—	—	—	—	—	—	—	—
黑龙江	2300	—	2300	—	—	—	—	—
龙江集团	—	—	—	—	—	—	—	—
上海	—	—	—	—	—	—	—	—
江苏	13576	13576	—	175	175	—	—	—
浙江	179114	168955	10159	—	—	—	—	—
安徽	109328	105366	3962	500	277	—	1	222
福建	326680	326220	460	936	—	—	—	936
江西	45626	45348	278	196	8	26	39	123
山东	118521	26148	92373	50411	42876	—	—	7535
河南	17879	17150	729	30177	30142	—	—	35
湖北	203299	200478	2821	5232	3693	29	237	1273
湖南	103862	99981	3881	1264	1021	75	145	23
广东	65386	51307	14079	42261	—	4900	37361	—
广西	65513	64118	1395	176152	17270	122690	36118	74
海南	757	290	467	27504	306	—	—	27198
重庆	17300	17118	182	48293	47463	178	100	552
四川	142883	140135	2748	56914	56657	148	13	96
贵州	180714	179116	1598	9071	7770	175	425	701
云南	511773	374696	137077	68896	37492	19318	1638	10448
西藏	—	—	—	5	5	—	—	—
陕西	49994	49910	84	66254	66245	6	3	—
甘肃	1259	1259	—	62259	62259	—	—	—
青海	2000	—	2000	30	30	—	—	—
宁夏	3600	—	3600	75	75	—	—	—
新疆	—	—	—	—	—	—	—	—
新疆兵团	—	—	—	—	—	—	—	—
大兴安岭	—	—	—	—	—	—	—	—

产品生产情况(二)

单位:吨

森林食品					森林药材								
合 计	竹笋干	食用菌（干重）	山野菜（干重）	其他森林食品（干重）	合 计	银杏（白果）	山杏仁（苦杏仁）	杜仲	黄柏	厚朴	山茱萸	枸杞	沙棘
4235865	**771623**	**2734563**	**397448**	**332231**	**2452871**	**115945**	**176900**	**184406**	**44733**	**203564**	**47665**	**293220**	**27061**
—	—	—	—	—	—	—	—	—	—	—	—	—	—
—	—	—	—	—	—	—	—	—	—	—	—	—	—
10347	—	5262	4427	658	67715	—	27213	—	1	—	—	12097	4650
17372	—	12339	175	4858	48032	—	8818	180	—	—	1416	—	1330
25200	—	16280	8008	912	20456	—	840	—	—	—	—	13514	2003
3759	—	144	3615	—	218	—	—	—	—	—	—	—	—
279490	—	199346	75591	4553	154916	120	136067	—	—	—	—	1261	2965
168327	—	94657	63248	10422	87705	—	—	—	—	—	—	—	—
6065	—	4141	1809	115	3164	—	—	—	—	—	—	—	—
11859	—	10125	1574	160	1115	—	—	—	—	—	—	—	—
508599	—	385493	67016	56090	44150	—	320	—	—	—	—	33	696
155635	—	80664	57373	17598	26402	—	—	—	—	—	—	—	—
184	184	—	—	—	—	—	—	—	—	—	—	—	—
27590	721	23905	2964	—	53716	26711	—	212	—	—	1	2	—
223212	160779	59112	3189	132	18163	1917	—	577	—	1926	5241	—	—
104803	31272	57139	7746	8646	43947	2101	—	2349	189	539	879	82	—
603081	175462	378340	46418	2861	80930	1735	—	—	—	9492	—	—	—
116999	45588	58735	7925	4751	34470	331	—	6311	122	3638	48	—	—
113059	—	40717	7266	65076	27190	15655	—	620	—	—	—	—	—
193995	1101	163017	19680	10197	179685	2394	—	17729	805	370	31534	2019	—
234693	18237	179300	24218	12938	186685	21184	—	17431	6552	13884	1600	619	—
158710	38251	32722	9399	78338	250061	2716	—	91438	4698	119608	112	1	—
72718	39805	32358	261	294	28148	774	—	—	—	283	—	—	—
242062	35871	203225	1174	1792	130515	8861	—	2593	43	3493	—	98	—
19057	365	410	—	18282	28133	—	—	—	—	—	—	—	—
46684	27539	15819	1408	1918	91517	1298	—	7825	11204	7374	126	396	—
252380	138195	73494	14935	25756	133768	15453	—	18079	15814	33323	255	91	—
77117	—	63225	8031	5861	50567	6760	1293	8145	4559	2497	454	143	—
624003	23052	587322	7046	6583	194476	159	—	423	249	1	—	1	—
37	—	37	—	—	—	—	—	—	—	—	—	—	—
92897	35191	40700	12460	4546	177229	7613	2052	10293	429	7025	5952	162	2010
6359	10	3561	2313	475	75069	163	100	201	68	111	47	50426	450
—	—	—	—	—	98795	—	—	—	—	—	—	93625	5000
—	—	—	—	—	78102	—	197	—	—	—	—	77905	—
—	—	—	—	—	64046	—	—	—	—	—	—	40745	7957
—	—	—	—	—	10692	—	—	—	—	—	—	8597	2095
16890	—	8048	2550	6292	4685	—	—	—	—	—	—	—	—

各地区主要经济林

地区			木本油料						
	五味子	其他森林药材	合计	油茶籽	核桃	油橄榄	油用牡丹籽	其他木本油料
全国合计	**48608**	**1310769**	**5600282**	**2163492**	**3331703**	**27907**	**22572**	**54608**
北京	—	—	4866	—	4866	—	—	—
天津	—	—	1429	—	1429	—	—	—
河北	—	23754	174482	—	173361	—	6	1115
山西	—	36288	157387	—	157297	—	—	90
内蒙古	—	4099	20	—	—	—	—	20
内蒙古集团	—	218	—	—	—	—	—	—
辽宁	2848	11655	63607	—	60927	—	—	2680
吉林	22962	64743	29464	—	29464	—	—	—
吉林集团	171	2993	876	—	876	—	—	—
长白山集团	637	478	177	—	177	—	—	—
黑龙江	11696	31405	1011	—	1011	—	—	—
龙江集团	9138	17264	493	—	493	—	—	—
上海	—	—	—	—	—	—	—	—
江苏	1	26789	787	—	787	—	—	—
浙江	—	8502	82321	64353	17968	—	—	—
安徽	19	37789	159744	78327	74454	—	6801	162
福建	200	69503	140895	138338	181	—	—	2376
江西	10	24010	425416	425108	218	—	—	90
山东	—	10915	232814	—	219717	—	10492	2605
河南	1400	123434	162003	24324	131614	—	1665	4400
湖北	5115	120300	237790	141857	94357	—	1450	126
湖南	138	31350	838415	824341	13053	1	40	980
广东	26	27065	154110	149374	—	450	—	4286
广西	—	115427	196601	191670	1756	—	—	3175
海南	—	28133	1971	1971	—	—	—	—
重庆	534	62760	27832	5302	18102	363	15	4050
四川	3	50750	491255	20708	458435	7000	—	5112
贵州	665	26051	147273	71790	74791	—	—	692
云南	189	193454	851750	16944	824527	74	—	10205
西藏	—	—	3795	—	3795	—	—	—
陕西	2276	139417	238137	9085	221074	2	2075	5901
甘肃	24	23479	175233	—	148863	20017	28	6325
青海	—	170	816	—	816	—	—	—
宁夏	—	—	252	—	252	—	—	—
新疆	—	15344	598806	—	598588	—	—	218
新疆兵团	—	—	18045	—	18045	—	—	—
大兴安岭	502	4183	—	—	—	—	—	—

产品生产情况(三)

单位:吨

林产工业原料							
合　计	生漆	油桐籽	乌桕籽	五倍子	棕片	松脂	紫胶（原胶）
1881140	**22806**	**412042**	**32179**	**25081**	**59145**	**1326292**	**3595**
—	—	—	—	—	—	—	—
—	—	—	—	—	—	—	—
—	—	—	—	—	—	—	—
—	—	—	—	—	—	—	—
—	—	—	—	—	—	—	—
—	—	—	—	—	—	—	—
—	—	—	—	—	—	—	—
—	—	—	—	—	—	—	—
—	—	—	—	—	—	—	—
—	—	—	—	—	—	—	—
—	—	—	—	—	—	—	—
—	—	—	—	—	—	—	—
—	—	—	—	—	—	—	—
—	—	—	—	—	—	—	—
1220	—	152	—	—	452	616	—
19265	199	2507	118	55	3906	12480	—
147833	324	24299	874	1677	16178	104230	251
131115	58	18267	214	46	2098	110432	—
—	—	—	—	—	—	—	—
93715	2111	79182	8235	4173	—	14	—
93603	4092	24081	14136	2937	2183	46174	—
82576	826	32985	1133	1555	6713	39364	—
249103	705	7500	900	291	3463	235109	1135
694573	43	83214	52	132	3585	607547	—
15259	—	—	—	—	176	15083	—
10687	1194	6450	538	2037	438	30	—
23096	489	17934	1199	509	1683	1282	—
109823	8600	68312	2653	6881	5341	17869	167
166462	685	19343	2	116	9953	134474	1889
—	—	—	—	—	—	—	—
42520	3445	27764	2125	4483	2962	1588	153
290	35	52	—	189	14	—	—
—	—	—	—	—	—	—	—
—	—	—	—	—	—	—	—
—	—	—	—	—	—	—	—
—	—	—	—	—	—	—	—
—	—	—	—	—	—	—	—

国家储备林基地及速生丰产用材林建设情况(一)

指　　标	单位	本年实际
一、国家储备林基地建设情况		
（一）营造林面积	公顷	57117
1. 集约人工林栽培面积	公顷	14106
①人工造林面积	公顷	8682
②人工更新面积	公顷	5424
2. 森林改培面积	公顷	13915
3. 森林抚育面积	公顷	29096
（二）按树种分：		
1. 一般树种	公顷	42729
2. 珍稀树种	公顷	14388
（三）按培育周期分：		
1. 短周期（10 年以下）	公顷	16901
2. 中长周期（11～30 年）	公顷	29950
3. 长周期（30 年以上）	公顷	10266
（四）全部林业投资完成额	万元	164517
1. 中央投资	万元	18473
2. 地方配套投资	万元	6604
3. 国内贷款	万元	81
4. 利用外资	万元	100
5. 自筹资金	万元	138909
6. 其他	万元	350

国家储备林基地及速生丰产用材林建设情况（二）

指　　标	单位	本年实际
二、速生丰产用材林建设情况		
（一）营造林面积	公顷	263250
1. 人工造林面积	公顷	179575
其中：非林业用地造林	公顷	10353
2. 人工更新面积	公顷	69116
3. 森林改培面积	公顷	14559
（二）按培育目的分：		
1. 浆纸原料林	公顷	27182
2. 人造板原料林	公顷	132705
3. 大径级和珍贵树种用材林	公顷	62633
4. 其他	公顷	40730
（三）全部林业投资完成额	万元	418084
1. 国家投资	万元	33334
2. 国内贷款	万元	8130
3. 利用外资	万元	3801
4. 自筹资金	万元	342009
5. 其他	万元	30810

各地区国家储备林基地及

地区	国家储备林							
	营造林面积						按树种分	
	合计	集约人工林栽培面积			森林改培面积	森林抚育面积	一般树种	珍稀树种
		面积	人工造林面积	人工更新面积				
全国合计	**57117**	**14106**	**8682**	**5424**	**13915**	**29096**	**42729**	**14388**
北京	—	—	—	—	—	—	—	—
天津	—	—	—	—	—	—	—	—
河北	875	75	—	75	—	800	800	75
山西	—	—	—	—	—	—	—	—
内蒙古	133	133	133	—	—	—	—	133
内蒙古集团	—	—	—	—	—	—	—	—
辽宁	533	—	—	—	—	533	333	200
吉林	—	—	—	—	—	—	—	—
吉林集团	—	—	—	—	—	—	—	—
长白山集团	—	—	—	—	—	—	—	—
黑龙江	334	134	134	—	133	67	67	267
龙江集团	—	—	—	—	—	—	—	—
上海	—	—	—	—	—	—	—	—
江苏	—	—	—	—	—	—	—	—
浙江	1237	508	481	27	578	151	784	453
安徽	1629	200	200	—	1429	—	1480	149
福建	7509	2601	73	2528	453	4455	6833	676
江西	3040	178	—	178	2862	—	1888	1152
山东	1454	1094	1094	—	360	—	582	872
河南	1260	169	169	—	715	376	1127	133
湖北	5289	1276	1276	—	—	4013	4513	776
湖南	12566	2285	817	1468	3160	7121	8282	4284
广东	1540	186	—	186	800	554	1162	378
广西	7828	1610	684	926	1213	5005	5438	2390
海南	1382	36	—	36	13	1333	1359	23
重庆	668	334	334	—	334	—	454	214
四川	6987	1633	1633	—	1199	4155	5774	1213
贵州	667	667	667	—	—	—	533	134
云南	1999	800	800	—	666	533	1200	799
西藏	—	—	—	—	—	—	—	—
陕西	120	120	120	—	—	—	120	—
甘肃	67	67	67	—	—	—	—	67
青海	—	—	—	—	—	—	—	—
宁夏	—	—	—	—	—	—	—	—
新疆	—	—	—	—	—	—	—	—
新疆兵团	—	—	—	—	—	—	—	—
大兴安岭	—	—	—	—	—	—	—	—

速生丰产用材林建设情况(一)

单位:公顷、万元

基地建设情况									
按培育周期分			全部林业投资完成额						
短周期(10 年以下)	中长周期(11~30 年)	长周期(30 年以上)	合计	中央投资	地方配套投资	国内贷款	利用外资	自筹资金	其他
16901	**29950**	**10266**	**164517**	**18473**	**6604**	**81**	**100**	**138909**	**350**
—	—	—	—	—	—	—	—	—	—
—	—	—	—	—	—	—	—	—	—
—	875	—	218	167	—	—	—	51	—
—	—	—	—	—	—	—	—	—	—
—	133	—	100	100	—	—	—	—	—
—	—	—	—	—	—	—	—	—	—
—	—	533	130	130	—	—	—	—	—
—	—	—	—	—	—	—	—	—	—
—	—	—	—	—	—	—	—	—	—
—	—	—	—	—	—	—	—	—	—
—	200	134	256	150	33	—	—	73	—
—	—	—	—	—	—	—	—	—	—
—	—	—	—	—	—	—	—	—	—
—	—	—	—	—	—	—	—	—	—
—	406	831	1130	550	550	—	—	30	—
134	1095	400	1210	1010	80	—	—	120	—
1733	4579	1197	5388	1406	138	—	—	3844	—
338	1517	1185	6791	1275	740	—	—	4776	—
291	727	436	2400	1100	1300	—	—	—	—
751	509	—	497	300	—	—	—	197	—
1936	2998	355	2069	1289	300	—	—	480	—
1910	8056	2600	10769	2971	538	—	100	6810	350
362	978	200	947	727	—	—	—	220	—
3954	2746	1128	124560	4564	1814	81	—	118101	—
1249	133	—	22	22	—	—	—	—	—
—	668	—	800	400	400	—	—	—	—
3243	3063	681	4764	550	520	—	—	3694	—
533	134	—	500	500	—	—	—	—	—
467	1066	466	1791	1100	191	—	—	500	—
—	—	—	—	—	—	—	—	—	—
—	—	120	112	112	—	—	—	—	—
—	67	—	63	50	—	—	—	13	—
—	—	—	—	—	—	—	—	—	—
—	—	—	—	—	—	—	—	—	—
—	—	—	—	—	—	—	—	—	—
—	—	—	—	—	—	—	—	—	—
—	—	—	—	—	—	—	—	—	—

各地区国家储备林基地及

单位:公顷、万元

地区	速生丰产用材林						
	营造林面积					按培育	
	合计	人工造林面积		人工更新面积	森林改培面积	浆纸原料林	人造板原料林
		小计	其中:非林业用地造林				
全国合计	**263250**	**179575**	**10353**	**69116**	**14559**	**27182**	**132705**
北京	—	—	—	—	—	—	—
天津	—	—	—	—	—	—	—
河北	6144	6144	267	—	—	—	467
山西	83	83	—	—	—	—	—
内蒙古	—	—	—	—	—	—	—
内蒙古集团	—	—	—	—	—	—	—
辽宁	525	—	—	525	—	—	—
吉林	111	—	—	—	111	—	—
吉林集团	—	—	—	—	—	—	—
长白山集团	—	—	—	—	—	—	—
黑龙江	—	—	—	—	—	—	—
龙江集团	—	—	—	—	—	—	—
上海	—	—	—	—	—	—	—
江苏	429	322	322	107	—	—	—
浙江	—	—	—	—	—	—	—
安徽	1804	1354	56	250	200	200	1061
福建	11237	3398	187	7839	—	565	2571
江西	34046	30140	168	2400	1506	779	17508
山东	12638	7667	—	2905	2066	5533	5905
河南	1627	1627	—	—	—	—	1627
湖北	29981	29839	688	142	—	833	24392
湖南	64593	55659	2170	4719	4215	8603	11510
广东	15653	31	—	15525	97	820	13898
广西	64009	27727	—	34411	1871	6009	44326
海南	—	—	—	—	—	—	—
重庆	—	—	—	—	—	—	—
四川	16328	11542	5994	293	4493	3840	8773
贵州	—	—	—	—	—	—	—
云南	567	567	—	—	—	—	—
西藏	—	—	—	—	—	—	—
陕西	1713	1713	—	—	—	—	667
甘肃	1762	1762	501	—	—	—	—
青海	—	—	—	—	—	—	—
宁夏	—	—	—	—	—	—	—
新疆	—	—	—	—	—	—	—
新疆兵团	—	—	—	—	—	—	—
大兴安岭	—	—	—	—	—	—	—

速生丰产用材林建设情况(二)

单位:公顷、万元

建设情况							
目的分		全部林业投资完成额					
大径级和珍贵树种用材林	其他	合计	国家投资	国内贷款	利用外资	自筹资金	其他
62633	**40730**	**418084**	**33334**	**8130**	**3801**	**342009**	**30810**
—	—	—	—	—	—	—	—
—	—	—	—	—	—	—	—
333	5344	4745	4677	—	—	—	68
	83	37	37	—	—	—	—
—	—	—	—	—	—	—	—
—	—	—	—	—	—	—	—
525	—	3218	849	—	—	2369	—
111	—	50	50	—	—	—	—
—	—	—	—	—	—	—	—
—	—	—	—	—	—	—	—
—	—	—	—	—	—	—	—
—	—	—	—	—	—	—	—
—	—	—	—	—	—	—	—
—	429	236	236	—	—	—	—
—	—	—	—	—	—	—	—
5	538	3134	663	—	—	2321	150
5011	3090	13925	647	—	—	11594	1684
14262	1497	25271	2846	1000	250	21175	—
1200	—	18000	—	—	—	18000	—
—	—	160	120	—	—	40	—
3879	877	16945	1320	—	—	14360	1265
28478	16002	119143	6837	990	3551	97440	10325
27	908	21180	1061	4450	—	4834	10835
6136	7538	173089	9227	1480	—	157819	4563
—	—	—	—	—	—	—	—
—	—	—	—	—	—	—	—
2099	1616	13932	3571	210	—	9352	799
—	—	—	—	—	—	—	—
567	—	250	250	—	—	—	—
—	—	—	—	—	—	—	—
—	1046	2428	470	—	—	1270	688
—	1762	2341	473	—	—	1435	433
—	—	—	—	—	—	—	—
—	—	—	—	—	—	—	—
—	—	—	—	—	—	—	—
—	—	—	—	—	—	—	—
—	—	—	—	—	—	—	—

全国油茶与花卉产业发展情况

指　　标	单位	产量
一、油茶产业发展情况		
1. 年末实有油茶林面积	公顷	3821717
当年新造面积	公顷	158034
当年低改面积	公顷	157844
2. 繁殖圃个数	个	450
繁殖圃面积	公顷	7229
3. 苗木产量	万株	96741
其中：一年生苗木产量	万株	57355
二年留床苗木产量	万株	26273
4. 油茶籽产量	万吨	216
5. 油茶企业	个	2208
二、花卉产业发展情况		
1. 年末实有花卉种植面积	公顷	1292292
2. 切花切叶产量	万支	1836017
3. 盆栽植物产量	万盆	414179
4. 观赏苗木产量	万株	1003361
5. 草坪产量	万平方米	39647
6. 花卉市场	个	4318
7. 花卉企业	个	52516
其中：大中型企业	个	9136
8. 花农	万户	134.76
9. 花卉从业人员	万人	505.77
其中：专业技术人员	万人	28.95
10. 控温温室面积	万平方米	5772
11. 日光温室面积	万平方米	16926

各地区油茶与花卉产业发展情况(一)

地区	油茶产业发展情况										花卉产业发展情况
	年末实有油茶林面积(公顷)			繁殖圃		苗木产量(万株)			油茶籽产量(万吨)	油茶企业(个)	年末实有花卉种植面积(公顷)
	合计	当年新造面积	当年低改面积	个数(个)	面积(公顷)	合计	其中:一年生苗木产量	其中:二年留床苗木产量			
全国合计	**3821717**	**158034**	**157844**	**450**	**7229**	**96741**	**57355**	**26273**	**216**	**2208**	**1292292**
北京	—	—	—	—	—	—	—	—	—	—	3983
天津	—	—	—	—	—	—	—	—	—	—	257
河北	—	—	—	—	—	—	—	—	—	—	43985
山西	—	—	—	—	—	—	—	—	—	—	1188
内蒙古	—	—	—	—	—	—	—	—	—	—	271
内蒙古集团	—	—	—	—	—	—	—	—	—	—	—
辽宁	—	—	—	—	—	—	—	—	—	—	27504
吉林	—	—	—	—	—	—	—	—	—	—	7403
吉林集团	—	—	—	—	—	—	—	—	—	—	—
长白山集团	—	—	—	—	—	—	—	—	—	—	—
黑龙江	—	—	—	—	—	—	—	—	—	—	1871
龙江集团	—	—	—	—	—	—	—	—	—	—	—
上海	—	—	—	—	—	—	—	—	—	—	1021
江苏	—	—	—	22	400	190	90	100	—	—	292146
浙江	159667	6175	6879	19	205	3414	1475	1937	6	230	90528
安徽	120275	6195	4197	21	200	5844	3321	1992	8	232	35128
福建	187158	6961	9046	33	232	5084	2599	837	14	160	68028
江西	898222	25325	38352	71	707	16949	7760	3766	43	314	51662
山东	—	—	—	—	—	—	—	—	—	—	162569
河南	44127	1355	585	12	59	1176	1058	118	2	16	121917
湖北	215024	23853	5588	56	1921	7984	4377	3521	14	198	86152
湖南	1241115	37472	70473	72	322	17189	10423	6028	82	628	59422
广东	171374	12680	7783	22	1443	4138	2173	1124	15	105	62636
广西	330311	7867	9267	18	115	5909	4526	1116	19	163	26445
海南	1886	332	—	5	12	327	253	52	—	11	8351
重庆	32133	2303	300	3	38	4009	2846	1163	1	20	22469
四川	25031	3577	233	14	569	2354	1814	240	2	6	52079
贵州	143010	13815	3141	26	529	6969	4861	1247	7	39	21635
云南	226820	7470	2000	13	277	12073	6954	2723	2	78	19310
西藏	—	—	—	—	—	—	—	—	—	—	—
陕西	25564	2654	—	43	200	3135	2825	310	1	8	19652
甘肃	—	—	—	—	—	—	—	—	—	—	3040
青海	—	—	—	—	—	—	—	—	—	—	37
宁夏	—	—	—	—	—	—	—	—	—	—	518
新疆	—	—	—	—	—	—	—	—	—	—	1083
新疆兵团	—	—	—	—	—	—	—	—	—	—	92
大兴安岭	—	—	—	—	—	—	—	—	—	—	2

各地区油茶与花卉产业发展情况(二)

地区	花卉产业发展情况											
	切花切叶产量(万支)	盆栽植物产量(万盆)	观赏苗木产量(万株)	草坪产量(万平方米)	花卉市场(个)	花卉企业(个)		花农(万户)	花卉从业人员(万人)		控温温室面积(万平方米)	日光温室面积(万平方米)
						合计	其中:大中型企业		合计	其中:专业技术人员		
全国合计	**1836017**	**414179**	**1003361**	**39647**	**4318**	**52516**	**9136**	**134.76**	**505.77**	**28.95**	**5772**	**16926**
北　京	3672	14884	1683	734	22	196	74	0.10	0.93	0.08	101	327
天　津	216	2510	329	51	13	71	5	0.15	0.42	0.04	72	73
河　北	16291	9920	142470	416	273	1072	72	3.94	13.20	1.06	81	627
山　西	339	1610	575	125	124	257	21	0.13	0.69	0.17	17	1519
内蒙古	3783	1780	771	8	83	43	2	0.04	0.45	0.04	10	85
内蒙古集团	—	—	—	—	—	—	—	—	—	—	—	—
辽　宁	194237	26164	5102	724	69	328	56	3.66	6.02	0.40	226	2857
吉　林	4415	2840	1024	138	46	100	7	0.30	1.18	0.11	20	22
吉林集团	—	—	1	—	—	—	—	—	—	—	—	—
长白山集团	—	6	—	—	—	1	—	—	—	—	—	—
黑龙江	229	406	1177	30	17	87	19	0.17	1.23	0.08	23	12
龙江集团	—	—	20	—	—	—	—	—	—	—	—	—
上　海	33198	9083	37	1042	13	140	32	0.07	0.49	0.06	38	179
江　苏	130994	29955	276201	10774	281	6763	1044	14.57	72.65	1.49	695	1129
浙　江	116951	27421	149955	3507	123	10169	2710	15.34	64.14	4.03	459	979
安　徽	8926	11012	21574	2876	338	1802	222	5.18	14.24	1.08	79	345
福　建	110971	49366	29883	1475	198	3288	899	9.47	42.92	2.20	254	1646
江　西	20702	8295	31840	1013	415	1543	127	2.37	11.04	1.26	25	40
山　东	148904	115201	111166	219	422	3926	909	18.31	52.53	3.50	2854	1177
河　南	60637	12901	56452	259	187	2789	525	9.72	56.44	1.99	145	485
湖　北	10796	12302	35051	772	269	1323	180	5.11	12.13	1.64	41	175
湖　南	4249	3114	21644	3072	288	2185	240	6.58	27.92	1.46	51	104
广　东	211187	26073	14292	3132	101	9175	957	5.80	15.23	0.99	147	1078
广　西	17750	7182	23223	5284	55	1177	124	9.88	47.37	1.18	51	83
海　南	159916	13362	1021	391	41	699	244	0.88	5.08	0.14	43	8
重　庆	9718	2668	6113	1648	123	1606	167	2.90	13.21	0.61	18	20
四　川	39164	13338	20040	1354	372	2062	296	11.77	27.33	3.32	26	781
贵　州	9408	1876	5383	463	84	380	56	0.33	1.49	0.08	25	32
云　南	501437	3367	17944	23	122	492	52	5.82	11.71	1.15	81	2608
西　藏	—	—	—	—	—	—	—	—	—	—	—	—
陕　西	515	1106	13889	63	97	484	23	0.62	3.08	0.54	37	48
甘　肃	11919	2805	2744	14	82	210	44	1.29	1.81	0.14	130	136
青　海	46	310	1	—	15	61	10	0.02	0.10	0.02	—	—
宁　夏	5189	2127	10646	16	13	38	14	0.11	0.31	0.03	3	175
新　疆	231	1201	1088	21	32	50	5	0.13	0.43	0.05	22	177
新疆兵团	23	203	296	19	2	1	—	0.03	0.07	—	10	161
大兴安岭	29	—	44	—	—	—	—	—	0.01	—	1	1

全国主要林产工业产品产量

产　品　名　称	单位	产量
木竹加工制品		
一、锯材	**万立方米**	**7430.38**
1. 普通锯材	万立方米	7253.76
2. 特种锯材	万立方米	67.28
3. 枕木及其他锯材	万立方米	109.35
二、木片、木粒加工产品	**万实积立方米**	**4285.80**
三、人造板	**万立方米**	**28679.52**
(一)胶合板	万立方米	16546.25
1. 木胶合板	万立方米	15344.48
2. 竹胶合板	万立方米	493.13
3. 其他胶合板	万立方米	708.64
(二)纤维板	万立方米	6618.53
1. 木质纤维板	万立方米	6412.83
(1)硬质纤维板	万立方米	596.71
(2)中密度纤维板	万立方米	5768.83
(3)软质纤维板	万立方米	47.29
2. 非木质纤维板	万立方米	205.70
(三)刨花板	万立方米	2030.19
1. 木质刨花板	万立方米	1998.15
其中:定向刨花板(OSB)	万立方米	91.92
2. 非木质刨花板	万立方米	32.03
(四)其他人造板	万立方米	3484.56
其中:细木工板	万立方米	2075.96
四、其他加工材	**万立方米**	**891.54**
1. 改性木材	万立方米	184.27
2. 指接材	万立方米	409.16
五、木竹地板	**万平方米**	**77355.85**
1. 实木地板	万平方米	12979.36
2. 实木复合木地板	万平方米	24182.59
3. 浸渍纸层压木质地板(强化木地板)	万平方米	28987.91
4. 竹地板(含竹木复合地板)	万平方米	10195.35
5. 其他木地板(含软木地板、集成材地板等)	万平方米	1010.64
林产化学产品		
一、松香类产品	**吨**	**1742521**
1. 松香	吨	1531163
2. 松香深加工产品	吨	211358
二、松节油类产品	**吨**	**263209**
1. 松节油	吨	213142
2. 松节油深加工产品	吨	50067
三、樟脑	**吨**	**13427**
其中:合成樟脑	吨	13005
四、冰片	**吨**	**2002**
其中:合成冰片	吨	1185
五、栲胶类产品	**吨**	**7584**
1. 栲胶	吨	7584
2. 栲胶深加工产品	吨	—
六、紫胶类产品	**吨**	**3344**
1. 紫胶	吨	2747
2. 紫胶深加工产品	吨	597
七、木竹热解产品	**吨**	**1630536**
八、木质生物质成型燃料	**吨**	**485100**

各地区主要林产工业

地区	木竹								
	锯材				木片、木粒加工产品（万实积立方米）				
	合计	普通锯材	特种锯材	枕木及其他锯材		总计	胶合板		
							合计	木胶合板	竹胶合板
全国合计	**7430.38**	**7253.76**	**67.28**	**109.35**	**4285.80**	**28679.52**	**16546.25**	**15344.48**	**493.13**
北　京	—	—	—	—	—	18.50	—	—	—
天　津	—	—	—	—	—	10.60	1.10	1.10	—
河　北	154.87	154.80	—	0.07	20.13	1670.42	588.13	587.31	—
山　西	14.93	14.93	—	—	8.54	44.59	0.59	0.59	—
内蒙古	761.46	759.75	—	1.72	6.24	49.47	38.53	37.23	—
内蒙古集团	—	—	—	—	—	—	—	—	—
辽　宁	338.62	330.97	4.58	3.07	106.90	522.27	264.93	254.71	—
吉　林	173.09	165.31	2.38	5.40	37.92	434.95	152.24	90.71	—
吉林集团	0.77	0.77	—	—	—	163.14	0.33	0.33	—
长白山集团	2.74	2.61	0.13	—	0.10	7.27	1.04	0.98	—
黑龙江	628.90	626.28	2.62	—	86.06	478.32	313.61	309.50	—
龙江集团	28.44	28.44	—	—	0.55	12.21	3.78	1.12	—
上　海	—	—	—	—	—	4.00	4.00	4.00	—
江　苏	182.75	182.30	0.13	0.31	142.69	4685.60	3159.85	3127.29	2.37
浙　江	327.80	321.09	4.19	2.52	52.11	646.54	270.84	163.16	104.88
安　徽	413.94	404.32	0.58	9.04	223.97	2105.49	1490.22	1413.69	54.30
福　建	217.67	217.67	—	—	202.57	850.75	420.27	299.36	103.39
江　西	218.83	201.15	4.39	13.29	140.65	436.50	155.69	84.18	60.19
山　东	1355.75	1323.71	29.62	2.42	2009.46	7068.23	4839.77	4590.27	—
河　南	212.25	210.09	—	2.17	211.64	1692.13	788.72	699.65	—
湖　北	258.24	257.34	0.90	—	79.81	633.47	171.26	156.11	3.67
湖　南	420.43	407.06	6.92	6.44	42.78	491.87	264.39	151.92	83.27
广　东	172.20	171.70	0.19	0.31	215.46	1815.92	1108.40	1099.77	2.71
广　西	939.28	877.25	7.60	54.43	533.21	3560.73	2054.41	1907.10	4.42
海　南	47.57	47.28	—	0.30	42.55	29.45	16.71	15.97	—
重　庆	43.69	40.35	—	3.34	30.99	124.35	57.72	51.09	5.62
四　川	146.97	145.66	1.20	0.10	40.24	812.51	212.63	143.38	60.89
贵　州	90.39	85.58	0.85	3.96	8.06	89.69	56.03	48.15	6.75
云　南	290.02	288.59	1.12	0.31	32.30	279.83	98.09	90.47	0.67
西　藏	3.03	3.03	—	—	—	—	—	—	—
陕　西	9.57	9.42	—	0.15	8.90	106.78	8.95	8.56	—
甘　肃	1.03	1.03	—	—	0.51	1.10	0.97	0.97	—
青　海	—	—	—	—	—	—	—	—	—
宁　夏	—	—	—	—	—	—	—	—	—
新　疆	6.10	6.10	—	—	2.02	15.38	8.21	8.21	—
新疆兵团	0.07	0.07	—	—	—	—	—	—	—
大兴安岭	1.01	1.01	—	—	0.10	0.08	0.02	0.02	—

产品产量(一)

单位:万立方米

加工制品										
	人造板									
		纤维板					刨花板			
		木质纤维板				非木质纤维板	合计	木质刨花板		非木质刨花板
其他胶合板	合计	小计	硬质纤维板	中密度纤维板	软质纤维板			小计	其中:定向刨花(OSB)	
708.64	**6618.53**	**6412.83**	**596.71**	**5768.83**	**47.29**	**205.70**	**2030.19**	**1998.15**	**91.92**	**32.03**
—	18.50	18.50	—	18.50	—	—	—	—	—	—
—	9.50	9.50	—	9.50	—	—	—	—	—	—
0.82	475.94	475.94	4.32	447.62	24.00	—	296.22	288.87	—	7.35
—	15.25	15.25	—	15.25	—	—	5.69	5.69		
1.30	3.95	3.95	0.02	3.93	—	—	1.89	1.89	—	—
—	—	—	—	—	—	—	—	—	—	—
10.21	117.86	117.86	6.49	111.37	—	—	67.96	67.96	—	—
61.53	135.90	135.90	—	135.90	—	—	64.62	63.93	—	0.69
—	109.34	109.34	—	109.34	—	—	53.08	52.39	—	0.69
0.06	6.11	6.11	—	6.11	—	—	—	—	—	—
4.12	98.53	98.53	17.03	81.50	—	—	44.76	44.76	—	—
2.66	0.53	0.53	0.53	—	—	—	2.85	2.85	—	—
—	—	—	—	—	—	—	—	—	—	—
30.19	756.50	756.43	41.73	713.15	1.55	0.07	238.86	238.71	0.68	0.15
2.79	94.46	94.46	0.25	94.01	0.20	—	11.67	11.44	—	0.23
22.23	357.40	357.40	57.30	300.10	—	—	122.54	122.29	—	0.25
17.51	138.43	138.43	—	138.43	—	—	123.92	123.92	—	—
11.32	134.66	134.16	36.66	92.43	5.07	0.50	37.86	35.54	—	2.32
249.50	1375.92	1178.96	275.29	894.92	8.75	196.96	403.09	403.09	17.21	—
89.07	347.44	347.44	41.16	303.33	2.95	—	112.34	112.34	22.10	—
11.48	318.56	316.95	12.37	304.19	0.40	1.61	78.44	76.63	49.37	1.81
29.20	52.03	52.03	—	52.03	—	—	17.37	17.37	—	—
5.91	552.02	552.02	59.54	492.48	—	—	138.29	125.46	—	12.84
142.89	840.22	840.22	13.80	826.42	—	—	193.59	193.59	—	—
0.73	4.00	4.00	—	4.00	—	—	8.75	8.75	—	—
1.00	49.23	47.73	4.56	43.17	—	1.50	14.52	8.52	—	6.00
8.36	459.06	454.00	15.00	437.20	1.80	5.06	26.29	25.89	0.10	0.40
1.13	11.23	11.23	—	8.65	2.58	—	3.73	3.73	2.46	—
6.95	150.34	150.34	9.89	140.45	—	—	14.93	14.93	—	—
—	—	—	—	—	—	—	—	—	—	—
0.39	94.59	94.59	1.31	93.28	—	—	2.86	2.86	—	—
—	—	—	—	—	—	—	—	—	—	—
—	—	—	—	—	—	—	—	—	—	—
—	—	—	—	—	—	—	—	—	—	—
—	7.00	7.00	—	7.00	—	—	—	—	—	—
—	—	—	—	—	—	—	—	—	—	—
—	—	—	—	—	—	—	—	—	—	—

各地区主要林产工业

地区	人造板		其他加工材			木竹	
	其他人造板						
	合计	其中:细木工板	合计	改性木材	指接材	合计	实木地板
全国合计	**3484.56**	**2075.96**	**891.54**	**184.27**	**409.16**	**77355.85**	**12979.36**
北京	—	—	—	—	—	—	—
天津	—	—	—	—	—	90.30	—
河北	310.13	239.93	19.11	10.84	1.80	87.00	47.00
山西	23.06	6.90	0.27	0.27	—	—	—
内蒙古	5.10	3.03	—	—	—	8.08	8.08
内蒙古集团	—	—	—	—	—	—	—
辽宁	71.53	2.58	15.05	—	15.05	2383.43	1042.82
吉林	82.20	57.88	6.97	0.05	5.93	4082.01	417.01
吉林集团	0.39	0.39	0.09	—	0.09	406.20	—
长白山集团	0.12	0.12	0.10	—	—	245.12	4.71
黑龙江	21.41	20.37	5.83	0.10	5.23	788.51	600.45
龙江集团	5.05	4.86	1.79	—	1.79	15.72	11.72
上海	—	—	—	—	—	2799.90	—
江苏	530.38	343.15	2.70	2.20	—	28936.64	2228.68
浙江	269.57	269.57	117.05	13.66	103.39	10370.06	4060.81
安徽	135.34	78.34	9.93	0.97	7.36	5179.55	520.79
福建	168.12	145.48	97.51	3.97	93.45	2904.88	355.61
江西	108.29	84.39	93.53	23.09	67.55	6051.65	392.22
山东	449.45	212.57	206.96	40.31	20.62	4703.09	409.49
河南	443.63	133.16	0.83	—	—	1229.70	1133.05
湖北	65.21	64.46	14.07	5.21	8.24	3271.44	59.32
湖南	158.09	132.24	16.76	0.85	15.23	1052.32	275.39
广东	17.21	12.17	3.02	—	0.40	1284.46	698.48
广西	472.52	226.01	235.20	71.82	38.51	717.31	81.65
海南	—	—	9.50	8.00	1.50	16.58	3.00
重庆	2.89	2.76	7.16	2.41	4.75	6.25	4.15
四川	114.53	21.06	25.15	—	15.88	970.40	454.44
贵州	18.70	7.83	2.39	0.15	2.25	119.92	33.09
云南	16.47	11.41	2.24	0.17	2.04	301.18	153.25
西藏	—	—	—	—	—	—	—
陕西	0.38	0.35	0.33	0.20	—	0.79	0.59
甘肃	0.13	0.13	—	—	—	—	—
青海	—	—	—	—	—	—	—
宁夏	—	—	—	—	—	—	—
新疆	0.17	0.13	—	—	—	—	—
新疆兵团	—	—	—	—	—	—	—
大兴安岭	0.06	0.06	—	—	—	0.40	—

产品产量(二)

单位:万立方米、吨

加工制品				林产化学产品					
木竹地板(万平方米)				松香类产品			松节油类产品		
实木复合木地板	浸渍纸层压木质地板(强化木地板)	竹地板(含竹木复合地板)	其他木地板(含软木地板、集成材地板等)	合计	松香	松香深加工产品	合计	松节油	松节油深加工产品
24182.59	**28987.91**	**10195.35**	**1010.64**	**1742521**	**1531163**	**211358**	**263209**	**213142**	**50067**
—	—	—	—	—	—	—	—	—	—
—	90.30	—	—	—	—	—	—	—	—
40.00	—	—	—	—	—	—	—	—	—
—	—	—	—	—	—	—	—	—	—
—	—	—	—	—	—	—	—	—	—
—	—	—	—	—	—	—	—	—	—
1136.41	200.00	—	4.20	—	—	—	—	—	—
3459.62	183.94	—	21.44	—	—	—	—	—	—
406.20	—	—	—	—	—	—	—	—	—
135.41	105.00	—	—	—	—	—	—	—	—
185.79	—	—	2.27	—	—	—	—	—	—
4.00	—	—	—	—	—	—	—	—	—
686.70	2102.80	10.40	—	—	—	—	—	—	—
5286.69	20687.53	732.13	1.60	9600	9600	—	—	—	—
5606.70	8.40	634.09	60.07	20000	2500	17500	8000	—	8000
1308.30	2048.44	985.79	316.24	7764	7364	400	1891	1891	—
164.27	—	2385.00	—	133602	113836	19766	15937	10924	5013
531.63	79.80	5038.27	9.74	126517	103152	23365	55901	24917	30984
3857.78	317.16	2.00	116.66	—	—	—	—	—	—
67.50	29.15	—	—	—	—	—	—	—	—
622.15	2437.02	19.00	133.95	25383	25100	283	3402	2951	451
67.76	447.87	242.49	18.82	31326	15163	16163	5983	3585	2398
328.33	—	4.35	253.30	156222	108997	47225	25800	24497	1303
571.50	—	52.36	11.80	1027034	979778	47256	114083	112883	1200
10.00	—	3.58	—	428	428	—	98	98	—
0.30	—	1.80	—	984	979	5	—	—	—
227.90	208.00	20.94	59.12	825	825	—	—	—	—
22.45	—	63.16	1.22	20495	17630	2865	2170	1850	320
0.42	147.51	—	—	182341	145811	36530	29944	29546	398
—	—	—	—	—	—	—	—	—	—
—	—	—	0.20	—	—	—	—	—	—
—	—	—	—	—	—	—	—	—	—
—	—	—	—	—	—	—	—	—	—
—	—	—	—	—	—	—	—	—	—
—	—	—	—	—	—	—	—	—	—
—	—	—	—	—	—	—	—	—	—
0.40	—	—	—	—	—	—	—	—	—

各地区主要林产工业产品产量(三)

单位:万立方米、吨

地区	林产化学产品											
	樟脑		冰片		栲胶类产品			紫胶类产品			木竹热解产品	木质生物质成型燃料
	合计	其中:合成樟脑	合计	其中:合成冰片	合计	栲胶	栲胶深加工产品	合计	紫胶	紫胶深加工产品		
全国合计	**13427**	**13005**	**2002**	**1185**	**7584**	**7584**	**—**	**3344**	**2747**	**597**	**1630536**	**485100**
北京	—	—	—	—	—	—	—	—	—	—	—	—
天津	—	—	—	—	—	—	—	—	—	—	—	—
河北	—	—	—	—	1200	1200	—	—	—	—	42000	13000
山西	—	—	—	—	—	—	—	—	—	—	1200	—
内蒙古	—	—	—	—	—	—	—	—	—	—	—	170000
内蒙古集团	—	—	—	—	—	—	—	—	—	—	—	—
辽宁	—	—	—	—	—	—	—	—	—	—	13700	—
吉林	—	—	—	—	—	—	—	—	—	—	6887	5488
吉林集团	—	—	—	—	—	—	—	—	—	—	—	—
长白山集团	—	—	—	—	—	—	—	—	—	—	—	5278
黑龙江	—	—	—	—	—	—	—	—	—	—	1894	—
龙江集团	—	—	—	—	—	—	—	—	—	—	—	—
上海	—	—	—	—	—	—	—	—	—	—	—	—
江苏	—	—	—	—	—	—	—	—	—	—	8200	—
浙江	—	—	—	—	—	—	—	—	—	—	173315	—
安徽	—	—	—	—	—	—	—	—	—	—	88743	40820
福建	12380	12380	—	—	—	—	—	—	—	—	366114	—
江西	402	1	21	—	—	—	—	—	—	—	143701	100
山东	—	—	—	—	—	—	—	—	—	—	76326	1600
河南	—	—	—	—	1000	1000	—	—	—	—	13180	—
湖北	—	—	—	—	—	—	—	—	—	—	256	65262
湖南	16	—	1356	565	—	—	—	27	27	—	97358	109868
广东	—	—	—	—	—	—	—	1119	1119	—	10345	85
广西	5	—	5	—	5384	5384	—	—	—	—	45625	42120
海南	—	—	—	—	—	—	—	—	—	—	204	—
重庆	—	—	—	—	—	—	—	—	—	—	5920	—
四川	624	624	—	—	—	—	—	30	30	—	13425	—
贵州	—	—	—	—	—	—	—	—	—	—	431302	28377
云南	—	—	620	620	—	—	—	2168	1571	597	70867	—
西藏	—	—	—	—	—	—	—	—	—	—	—	—
陕西	—	—	—	—	—	—	—	—	—	—	—	—
甘肃	—	—	—	—	—	—	—	—	—	—	—	—
青海	—	—	—	—	—	—	—	—	—	—	—	—
宁夏	—	—	—	—	—	—	—	—	—	—	—	—
新疆	—	—	—	—	—	—	—	—	—	—	—	—
新疆兵团	—	—	—	—	—	—	—	—	—	—	—	—
大兴安岭	—	—	—	—	—	—	—	—	—	—	19974	8380

全国主要林产品销售实际平均价格

指　标	单　位	本年实际		
		产品销售实际平均价格	产品销售收入	产品销售量
一、木材	元/立方米	815	40488342055	49664840
二、竹材	元/根	9	17553172369	1888633003
三、锯材	元/立方米	1371	83734753298	61085114
四、木片	元/实积立方米	801	26308786938	32836186
五、木地板	元/平方米	157	89307068219	569807226
六、胶合板	元/立方米	1919	239279398660	124661553
七、硬质纤维板	元/立方米	1646	5586641008	3394954
八、中密度纤维板	元/立方米	1484	97727570263	65843895
九、刨花板	元/立方米	1305	23807325272	18236712
十、松香	元/吨	11540	14393251466	1247275
十一、栲胶	元/吨	11972	84771290	7081
十二、紫胶	元/吨	30738	119509573	3888

各地区主要林产品

地　区	木　材			竹　材			锯　材		
	产品销售实际平均价格	产品销售收入	产品销售量	产品销售实际平均价格	产品销售收入	产品销售量	产品销售实际平均价格	产品销售收入	产品销售量
全国合计	**815**	**40488342055**	**49664840**	**9**	**17553172369**	**1888633003**	**1371**	**83734753298**	**61085114**
北　京	606	67903228	112131	—	—	—	—	—	—
天　津	580	98890130	170437	—	—	—	—	—	—
河　北	570	377249461	661631	—	—	—	1010	1653184423	1636415
山　西	436	39527584	90651	—	—	—	696	125117559	179647
内蒙古	637	853314581	1340609	—	—	—	1066	8083423448	7584154
内蒙古集团	755	546862773	724563	—	—	—	—	—	—
辽　宁	775	1372203563	1771320	—	—	—	1179	2490785084	2112630
吉　林	1285	3765656850	2930445	—	—	—	2698	4592233355	1702294
吉林集团	2115	968852763	458029	—	—	—	3277	32354067	9874
长白山集团	1492	1301667664	872292	—	—	—	2520	51583037	20469
黑龙江	662	1037355999	1567281	—	—	—	1468	6685795199	4555234
龙江集团	559	25875369	46272	—	—	—	2387	653709882	273891
上　海	—	—	—	—	—	—	—	—	—
江　苏	1119	1044038743	933380	11	24326450	2313570	1414	1829370010	1293655
浙　江	894	1093124196	1222734	12	2433096444	202758037	1615	4809969035	2978309
安　徽	870	2818769114	3239805	13	1963072000	145837330	1600	5123880114	3203129
福　建	791	1675708924	2118228	13	4431596720	345682096	1574	7057919896	4485133
江　西	1042	2753199087	2642933	16	2098279080	132739186	1724	3210401220	1861848
山　东	1262	3483912871	2761217	2	20000	12000	1381	16474001258	11929536
河　南	651	1462863970	2247779	9	7672500	808500	1020	1277045622	1251902
湖　北	614	1225871853	1995393	14	425743536	30041614	993	2240160062	2254849
湖　南	1146	2583248755	2253584	14	698586913	49989808	1542	2473365265	1604059
广　东	709	4199585166	5921708	9	702717403	80211499	1241	1999165856	1611205
广　西	835	3758427444	4500274	6	2556082939	396608717	1378	8255682285	5992131
海　南	562	595435148	1058897	5	48008680	9169018	1303	615682600	472388
重　庆	832	352357443	423750	2	266606434	119334300	1447	337979323	233653
四　川	909	1662311660	1828466	7	821958174	121146532	1419	1871684173	1319029
贵　州	955	1441050818	1509064	10	144314818	13886934	1287	869175143	675553
云　南	414	2389730103	5765940	4	911413928	234708412	728	1457032629	2000103
西　藏	—	—	—	—	—	—	—	—	—
陕　西	598	148168900	247792	6	19676350	3385450	1972	138499964	70248
甘　肃	393	9130493	23243	—	—	—	781	4641360	5943
青　海	1500	250500	167	—	—	—	—	—	—
宁　夏	—	—	—	—	—	—	—	—	—
新　疆	551	173425471	314514	—	—	—	653	39358415	60309
新疆兵团	551	49346621	89516	—	—	—	—	—	—
大兴安岭	491	5630000	11467	—	—	—	1633	19200000	11758

销售实际平均价格(一)

单位:元/(立方米、根、实积立方米、平方米、吨),元,立方米,根,实积立方米,吨

木片			木地板			胶合板		
产品销售实际平均价格	产品销售收入	产品销售量	产品销售实际平均价格	产品销售收入	产品销售量	产品销售实际平均价格	产品销售收入	产品销售量
801	**26308786938**	**32836186**	**157**	**89307068219**	**569807226**	**1919**	**239279398660**	**124661553**
—	—	—	—	—	—	—	—	—
—	—	—	—	—	—	—	—	—
697	154930480	222159	115	84738400	738900	1840	10063251200	5468380
684	120677750	176312	—	—	—	2054	28638000	13940
915	36045221	39390	286	23128600	80800	1195	480647488	402266
—	—	—	—	—	—	—	—	—
392	298584950	760988	126	3023691400	23912080	1008	1239565470	1229320
543	144029660	265478	129	6175051436	47896984	4175	3877406944	928716
—	—	—	149	600029659	4038700	4579	13796527	3013
—	—	—	110	267311777	2431239	7133	70868717	9936
504	384381980	763029	227	1019255690	4484512	1534	3572241629	2328178
300	1650000	5500	109	28538640	261154	2466	70744260	28686
—	—	—	—	—	—	—	—	—
678	1237279800	1825866	156	42557086092	272740197	2473	56079846120	22681359
1507	1212592480	804640	182	19457918662	106911641	3210	6385608060	1989286
1303	1904457040	1461718	128	3828860918	29933025	2641	29271888660	11081903
924	261835208	283233	523	950444200	1817628	1947	9177423005	4712514
1041	1697795000	1630450	234	1782505431	7614940	2606	3287455588	1261669
878	10962894157	12485672	131	4808875957	36617892	1431	50729633119	35459430
803	943845000	1175075	105	136202750	1293672	1124	8843457512	7868559
198	460145103	2328673	99	1454332000	14706100	2083	2130893422	1022928
1166	362213200	310755	180	282889000	1571706	2654	4916747175	1852329
251	474808560	1895261	122	394600000	3231000	1883	1822947599	967991
852	4555999177	5345080	241	1464880900	6074934	1871	38900264301	20786521
801	75055900	93681	500	50000000	100000	1257	190024500	151163
965	111090000	115171	326	14675000	45000	1318	338757417	257020
1224	426578734	348430	121	672550500	5578521	1974	5044836400	2555973
722	61880604	85707	383	586593703	1530251	1552	915559682	590065
856	252539404	295178	184	536857580	2917503	1970	1728519294	877550
—	—	—	—	—	—	—	—	—
1710	132483140	77458	—	—	—	1773	146688940	82720
271	1710000	6300	—	—	—	2109	20370000	9660
—	—	—	—	—	—	—	—	—
—	—	—	—	—	—	—	—	—
975	19734390	20237	—	—	—	1055	86597135	82071
—	—	—	—	—	—	—	—	—
751	15200000	20245	194	1930000	9940	3095	130000	42

各地区主要林产品

地区	硬质纤维板			中密度纤维板			刨花板		
	产品销售实际平均价格	产品销售收入	产品销售量	产品销售实际平均价格	产品销售收入	产品销售量	产品销售实际平均价格	产品销售收入	产品销售量
全国合计	**1646**	**5586641008**	**3394954**	**1484**	**97727570263**	**65843895**	**1305**	**23807325272**	**18236712**
北　京	—	—	—	1607	297295000	185000	—	—	—
天　津	—	—	—	—	—	—	—	—	—
河　北	1748	75500000	43190	1458	6514715000	4467215	1310	5347541900	4081144
山　西	—	—	—	1421	216760000	152500	746	41730000	55942
内蒙古	1055	15907700	15073	1125	44230000	39300	1000	4000000	4000
内蒙古集团	—	—	—	—	—	—	—	—	—
辽　宁	1600	5296000	3310	1454	1721255320	1183746	1394	888359000	637050
吉　林	—	—	—	1437	1871427874	1302398	1307	767816863	587318
吉林集团	—	—	—	1566	1623221795	1036803	1293	737266813	569993
长白山集团	—	—	—	1040	68206079	65595	—	—	—
黑龙江	1172	199042915	169831	2059	508572000	246973	1421	316579666	222836
龙江集团	2350	11397500	4850	—	—	—	1200	34146000	28455
上　海	—	—	—	—	—	—	—	—	—
江　苏	1763	531830200	301593	1837	9228128350	5024582	1685	2410022700	1430170
浙　江	1734	4283400	2470	1206	1133811252	940142	1316	153623260	116735
安　徽	1995	626530500	314050	1291	25775751850	19966070	1584	734717140	463874
福　建	—	—	—	1299	866595900	666885	1194	1095157615	917281
江　西	1535	567450023	369660	1405	1083914000	771277	1277	478416000	374620
山　东	1877	1428705970	761137	1527	6015277824	3939415	1035	4419359297	4268102
河　南	837	36967950	44143	1285	3631532793	2825235	1372	1045310500	762012
湖　北	1818	137068000	75400	1789	4629044200	2588070	2366	1298904242	548925
湖　南	—	—	—	1750	586118200	334850	1338	172054650	128606
广　东	1659	896315100	540341	1850	7838982858	4237355	1318	1833082340	1390393
广　西	1334	465521600	348897	1558	16979577441	10900712	1145	1910405619	1668287
海　南	—	—	—	1250	25000000	20000	824	55613750	67485
重　庆	1085	54148000	49910	1513	633463555	418694	2200	142240000	64640
四　川	1468	391297240	266587	1615	5544582400	3432497	1332	336274600	252480
贵　州	—	—	—	1140	98640047	86506	1246	39244130	31493
云　南	1687	150776410	89362	1419	1661535956	1170725	2098	299562000	142809
西　藏	—	—	—	—	—	—	—	—	—
陕　西	—	—	—	829	721558443	870812	844	17310000	20510
甘　肃	—	—	—	—	—	—	—	—	—
青　海	—	—	—	—	—	—	—	—	—
宁　夏	—	—	—	—	—	—	—	—	—
新　疆	—	—	—	1350	94500000	70000	—	—	—
新疆兵团	—	—	—	—	—	—	—	—	—
大兴安岭	—	—	—	1805	5300000	2936	—	—	—

销售实际平均价格(二)

单位:元/(立方米、根、实积立方米、平方米、吨),元,立方米,根,实积立方米,吨

松香			栲胶			紫胶		
产品销售实际平均价格	产品销售收入	产品销售量	产品销售实际平均价格	产品销售收入	产品销售量	产品销售实际平均价格	产品销售收入	产品销售量
11540	**14393251466**	**1247275**	**11972**	**84771290**	**7081**	**30738**	**119509573**	**3888**
—	—	—	—	—	—	—	—	—
—	—	—	—	—	—	—	—	—
—	—	—	19000	22800000	1200	—	—	—
—	—	—	—	—	—	—	—	—
—	—	—	—	—	—	—	—	—
—	—	—	—	—	—	—	—	—
—	—	—	—	—	—	—	—	—
—	—	—	—	—	—	—	—	—
—	—	—	—	—	—	—	—	—
—	—	—	—	—	—	—	—	—
—	—	—	—	—	—	—	—	—
—	—	—	—	—	—	—	—	—
—	—	—	—	—	—	—	—	—
—	—	—	—	—	—	—	—	—
12500	31250000	2500	—	—	—	—	—	—
11989	60594400	5054	—	—	—	—	—	—
10197	807059517	79143	—	—	—	—	—	—
12790	1300857500	101711	—	—	—	—	—	—
—	—	—	—	—	—	—	—	—
—	—	—	15000	15000000	1000	—	—	—
8654	109010000	12597	—	—	—	—	—	—
13867	183806130	13255	—	—	—	—	—	—
9145	1876913014	205244	—	—	—	24013	21035220	876
12107	8442760241	697329	9623	46971290	4881	—	—	—
10774	4611200	428	—	—	—	—	—	—
—	—	—	—	—	—	—	—	—
—	—	—	—	—	—	—	—	—
12309	129897100	10553	—	—	—	17271	86353	5
12108	1446492364	119461	—	—	—	32720	98388000	3007
—	—	—	—	—	—	—	—	—
—	—	—	—	—	—	—	—	—
—	—	—	—	—	—	—	—	—
—	—	—	—	—	—	—	—	—
—	—	—	—	—	—	—	—	—
—	—	—	—	—	—	—	—	—
—	—	—	—	—	—	—	—	—
—	—	—	—	—	—	—	—	—

各地区林业旅游与休闲产业发展情况

地　　区	旅游人次(人次)	旅游收入(万元)	人均花费(元)	直接带动的其他产业产值(万元)
全国合计	**2312086205**	**67589463**	**292**	**102083163**
北　京	226864820	253154	11	84707
天　津	2843477	16311	57	9331
河　北	38394343	628577	164	529784
山　西	12493364	95874	77	160986
内蒙古	9273288	313431	338	201446
内蒙古集团	1331100	79800	600	53240
辽　宁	53190106	1696080	319	1484471
吉　林	20490128	1098566	536	266652
吉林集团	331956	24877	749	17470
长白山集团	276349	16861	610	33486
黑龙江	18402644	1001929	544	408461
龙江集团	8615816	480882	558	219503
上　海	6185014	119769	194	239899
江　苏	122204504	2770430	227	1899514
浙　江	266226133	5440213	204	4332314
安　徽	102223775	3789367	371	5319366
福　建	35964671	1410759	392	1236801
江　西	76746600	4851852	632	13341835
山　东	116779371	3023306	259	5241677
河　南	95500088	1359012	142	945014
湖　北	74821897	3570122	477	7733633
湖　南	113192111	6447535	570	17542172
广　东	243166769	13694563	563	2461863
广　西	77119354	2446687	317	2611075
海　南	13362838	238592	179	772999
重　庆	62985578	1214888	193	507577
四　川	280917746	6944386	247	8872104
贵　州	121883349	2958645	243	22734891
云　南	37449712	684769	183	396903
西　藏	296967	24200	815	14300
陕　西	49919298	681451	137	685378
甘　肃	10584194	76860	73	259530
青　海	994189	7885	79	7885
宁　夏	9090902	184014	202	1094991
新　疆	11034949	408582	370	543089
新疆兵团	1051929	28315	269	134560
大兴安岭	1484026	137654	928	142515

各地区森林公园建设与经营情况主要指标(一)

地　　区	森林公园总数（处）	森林公园总面积（公顷）	国家森林公园数量（处）	国家森林公园面积（公顷）	省级森林公园数量（处）	省级森林公园面积（公顷）	县级森林公园数量（处）	县级森林公园面积（公顷）
全国合计	**3234**	**18017072**	**827**	**12510602**	**1402**	**4179917**	**1005**	**1326553**
北　京	31	96263	15	68441	16	27822	—	—
天　津	1	2126	1	2126	—	—	—	—
河　北	100	513752	26	295039	74	218713	—	—
山　西	127	563115	19	389133	51	128909	57	45073
内蒙古	55	1194081	33	982591	21	206120	1	5370
内蒙古集团	9	422118	9	422118	—	—	—	—
辽　宁	70	229449	29	140007	41	89442	—	—
吉　林	57	2496728	35	2040211	22	456517	—	—
吉林集团	8	89773	8	89773	—	—	—	—
黑龙江	103	1921961	58	1708978	45	212983	—	—
龙江集团	41	1376817	24	1260146	17	116672	—	—
上　海	5	2252	4	1952	1	300	—	—
江　苏	107	180580	20	51781	46	41010	41	87790
浙　江	199	431778	39	222707	80	143234	80	65837
安　徽	73	157627	31	108255	42	49372	—	—
福　建	177	235963	29	124776	127	87932	21	23256
江　西	177	517069	46	377397	118	111869	13	27803
山　东	244	413117	48	209689	65	88488	131	114940
河　南	171	390921	31	133332	83	161779	57	95810
湖　北	92	409086	37	308201	55	100886	—	—
湖　南	125	493669	58	320805	54	148402	13	24462
广　东	615	1111821	24	206171	76	114629	515	791021
广　西	63	267169	20	212647	35	53091	8	1431
海　南	28	168454	9	119102	17	47659	2	1693
重　庆	88	193202	26	136303	61	56064	1	835
四　川	126	788034	37	659017	56	109885	33	19132
贵　州	78	272307	25	165589	31	87472	22	19245
云　南	40	148862	27	117399	13	31463	—	—
西　藏	9	1186760	9	1186760	—	—	—	—
陕　西	89	345949	35	185392	52	159559	2	999
甘　肃	91	985487	22	471751	69	513735	—	—
青　海	18	502910	7	293297	11	209613	—	—
宁　夏	11	37629	4	28587	7	9042	—	—
新　疆	62	1628977	21	1113197	33	513925	8	1856
大兴安岭	2	129972	2	129972	—	—	—	—

注：国家级森林公园数据包括白山市国家级森林旅游区。

各地区森林公园建设与

地　区	森林公园旅游收入情况					
	收入总额	其中旅游收入(万元)				
		合计	门票收入	食宿收入	娱乐收入	其他收入
全国合计	**8709656**	**7055951**	**1348621**	**3089852**	**525281**	**2092197**
北　京	31195	31195	5950	19978	2617	2650
天　津	2000	2000	1300	—	—	700
河　北	123906	123685	59013	34653	8200	21818
山　西	99418	99418	24700	42806	2273	29639
内蒙古	80321	80321	12516	32902	11563	23340
内蒙古集团	70872	70872	7275	31000	10430	22167
辽　宁	119519	119519	24439	59121	15357	20603
吉　林	1072469	260063	16508	160676	43674	39205
吉林集团	3553	3553	126	3128	230	69
黑龙江	222410	222410	22834	90701	29670	79205
龙江集团	161451	161451	16764	57076	25218	62394
上　海	10113	10113	5414	540	2427	1732
江　苏	321039	208589	70181	26900	11431	100078
浙　江	2201383	2053744	151212	1088691	86168	727672
安　徽	81101	71415	22687	33832	5636	9260
福　建	136144	96185	15750	37045	10889	32502
江　西	843397	793432	189791	474881	22691	106069
山　东	234493	219200	110824	54369	14051	39957
河　南	111250	111250	55606	31764	12419	11461
湖　北	399931	169839	19593	83271	40352	26623
湖　南	516192	329949	177452	75035	18198	59264
广　东	285528	278976	47433	144303	24574	62666
广　西	256348	213836	31155	69085	6381	107215
海　南	43789	43789	22526	13295	78	7890
重　庆	486272	486272	46859	236454	47304	155656
四　川	429076	429076	61099	179869	75497	112612
贵　州	439536	439536	69637	61891	27440	280568
云　南	25340	24687	13788	2005	53	8840
西　藏	6574	6574	2744	3215	252	363
陕　西	70820	70820	44255	14524	2690	9350
甘　肃	11438	11402	4304	4646	1002	1451
青　海	10843	10843	2392	2132	974	5345
宁　夏	5176	5176	2784	775	513	1105
新　疆	31004	31004	13844	9276	728	7155
大兴安岭	1633	1633	30	1218	180	204

经营情况主要指标(二)

旅游接待人数(万人次)		本年度投入资金(万元)				其中环境建设投入(万元)	本年度环境建设情况(公顷)	
旅游总人数	海外旅游者	合　计	国家投资	自筹资金	招商引资		植树造林	改造林相
79512	**1414**	**4169044**	**770566**	**1417519**	**1980959**	**516798**	**79952**	**183409**
899	4	22120	14020	8100	—	4543	191	3912
32	3	400	400	—	—	100	—	—
1698	28	130485	4014	34499	91972	14326	5179	5013
2423	18	36060	9020	8590	18450	4976	924	1244
520	5	89249	26825	55412	7013	13919	4566	25679
119	—	34852	18200	16152	500	2299	2810	22667
2309	44	78231	1250	43421	33560	20993	1576	1010
1317	25	574874	6702	21687	546485	5971	3052	549
32	—	1146	670	476	—	152	106	20
1246	18	109560	29404	60802	19353	18775	1868	40779
548	6	69561	7289	45539	16733	13856	815	40220
546	7	18946	9924	9021	—	6955	172	125
5749	84	255949	44239	150887	60824	48191	3090	2821
6098	64	74932	42297	29459	3176	19284	967	4504
1976	15	87297	29181	39656	18460	5288	848	1490
2272	204	39786	19076	13850	6860	10774	3357	3568
6227	61	155631	16308	87992	51331	28234	4964	12396
4325	124	275437	60452	152198	62787	57862	7725	17342
2874	42	157591	12554	90222	54815	39114	3512	10767
2634	21	101362	21239	38921	41202	12800	3542	12302
3983	203	310307	110562	103599	96146	38900	4883	5614
14795	280	306882	78455	107896	120531	54546	8607	12672
896	26	62502	5123	43550	13830	8123	1083	605
251	6	21689	1647	20042	—	7194	1638	1740
5564	42	418834	79722	97653	241460	35175	4835	4521
2735	8	98320	33726	48394	16200	11688	1193	1249
3317	30	409529	24976	25448	359105	17744	4072	1995
1004	13	27872	5140	16030	6703	4515	685	1151
51	1	3256	2187	570	500	120	25	—
1434	26	199836	34580	83978	81278	10996	2267	1389
750	6	30628	10596	11735	8296	3858	2342	1300
329	—	17967	12908	509	4550	1348	1366	5817
214	—	11751	3265	6023	2463	3764	1141	188
1029	7	41597	20695	7291	13610	6706	242	1562
16	—	165	80	85	—	20	40	107

各地区森林公园建设与经营情况主要指标(三)

地　区	从业人员现状(人)		基础设施现状				社会旅游从业人员(人)
	职工总数	导游人数	车船总数(台/艘)	游步道总数(千米)	床位总数(张)	餐位总数(个)	
全国合计	**172289**	**16695**	**35519**	**81745**	**928041**	**1770156**	**844241**
北　京	1111	195	271	917	3560	16790	13000
天　津	135	16	48	20	340	680	3000
河　北	6063	649	1019	2694	119216	125830	77649
山　西	3700	598	709	1715	58787	69519	20563
内蒙古	2884	277	820	3093	24041	55208	20175
内蒙古集团	1240	71	387	890	18242	41348	14342
辽　宁	3123	342	3504	2043	31332	53592	14176
吉　林	7790	697	2997	3525	33002	44291	25439
吉林集团	555	36	495	491	2367	8050	554
黑龙江	8050	967	3633	4897	66796	111691	22934
龙江集团	5628	650	2460	2763	48154	79438	18482
上　海	526	50	1051	138	210	4010	893
江　苏	9299	628	1029	2173	15296	29896	18584
浙　江	18695	1523	4213	3406	96161	283329	75355
安　徽	4697	278	377	1615	8790	25500	25595
福　建	6826	656	791	3687	8191	27542	18517
江　西	6751	816	2047	9532	46106	101673	35536
山　东	15544	1671	2476	7298	51824	127121	174083
河　南	7207	1178	1685	2625	49623	94007	43729
湖　北	9655	929	802	3374	52148	92834	34855
湖　南	13631	879	1084	4634	45003	84674	38278
广　东	14218	804	1749	5577	35455	103515	42652
广　西	2299	271	458	956	5337	12542	4193
海　南	2133	159	166	305	1982	3146	2642
重　庆	5320	845	1037	3441	45994	92105	20300
四　川	5173	606	549	2441	57395	77793	25327
贵　州	5167	369	1022	2500	13235	34198	23159
云　南	1908	180	339	955	3685	9717	6381
西　藏	148	61	92	161	2745	907	541
陕　西	3956	505	574	1993	18995	34230	40174
甘　肃	3568	211	230	2172	9234	20359	6388
青　海	526	85	167	622	7768	11840	3041
宁　夏	562	34	74	397	602	1560	487
新　疆	1412	205	484	2399	14719	19057	6274
大兴安岭	212	11	22	440	469	1000	321

4

从业人员和劳动报酬

EMPLOYMENT AND WAGES

林业系统从业人员和劳动报酬主要指标2015年与2014年比较

主要指标	单位	2015年	2014年	2015年比2014年增减%
一、单位个数	个	**42723**	**43320**	**-1.38**
二、年末人数	人	**1484819**	**1549622**	**-4.18**
1. 从业人员	人	1204304	1227780	-1.91
①在岗职工	人	1157572	1180371	-1.93
②其他从业人员	人	46732	47409	-1.43
2. 离开本单位仍保留劳动关系人员	人	280515	321842	-12.84
三、年末实有离退休人员	人	**1039220**	**1034949**	**0.41**
四、在岗职工年平均工资	元	**41645**	**34530**	**20.61**

林业系统按行业分全部单位个数、从业人员和劳动报酬情况(一)

指　　标	单位个数(个)	年末人数(人)				
		总计	从业人员			
			合计	在岗职工		
				小计	其中:女性	其中:非全日制
总　计	**42732**	**1484819**	**1204304**	**1157572**	**319517**	**54220**
一、企业	2043	729453	492780	485979	140217	10235
二、事业	35593	649091	605960	573093	159827	38870
三、机关	5096	106275	105564	98500	19473	5115
按行业分:						
一、农林牧渔业	20177	1095436	849200	821621	229510	34736
1. 林木育种育苗	2445	53608	47278	44856	14390	3717
2. 营造林	10743	547081	471501	452645	129357	24048
3. 木竹采运	858	417209	258694	256374	64811	3306
4. 经济林产品种植与采集	356	5546	5451	5239	1875	154
5. 花卉及其他观赏植物种植	275	2281	2231	2123	661	103
6. 陆生野生动物繁育与利用	181	1640	1501	1437	455	117
7. 其他	5319	68071	62544	58947	17961	3291
二、制造业	387	38464	26917	25993	8592	1355
1. 木材加工及木、竹、藤、棕、苇制品业	278	27280	16749	16030	5275	1133
2. 木、竹、藤家具制造业	23	1904	1756	1650	471	92
3. 木、竹、苇浆造纸业	6	1326	1310	1310	247	–
4. 林产化学产品制造	18	852	852	830	307	43
5. 其他	62	7102	6250	6173	2292	87
三、服务业	21909	316044	311471	294250	74931	17823
1. 林业生产服务	3910	38671	38064	37278	9643	3135
2. 野生动植物保护和自然保护区管理	1130	27437	26811	23660	6536	1702
3. 林业工程技术与规划管理	1096	16832	16717	16011	4840	1036
4. 林业科技交流和推广服务	2786	35541	35332	34893	11306	2531
5. 林业公共管理和社会组织	11285	167035	165237	155016	33401	8299
①林业行政管理、公安及监督检查机构	10226	153299	151614	141752	29283	7550
②林业专业性、行业性团体	1059	13736	13623	13264	4118	749
6. 其他	1702	30528	29310	27392	9205	1120
四、其他行业	259	34875	16716	15708	6484	306

林业系统按行业分全部单位个数、

指标	年末人					
	从业					
	在岗职工					
	其中:专业技术人员			按学历结构分		
	小计	其中		中专及中专学历以下	大专学历	大学及大学学历以上
		中级技术职称人员	高级技术职称人员			
总　计	**307390**	**146759**	**43297**	**654653**	**292650**	**210269**
一、企业	119557	50505	14927	336802	98747	50430
二、事业	175833	90059	26259	302288	154894	115911
三、机关	12000	6195	2111	15563	39009	43928
按行业分:						
一、农林牧渔业	206564	95908	23208	540751	183320	97550
1. 林木育种育苗	11441	6486	1195	27261	11435	6160
2. 营造林	113047	52001	11101	304381	97764	50500
3. 木竹采运	59660	25712	8007	176539	53594	26241
4. 经济林产品种植与采集	1472	762	376	2946	1409	884
5. 花卉及其他观赏植物种植	737	352	148	769	822	532
6. 陆生野生动物繁育与利用	611	310	80	486	566	385
7. 其他	19596	10285	2301	28369	17730	12848
二、制造业	3523	1970	587	18516	5280	2197
1. 木材加工及木、竹、藤、棕、苇制品业	2374	1350	384	11864	2891	1275
2. 木、竹、藤家具制造业	87	52	20	1199	350	101
3. 木、竹、苇浆造纸业	111	53	56	1050	204	56
4. 林产化学产品制造	193	50	26	441	221	168
5. 其他	758	465	101	3962	1614	597
三、服务业	90901	46210	17740	88534	100308	105408
1. 林业生产服务	12029	6493	1634	16354	12101	8823
2. 野生动植物保护和自然保护区管理	7037	3783	1230	9391	7443	6826
3. 林业工程技术与规划管理	9827	4651	2599	3543	5075	7393
4. 林业科技交流和推广服务	17444	9059	4169	12170	10281	12442
5. 林业公共管理和社会组织	34363	17515	5606	36405	58192	60419
①林业行政管理、公安及监督检查机构	28304	14804	4156	31418	54123	56211
②林业专业性、行业性团体	6059	2711	1450	4987	4069	4208
6. 其他	10201	4709	2502	10671	7216	9505
四、其他行业	6402	2671	1762	6852	3742	5114

从业人员和劳动报酬情况(二)

数(人)						年末实有离退休人员(人)	在岗职工年平均人数(人)	在岗职工年工资总额(千元)	离退休人员年生活费(千元)	在岗职工年平均工资(元)
人员					离开本单位仍保留劳动关系人员					
				其他从业人员						
按年龄结构分										
30岁以下(含30岁)	31~40岁	41~50岁	51岁以上(含51岁)							
128485	**306782**	**494754**	**227551**	**46732**	**280515**	**1039220**	**1118732**	**46589443**	**30257875**	**41645**
56099	116819	219831	93230	6801	236673	655502	456319	14793565	16713909	32419
60666	166592	237186	108649	32867	43131	330732	564105	25736837	10978081	45624
11720	23371	37737	25672	7064	711	52986	98308	6059041	2565885	61633
87079	213739	363998	156805	27579	246236	841162	785077	28319202	22943939	36072
4150	11989	19679	9038	2422	6330	32208	44627	1752958	1041842	39280
48143	125809	196172	82521	18856	75580	423083	434214	15579019	11726497	35879
26479	56301	119870	53724	2320	158515	336914	237774	7965714	8707051	33501
436	1419	2515	869	212	95	2852	5051	194131	78109	38434
298	767	843	215	108	50	448	2077	63623	13494	30632
175	487	549	226	64	139	411	1408	54232	10197	38517
7398	16967	24370	10212	3597	5527	45246	59926	2709525	1366750	45215
3692	7170	10677	4454	924	11547	30701	25752	819885	611456	31838
2274	4268	6470	3018	719	10531	19541	15535	487536	340809	31383
432	459	559	200	106	148	549	1645	68573	25997	41686
69	332	639	270	—	16	1119	1373	44046	29332	32080
107	300	333	90	22	—	175	833	28786	4593	34557
810	1811	2676	876	77	852	9317	6366	190944	210727	29994
34855	81523	114615	63257	17221	4573	136623	293383	16717521	5826430	56982
4691	10602	15050	6935	786	607	14813	37192	1807509	517258	48599
3116	7029	9623	3892	3151	626	8917	24221	1257058	303288	51900
2169	4842	5926	3074	706	115	7696	16170	1197858	348867	74079
3859	10936	13842	6256	439	209	16127	34200	1917144	708282	56057
17783	40547	59650	37036	10221	1798	75098	154605	9019243	3406286	58337
16013	36541	54522	34676	9862	1685	69562	141296	8258488	3205559	58448
1770	4006	5128	2360	359	113	5536	13309	760755	200727	57161
3237	7567	10524	6064	1918	1218	13972	26995	1518709	542449	56259
2859	4350	5464	3035	1008	18159	30734	14520	732834	876049	50471

各地区林业系统

地　　区	总　计	按性质分				
		企　业	事　业	机　关	合　计	林木育种育苗
全国合计	**42732**	**2043**	**35593**	**5096**	**20177**	**2445**
北　京	298	2	272	24	140	17
天　津	81	—	75	6	72	16
河　北	1444	29	1210	205	908	171
山　西	2130	13	1984	133	1095	184
内蒙古	1583	46	1261	276	717	95
内蒙古集团	50	27	23	—	19	—
辽　宁	1312	25	1155	132	646	74
吉　林	1406	271	1002	133	411	36
吉林集团	51	51	—	—	11	—
长白山集团	19	14	4	1	11	—
黑龙江	1872	160	1544	168	748	91
龙江集团	170	101	55	14	50	2
上　海	32	—	31	1	5	1
江　苏	785	—	758	27	531	92
浙　江	994	13	864	117	308	34
安　徽	1440	37	1174	229	742	81
福　建	1908	239	1457	212	947	102
江　西	2089	122	1757	210	558	65
山　东	2195	42	1954	199	886	227
河　南	1137	26	885	226	564	137
湖　北	1965	98	1697	170	528	89
湖　南	2806	85	2462	259	1261	130
广　东	1810	40	1508	262	627	49
广　西	2269	191	1799	279	1181	95
海　南	195	29	123	43	57	8
重　庆	903	12	813	78	99	23
四　川	3307	152	2830	325	2205	116
贵　州	2006	148	1661	197	1295	64
云　南	1711	98	1339	274	1030	64
西　藏	95	4	24	67	22	14
陕　西	1483	65	1161	257	611	135
甘　肃	1494	9	1275	210	954	123
青　海	359	—	238	121	147	24
宁　夏	279	3	240	36	193	18
新　疆	1190	54	935	201	674	70
新疆兵团	—	—	—	—	—	—
局直属单位	154	30	105	19	15	—
大兴安岭	67	23	26	18	15	—

单位个数(一)

单位:个

按行业分					
农林牧渔业					
营造林	木竹采运	经济林产品种植与采集	花卉及其他观赏植物种植	陆生野生动物繁育与利用	其他
10743	**858**	**356**	**275**	**181**	**5319**
34	—	1	2	—	86
24	—	3	—	2	27
285	22	33	7	4	386
631	—	—	—	—	280
363	22	3	2	1	231
—	19	—	—	—	—
419	50	24	11	14	54
334	23	—	—	1	17
1	9	—	—	—	1
—	11	—	—	—	—
438	55	1	—	2	161
15	30	—	—	—	3
2	—	—	—	—	2
360	7	50	8	2	12
80	3	—	—	2	189
544	33	—	3	4	77
326	159	9	12	6	333
228	73	5	4	5	178
553	30	25	10	12	29
193	41	18	18	25	132
320	35	21	4	9	50
600	99	52	12	41	327
320	27	12	1	5	213
688	35	20	65	10	268
31	—	2	1	1	14
64	2	2	1	1	6
897	53	6	9	7	1117
906	40	9	81	2	193
516	27	15	1	10	397
—	—	5	2	1	—
324	14	10	15	8	105
562	3	15	2	2	247
104	—	—	2	—	17
130	—	7	—	—	38
457	5	8	2	4	128
—	—	—	—	—	—
10	—	—	—	—	5
10	—	—	—	—	5

各地区林业系统

地 区	按行					
	制造业					
	合 计	木材加工及木、竹、藤、棕、苇制品业	木、竹、藤家具制造业	木、竹、苇浆造纸业	林产化学产品制造	其 他
全国合计	**387**	**278**	**23**	**6**	**18**	**62**
北 京	—	—	—	—	—	—
天 津	—	—	—	—	—	—
河 北	7	4	—	—	—	3
山 西	3	—	—	—	—	3
内蒙古	3	—	1	2	—	—
内蒙古集团	2	—	—	2	—	—
辽 宁	10	10	—	—	—	—
吉 林	30	22	2	1	3	2
吉林集团	24	18	2	1	1	2
长白山集团	3	3	—	—	—	—
黑龙江	29	17	—	2	1	9
龙江集团	23	16	—	2	—	5
上 海	—	—	—	—	—	—
江 苏	—	—	—	—	—	—
浙 江	—	—	—	—	—	—
安 徽	13	8	3	—	1	1
福 建	12	8	—	—	4	—
江 西	15	3	2	—	1	9
山 东	15	15	—	—	—	—
河 南	3	2	—	—	—	1
湖 北	17	14	—	—	1	2
湖 南	42	33	5	1	1	2
广 东	18	8	—	—	—	10
广 西	95	92	—	—	2	1
海 南	1	1	—	—	—	—
重 庆	4	4	—	—	—	—
四 川	32	16	3	—	2	11
贵 州	1	—	—	—	1	—
云 南	8	7	—	—	—	1
西 藏	4	4	—	—	—	—
陕 西	20	9	7	—	1	3
甘 肃	1	1	—	—	—	—
青 海	—	—	—	—	—	—
宁 夏	—	—	—	—	—	—
新 疆	—	—	—	—	—	—
新疆兵团	—	—	—	—	—	—
局直属单位	4	—	—	—	—	4
大兴安岭	4	—	—	—	—	4

单位个数(二)

单位:个

业 分									
服务业									其他行业
合计	林业生产服务	野生动植物保护和自然保护区管理	林业工程技术与规划管理	林业科技交流和推广服务	林业公共管理和社会组织			其他	
					小计	林业行政管理、公安及监督检查机构	林业专业性、行业性团体		
21909	**3910**	**1130**	**1096**	**2786**	**11285**	**10226**	**1059**	**1702**	**259**
154	13	4	7	5	95	82	13	30	4
9	—	2	—	1	6	6	—	—	—
527	88	14	7	130	265	265	—	23	2
1032	184	46	74	55	597	588	9	76	—
840	239	35	43	20	483	480	3	20	23
8	—	3	1	—	—	—	—	4	21
655	21	42	34	60	492	429	63	6	1
952	203	10	21	33	673	673	—	12	13
6	—	—	—	—	—	—	—	6	10
5	1	—	1	1	2	2	—	—	—
1055	148	34	15	31	709	688	21	118	40
71	4	—	3	5	24	15	9	35	26
16	3	2	4	6	1	1	—	—	11
254	3	2	2	175	72	64	8	—	—
679	373	42	5	91	133	127	6	35	7
678	67	33	51	189	315	282	33	23	7
941	200	37	63	56	527	357	170	58	8
1501	187	50	61	98	787	652	135	318	15
1292	216	62	86	480	369	336	33	79	2
562	61	40	26	84	319	311	8	32	8
1420	118	81	122	122	925	925	—	52	—
1486	145	78	65	181	892	797	95	125	17
1149	117	107	15	73	412	346	66	425	16
984	302	40	59	50	492	377	115	41	9
137	17	23	—	8	78	77	1	11	—
800	537	10	33	13	200	195	5	7	—
1056	184	74	44	153	563	512	51	38	14
705	154	38	93	64	335	270	65	21	5
642	45	80	44	147	312	274	38	14	31
69	—	—	1	—	68	67	1	—	—
848	82	43	52	226	390	363	27	55	4
539	74	41	24	93	261	237	24	46	—
212	11	4	7	59	123	123	—	8	—
84	16	5	2	16	37	37	—	8	2
514	100	43	28	45	286	221	65	12	2
—	—	—	—	—	—	—	—	—	—
117	2	8	8	22	68	64	4	9	18
30	2	5	2	2	18	18	—	1	18

各地区林业系统

地　区	总　计	按性质分				
		企　业	事　业	机　关	合　计	林木育种育苗
全国合计	**1484819**	**729453**	**649091**	**106275**	**1095436**	**53608**
北　京	9789	150	8556	1083	4752	753
天　津	751	—	650	101	557	140
河　北	23050	1894	17756	3400	15470	2361
山　西	23949	265	21856	1828	13472	1823
内蒙古	198008	135169	56545	6294	162555	1863
内蒙古集团	149703	133307	16396	—	131628	—
辽　宁	22174	518	20124	1532	14493	860
吉　林	165375	132379	28793	4203	142515	1287
吉林集团	51983	51983	—	—	43923	—
长白山集团	52659	52051	121	487	50398	—
黑龙江	373563	309802	58994	4767	335122	10925
龙江集团	315878	306222	7864	1792	288347	9959
上　海	1373	—	1206	167	125	24
江　苏	17529	—	17281	248	15467	4441
浙　江	11303	533	8851	1919	3800	1035
安　徽	22059	2023	17707	2329	15038	2463
福　建	24491	6959	13946	3586	13626	417
江　西	65183	9642	49261	6280	43454	1752
山　东	22736	1214	18887	2635	12697	2802
河　南	29234	655	24132	4447	17621	3227
湖　北	29571	3461	22375	3735	12552	1326
湖　南	57772	7442	42772	7558	29686	2358
广　东	30424	2663	21288	6473	15382	660
广　西	44968	5015	35790	4163	30714	763
海　南	9658	2796	3760	3102	3441	426
重　庆	7264	306	5604	1354	2565	263
四　川	45759	17081	22030	6648	29914	1256
贵　州	23082	3738	16789	2555	15804	559
云　南	39475	10088	18445	10942	20021	1621
西　藏	2054	563	410	1081	320	135
陕　西	37862	6608	27558	3696	22812	3749
甘　肃	39976	9533	26152	4291	27153	1336
青　海	9812	—	8706	1106	6617	243
宁　夏	8816	464	7776	576	6327	683
新　疆	21857	4632	14299	2926	13852	2057
新疆兵团	—	—	—	—	—	—
局直属单位	65902	53860	10792	1250	47512	—
大兴安岭	56523	52764	2740	1019	47512	—

单位年末人数(一)

单位:人

按行业分					
农林牧渔业					
营造林	木竹采运	经济林产品种植与采集	花卉及其他观赏植物种植	陆生野生动物繁育与利用	其他
547081	**417209**	**5546**	**2281**	**1640**	**68071**
692	—	9	41	—	3257
173	—	49	—	27	168
6220	145	351	57	79	6257
9459	—	—	—	—	2190
26678	131660	28	8	4	2314
—	131628	—	—	—	—
9164	3772	106	104	69	418
42414	98111	—	—	6	697
49	43874	—	—	—	—
—	50398	—	—	—	—
164494	151658	7	—	3	8035
121564	150250	—	—	—	6574
53	—	—	—	—	48
9696	204	737	109	22	258
1871	32	—	—	35	827
10354	721	—	32	68	1400
6162	4621	98	68	49	2211
32243	4837	57	77	175	4313
8961	248	213	93	108	272
10334	965	241	355	198	2301
10154	430	83	80	60	419
16091	4875	408	151	234	5569
10113	995	112	4	127	3371
24438	1241	159	259	55	3799
2106	—	208	15	55	631
2143	17	24	16	15	87
21112	2638	170	66	41	4631
10232	1864	100	321	14	2714
10587	4063	179	14	22	3535
—	—	175	7	3	—
12102	4093	202	343	143	2180
22997	9	244	9	10	2548
5958	—	—	39	—	377
4126	—	659	—	—	859
9559	10	927	13	18	1268
—	—	—	—	—	—
46395	—	—	—	—	1117
46395	—	—	—	—	1117

各地区林业系统

地区	按行					
	制造业					
	合计	木材加工及木、竹、藤、棕、苇制品业	木、竹、藤家具制造业	木、竹、苇浆造纸业	林产化学产品制造	其他
全国合计	**38464**	**27280**	**1904**	**1326**	**852**	**7102**
北京	—	—	—	—	—	—
天津	—	—	—	—	—	—
河北	58	41	—	—	—	17
山西	10	—	—	—	—	10
内蒙古	1049	—	50	999	—	—
内蒙古集团	999	—	—	999	—	—
辽宁	133	133	—	—	—	—
吉林	7149	4450	717	201	148	1633
吉林集团	5421	2779	717	201	91	1633
长白山集团	1653	1653	—	—	—	—
黑龙江	12121	11256	—	51	80	734
龙江集团	11687	10965	—	51	—	671
上海	—	—	—	—	—	—
江苏	—	—	—	—	—	—
浙江	—	—	—	—	—	—
安徽	607	395	160	—	32	20
福建	768	528	—	—	240	—
江西	613	490	115	—	1	7
山东	—	—	—	—	—	—
河南	115	80	—	—	—	35
湖北	1307	1118	—	—	7	182
湖南	3295	2543	611	75	20	46
广东	206	99	—	—	—	107
广西	2782	2430	—	—	266	86
海南	2	2	—	—	—	—
重庆	53	53	—	—	—	—
四川	572	276	22	—	22	252
贵州	7	—	—	—	7	—
云南	638	632	—	—	—	6
西藏	563	563	—	—	—	—
陕西	1560	1176	229	—	29	126
甘肃	1015	1015	—	—	—	—
青海	—	—	—	—	—	—
宁夏	—	—	—	—	—	—
新疆	—	—	—	—	—	—
新疆兵团	—	—	—	—	—	—
局直属单位	3841	—	—	—	—	3841
大兴安岭	3841	—	—	—	—	3841

单位年末人数(二)

单位:人

业	分								
服务业									其他行业
合计	林业生产服务	野生动植物保护和自然保护区管理	林业工程技术与规划管理	林业科技交流和推广服务	林业公共管理和社会组织			其他	
					小计	林业行政管理、公安及监督检查机构	林业专业性、行业性团体		
316044	**38671**	**27437**	**16832**	**35541**	**167035**	**153299**	**13736**	**30528**	**34875**
4832	299	112	381	121	2245	1889	356	1674	205
194	—	53	—	40	101	101	—	—	—
7488	1017	777	184	998	4259	4259	—	253	34
10467	1782	674	640	581	5422	5312	110	1368	—
18157	7696	817	569	535	7792	7637	155	748	16247
863	—	310	52	—	—	—	—	501	16213
7491	111	460	400	526	5956	5452	504	38	57
14795	2021	315	1126	537	8753	8753	—	2043	916
1950	—	—	—	—	—	—	—	1950	689
608	12	—	52	34	510	510	—	—	—
18433	2234	600	1200	518	9907	7253	2654	3974	7887
8315	55	—	827	298	4447	1802	2645	2688	7529
685	80	38	69	331	167	167	—	—	563
2062	15	8	14	1180	845	684	161	—	—
7281	2700	588	116	958	2070	2035	35	849	222
5814	266	273	388	1248	3258	2888	370	381	600
9994	1531	507	871	384	6379	5160	1219	322	103
20248	2413	662	646	995	11463	9945	1518	4069	868
10015	986	702	684	2982	3812	3668	144	849	24
11281	749	1434	403	1685	5866	5776	90	1144	217
15712	1278	1115	1071	1564	9417	9417	—	1267	—
24709	919	3920	1016	1981	15091	14169	922	1782	82
14673	967	1126	319	1222	7907	7058	849	3132	163
11215	3044	1152	530	522	5558	4947	611	409	257
6215	75	1303	—	357	4374	4370	4	106	—
4646	2032	196	327	113	1757	1721	36	221	—
15014	1257	2429	360	2188	8553	7821	732	227	259
7191	1031	334	1068	342	4201	3630	571	215	80
16825	556	2143	603	1222	11335	10942	393	966	1991
1171	—	—	67	—	1104	1081	23	—	—
12602	1321	788	839	3409	5060	4552	508	1185	888
11808	924	2181	662	1897	4753	4578	175	1391	—
3195	83	61	110	1756	1122	1122	—	63	—
2341	214	766	48	642	582	582	—	89	148
7999	983	684	231	558	5168	3642	1526	375	6
—	—	—	—	—	—	—	—	—	—
11491	87	1219	1890	4149	2758	2688	70	1388	3058
2112	87	467	327	196	1019	1019	—	16	3058

各地区林业系统单位

地区	总计	按性质分				
		企业	事业	机关	合计	林木育种育苗
全国合计	**1204304**	**492780**	**605960**	**105564**	**849200**	**47278**
北京	9741	150	8508	1083	4704	707
天津	751	—	650	101	557	140
河北	22577	1743	17488	3346	15113	2287
山西	23808	175	21811	1822	13435	1809
内蒙古	98362	49642	42450	6270	76888	1841
内蒙古集团	50269	47780	2489	—	46101	—
辽宁	21506	422	19552	1532	13901	848
吉林	122901	94018	24869	4014	100696	935
吉林集团	40225	40225	—	—	32317	—
长白山集团	32558	32092	107	359	30477	—
黑龙江	268502	210454	53328	4720	242494	6776
龙江集团	218040	208518	7734	1788	202070	5902
上海	1366	—	1199	167	125	24
江苏	16833	—	16585	248	14955	4194
浙江	10886	498	8469	1919	3434	714
安徽	20957	1432	17196	2329	14504	2405
福建	23353	6380	13391	3582	12673	381
江西	56310	6333	43798	6179	35619	1420
山东	22643	1206	18804	2633	12606	2788
河南	28898	655	23804	4439	17439	3205
湖北	27770	3024	21020	3726	11252	1174
湖南	48990	4380	37072	7538	22028	2046
广东	29491	2572	20498	6421	14597	654
广西	42042	3821	34061	4160	28255	730
海南	9435	2609	3730	3096	3229	406
重庆	7254	306	5594	1354	2565	263
四川	44714	16216	21879	6619	29048	1229
贵州	22697	3368	16774	2555	15438	553
云南	39211	9917	18363	10931	19793	1620
西藏	2051	563	407	1081	320	135
陕西	37247	6148	27411	3688	22482	3681
甘肃	39849	9533	26025	4291	27059	1336
青海	9812	—	8706	1106	6617	243
宁夏	8789	464	7749	576	6300	683
新疆	21561	4621	14152	2788	13695	2051
新疆兵团	—	—	—	—	—	—
局直属单位	63997	52130	10617	1250	47379	—
大兴安岭	54795	51036	2740	1019	47379	—

从业人员年末人数(一)

单位:人

按行业分					
农林牧渔业					
营造林	木竹采运	经济林产品种植与采集	花卉及其他观赏植物种植	陆生野生动物繁育与利用	其他
471501	**258694**	**5451**	**2231**	**1501**	**62544**
692	—	9	41	—	3255
173	—	49	—	27	168
6096	145	336	57	79	6113
9441	—	—	—	—	2185
26578	46127	28	8	4	2302
—	46101	—	—	—	—
9131	3228	106	101	69	418
32889	66315	—	—	6	551
49	32268	—	—	—	—
—	30477	—	—	—	—
111996	116885	7	—	3	6827
75256	115538	—	—	—	5374
53	—	—	—	—	48
9472	204	735	109	22	219
1826	32	—	—	35	827
9901	721	—	32	68	1377
5818	4165	93	63	44	2109
28083	3267	57	77	60	2655
8884	248	213	93	108	272
10194	965	241	355	198	2281
9062	399	83	55	60	419
12010	2375	408	151	219	4819
9495	904	109	1	127	3307
23598	785	159	259	55	2669
1972	—	165	15	51	620
2143	17	24	16	15	87
20544	2426	170	52	41	4586
10217	1522	100	321	14	2711
10381	4043	179	14	22	3534
—	—	175	7	3	—
12039	3902	202	343	143	2172
22926	9	244	9	10	2525
5958	—	—	39	—	377
4126	—	632	—	—	859
9408	10	927	13	18	1268
—	—	—	—	—	—
46395	—	—	—	—	984
46395	—	—	—	—	984

各地区林业系统单位

地区	按行					
	制造业					
	合计	木材加工及木、竹、藤、棕、苇制品业	木、竹、藤家具制造业	木、竹、苇浆造纸业	林产化学产品制造	其他
全国合计	**26917**	**16749**	**1756**	**1310**	**852**	**6250**
北京	—	—	—	—	—	—
天津	—	—	—	—	—	—
河北	58	41	—	—	—	17
山西	10	—	—	—	—	10
内蒙古	1049	—	50	999	—	—
内蒙古集团	999	—	—	999	—	—
辽宁	82	82	—	—	—	—
吉林	7002	4391	717	185	148	1561
吉林集团	5312	2758	717	185	91	1561
长白山集团	1615	1615	—	—	—	—
黑龙江	2423	1999	—	51	80	293
龙江集团	2326	1999	—	51	—	276
上海	—	—	—	—	—	—
江苏	—	—	—	—	—	—
浙江	—	—	—	—	—	—
安徽	446	254	160	—	32	—
福建	766	526	—	—	240	—
江西	422	406	8	—	1	7
山东	—	—	—	—	—	—
河南	115	80	—	—	—	35
湖北	1159	970	—	—	7	182
湖南	2991	2280	570	75	20	46
广东	142	91	—	—	—	51
广西	2496	2144	—	—	266	86
海南	2	2	—	—	—	—
重庆	53	53	—	—	—	—
四川	572	276	22	—	22	252
贵州	7	—	—	—	7	—
云南	616	610	—	—	—	6
西藏	563	563	—	—	—	—
陕西	1350	966	229	—	29	126
甘肃	1015	1015	—	—	—	—
青海	—	—	—	—	—	—
宁夏	—	—	—	—	—	—
新疆	—	—	—	—	—	—
新疆兵团	—	—	—	—	—	—
局直属单位	3578	—	—	—	—	3578
大兴安岭	3578	—	—	—	—	3578

从业人员年末人数(二)

单位:人

业　分									
服　务　业									其他行业
合　计	林业生产服务	野生动植物保护和自然保护区管理	林业工程技术与规划管理	林业科技交流和推广服务	林业公共管理和社会组织			其　他	
					小　计	林业行政管理、公安及监督检查机构	林业专业性、行业性团体		
311471	**38064**	**26811**	**16717**	**35332**	**165237**	**151614**	**13623**	**29310**	**16716**
4832	299	112	381	121	2245	1889	356	1674	205
194	—	53	—	40	101	101	—	—	—
7406	991	777	184	998	4203	4203	—	253	—
10363	1775	673	640	581	5411	5301	110	1283	—
18085	7693	816	558	535	7768	7613	155	715	2340
863	—	310	52	—	—	—	—	501	2306
7466	111	460	400	526	5931	5427	504	38	57
14295	2017	315	1108	532	8325	8325	—	1998	908
1908	—	—	—	—	—	—	—	1908	688
466	12	—	43	29	382	382	—	—	—
17942	2117	599	1175	518	9832	7202	2630	3701	5643
8017	55	—	802	298	4419	1798	2621	2443	5627
685	80	38	69	331	167	167	—	—	556
1878	15	8	14	1180	661	500	161	—	—
7256	2681	583	115	958	2070	2035	35	849	196
5753	266	273	388	1247	3258	2888	370	321	254
9813	1430	507	853	383	6335	5123	1212	305	101
19423	2297	661	638	961	11302	9799	1503	3564	846
10013	986	702	684	2982	3810	3666	144	849	24
11128	747	1376	396	1678	5787	5697	90	1144	216
15359	1238	1115	1071	1504	9248	9248	—	1183	—
23919	815	3542	1005	1911	14871	13949	922	1775	52
14589	965	1124	319	1202	7855	7006	849	3124	163
11138	3039	1146	530	519	5520	4944	576	384	153
6204	75	1298	—	357	4368	4364	4	106	—
4636	2022	196	327	113	1757	1721	36	221	—
14931	1235	2429	359	2186	8495	7792	703	227	163
7172	1019	334	1061	342	4201	3630	571	215	80
16811	556	2143	602	1221	11323	10931	392	966	1991
1168	—	—	64	—	1104	1081	23	—	—
12527	1321	785	839	3404	5052	4544	508	1126	888
11775	907	2180	662	1897	4753	4578	175	1376	—
3195	83	61	110	1756	1122	1122	—	63	—
2341	214	766	48	642	582	582	—	89	148
7860	983	684	231	558	5029	3504	1525	375	6
—	—	—	—	—	—	—	—	—	—
11314	87	1055	1886	4149	2751	2682	69	1386	1726
2112	87	467	327	196	1019	1019	—	16	1726

各地区林业系统单位

地区	总计	按性质分				
		企业	事业	机关	合计	林木育种育苗
全国合计	**1157572**	**485979**	**573093**	**98500**	**821621**	**44856**
北京	8959	150	7726	1083	4095	687
天津	751	—	650	101	557	140
河北	22252	1458	17448	3346	14825	2286
山西	23508	173	21597	1738	13253	1780
内蒙古	97736	49642	41874	6220	76437	1818
内蒙古集团	50269	47780	2489	—	46101	—
辽宁	20495	401	18562	1532	13528	847
吉林	122773	93915	24844	4014	100587	935
吉林集团	40210	40210	—	—	32317	—
长白山集团	32558	32092	107	359	30477	—
黑龙江	267860	210437	52747	4676	242008	6768
龙江集团	217900	208509	7635	1756	202070	5902
上海	1283	—	1116	167	124	24
江苏	13158	—	12910	248	11304	3253
浙江	10510	410	8251	1849	3359	712
安徽	20516	1329	16880	2307	14227	2339
福建	21550	5679	12521	3350	11701	378
江西	49356	4986	38438	5932	30900	1288
山东	21972	952	18396	2624	12045	2728
河南	28546	655	23475	4416	17111	3191
湖北	26247	2680	19908	3659	10465	1161
湖南	48317	4309	36538	7470	21540	1828
广东	27897	2522	19177	6198	13842	643
广西	38654	3531	31212	3911	26100	724
海南	5411	2386	1990	1035	2960	379
重庆	7236	306	5577	1353	2563	263
四川	42733	15561	20830	6342	27875	1202
贵州	17845	2887	12466	2492	11233	533
云南	32342	8680	15836	7826	17241	1620
西藏	1937	563	293	1081	206	135
陕西	35989	5650	26651	3688	21356	2881
甘肃	38767	9533	25049	4185	26639	1336
青海	9318	—	8275	1043	6202	243
宁夏	8789	464	7749	576	6300	683
新疆	21421	4614	14019	2788	13659	2051
新疆兵团	—	—	—	—	—	—
局直属单位	63444	52106	10088	1250	47379	—
大兴安岭	54794	51035	2740	1019	47379	—

在岗职工年末人数(一)

单位:人

按行业分					
农林牧渔业					
营造林	木竹采运	经济林产品种植与采集	花卉及其他观赏植物种植	陆生野生动物繁育与利用	其他
452645	**256374**	**5239**	**2123**	**1437**	**58947**
690	—	9	41	—	2668
173	—	49	—	27	168
6096	145	336	57	79	5826
9296	—	—	—	—	2177
26150	46127	28	8	4	2302
—	46101	—	—	—	—
8924	3063	106	101	69	418
32780	66315	—	—	6	551
49	32268	—	—	—	—
—	30477	—	—	—	—
111520	116885	7	—	3	6825
75256	115538	—	—	—	5374
53	—	—	—	—	47
6762	204	735	109	22	219
1763	31	—	—	34	819
9851	721	—	32	14	1270
5291	3834	71	63	44	2020
24169	3117	57	77	60	2132
8385	248	213	93	108	270
9894	965	238	353	195	2275
8361	364	83	50	55	391
11827	2314	403	151	219	4798
8818	886	99	1	127	3268
21780	753	159	259	55	2370
1763	—	165	15	51	587
2143	17	23	15	15	87
19839	2354	113	52	41	4274
7274	1163	100	321	14	1828
8863	3083	179	14	22	3460
—	—	61	7	3	—
12005	3766	202	243	142	2117
22713	9	244	9	10	2318
5543	—	—	39	—	377
4126	—	632	—	—	859
9398	10	927	13	18	1242
—	—	—	—	—	—
46395	—	—	—	—	984
46395	—	—	—	—	984

各地区林业系统单位

地区	按行					
	制造业					
	合计	木材加工及木、竹、藤、棕、苇制品业	木、竹、藤家具制造业	木、竹、苇浆造纸业	林产化学产品制造	其他
全国合计	**25993**	**16030**	**1650**	**1310**	**830**	**6173**
北京	—	—	—	—	—	—
天津	—	—	—	—	—	—
河北	58	41	—	—	—	17
山西	10	—	—	—	—	10
内蒙古	1049	—	50	999	—	—
内蒙古集团	999	—	—	999	—	—
辽宁	82	82	—	—	—	—
吉林	6998	4387	717	185	148	1561
吉林集团	5308	2754	717	185	91	1561
长白山集团	1615	1615	—	—	—	—
黑龙江	2415	1991	—	51	80	293
龙江集团	2318	1991	—	51	—	276
上海	—	—	—	—	—	—
江苏	—	—	—	—	—	—
浙江	—	—	—	—	—	—
安徽	348	232	84	—	32	—
福建	612	388	—	—	224	—
江西	422	406	8	—	1	7
山东	—	—	—	—	—	—
河南	115	80	—	—	—	35
湖北	860	717	—	—	1	142
湖南	2991	2280	570	75	20	46
广东	142	91	—	—	—	51
广西	2198	1865	—	—	266	67
海南	2	2	—	—	—	—
重庆	53	53	—	—	—	—
四川	549	271	22	—	22	234
贵州	7	—	—	—	7	—
云南	610	604	—	—	—	6
西藏	563	563	—	—	—	—
陕西	1316	962	199	—	29	126
甘肃	1015	1015	—	—	—	—
青海	—	—	—	—	—	—
宁夏	—	—	—	—	—	—
新疆	—	—	—	—	—	—
新疆兵团	—	—	—	—	—	—
局直属单位	3578	—	—	—	—	3578
大兴安岭	3578	—	—	—	—	3578

在岗职工年末人数(二)

单位:人

业分									
服务业									其他行业
合计	林业生产服务	野生动植物保护和自然保护区管理	林业工程技术与规划管理	林业科技交流和推广服务	林业公共管理和社会组织			其他	
					小计	林业行政管理、公安及监督检查机构	林业专业性、行业性团体		
294250	**37278**	**23660**	**16011**	**34893**	**155016**	**141752**	**13264**	**27392**	**15708**
4685	295	111	341	121	2177	1833	344	1640	179
194	—	53	—	40	101	101	—	—	—
7369	991	742	184	996	4203	4203	—	253	—
10245	1753	673	640	581	5317	5207	110	1281	—
17910	7690	744	525	531	7705	7550	155	715	2340
863	—	310	52	—	—	—	—	501	2306
6828	111	460	399	525	5295	4810	485	38	57
14291	2014	315	1108	532	8324	8324	—	1998	897
1908	—	—	—	—	—	—	—	1908	677
466	12	—	43	29	382	382	—	—	—
17876	2117	598	1175	517	9788	7158	2630	3681	5561
7967	55	—	802	298	4387	1766	2621	2425	5545
632	80	38	69	278	167	167	—	—	527
1854	15	8	14	1171	646	491	155	—	—
7032	2651	570	96	928	1999	1965	34	788	119
5687	263	253	387	1244	3229	2866	363	311	254
9139	1393	375	797	359	5911	4790	1121	304	98
17677	2132	603	629	937	10439	9003	1436	2937	357
9903	967	702	684	2982	3751	3607	144	817	24
11104	747	1376	395	1678	5764	5674	90	1144	216
14922	1158	1071	1048	1461	9035	9035	—	1149	—
23734	815	3467	1005	1908	14770	13848	922	1769	52
13750	926	907	261	1175	7553	6730	823	2928	163
10203	2831	943	388	476	5244	4668	576	321	153
2449	69	530	—	345	1416	1412	4	89	—
4620	2007	196	327	113	1756	1720	36	221	—
14146	1235	2071	359	2092	8181	7515	666	208	163
6525	995	285	755	342	3935	3419	516	213	80
12760	512	1756	598	1214	8181	7826	355	499	1731
1168	—	—	64	—	1104	1081	23	—	—
12459	1321	785	839	3404	5052	4544	508	1058	858
11113	823	1753	662	1853	4646	4471	175	1376	—
3116	83	60	110	1741	1059	1059	—	63	—
2341	214	766	48	642	582	582	—	89	148
7756	983	580	231	558	5029	3504	1525	375	6
—	—	—	—	—	—	—	—	—	—
10762	87	869	1873	4149	2657	2589	68	1127	1725
2112	87	467	327	196	1019	1019	—	16	1725

各地区林业系统单位

地区	总计	按性质分				
		企业	事业	机关	合计	林木育种育苗
全国合计	**46732**	**6801**	**32867**	**7064**	**27579**	**2422**
北京	782	—	782	—	609	20
天津	—	—	—	—	—	—
河北	325	285	40	—	288	1
山西	300	2	214	84	182	29
内蒙古	626	—	576	50	451	23
内蒙古集团	—	—	—	—	—	—
辽宁	1011	21	990	—	373	1
吉林	128	103	25	—	109	—
吉林集团	15	15	—	—	—	—
长白山集团	—	—	—	—	—	—
黑龙江	642	17	581	44	486	8
龙江集团	140	9	99	32	—	—
上海	83	—	83	—	1	—
江苏	3675	—	3675	—	3651	941
浙江	376	88	218	70	75	2
安徽	441	103	316	22	277	66
福建	1803	701	870	232	972	3
江西	6954	1347	5360	247	4719	132
山东	671	254	408	9	561	60
河南	352	—	329	23	328	14
湖北	1523	344	1112	67	787	13
湖南	673	71	534	68	488	218
广东	1594	50	1321	223	755	11
广西	3388	290	2849	249	2155	6
海南	4024	223	1740	2061	269	27
重庆	18	—	17	1	2	—
四川	1981	655	1049	277	1173	27
贵州	4852	481	4308	63	4205	20
云南	6869	1237	2527	3105	2552	—
西藏	114	—	114	—	114	—
陕西	1258	498	760	—	1126	800
甘肃	1082	—	976	106	420	—
青海	494	—	431	63	415	—
宁夏	—	—	—	—	—	—
新疆	140	7	133	—	36	—
新疆兵团	—	—	—	—	—	—
局直属单位	553	24	529	—	—	—
大兴安岭	1	1	—	—	—	—

其他从业人员年末人数(一)

单位:人

按行业分					
农林牧渔业					
营造林	木竹采运	经济林产品种植与采集	花卉及其他观赏植物种植	陆生野生动物繁育与利用	其他
18856	**2320**	**212**	**108**	**64**	**3597**
2	—	—	—	—	587
—	—	—	—	—	—
—	—	—	—	—	287
145	—	—	—	—	8
428	—	—	—	—	—
—	—	—	—	—	—
207	165	—	—	—	—
109	—	—	—	—	—
—	—	—	—	—	—
—	—	—	—	—	—
476	—	—	—	—	2
—	—	—	—	—	—
—	—	—	—	—	1
2710	—	—	—	—	—
63	1	—	—	1	8
50	—	—	—	54	107
527	331	22	—	—	89
3914	150	—	—	—	523
499	—	—	—	—	2
300	—	3	2	3	6
701	35	—	5	5	28
183	61	5	—	—	21
677	18	10	—	—	39
1818	32	—	—	—	299
209	—	—	—	—	33
—	—	1	1	—	—
705	72	57	—	—	312
2943	359	—	—	—	883
1518	960	—	—	—	74
—	—	114	—	—	—
34	136	—	100	1	55
213	—	—	—	—	207
415	—	—	—	—	—
—	—	—	—	—	—
10	—	—	—	—	26
—	—	—	—	—	—
—	—	—	—	—	—
—	—	—	—	—	—

各地区林业系统

地区	按行					
	制造业					
	合计	木材加工及木、竹、藤、棕、苇制品业	木、竹、藤家具制造业	木、竹、苇浆造纸业	林产化学产品制造	其他
全国合计	**924**	**719**	**106**	**—**	**22**	**77**
北京	—	—	—	—	—	—
天津	—	—	—	—	—	—
河北	—	—	—	—	—	—
山西	—	—	—	—	—	—
内蒙古	—	—	—	—	—	—
内蒙古集团	—	—	—	—	—	—
辽宁	—	—	—	—	—	—
吉林	4	4	—	—	—	—
吉林集团	4	4	—	—	—	—
长白山集团	—	—	—	—	—	—
黑龙江	8	8	—	—	—	—
龙江集团	8	8	—	—	—	—
上海	—	—	—	—	—	—
江苏	—	—	—	—	—	—
浙江	—	—	—	—	—	—
安徽	98	22	76	—	—	—
福建	154	138	—	—	16	—
江西	—	—	—	—	—	—
山东	—	—	—	—	—	—
河南	—	—	—	—	—	—
湖北	299	253	—	—	6	40
湖南	—	—	—	—	—	—
广东	—	—	—	—	—	—
广西	298	279	—	—	—	19
海南	—	—	—	—	—	—
重庆	—	—	—	—	—	—
四川	23	5	—	—	—	18
贵州	—	—	—	—	—	—
云南	6	6	—	—	—	—
西藏	—	—	—	—	—	—
陕西	34	4	30	—	—	—
甘肃	—	—	—	—	—	—
青海	—	—	—	—	—	—
宁夏	—	—	—	—	—	—
新疆	—	—	—	—	—	—
新疆兵团	—	—	—	—	—	—
局直属单位	—	—	—	—	—	—
大兴安岭	—	—	—	—	—	—

其他从业人员年末人数(二)

单位:人

业分									
服务业									其他行业
合计	林业生产服务	野生动植物保护和自然保护区管理	林业工程技术与规划管理	林业科技交流和推广服务	林业公共管理和社会组织			其他	
					小计	林业行政管理、公安及监督检查机构	林业专业性、行业性团体		
17221	**786**	**3151**	**706**	**439**	**10221**	**9862**	**359**	**1918**	**1008**
147	4	1	40	—	68	56	12	34	26
—	—	—	—	—	—	—	—	—	—
37	—	35	—	2	—	—	—	—	—
118	22	—	—	—	94	94	—	2	—
175	3	72	33	4	63	63	—	—	—
—	—	—	—	—	—	—	—	—	—
638	—	—	1	1	636	617	19	—	—
4	3	—	—	—	1	1	—	—	11
—	—	—	—	—	—	—	—	—	11
—	—	—	—	—	—	—	—	—	—
66	—	1	—	1	44	44	—	20	82
50	—	—	—	—	32	32	—	18	82
53	—	—	—	53	—	—	—	—	29
24	—	—	—	9	15	9	6	—	—
224	30	13	19	30	71	70	1	61	77
66	3	20	1	3	29	22	7	10	—
674	37	132	56	24	424	333	91	1	3
1746	165	58	9	24	863	796	67	627	489
110	19	—	—	—	59	59	—	32	—
24	—	—	1	—	23	23	—	—	—
437	80	44	23	43	213	213	—	34	—
185	—	75	—	3	101	101	—	6	—
839	39	217	58	27	302	276	26	196	—
935	208	203	142	43	276	276	—	63	—
3755	6	768	—	12	2952	2952	—	17	—
16	15	—	—	—	1	1	—	—	—
785	—	358	—	94	314	277	37	19	—
647	24	49	306	—	266	211	55	2	—
4051	44	387	4	7	3142	3105	37	467	260
—	—	—	—	—	—	—	—	—	—
68	—	—	—	—	—	—	—	68	30
662	84	427	—	44	107	107	—	—	—
79	—	1	—	15	63	63	—	—	—
—	—	—	—	—	—	—	—	—	—
104	—	104	—	—	—	—	—	—	—
—	—	—	—	—	—	—	—	—	—
552	—	186	13	—	94	93	1	259	1
—	—	—	—	—	—	—	—	—	1

各地区林业系统单位离开本单位

地区	总计	按性质分				
		企业	事业	机关	合计	林木育种育苗
全国合计	**280515**	**236673**	**43131**	**711**	**246236**	**6330**
北京	48	—	48	—	48	46
天津	—	—	—	—	—	—
河北	473	151	268	54	357	74
山西	141	90	45	6	37	14
内蒙古	99646	85527	14095	24	85667	22
内蒙古集团	99434	85527	13907	—	85527	—
辽宁	668	96	572	—	592	12
吉林	42474	38361	3924	189	41819	352
吉林集团	11758	11758	—	—	11606	—
长白山集团	20101	19959	14	128	19921	—
黑龙江	105061	99348	5666	47	92628	4149
龙江集团	97838	97704	130	4	86277	4057
上海	7	—	7	—	—	—
江苏	696	—	696	—	512	247
浙江	417	35	382	—	366	321
安徽	1102	591	511	—	534	58
福建	1138	579	555	4	953	36
江西	8873	3309	5463	101	7835	332
山东	93	8	83	2	91	14
河南	336	—	328	8	182	22
湖北	1801	437	1355	9	1300	152
湖南	8782	3062	5700	20	7658	312
广东	933	91	790	52	785	6
广西	2926	1194	1729	3	2459	33
海南	223	187	30	6	212	20
重庆	10	—	10	—	—	—
四川	1045	865	151	29	866	27
贵州	385	370	15	—	366	6
云南	264	171	82	11	228	1
西藏	3	—	3	—	—	—
陕西	615	460	147	8	330	68
甘肃	127	—	127	—	94	—
青海	—	—	—	—	—	—
宁夏	27	—	27	—	27	—
新疆	296	11	147	138	157	6
新疆兵团	—	—	—	—	—	—
局直属单位	1905	1730	175	—	133	—
大兴安岭	1728	1728	—	—	133	—

仍保留劳动关系人员年末人数(一)

单位:人

按行业分					
农林牧渔业					
营造林	木竹采运	经济林产品种植与采集	花卉及其他观赏植物种植	陆生野生动物繁育与利用	其他
75580	**158515**	**95**	**50**	**139**	**5527**
—	—	—	—	—	2
—	—	—	—	—	—
124	—	15	—	—	144
18	—	—	—	—	5
100	85533	—	—	—	12
—	85527	—	—	—	—
33	544	—	3	—	—
9525	31796	—	—	—	146
—	11606	—	—	—	—
—	19921	—	—	—	—
52498	34773	—	—	—	1208
46308	34712	—	—	—	1200
—	—	—	—	—	—
224	—	2	—	—	39
45	—	—	—	—	—
453	—	—	—	—	23
344	456	5	5	5	102
4160	1570	—	—	115	1658
77	—	—	—	—	—
140	—	—	—	—	20
1092	31	—	25	—	—
4081	2500	—	—	15	750
618	91	3	3	—	64
840	456	—	—	—	1130
134	—	43	—	4	11
—	—	—	—	—	—
568	212	—	14	—	45
15	342	—	—	—	3
206	20	—	—	—	1
—	—	—	—	—	—
63	191	—	—	—	8
71	—	—	—	—	23
—	—	—	—	—	—
—	—	27	—	—	—
151	—	—	—	—	—
—	—	—	—	—	—
—	—	—	—	—	133
—	—	—	—	—	133

各地区林业系统单位离开本单位

地区	按行					
	制造业					
	合计	木材加工及木、竹、藤、棕、苇制品业	木、竹、藤家具制造业	木、竹、苇浆造纸业	林产化学产品制造	其他
全国合计	**11547**	**10531**	**148**	**16**	**—**	**852**
北京	—	—	—	—	—	—
天津	—	—	—	—	—	—
河北	—	—	—	—	—	—
山西	—	—	—	—	—	—
内蒙古	—	—	—	—	—	—
内蒙古集团	—	—	—	—	—	—
辽宁	51	51	—	—	—	—
吉林	147	59	—	16	—	72
吉林集团	109	21	—	16	—	72
长白山集团	38	38	—	—	—	—
黑龙江	9698	9257	—	—	—	441
龙江集团	9361	8966	—	—	—	395
上海	—	—	—	—	—	—
江苏	—	—	—	—	—	—
浙江	—	—	—	—	—	—
安徽	161	141	—	—	—	20
福建	2	2	—	—	—	—
江西	191	84	107	—	—	—
山东	—	—	—	—	—	—
河南	—	—	—	—	—	—
湖北	148	148	—	—	—	—
湖南	304	263	41	—	—	—
广东	64	8	—	—	—	56
广西	286	286	—	—	—	—
海南	—	—	—	—	—	—
重庆	—	—	—	—	—	—
四川	—	—	—	—	—	—
贵州	—	—	—	—	—	—
云南	22	22	—	—	—	—
西藏	—	—	—	—	—	—
陕西	210	210	—	—	—	—
甘肃	—	—	—	—	—	—
青海	—	—	—	—	—	—
宁夏	—	—	—	—	—	—
新疆	—	—	—	—	—	—
新疆兵团	—	—	—	—	—	—
局直属单位	263	—	—	—	—	263
大兴安岭	263	—	—	—	—	263

仍保留劳动关系人员年末人数(二)

单位:人

业 分									
服务业									其他行业
合计	林业生产服务	野生动植物保护和自然保护区管理	林业工程技术与规划管理	林业科技交流和推广服务	林业公共管理和社会组织			其他	
					小计	林业行政管理、公安及监督检查机构	林业专业性、行业性团体		
4573	**607**	**626**	**115**	**209**	**1798**	**1685**	**113**	**1218**	**18159**
—	—	—	—	—	—	—	—	—	—
—	—	—	—	—	—	—	—	—	—
82	26	—	—	—	56	56	—	—	34
104	7	1	—	—	11	11	—	85	—
72	3	1	11	—	24	24	—	33	13907
—	—	—	—	—	—	—	—	—	13907
25	—	—	—	—	25	25	—	—	—
500	4	—	18	5	428	428	—	45	8
42	—	—	—	—	—	—	—	42	1
142	—	—	9	5	128	128	—	—	—
491	117	1	25	—	75	51	24	273	2244
298	—	—	25	—	28	4	24	245	1902
—	—	—	—	—	—	—	—	—	7
184	—	—	—	—	184	184	—	—	—
25	19	5	1	—	—	—	—	—	26
61	—	—	—	1	—	—	—	60	346
181	101	—	18	1	44	37	7	17	2
825	116	1	8	34	161	146	15	505	22
2	—	—	—	—	2	2	—	—	—
153	2	58	7	7	79	79	—	—	1
353	40	—	—	60	169	169	—	84	—
790	104	378	11	70	220	220	—	7	30
84	2	2	—	20	52	52	—	8	—
77	5	6	—	3	38	3	35	25	104
11	—	5	—	—	6	6	—	—	—
10	10	—	—	—	—	—	—	—	—
83	22	—	1	2	58	29	29	—	96
19	12	—	7	—	—	—	—	—	—
14	—	—	1	1	12	11	1	—	—
3	—	—	3	—	—	—	—	—	—
75	—	3	—	5	8	8	—	59	—
33	17	1	—	—	—	—	—	15	—
—	—	—	—	—	—	—	—	—	—
—	—	—	—	—	—	—	—	—	—
139	—	—	—	—	139	138	1	—	—
—	—	—	—	—	—	—	—	—	—
177	—	164	4	—	7	6	1	2	1332
—	—	—	—	—	—	—	—	—	1332

各地区林业系统单位实有

地　　区	总　计	按性质分				
		企　业	事　业	机　关	合　计	林木育种育苗
全国合计	**1039220**	**655502**	**330732**	**52986**	**841162**	**32208**
北　京	7029	520	5803	706	3720	1220
天　津	364	—	279	85	255	42
河　北	10757	1123	7910	1724	7666	1082
山　西	10150	187	8730	1233	6465	893
内蒙古	109108	75768	31328	2012	90792	898
内蒙古集团	86404	75451	10953	—	75339	—
辽　宁	11709	429	10228	1052	8306	349
吉　林	104270	89820	12226	2224	97595	782
吉林集团	37764	37764	—	—	36420	—
长白山集团	38599	38251	47	301	37955	—
黑龙江	326781	289258	32418	5105	280750	5917
龙江集团	294506	287734	4771	2001	254524	5296
上　海	1522	—	1231	291	57	10
江　苏	7484	—	7422	62	6649	2290
浙　江	9122	783	7343	996	4373	1353
安　徽	11613	1263	9120	1230	8672	1415
福　建	24464	14044	8296	2124	17953	654
江　西	40832	9823	27741	3268	31111	2771
山　东	10143	548	8343	1252	6640	1531
河　南	8831	374	6787	1670	5303	1042
湖　北	14372	2925	9458	1989	7779	479
湖　南	31067	6448	20128	4491	17288	1087
广　东	29852	4388	21076	4388	21479	805
广　西	32004	3406	26617	1981	25573	612
海　南	5833	4259	1185	389	4669	541
重　庆	5217	130	3918	1169	2987	196
四　川	75713	59255	12520	3938	68060	1120
贵　州	10446	2116	6698	1632	6950	457
云　南	21299	10800	7398	3101	16296	1009
西　藏	276	36	81	159	40	20
陕　西	15361	5665	8427	1269	10134	1147
甘　肃	16458	5552	9601	1305	12375	540
青　海	1525	—	1331	194	1155	110
宁　夏	5832	574	4997	261	4939	828
新　疆	10236	3467	5658	1111	7098	1008
新疆兵团	—	—	—	—	—	—
局直属单位	69550	62541	6434	575	58033	—
大兴安岭	63789	61880	1334	575	58033	—

离退休人员年末人数(一)

单位:人

按行业分					
农林牧渔业					
营造林	木竹采运	经济林产品种植与采集	花卉及其他观赏植物种植	陆生野生动物繁育与利用	其他
423083	**336914**	**2852**	**448**	**411**	**45246**
538	—	—	54	—	1908
75	—	49	—	1	88
3487	26	109	39	—	2923
5021	—	—	—	—	551
13427	75361	19	1	—	1086
—	75339	—	—	—	—
4910	2776	138	27	12	94
18737	77471	—	—	3	602
—	36420	—	—	—	—
—	37955	—	—	—	—
119170	145617	8	—	—	10038
95318	144618	—	—	—	9292
15	—	—	—	—	32
3654	26	385	3	—	291
2697	8	—	—	15	300
5884	527	—	27	17	802
6310	9451	36	28	14	1460
19624	5379	3	7	97	3230
4782	32	131	22	33	109
3631	86	17	67	32	428
6801	236	15	3	1	244
9201	4039	108	34	44	2775
16298	1319	74	—	11	2972
21467	961	6	3	13	2511
2258	—	161	—	56	1653
2560	40	20	33	2	136
61032	3751	33	55	11	2058
4166	1420	13	12	5	877
8114	4099	215	5	1	2853
—	—	20	—	—	—
3967	4284	38	6	40	652
11150	1	35	—	1	648
1013	—	—	22	—	10
2674	—	633	—	—	804
5075	4	586	—	2	423
—	—	—	—	—	—
55345	—	—	—	—	2688
55345	—	—	—	—	2688

各地区林业系统单位实有

地区	按行					
	制造业					
	合计	木材加工及木、竹、藤、棕、苇制品业	木、竹、藤家具制造业	木、竹、苇浆造纸业	林产化学产品制造	其他
全国合计	**30701**	**19541**	**549**	**1119**	**175**	**9317**
北京	—	—	—	—	—	—
天津	—	—	—	—	—	—
河北	1	1	—	—	—	—
山西	71	—	—	—	—	71
内蒙古	28	—	28	—	—	—
内蒙古集团	—	—	—	—	—	—
辽宁	48	48	—	—	—	—
吉林	1371	310	1	—	—	1060
吉林集团	1067	6	1	—	—	1060
长白山集团	296	296	—	—	—	—
黑龙江	18019	11676	—	1067	—	5276
龙江集团	17936	11676	—	1067	—	5193
上海	—	—	—	—	—	—
江苏	—	—	—	—	—	—
浙江	—	—	—	—	—	—
安徽	367	323	27	—	—	17
福建	1425	1383	—	—	42	—
江西	353	240	87	—	26	—
山东	—	—	—	—	—	—
河南	—	—	—	—	—	—
湖北	532	398	—	—	—	134
湖南	2774	2272	374	52	—	76
广东	237	177	—	—	—	60
广西	1090	1008	—	—	77	5
海南	10	10	—	—	—	—
重庆	85	85	—	—	—	—
四川	379	151	32	—	29	167
贵州	—	—	—	—	—	—
云南	236	233	—	—	—	3
西藏	36	36	—	—	—	—
陕西	1079	1016	—	—	1	62
甘肃	174	174	—	—	—	—
青海	—	—	—	—	—	—
宁夏	—	—	—	—	—	—
新疆	—	—	—	—	—	—
新疆兵团	—	—	—	—	—	—
局直属单位	2386	—	—	—	—	2386
大兴安岭	2386	—	—	—	—	2386

离退休人员年末人数(二)

单位:人

业　　分									
服　务　业									其他行业
合　计	林业生产服务	野生动植物保护和自然保护区管理	林业工程技术与规划管理	林业科技交流和推广服务	林业公共管理和社会组织			其　他	
					小　计	林业行政管理、公安及监督检查机构	林业专业性、行业性团体		
136623	**14813**	**8917**	**7696**	**16127**	**75098**	**69562**	**5536**	**13972**	**30734**
3252	77	37	261	29	1745	1532	213	1103	57
109	—	7	—	17	85	85	—	—	—
3090	163	432	65	280	2059	2059	—	91	—
3614	259	98	238	247	2165	2137	28	607	—
8082	3789	96	872	456	2455	2364	91	414	10206
885	—	2	670	—	—	—	—	213	10180
3353	33	236	139	281	2628	2529	99	36	2
5228	625	96	584	191	3420	3420	—	312	76
277	—	—	—	—	—	—	—	277	—
348	2	—	5	33	308	308	—	—	—
12527	559	103	854	303	7809	6113	1696	2899	15485
6564	22	—	722	209	3673	2002	1671	1938	15482
656	94	8	24	239	291	291	—	—	809
835	2	—	4	187	642	456	186	—	—
4644	1234	816	46	832	1023	1016	7	693	105
2219	115	42	80	486	1380	1350	30	116	355
5061	695	33	639	392	3132	2603	529	170	25
8772	1066	175	212	612	5604	5295	309	1103	596
3500	312	197	224	864	1512	1464	48	391	3
3499	75	630	88	394	1907	1877	30	405	29
6061	640	140	264	725	3801	3801	—	491	—
10983	537	1928	380	789	6342	6047	295	1007	22
8106	326	172	177	996	5008	4514	494	1427	30
5225	1683	409	121	295	2535	2283	252	182	116
1154	8	430	—	208	505	505	—	3	—
2145	531	111	217	18	1244	1240	4	24	—
7086	435	557	127	1228	4687	4361	326	52	188
3459	537	94	331	73	2405	2405	—	19	37
4735	128	377	188	373	3213	3101	112	456	32
200	—	—	24	—	176	159	17	—	—
4025	372	236	201	1362	1512	1444	68	342	123
3909	158	579	208	673	1467	1412	55	824	—
370	37	25	32	76	194	194	—	6	—
857	58	422	20	69	264	264	—	24	36
3137	222	147	29	162	2277	1673	604	300	1
—	—	—	—	—	—	—	—	—	—
6730	43	284	1047	3270	1611	1568	43	475	2401
969	43	25	165	161	575	575	—	—	2401

各地区林业系统单位

地区	总计	按性质分				
		企业	事业	机关	合计	林木育种育苗
全国合计	**41645**	**32419**	**45624**	**61633**	**36072**	**39280**
北京	97720	95305	94397	122663	96632	104400
天津	73029	—	70296	90618	63974	63618
河北	45095	31532	45401	49463	44686	33488
山西	45949	21075	45418	54852	42630	37899
内蒙古	43042	38869	44332	69178	39996	46036
内蒙古集团	40327	39636	55923	—	39814	—
辽宁	35907	18659	34982	51365	31529	34238
吉林	34885	34721	32641	51967	31900	32693
吉林集团	39988	39988	—	—	37741	—
长白山集团	37007	36094	86069	93529	36442	—
黑龙江	30383	28293	35389	59582	28458	30085
龙江集团	29907	28395	57816	69254	28414	29765
上海	118894	—	115177	143517	101616	100258
江苏	53676	—	53258	75320	52761	32553
浙江	84924	52536	82355	104669	77170	69047
安徽	39543	30477	37620	57962	33737	26620
福建	51379	36035	53844	68585	47194	57875
江西	39088	31188	37252	55612	31563	36090
山东	47593	36051	46443	60809	42965	42891
河南	28412	38418	26865	34964	25588	24620
湖北	42662	32357	42137	53210	34084	33151
湖南	45598	35959	46753	45811	44900	55473
广东	57231	28171	53340	81731	46286	50245
广西	39756	20221	40010	55460	37646	47480
海南	49466	34448	48821	83573	35299	38090
重庆	60213	36909	59380	68746	60432	55227
四川	52516	41751	55615	68616	47329	44730
贵州	39583	19463	41261	54558	33308	35568
云南	50651	32468	56122	60812	43461	38330
西藏	64270	46480	72996	70982	57742	58154
陕西	46418	36610	47473	53927	42808	48476
甘肃	45556	30039	47646	59907	43107	44248
青海	42347	—	37225	81982	35321	65283
宁夏	49505	40257	48551	69579	45918	43283
新疆	50690	39383	51946	63177	43945	38636
新疆兵团	—	—	—	—	—	—
局直属单位	44482	34231	90795	86963	31434	—
大兴安岭	33448	31195	61965	69615	31434	—

在岗职工年平均工资(一)

单位:元

按行业分					
农林牧渔业					
营造林	木竹采运	经济林产品种植与采集	花卉及其他观赏植物种植	陆生野生动物繁育与利用	其他
35879	**33501**	**38434**	**30632**	**38517**	**45215**
99062	—	111185	73569	—	94256
62071	—	67377	—	83183	62213
47203	31329	39480	39820	48898	47084
44846	—	—	—	—	37006
38797	39832	65173	82308	—	51968
—	39814	—	—	—	—
33161	25599	19043	33252	43578	36070
22260	37130	—	—	69544	24904
44396	37729	—	—	—	—
—	36442	—	—	—	—
28402	28453	38808	—	45550	27756
28828	28310	—	—	—	23713
118060	—	—	—	—	84115
64794	38775	32672	34304	—	45490
71047	67872	—	—	67686	98580
35988	24430	—	37062	24178	35113
52358	37584	60152	34014	29741	49932
30427	31206	47069	50384	38981	37712
42904	51899	50143	30506	40297	37148
25504	26424	32656	30608	26117	25651
33805	33170	37186	40640	33436	42249
49858	31528	32921	30348	34601	37341
43222	39027	46754	36000	28490	57008
37798	42186	35305	9006	25494	35710
36425	—	15959	18000	12518	37879
62161	39489	35914	34611	34611	52795
46448	45814	36780	52269	50854	52968
37337	24145	44537	21986	41734	27706
47315	29882	38464	36816	49938	49659
—	—	54900	72000	72000	—
41199	38667	49419	30449	56020	51459
42066	31505	51227	47333	41423	50800
33755	—	—	68367	—	35623
46651	—	43204	—	—	46593
44684	59153	34132	55119	58679	54123
—	—	—	—	—	—
31238	—	—	—	—	40599
31238	—	—	—	—	40599

各地区林业系统单位

地　区	按行					
	制造业					
	合　计	木材加工及木、竹、藤、棕、苇制品业	木、竹、藤家具制造业	木、竹、苇浆造纸业	林产化学产品制造	其　他
全国合计	**31838**	**31383**	**41686**	**32080**	**34557**	**29994**
北　京	—	—	—	—	—	—
天　津	—	—	—	—	—	—
河　北	18968	10230	—	—	—	40044
山　西	44555	—	—	—	—	44555
内蒙古	29302	—	30516	29244	—	—
内蒙古集团	29244	—	—	29244	—	—
辽　宁	22976	22976	—	—	—	—
吉　林	38338	36822	49233	46680	36150	36958
吉林集团	40448	40241	49233	46680	32691	36958
长白山集团	29847	29847	—	—	—	—
黑龙江	22040	22096	—	18791	26209	21051
龙江集团	21900	22096	—	18791	—	21116
上　海	—	—	—	—	—	—
江　苏	—	—	—	—	—	—
浙　江	—	—	—	—	—	—
安　徽	18293	11094	32217	—	33938	—
福　建	32662	24700	—	—	49250	—
江　西	47306	47842	30500	—	42970	35999
山　东	—	—	—	—	—	—
河　南	6104	6150	—	—	—	6000
湖　北	24592	24023	—	—	48000	27285
湖　南	40099	41384	37801	38755	32500	8693
广　东	20534	14979	—	—	—	30446
广　西	21252	20670	—	—	24625	24000
海　南	2400	2400	—	—	—	—
重　庆	32169	32169	—	—	—	—
四　川	27611	25376	33975	—	24802	29848
贵　州	22333	—	—	—	22333	—
云　南	21063	19728	—	—	—	45095
西　藏	46480	46480	—	—	—	—
陕　西	40038	40631	35921	—	49729	40707
甘　肃	20066	20066	—	—	—	—
青　海	—	—	—	—	—	—
宁　夏	—	—	—	—	—	—
新　疆	—	—	—	—	—	—
新疆兵团	—	—	—	—	—	—
局直属单位	27794	—	—	—	—	27794
大兴安岭	27794	—	—	—	—	27794

在岗职工年平均工资(二)

单位:元

业 分									
服务业									其他行业
合计	林业生产服务	野生动植物保护和自然保护区管理	林业工程技术与规划管理	林业科技交流和推广服务	林业公共管理和社会组织			其他	
					小计	林业行政管理、公安及监督检查机构	林业专业性、行业性团体		
56982	**48599**	**51900**	**74079**	**56057**	**58337**	**58448**	**57161**	**56259**	**50471**
98831	67985	99641	136088	102414	106880	111177	84517	85741	93627
99028	—	119830	—	92700	90618	90618	—	—	—
46123	37228	57869	68506	34606	47583	47583	—	51712	—
50279	35402	52342	59192	53738	50766	51067	36491	61549	—
56079	43484	53742	63832	66548	67218	67796	39023	60661	52409
52537	—	46012	20540	—	—	—	—	60121	51702
45091	42912	43639	48298	46036	44923	45565	38779	46562	18000
50383	42016	48878	50179	56727	49785	49785	—	64301	68901
65951	—	—	—	—	—	—	—	65951	79709
91801	79062	—	94486	75573	93145	93145	—	—	—
51707	32479	46895	53383	62808	57103	56113	59755	47021	40942
57762	60918	—	48037	65467	63507	69071	59799	49782	40969
127402	118668	116451	123650	122561	143517	143517	—	—	112675
59485	66499	33000	41543	54115	68782	68129	70796	—	—
89762	84851	84065	119368	98043	102687	102989	85706	55337	50867
56603	66889	47217	45118	57312	59044	60051	51876	44800	33705
58337	50692	53472	53455	52465	61889	64230	51920	50594	20859
49742	43576	51439	54617	47235	52020	53420	42934	45311	28980
53366	40930	57764	38203	51269	58392	58308	60502	61958	48600
32909	29193	25982	39425	29992	33023	33081	29432	45259	21835
49669	42549	52591	60749	52046	45632	45632	—	73761	—
47033	57793	44352	92496	48265	44018	43957	44934	45619	16865
69079	47298	73406	101487	65785	79966	79065	86727	45517	51161
49024	45139	46324	40190	47950	52886	55030	35412	46277	32756
65684	43929	44284	—	55087	79934	79992	50900	39441	—
60414	57900	63203	49237	56326	67298	66995	80680	43333	—
63938	66541	58836	64490	57135	66974	66682	70385	45324	38190
52227	47694	36197	48803	47933	55852	57796	43416	46928	25566
60622	47435	52432	47474	56679	65618	66125	54516	50027	61106
73828	—	—	109906	—	71722	70982	106248	—	—
53438	57868	56213	51164	52138	54542	53311	65524	46453	44366
53320	37862	49979	54743	51435	58869	59577	40592	50091	—
57270	82044	69275	84314	36629	81949	81949	—	58050	—
57390	55141	59780	75382	41065	69165	69165	—	74535	78592
62443	55536	59832	54257	55797	64193	63478	65837	75982	50790
—	—	—	—	—	—	—	—	—	—
102510	64598	49451	187629	79068	96987	96614	110752	104364	63597
63656	64598	41179	74455	67136	69615	69615	—	68750	63597

林业系统按行业分

国民经济行业	轻 伤（人次）
总计	**327**
一、农、林、牧、渔业	**277**
1. 营造林	82
2. 木竹采运	181
3. 陆生野生动物繁育与利用	—
4. 其他	14
二、采矿业	**—**
三、制造业	**26**
1. 木材加工及木、竹、藤、棕、苇制品业	26
2. 木、竹、藤家具制造业	—
3. 木、竹、苇浆造纸业	—
4. 林产化学产品制造	—
5. 其他	—
四、建筑业	**—**
五、服务业	**17**
其中：林业有害生物防治	1
森林防火	5
六、其他行业	**7**

职工伤亡事故情况

重　伤 （人次）	死　亡 （人）
16	**32**
10	**23**
8	10
1	1
—	—
1	12
—	**—**
1	**3**
1	1
—	—
—	—
—	—
—	2
—	**—**
5	**6**
1	—
2	1
—	**—**

各地区林业系统按行业分

地　　区	总计	农、林、牧、渔业					采矿业
		合计	营造林	木材采运	陆生野生动物繁育与利用	其他	
全国合计	**327**	**277**	**82**	**181**	**—**	**14**	**—**
北　京	2	2	2	—	—	—	—
天　津	—	—	—	—	—	—	—
河　北	3	3	2	—	—	1	—
山　西	—	—	—	—	—	—	—
内蒙古	133	130	1	129	—	—	—
内蒙古集团	132	129	—	129	—	—	—
辽　宁	—	—	—	—	—	—	—
吉　林	40	24	3	21	—	—	—
吉林集团	25	9	1	8	—	—	—
长白山集团	6	6	—	6	—	—	—
黑龙江	31	28	10	11	—	7	—
龙江集团	31	28	10	11	—	7	—
上　海	—	—	—	—	—	—	—
江　苏	—	—	—	—	—	—	—
浙　江	2	2	2	—	—	—	—
安　徽	—	—	—	—	—	—	—
福　建	—	—	—	—	—	—	—
江　西	6	6	6	—	—	—	—
山　东	—	—	—	—	—	—	—
河　南	—	—	—	—	—	—	—
湖　北	6	4	4	—	—	—	—
湖　南	26	12	2	10	—	—	—
广　东	3	3	3	—	—	—	—
广　西	—	—	—	—	—	—	—
海　南	5	5	—	—	—	5	—
重　庆	2	—	—	—	—	—	—
四　川	6	6	3	2	—	1	—
贵　州	2	2	2	—	—	—	—
云　南	14	8	6	2	—	—	—
西　藏	—	—	—	—	—	—	—
陕　西	9	8	2	6	—	—	—
甘　肃	6	6	6	—	—	—	—
青　海	—	—	—	—	—	—	—
宁　夏	3	3	3	—	—	—	—
新　疆	—	—	—	—	—	—	—
新疆兵团	—	—	—	—	—	—	—
大兴安岭	28	25	25	—	—	—	—

职工轻伤事故情况

单位:人次

制　造　业						建筑业	服　务　业			其他行业
合计	木材加工及木、竹、藤、棕、苇制品业	木、竹、藤家具制造业	木、竹、苇浆造纸业	林产化学产品制造	其他		合计	其中:林业有害生物防治	森林防火	
26	**26**	**—**	**—**	**—**	**—**	**—**	**17**	**1**	**5**	**7**
—	—	—	—	—	—	—	—	—	—	—
—	—	—	—	—	—	—	—	—	—	—
—	—	—	—	—	—	—	—	—	—	—
—	—	—	—	—	—	—	—	—	—	—
—	—	—	—	—	—	—	—	—	—	3
—	—	—	—	—	—	—	—	—	—	3
—	—	—	—	—	—	—	—	—	—	—
16	16	—	—	—	—	—	—	—	—	—
16	16	—	—	—	—	—	—	—	—	—
—	—	—	—	—	—	—	—	—	—	—
—	—	—	—	—	—	—	—	—	—	3
—	—	—	—	—	—	—	—	—	—	3
—	—	—	—	—	—	—	—	—	—	—
—	—	—	—	—	—	—	—	—	—	—
—	—	—	—	—	—	—	—	—	—	—
—	—	—	—	—	—	—	—	—	—	—
—	—	—	—	—	—	—	—	—	—	—
—	—	—	—	—	—	—	—	—	—	—
—	—	—	—	—	—	—	—	—	—	—
—	—	—	—	—	—	—	—	—	—	—
—	—	—	—	—	—	—	2	—	2	—
5	5	—	—	—	—	—	9	1	—	—
—	—	—	—	—	—	—	—	—	—	—
—	—	—	—	—	—	—	—	—	—	—
—	—	—	—	—	—	—	—	—	—	—
—	—	—	—	—	—	—	2	—	—	—
—	—	—	—	—	—	—	—	—	—	—
—	—	—	—	—	—	—	—	—	—	—
5	5	—	—	—	—	—	—	—	—	1
—	—	—	—	—	—	—	—	—	—	—
—	—	—	—	—	—	—	1	—	—	—
—	—	—	—	—	—	—	—	—	—	—
—	—	—	—	—	—	—	—	—	—	—
—	—	—	—	—	—	—	—	—	—	—
—	—	—	—	—	—	—	—	—	—	—
—	—	—	—	—	—	—	—	—	—	—
—	—	—	—	—	—	—	3	—	3	—

各地区林业系统按行业分

地　区	总计	农、林、牧、渔业					采矿业
		合计	营造林	木材采运	陆生野生动物繁育与利用	其他	
全国合计	**16**	**10**	**8**	**1**	**—**	**1**	**—**
北　京	—	—	—	—	—	—	—
天　津	—	—	—	—	—	—	—
河　北	—	—	—	—	—	—	—
山　西	—	—	—	—	—	—	—
内蒙古	1	—	—	—	—	—	—
内蒙古集团	—	—	—	—	—	—	—
辽　宁	—	—	—	—	—	—	—
吉　林	—	—	—	—	—	—	—
吉林集团	—	—	—	—	—	—	—
长白山集团	—	—	—	—	—	—	—
黑龙江	1	1	1	—	—	—	—
龙江集团	1	1	1	—	—	—	—
上　海	—	—	—	—	—	—	—
江　苏	—	—	—	—	—	—	—
浙　江	—	—	—	—	—	—	—
安　徽	—	—	—	—	—	—	—
福　建	—	—	—	—	—	—	—
江　西	—	—	—	—	—	—	—
山　东	—	—	—	—	—	—	—
河　南	—	—	—	—	—	—	—
湖　北	—	—	—	—	—	—	—
湖　南	2	—	—	—	—	—	—
广　东	2	2	2	—	—	—	—
广　西	—	—	—	—	—	—	—
海　南	1	1	—	1	—	—	—
重　庆	1	—	—	—	—	—	—
四　川	1	1	1	—	—	—	—
贵　州	—	—	—	—	—	—	—
云　南	—	—	—	—	—	—	—
西　藏	—	—	—	—	—	—	—
陕　西	—	—	—	—	—	—	—
甘　肃	4	4	3	—	—	1	—
青　海	—	—	—	—	—	—	—
宁　夏	1	1	1	—	—	—	—
新　疆	—	—	—	—	—	—	—
新疆兵团	—	—	—	—	—	—	—
大兴安岭	2	—	—	—	—	—	—

职工重伤事故情况

单位:人次

制造业						建筑业	服务业			其他行业
合计	木材加工及木、竹、藤、棕、苇制品业	木、竹、藤家具制造业	木、竹、苇浆造纸业	林产化学产品制造	其他		合计	其中:林业有害生物防治	森林防火	
1	**1**	**—**	**—**	**—**	**—**	**—**	**5**	**1**	**2**	**—**
—	—	—	—	—	—	—	—	—	—	—
—	—	—	—	—	—	—	—	—	—	—
—	—	—	—	—	—	—	—	—	—	—
—	—	—	—	—	—	—	—	—	—	—
—	—	—	—	—	—	—	1	—	1	—
—	—	—	—	—	—	—	—	—	—	—
—	—	—	—	—	—	—	—	—	—	—
—	—	—	—	—	—	—	—	—	—	—
—	—	—	—	—	—	—	—	—	—	—
—	—	—	—	—	—	—	—	—	—	—
—	—	—	—	—	—	—	—	—	—	—
—	—	—	—	—	—	—	—	—	—	—
—	—	—	—	—	—	—	—	—	—	—
—	—	—	—	—	—	—	—	—	—	—
—	—	—	—	—	—	—	—	—	—	—
—	—	—	—	—	—	—	—	—	—	—
—	—	—	—	—	—	—	—	—	—	—
—	—	—	—	—	—	—	—	—	—	—
—	—	—	—	—	—	—	—	—	—	—
—	—	—	—	—	—	—	—	—	—	—
—	—	—	—	—	—	—	—	—	—	—
1	1	—	—	—	—	—	1	—	—	—
—	—	—	—	—	—	—	—	—	—	—
—	—	—	—	—	—	—	—	—	—	—
—	—	—	—	—	—	—	—	—	—	—
—	—	—	—	—	—	—	1	1	—	—
—	—	—	—	—	—	—	—	—	—	—
—	—	—	—	—	—	—	—	—	—	—
—	—	—	—	—	—	—	—	—	—	—
—	—	—	—	—	—	—	—	—	—	—
—	—	—	—	—	—	—	—	—	—	—
—	—	—	—	—	—	—	—	—	—	—
—	—	—	—	—	—	—	—	—	—	—
—	—	—	—	—	—	—	—	—	—	—
—	—	—	—	—	—	—	—	—	—	—
—	—	—	—	—	—	—	—	—	—	—
—	—	—	—	—	—	—	2	—	1	—

各地区林业系统按行业分

地　　区	总计	农、林、牧、渔业					采矿业
		合计	营造林	木材采运	陆生野生动物繁育与利用	其他	
全国合计	**32**	**23**	**10**	**1**	**—**	**12**	**—**
北　京	—	—	—	—	—	—	—
天　津	—	—	—	—	—	—	—
河　北	1	1	—	—	—	1	—
山　西	—	—	—	—	—	—	—
内蒙古	1	1	—	—	—	1	—
内蒙古集团	—	—	—	—	—	—	—
辽　宁	—	—	—	—	—	—	—
吉　林	1	1	—	1	—	—	—
吉林集团	—	—	—	—	—	—	—
长白山集团	1	1	—	1	—	—	—
黑龙江	—	—	—	—	—	—	—
龙江集团	—	—	—	—	—	—	—
上　海	—	—	—	—	—	—	—
江　苏	—	—	—	—	—	—	—
浙　江	—	—	—	—	—	—	—
安　徽	—	—	—	—	—	—	—
福　建	—	—	—	—	—	—	—
江　西	1	1	—	—	—	1	—
山　东	—	—	—	—	—	—	—
河　南	—	—	—	—	—	—	—
湖　北	—	—	—	—	—	—	—
湖　南	1	1	—	—	—	1	—
广　东	1	1	1	—	—	—	—
广　西	1	—	—	—	—	—	—
海　南	1	1	—	—	—	1	—
重　庆	—	—	—	—	—	—	—
四　川	—	—	—	—	—	—	—
贵　州	3	3	2	—	—	1	—
云　南	7	3	1	—	—	2	—
西　藏	—	—	—	—	—	—	—
陕　西	8	7	4	—	—	3	—
甘　肃	4	2	1	—	—	1	—
青　海	—	—	—	—	—	—	—
宁　夏	1	—	—	—	—	—	—
新　疆	—	—	—	—	—	—	—
新疆兵团	—	—	—	—	—	—	—
大兴安岭	1	1	1	—	—	—	—

职工死亡事故情况

单位：人次

制造业						建筑业	服务业			其他行业
合计	木材加工及木、竹、藤、棕、苇制品业	木、竹、藤家具制造业	木、竹、苇浆造纸业	林产化学产品制造	其他		合计	其中：林业有害生物防治	森林防火	
3	**1**	**—**	**—**	**—**	**2**	**—**	**6**	**—**	**1**	**—**
—	—	—	—	—	—	—	—	—	—	—
—	—	—	—	—	—	—	—	—	—	—
—	—	—	—	—	—	—	—	—	—	—
—	—	—	—	—	—	—	—	—	—	—
—	—	—	—	—	—	—	—	—	—	—
—	—	—	—	—	—	—	—	—	—	—
—	—	—	—	—	—	—	—	—	—	—
—	—	—	—	—	—	—	—	—	—	—
—	—	—	—	—	—	—	—	—	—	—
—	—	—	—	—	—	—	—	—	—	—
—	—	—	—	—	—	—	—	—	—	—
—	—	—	—	—	—	—	—	—	—	—
—	—	—	—	—	—	—	—	—	—	—
—	—	—	—	—	—	—	—	—	—	—
—	—	—	—	—	—	—	—	—	—	—
—	—	—	—	—	—	—	—	—	—	—
—	—	—	—	—	—	—	—	—	—	—
—	—	—	—	—	—	—	—	—	—	—
—	—	—	—	—	—	—	—	—	—	—
—	—	—	—	—	—	—	—	—	—	—
—	—	—	—	—	—	—	—	—	—	—
—	—	—	—	—	—	—	—	—	—	—
—	—	—	—	—	—	—	—	—	—	—
1	1	—	—	—	—	—	—	—	—	—
—	—	—	—	—	—	—	—	—	—	—
—	—	—	—	—	—	—	—	—	—	—
—	—	—	—	—	—	—	—	—	—	—
—	—	—	—	—	—	—	—	—	—	—
1	—	—	—	—	1	—	3	—	—	—
—	—	—	—	—	—	—	—	—	—	—
—	—	—	—	—	—	—	1	—	1	—
1	—	—	—	—	1	—	1	—	—	—
—	—	—	—	—	—	—	—	—	—	—
—	—	—	—	—	—	—	1	—	—	—
—	—	—	—	—	—	—	—	—	—	—
—	—	—	—	—	—	—	—	—	—	—
—	—	—	—	—	—	—	—	—	—	—

国家林业局机关及直属单位

指标	单位个数(个)	年末人数(人)				
		总计	单位从业			
			合计	在岗职工		
				小计	其中:女性	其中:非全日制
总计	**154**	**65902**	**63997**	**63444**	**21501**	**914**
国家林业局机关	1	231	231	231	62	—
国家林业局信息中心	1	27	27	27	14	—
国家林业局国有林场和林木种苗工作总站	1	34	34	34	10	—
国家林业局林业工作站管理总站	1	23	23	23	6	—
国家林业局林业基金管理总站	1	35	35	34	21	—
国家林业局宣传中心	1	23	23	23	5	—
国家林业局濒危物种进出口管理中心	1	31	31	31	13	—
国家林业局天然林保护工程管理中心	1	27	27	27	6	—
国家林业局西北华北东北防护林建设局	1	90	90	75	20	—
国家林业局退耕还林(草)工程管理办公室	1	28	28	28	8	—
国家林业局防治荒漠化管理中心	1	21	21	19	9	—
国家林业局世界银行贷款项目管理中心	1	30	30	30	14	—
国家林业局科技发展中心	1	23	22	22	8	—
国家林业局森林资源监督管理办公室	1	20	20	20	2	—
国家林业局亚太森林网络管理中心	1	25	25	25	15	—
国家林业局湿地保护管理中心	1	14	14	14	6	—
国家林业局经济发展研究中心	1	65	62	62	32	—
国家林业局人才开发交流中心	1	26	26	24	9	5
国家林业局对外合作项目中心	1	25	25	25	13	—
国家林业局森林防火预警监测信息中心	1	28	28	28	8	—
中国林业科学研究院	20	3953	3953	3953	1287	654
国家林业局调查规划设计院	1	326	322	309	117	—
国家林业局林产工业规划设计院	1	387	387	387	191	9
国家林业局管理干部学院	1	260	260	260	155	—
中国绿色时报社	1	98	98	98	63	—
中国林业出版社	1	108	106	106	57	2
国家林业局国际竹藤中心	1	104	104	98	31	—
中国林学会	1	30	30	30	16	—
中国野生动物保护协会	1	22	21	21	9	—
中国花卉协会	1	4	4	4	2	—
中国绿化基金会	1	14	14	13	8	—
国家林业局机关服务中心	1	142	142	132	59	104
国家林业局离退休干部局	1	70	70	44	16	—
国家林业局招待所	1	39	39	39	17	—
国家林业局幼儿园	1	71	71	71	63	—
驻内蒙古自治区森林资源监督专员办事处	1	25	25	25	8	—
驻长春森林资源监督专员办事处	1	24	24	24	4	9
驻黑龙江省森林资源监督专员办事处	1	36	36	28	5	—
驻大兴安岭森林资源监督专员办事处	1	20	20	20	2	—
驻福州森林资源监督专员办事处	1	18	18	15	5	—
驻云南省森林资源监督专员办事处	1	14	14	14	4	—
驻成都森林资源监督专员办事处	1	21	21	19	5	8
驻西安森林资源监督专员办事处	1	23	23	23	7	—
驻武汉森林资源监督专员办事处	1	15	15	15	3	4
驻贵阳森林资源监督专员办事处	1	12	12	12	2	—
驻广州森林资源监督专员办事处	1	25	23	23	8	—
驻合肥森林资源监督专员办事处	1	15	15	13	7	—
驻乌鲁木齐森林资源监督专员办事处	1	12	12	12	3	—
驻上海森林资源监督专员办事处	1	19	19	16	6	7
驻北京森林资源监督专员办事处	1	17	17	17	5	—
国家林业局森林病虫害防治总站	1	89	89	89	28	37
国家林业局北方航空护林总站	1	140	140	138	33	—
国家林业局南方航空护林总站	7	144	144	123	30	—
南京森林警察学院	1	624	624	388	287	—
国家林业局华东林业调查规划设计院	1	170	170	170	27	—
国家林业局中南林业调查规划设计院	1	179	179	179	32	—
国家林业局西北林业调查规划设计院	1	209	209	209	59	—
国家林业局昆明勘察设计院	1	292	292	292	75	—
陕西佛坪国家级自然保护区管理局	1	91	91	76	20	—
甘肃白水江国家级自然保护区管理局	1	130	130	119	30	75
国家林业局卧龙自然保护区管理局	1	531	367	207	77	—
国家林业局北戴河培训中心	1	30	30	17	3	—
大兴安岭林业集团公司	67	56523	54795	54794	18354	—

从业人员和劳动报酬情况(一)

人员										其他从业人员	离开本单位仍保留劳动关系人员
其中:专业技术人员			按学历结构分			按年龄结构分					
小计	其中 中级技术职称人员	其中 高级技术职称人员	中专及中专学历以下	大专学历	大学及大学学历以上	30岁以下(含30岁)	31~40岁	41~50岁	51岁以上(含51岁)		
23707	**7968**	**3656**	**36558**	**11485**	**15401**	**8420**	**17192**	**27928**	**9904**	**553**	**1905**
—	—	—	2	8	221	10	60	71	90	—	—
2	2	—	—	6	21	3	5	12	7	—	—
—	—	—	—	2	32	3	5	12	14	—	—
—	—	—	—	2	21	3	3	9	8	—	—
4	—	4	1	2	31	8	6	10	10	1	—
2	—	2	—	—	23	—	9	7	7	—	—
—	—	—	—	—	31	1	5	16	9	—	—
—	—	—	—	—	27	2	6	5	14	—	—
—	—	—	3	14	58	10	11	23	31	15	—
—	—	—	—	2	26	2	7	10	9	—	—
—	—	—	1	—	18	2	1	8	8	2	—
17	4	13	—	2	28	5	6	10	9	—	—
—	—	—	—	—	22	2	4	7	9	—	1
—	—	—	1	1	18	—	4	10	6	—	—
—	—	—	—	1	24	12	6	5	2	—	—
—	—	—	—	—	14	1	4	3	6	—	—
60	27	28	1	5	56	9	17	12	24	—	3
18	4	2	—	2	22	8	7	6	3	2	—
—	—	—	—	4	21	12	1	5	7	—	—
2	—	2	—	4	24	9	6	5	8	—	—
2089	866	919	1697	304	1952	526	1264	1288	875	—	—
280	90	151	18	25	266	53	94	88	74	13	4
260	187	73	16	20	351	176	123	51	37	—	—
94	38	25	90	15	155	52	76	60	72	—	—
54	24	30	13	7	78	27	26	28	17	—	—
95	29	34	6	12	88	30	35	19	22	—	2
53	13	40	4	5	89	17	43	25	13	6	—
16	3	7	—	4	26	5	10	7	8	—	—
5	—	2	—	—	21	1	6	6	8	—	1
—	—	—	—	—	4	4	—	—	—	—	—
6	2	4	—	2	11	2	2	5	4	1	—
6	1	5	18	39	75	11	19	42	60	10	—
9	—	9	7	8	29	1	6	10	27	26	—
—	—	—	8	7	24	3	7	13	16	—	—
44	12	—	18	34	19	38	4	22	7	—	—
—	—	—	1	—	24	5	2	5	13	—	—
—	—	—	1	2	21	2	5	3	14	—	—
—	—	—	—	—	28	3	3	10	12	8	—
—	—	—	1	1	18	2	2	13	3	—	—
—	—	—	—	1	14	2	2	9	2	3	—
—	—	—	—	2	12	—	2	4	8	—	—
—	—	—	—	—	19	1	4	9	5	2	—
—	—	—	—	3	20	5	8	4	6	—	—
—	—	—	—	2	13	—	4	7	4	—	—
—	—	—	—	—	12	1	3	2	6	—	—
—	—	—	—	1	22	4	8	8	3	—	2
—	—	—	1	—	12	1	3	2	7	2	—
—	—	—	—	—	12	—	2	6	4	—	—
—	—	—	—	1	15	1	3	9	3	3	—
—	—	—	—	2	15	—	5	10	2	—	—
55	14	41	1	9	79	12	20	12	45	—	—
62	18	2	31	9	98	48	28	28	34	2	—
47	11	4	12	29	82	31	26	43	23	21	—
245	142	103	16	31	341	66	132	101	89	236	—
114	40	30	12	10	148	35	31	33	71	—	—
162	53	70	17	24	138	32	35	56	56	—	—
174	46	82	13	14	182	43	54	65	47	—	—
240	97	46	9	8	275	88	129	49	26	—	—
51	17	15	5	39	32	18	11	26	21	15	—
48	15	6	13	37	69	22	44	36	17	11	—
111	49	15	50	65	92	55	40	55	57	160	164
—	—	—	7	3	7	1	—	8	8	13	—
19282	6164	1892	34464	10655	9675	6894	14698	25405	7797	1	1728

国家林业局机关及直属单位从业人员和劳动报酬情况(二)

指　　标	年末实有离退休人员（人）	在岗职工年平均人数（人）	在岗职工年工资总额（千元）	离退休人员年生活费（千元）	在岗职工年平均工资（元）
总计	**69550**	**63290**	**2815289**	**2117270**	**44482**
国家林业局机关	—	230	37107	—	161335
国家林业局信息中心	1	28	2786	50	99500
国家林业局国有林场和林木种苗工作总站	20	34	4564	2014	134240
国家林业局林业工作站管理总站	13	23	3257	1099	141604
国家林业局林业基金管理总站	5	33	3575	367	108330
国家林业局宣传中心	9	23	1610	760	70003
国家林业局濒危物种进出口管理中心	4	31	4989	313	160935
国家林业局天然林保护工程管理中心	4	27	3775	406	139818
国家林业局西北华北东北防护林建设局	61	90	9102	4252	101133
国家林业局退耕还林(草)工程管理办公室	4	28	3656	394	130571
国家林业局防治荒漠化管理中心	3	21	2567	287	122248
国家林业局世界银行贷款项目管理中心	7	29	3579	682	123414
国家林业局科技发展中心	2	22	3107	134	141213
国家林业局森林资源监督管理办公室	1	20	2776	82	138807
国家林业局亚太森林网络管理中心	—	25	3085	—	123420
国家林业局湿地保护管理中心	—	14	1896	—	135426
国家林业局经济发展研究中心	27	65	6659	3292	102439
国家林业局人才开发交流中心	2	26	2293	80	88192
国家林业局对外合作项目中心	2	25	1938	245	77520
国家林业局森林防火预警监测信息中心	1	28	2520	90	90000
中国林业科学研究院	3109	3946	314375	178304	79669
国家林业局调查规划设计院	147	304	77746	11262	255744
国家林业局林产工业规划设计院	293	387	67300	13900	173902
国家林业局管理干部学院	95	252	22750	7031	90278
中国绿色时报社	26	92	18086	2581	196587
中国林业出版社	78	108	13496	4711	124959
国家林业局国际竹藤中心	7	98	10206	440	104145
中国林学会	28	30	3175	2369	105840
中国野生动物保护协会	12	22	2423	1029	110127
中国花卉协会	—	4	316	—	79000
中国绿化基金会	3	14	1839	186	131334
国家林业局机关服务中心	45	148	16989	5434	114788
国家林业局离退休干部局	556	47	5942	51162	126435
国家林业局招待所	13	39	3580	876	91790
国家林业局幼儿园	6	62	4558	341	73516
驻内蒙古自治区森林资源监督专员办事处	12	25	2665	700	106600
驻长春森林资源监督专员办事处	8	24	1713	594	71375
驻黑龙江省森林资源监督专员办事处	16	28	2539	1444	90688
驻大兴安岭森林资源监督专员办事处	8	20	2090	831	104489
驻福州森林资源监督专员办事处	4	15	1767	320	117797
驻云南省森林资源监督专员办事处	2	14	1329	75	94929
驻成都森林资源监督专员办事处	2	19	1713	134	90135
驻西安森林资源监督专员办事处	1	23	1995	85	86754
驻武汉森林资源监督专员办事处	1	15	1521	82	101377
驻贵阳森林资源监督专员办事处	—	12	1053	—	87709
驻广州森林资源监督专员办事处	2	23	3713	242	161455
驻合肥森林资源监督专员办事处	1	13	1223	82	94038
驻乌鲁木齐森林资源监督专员办事处	—	12	1576	—	131359
驻上海森林资源监督专员办事处	3	16	2398	183	149872
驻北京森林资源监督专员办事处	1	17	2150	130	126471
国家林业局森林病虫害防治总站	62	89	9960	3430	111910
国家林业局北方航空护林总站	70	141	10405	4242	73794
国家林业局南方航空护林总站	71	125	10211	3883	81685
南京森林警察学院	199	620	62317	17052	100511
国家林业局华东林业调查规划设计院	71	168	38809	5476	231006
国家林业局中南林业调查规划设计院	84	179	30185	4795	168633
国家林业局西北林业调查规划设计院	94	207	41660	4779	201256
国家林业局昆明勘察设计院	193	290	69658	10159	240200
陕西佛坪国家级自然保护区管理局	31	76	5079	1395	66824
甘肃白水江国家级自然保护区管理局	64	130	5829	2850	44839
国家林业局卧龙自然保护区管理局	164	207	13304	9768	64271
国家林业局北戴河培训中心	13	61	3026	244	49607
大兴安岭林业集团公司	63789	54346	1817780	1750120	33448

5

林业投资

INVESTMENT IN FORESTRY

林业投资完成情况

单位：万元

指 标	本年实际	其中：中央投资
一、本年计划投资	**38674287**	**9755389**
二、自年初累计完成投资	**42901420**	**10218632**
其中：国家投资	16298683	—
1. 生态建设与保护	20172014	8423268
(1)营造林	11510792	2832245
(2)湿地恢复与保护	617359	188820
(3)沙地治理与封禁	146192	105442
(4)野生动植物保护及自然保护区	308235	116448
(5)生态保护补偿	2876076	1616995
(6)其他(含生态工程补助资金)	4713360	3563318
2. 林业支撑与保障	2272730	634149
(1)林木种苗	893635	119320
(2)森林防火与森林公安	516951	163808
(3)林业有害生物防治	242855	54696
(4)科技教育	76193	30649
(5)林业信息化	36744	9256
(6)其他	506352	256420
3. 林业产业发展	15646727	315742
(1)工业原料林	1406273	81747
(2)特色经济林(不含木本油料)	960645	49115
(3)木本油料	457170	74781
(4)花卉	982115	2106
(5)林下经济	2429406	27947
(6)木竹制品加工制造	3565851	6310
(7)木竹家具制造	1036875	—
(8)木竹浆造纸	443753	—
(9)非木质林产品加工制造	590549	3052
(10)林业旅游与休闲	1407599	13391
(11)其他	2366491	57293
4. 林业民生工程	1030254	473377
(1)棚户区(危旧房)改造	365733	165706
(2)社会性基础设施	474881	200939
(3)其他	189640	106732
5. 其他投资	3779695	372096
其中：财政事业费	2095729	115957
三、本年实际到位资金合计	**42574507**	**10174999**
1. 上年末结余资金	969388	379639
2. 上年实际到位资金小计	41605119	9795360
(1)国家预算资金	19104453	9777663
(2)国内贷款	3754865	5552
(3)债券	1885	—
(4)利用外资	231514	—
(5)自筹资金	16292156	—
(6)其他资金	2220246	12145

各地区林业投资完成情况(一)

单位:万元

地　　区	本年计划投资	自年初累计完成投资						
		总计	其中:国家投资	生态建设与保护				
				合计	营造林	湿地恢复与保护	沙地治理与封禁	野生动植物保护及自然保护区
全国合计	**38674287**	**42901420**	**16298683**	**20172014**	**11510792**	**617359**	**146192**	**308235**
北　京	1051251	1591985	799715	993954	660014	35832	1514	11081
天　津	165355	165355	165355	149495	144611	1998	—	2380
河　北	942518	942518	600666	692550	449781	8343	840	2006
山　西	1205368	1312256	818023	1073425	900260	7285	2273	2732
内蒙古	1761796	1604223	1359207	1253300	394593	11774	2605	6963
内蒙古集团	495002	455430	387449	357637	18155	1338	—	1190
辽　宁	735004	761304	490751	638324	497431	7777	453	3056
吉　林	945681	850582	577659	461745	147246	12862	714	3504
吉林集团	358022	301706	130624	109017	39078	—	—	—
长白山集团	325724	270055	230152	169567	45510	1461	—	875
黑龙江	1287993	1280583	1200731	989569	236871	6145	—	7994
龙江集团	979201	969827	947286	823416	174937	150	—	888
上　海	161791	174443	74721	153857	53080	29317	—	3868
江　苏	914604	1253879	175938	878211	732145	85302	585	7912
浙　江	735442	892099	463055	468052	279810	7126	1411	12332
安　徽	1592839	1034419	221567	702463	559638	22094	—	1457
福　建	2368337	2552359	125638	908987	632064	2700	—	2200
江　西	498541	727465	354375	342287	168726	9432	—	4731
山　东	2381355	2887127	360461	791051	618538	73048	314	36546
河　南	1250000	1239647	170792	786161	637846	5180	—	1467
湖　北	1097819	1241861	478263	518484	316678	13597	20094	5234
湖　南	1687990	2049405	855077	950864	596124	92537	7482	20983
广　东	646880	967229	590053	655391	310948	26058	443	11670
广　西	8648671	10382580	527450	1583069	1173377	51092	4517	16369
海　南	159503	143742	137737	84976	24949	2664	—	2773
重　庆	613336	620641	489723	385835	155057	4326	650	2080
四　川	2260027	2260027	1056883	877312	254703	26162	6816	23588
贵　州	451048	450848	379013	411823	126166	338	—	4204
云　南	948671	1210178	658736	627336	275659	15111	5358	16729
西　藏	204832	310030	257150	295348	52453	14005	48137	53386
陕　西	1144133	1144133	719044	638939	294765	14970	14311	4721
甘　肃	954729	913962	803816	500769	156619	6350	6240	4301
青　海	348088	348088	316859	276998	46572	8261	6059	26046
宁　夏	168942	173236	117612	148050	57509	6064	1000	500
新　疆	913948	974063	534307	624610	440158	7920	11858	4050
新疆兵团	385744	422059	60734	276218	243864	150	3575	50
局直属单位	427795	441153	418306	308779	116401	1689	2518	1372
大兴安岭	313552	310088	297928	275513	116401	261	—	748

各地区林业投资

地　　区	自年初累计						
	生态建设与保护		林业支撑				
	生态保护补偿	其他(含生态工程补助资金)	合计	林木种苗	森林防火与森林公安	林业有害生物防治	科技教育
全国合计	**2876076**	**4713360**	**2272730**	**893635**	**516951**	**242855**	**76193**
北　京	85163	200350	88634	3531	31013	5132	635
天　津	506	—	5011	433	2834	1501	—
河　北	87056	144524	67062	13136	13255	6273	1908
山　西	69069	91806	78146	26854	25033	4166	2980
内蒙古	220763	616602	88161	3195	27527	2453	1761
内蒙古集团	—	336954	4602	52	3988	538	—
辽　宁	61863	67744	35327	4086	14984	3946	1965
吉　林	46829	250590	76473	5207	9750	3310	1146
吉林集团	—	69939	9995	1739	1616	65	—
长白山集团	1930	119791	23888	1266	3094	328	100
黑龙江	37937	700622	37020	2240	18459	3271	764
龙江集团	8200	639241	11429	—	5717	769	—
上　海	65980	1612	13329	1279	3653	7379	223
江　苏	27265	25002	80222	45332	13799	15906	3416
浙　江	134879	32494	71636	28544	14441	10236	9402
安　徽	82469	36805	67353	42137	14421	5630	1867
福　建	90679	181344	16879	4668	6675	5536	—
江　西	117219	42179	71586	19836	29103	4026	914
山　东	33946	28659	398348	309105	48963	33857	1854
河　南	32098	109570	19969	3376	8462	3132	3277
湖　北	52007	110874	72289	28554	12900	4714	2947
湖　南	154218	79520	103926	42051	26225	10915	5066
广　东	239813	66459	104612	13241	30628	11027	2325
广　西	131374	206340	259127	150604	29059	30629	3402
海　南	31626	22964	17633	6292	5227	1781	602
重　庆	68110	155612	44521	3327	17229	19017	744
四　川	267361	298682	80517	23692	14297	8247	2013
贵　州	70426	210689	11992	917	1342	6850	2030
云　南	210147	104332	111431	18731	51168	5045	1571
西　藏	107014	20353	8164	4074	1709	2381	—
陕　西	87788	222384	35728	11143	7578	6035	3742
甘　肃	69789	257470	67116	17942	10429	3556	2768
青　海	88289	101771	17778	5130	3151	2312	2100
宁　夏	25951	57026	7674	1643	2417	1114	2400
新　疆	78090	82534	71815	33296	9544	11759	11037
新疆兵团	22215	6364	33485	24934	972	3252	3324
局直属单位	352	186447	43251	20039	11676	1719	1334
大兴安岭	—	158103	5517	39	5478	—	—

完成情况(二)

单位:万元

完成投资与保障		林业产业发展							
林业信息化	其他	合计	工业原料林	特色经济林(不含木本油料)	木本油料	花卉	林下经济	木竹制品加工制造	木竹家具制造
36744	**506352**	**15646727**	**1406273**	**960645**	**457170**	**982115**	**2429406**	**3565851**	**1036875**
2329	45994	54792	—	13108	—	4428	8432	—	—
—	243	2200	—	2200	—	—	—	—	—
20	32470	66003	—	29246	5781	5389	9478	658	5019
711	18402	39788	—	1500	3295	228	990	—	—
24	53201	37800	—	680	—	511	905	—	—
24	—	36158	—	—	—	503	565	—	—
25	10321	29259	—	2624	—	3380	42	7535	11050
375	56685	42372	2365	940	—	746	2246	7352	60
38	6537	35983	2365	40	—	656	107	6986	—
4	19096	2166	—	—	—	—	154	319	—
47	12239	12198	—	17	—	5	805	345	26
—	4943	4400	—	—	—	—	—	—	—
169	626	2633	—	2442	—	38	133	—	—
464	1305	282912	7333	21125	6388	68333	34289	47756	24349
1469	7544	172163	230	15099	19038	8332	10823	20331	9122
839	2459	219723	3639	11728	32518	25028	32251	14871	24630
—	—	1495414	135798	—	4800	7200	8000	753260	—
696	17011	103196	14685	7700	26364	12132	20759	10741	1176
1404	3165	1614223	5642	288147	12770	175736	435356	135136	251469
—	1722	316288	—	—	23190	109363	80596	26196	—
489	22685	537786	6679	21302	17987	46159	13725	161308	34655
4262	15407	812934	44594	47309	98120	94753	184654	45017	40125
4881	42510	25918	10895	959	852	477	3650	50	80
4753	40680	7827500	1099695	134782	63360	283119	1156651	2215657	463320
102	3629	7197	9	28	23	5261	1127	—	—
1744	2460	83279	—	9026	6446	1730	1045	6650	1200
2800	29468	1103698	55008	161965	57866	122462	135307	111629	170594
—	853	3000	—	—	—	800	1200	500	—
2315	32601	303089	6031	6509	24725	207	238832	192	—
—	—	1826	—	100	1726	—	—	—	—
375	6855	163395	—	20411	37269	227	25442	—	—
—	32421	113770	13670	39154	14034	4309	4261	—	—
2000	3085	34580	—	31230	—	—	1350	—	—
—	100	11525	—	6012	—	—	300	—	—
1164	5015	126242	—	85302	618	1762	16737	667	—
614	389	111224	—	76362	420	1246	16491	5	—
3287	5196	24	—	—	—	—	20	—	—
—	—	20	—	—	—	—	20	—	—

各地区林业投资

地　区	自年初累计完成投资									
	林业产业发展				林业民生工程				其他投资	
	木竹浆造纸	非木质林产品加工制造	林业旅游与休闲	其他	合计	棚户区（危旧房）改造	社会性基础设施	其他	合计	其中：财政事业费
全国合计	**443753**	**590549**	**1407599**	**2366491**	**1030254**	**365733**	**474881**	**189640**	**3779695**	**2095729**
北　京	—	—	4617	24207	—	—	—	—	454605	188523
天　津	—	—	—	—	550	—	—	550	8099	7165
河　北	—	752	4000	5680	10622	6003	2361	2258	106281	86689
山　西	—	—	25417	8358	21602	510	15058	6034	99295	78026
内蒙古	12236	350	14766	8352	57881	28285	17685	11911	167081	147733
内蒙古集团	12236	350	14766	7738	48450	24809	17223	6418	8583	—
辽　宁	—	—	4628	—	5215	1203	3922	90	53179	51391
吉　林	—	718	661	27284	92074	64617	22221	5236	177918	37752
吉林集团	—	360	616	24853	25535	15592	9892	51	121176	—
长白山集团	—	308	—	1385	59204	42598	11796	4810	15230	—
黑龙江	—	—	7358	3642	137879	76478	55452	5949	103917	52431
龙江集团	—	—	4400	—	130582	75983	54599	—	—	—
上　海	—	—	—	20	—	—	—	—	4624	4568
江　苏	4949	—	65124	3266	1439	830	519	90	11095	4645
浙　江	5000	1267	49586	33335	60281	1036	50729	8516	119967	93631
安　徽	6888	32	64814	3324	4215	2099	1645	471	40665	28216
福　建	—	318965	—	267391	1037	1037	—	—	130042	43319
江　西	—	500	3641	5498	51536	21317	15216	15003	158860	131488
山　东	80399	52022	167132	10414	23001	630	20312	2059	60504	40236
河　南	—	—	—	76943	1010	—	—	1010	116219	11036
湖　北	398	11919	218470	5184	44471	21811	7555	15105	68831	58964
湖　南	646	34407	205948	17361	60897	7832	36987	16078	120784	120426
广　东	—	—	3623	5332	22545	426	14306	7813	158763	116485
广　西	279800	113336	310574	1707206	197412	50909	118323	28180	515472	96441
海　南	—	—	200	549	6356	1214	2111	3031	27580	24619
重　庆	—	—	52076	5106	11380	3230	5559	2591	95626	56531
四　川	53437	30510	143847	61073	56305	7560	33433	15312	142195	84161
贵　州	—	—	500	—	1803	883	920	—	22230	21788
云　南	—	100	992	25501	23042	5700	14759	2583	145280	105551
西　藏	—	—	—	—	2833	2811	22	—	1859	—
陕　西	—	7600	43484	28962	35889	21700	8640	5549	270182	96347
甘　肃	—	11371	2500	24471	30852	4946	7428	18478	201455	177974
青　海	—	—	—	2000	18732	—	12167	6565	—	—
宁　夏	—	—	3870	1343	1979	282	1697	—	4008	1935
新　疆	—	6700	9771	4685	22954	11130	2646	9178	128442	95931
新疆兵团	—	6700	9340	660	20	—	20	—	1112	1070
局直属单位	—	—	—	4	24462	21254	3208	—	64637	31727
大兴安岭	—	—	—	—	24462	21254	3208	—	4576	—

完成情况(三)

单位:万元

本年实际到位资金合计								
总计	上年末结余资金	本年实际到位资金小计						
		合计	国家预算资金	国内贷款	债券	利用外资	自筹资金	其他资金
42574507	**969388**	**41605119**	**19104453**	**3754865**	**1885**	**231514**	**16292156**	**2220246**
1980469	135090	1845379	1573149	—	—	839	143388	128003
165355	—	165355	165355	—	—	—	—	—
907361	8454	898907	600666	48268	—	1018	205344	43611
1312256	—	1312256	818023	—	—	—	494233	—
1619430	72958	1546172	1405627	512	—	—	92704	47629
530745	71861	458884	404346	—	—	—	51511	3027
738269	200	738069	492366	—	—	425	239756	5522
1177656	119507	1058149	595145	149745	—	—	236790	76469
548516	39076	509440	119290	149745	—	—	199070	41335
340998	63396	277602	235593	—	—	—	33608	8401
1288210	3757	1284453	1199004	616	—	—	37247	47586
979949	—	979949	955898	—	—	—	19425	4626
148966	—	148966	141275	—	—	—	7354	337
998046	5300	992746	277226	5530	—	4000	695784	10206
860690	6151	854539	573099	69938	—	1969	175849	33684
869538	124	869414	236129	30812	—	1490	564785	36198
2674623	10792	2663831	368337	2181323	—	21362	72989	19820
582521	3840	578681	331250	27149	—	22058	73991	124233
2662336	5933	2656403	494970	6446	—	485	1894579	259923
1239647	—	1239647	766900	109600	—	47	363100	—
1172342	—	1172342	478263	120645	—	—	545431	28003
2049738	7923	2041815	806706	87736	—	16720	973172	157481
976822	46817	930005	829512	8789	—	6525	48091	37088
9919920	48188	9871732	606179	610650	—	112356	7873092	669455
225690	66850	158840	154066	—	—	—	1741	3033
660875	52700	608175	500139	7625	1885	—	82220	16306
2260027	15043	2244984	1056883	100914	—	26826	808898	251463
504471	—	504471	451048	—	—	—	53423	—
1120612	156208	964404	795416	29536	—	1201	45806	92445
310030	—	310030	310030	—	—	—	—	—
1118397	3910	1114487	916779	—	—	2358	150601	44749
913962	—	913962	812500	84358	—	7091	8486	1527
348088	—	348088	316859	28930	—	2299	—	—
218420	—	218420	117612	45347	—	137	—	55324
1014325	99809	914516	500484	396	—	2308	396686	14642
386398	86	386312	42616	—	—	—	343466	230
535415	99834	435581	413456	—	—	—	6616	15509
327170	18409	308761	303682	—	—	—	5079	—

林业固定资产投资完成情况

单位:万元

指　　标	总计
一、本年计划投资	**11270197**
二、自年初累计完成投资	**12803842**
其中:国家投资	2093842
按构成分	
1. 建筑工程	3682866
2. 安装工程	715981
3. 设备工器具购置	1614562
4. 其他	6790433
按性质分	
1. 新建	7149195
2. 扩建	3143871
3. 改建和技术改造	1725588
4. 单纯建造生活设施	70067
5. 迁建	29698
6. 恢复	110651
7. 单纯购置	574772
三、本年新增固定资产	**6620482**
四、房屋建筑面积及竣工价值	
本年房屋施工面积(平方米)	4714266
其中:住宅	2907658
本年房屋竣工面积(平方米)	2675645
其中:住宅	1825719
本年房屋竣工价值	343352
其中:住宅	221102
五、本年实际到位资金合计	**12746154**
1. 上年末结余资金	223640
2. 本年实际到位资金小计	12522514
(1)国家预算资金	2798973
①中央资金	1732801
②地方资金	1066172
(2)国内贷款	566434
(3)债券	—
(4)利用外资	123488
(5)自筹资金	8257774
(6)其他资金	775845
六、本年各项应付款合计	**1199724**
其中:工程款	526524

注:本表统计范围为按照项目管理的,且计划总投资在500万元以上的城镇林业固定资产投资项目和农村非农户林业固定资产投资项目。

各地区林业固定资产投资完成情况(一)

单位:万元

地区	本年计划投资	自年初累计完成投资					
		总计	其中:国家投资	按构成分			
				建筑工程	安装工程	设备工器具购置	其他
全国合计	**11270197**	**12803842**	**2093842**	**3682866**	**715981**	**1614562**	**6790433**
北　京	412697	556382	294789	379409	—	7754	169219
天　津	—	—	—	—	—	—	—
河　北	702	5341	185	5291	—	9	41
山　西	19069	19069	19069	4567	167	5296	9039
内蒙古	162351	139576	43518	99019	175	18023	22359
内蒙古集团	136542	100802	33849	76110	55	14737	9900
辽　宁	98960	103366	58916	1380	—	2124	99862
吉　林	147786	125823	71447	70320	7916	19117	28470
吉林集团	35420	38563	9729	19470	622	18375	96
长白山集团	93147	60321	42878	48537	6412	396	4976
黑龙江	462286	451106	384703	113189	5981	3040	328896
龙江集团	441726	431590	372593	107972	5585	2279	315754
上　海	24263	63720	49397	609	—	40	63071
江　苏	82291	207933	7974	7851	28	4482	195572
浙　江	15528	16233	10555	13743	—	—	2490
安　徽	147110	221152	35525	24335	35	4517	192265
福　建	28374	34298	7726	7997	500	1515	24286
江　西	35730	41069	19022	16920	136	13190	10823
山　东	50588	86058	18642	26085	11906	7915	40152
河　南	—	—	—	—	—	—	—
湖　北	37527	33849	5243	15887	5645	12233	84
湖　南	366421	411799	63227	69526	14116	30627	297530
广　东	6745	10309	1613	7631	43	835	1800
广　西	8175919	9237392	280423	2702935	663374	1456739	4414344
海　南	—	—	—	—	—	—	—
重　庆	7110	7110	3660	3450	—	—	3660
四　川	222340	222340	169721	19304	2007	1630	199399
贵　州	1610	1610	1342	1163	268	—	179
云　南	147279	174049	96502	12097	631	13688	147633
西　藏	—	—	—	—	—	—	—
陕　西	199421	207237	95438	22154	420	78	184585
甘　肃	162249	159087	131944	9409	780	5314	143584
青　海	51000	51950	36577	—	—	—	51950
宁　夏	—	—	—	—	—	—	—
新　疆	136419	133414	117347	3965	—	170	129279
新疆兵团	—	—	—	—	—	—	—
局直属单位	68422	82570	69337	44630	1853	6226	29861
大兴安岭	45087	41622	29450	27463	13	5130	9016

各地区林业固定资产

地区	自年初累计完成投资						
	按性质分						
	新建	扩建	改建和技术改造	单纯建造生活设施	迁建	恢复	单纯购置
全国合计	**7149195**	**3143871**	**1725588**	**70067**	**29698**	**110651**	**574772**
北　京	524454	12064	11624	—	119	—	8121
天　津	—	—	—	—	—	—	—
河　北	5341	—	—	—	—	—	—
山　西	7839	4917	1093	—	—	—	5220
内蒙古	132895	3065	312	18	—	—	3286
内蒙古集团	100802	—	—	—	—	—	—
辽　宁	94933	—	6084	2005	—	—	344
吉　林	100378	17	15335	6602	—	1739	1752
吉林集团	25773	17	3149	6478	—	1539	1607
长白山集团	52818	—	7503	—	—	—	—
黑龙江	155749	274189	18613	775	—	—	1780
龙江集团	137046	274169	18581	775	—	—	1019
上　海	63071	—	—	—	—	—	649
江　苏	204337	1466	2130	—	—	—	—
浙　江	13603	—	950	1180	—	—	500
安　徽	207910	2615	140	1634	—	2483	6370
福　建	20642	797	6294	25	—	—	6540
江　西	22869	3708	396	516	—	4067	9513
山　东	64246	10020	5724	555	—	2256	3257
河　南	—	—	—	—	—	—	—
湖　北	14446	1318	6135	—	—	150	11800
湖　南	346522	41003	19323	170	—	2426	2355
广　东	7550	1606	107	—	—	—	1046
广　西	4266924	2730897	1610935	48226	23775	53572	503063
海　南	—	—	—	—	—	—	—
重　庆	7110	—	—	—	—	—	—
四　川	184384	15612	4490	318	5804	11561	171
贵　州	1610	—	—	—	—	—	—
云　南	142974	24893	3134	1	—	1255	1792
西　藏	—	—	—	—	—	—	—
陕　西	198680	—	710	7847	—	—	—
甘　肃	148765	3079	165	195	—	3547	3336
青　海	51950	—	—	—	—	—	—
宁　夏	—	—	—	—	—	—	—
新　疆	117397	10411	2062	—	—	3544	—
新疆兵团	—	—	—	—	—	—	—
局直属单位	42616	2194	9832	—	—	24051	3877
大兴安岭	22780	650	8525	—	—	6038	3629

投资完成情况(二)

单位:万元

本年新增固定资产	房屋建筑面积及竣工价值					
	本年房屋施工面积(平方米)		本年房屋竣工面积(平方米)		本年房屋竣工价值	
	合计	其中:住宅	合计	其中:住宅	合计	其中:住宅
6620482	**4714266**	**2907658**	**2675645**	**1825719**	**343352**	**221102**
387539	—	—	—	—	—	—
—	—	—	—	—	—	—
139	81401	59920	800	—	135	—
7952	2405	—	1960	—	354	—
80540	459766	399800	387874	327516	63617	52233
62753	425373	366095	353481	293811	59255	48043
80785	13150	7700	11750	7700	1139	1078
59123	515479	464693	375301	374219	42327	42215
26471	86019	43604	76860	76860	10060	10060
26085	427218	421089	297439	297359	32165	32155
94756	858692	602353	511639	473258	27711	25485
89599	846371	602353	500214	473258	26520	25485
52843	—	—	—	—	—	—
10636	28500	25500	1000	—	105	—
2318	15000	—	—	—	—	—
157596	5325	4840	4897	4560	728	720
20077	187027	175341	159515	158085	16734	16500
13955	230188	91155	87850	81650	17802	16658
26205	60350	200	61632	200	7314	195
—	—	—	—	—	—	—
27145	73126	52861	60631	40366	9932	5498
229106	29460	8485	7258	1485	1634	275
131022	654	—	16628	—	1079	—
4635034	1266656	555198	472142	119696	67606	19565
—	—	—	—	—	—	—
3660	—	—	10200	10200	2050	2050
75754	254233	178631	134605	81754	16867	14037
1610	9362	9362	6533	—	1368	—
86628	43360	14016	31223	4485	6573	1710
—	—	—	—	—	—	—
193709	181720	181177	45790	45247	10317	10165
108882	206392	21946	87965	17630	16193	1710
51950	—	—	—	—	—	—
—	—	—	—	—	—	—
9997	—	—	—	—	—	—
—	—	—	—	—	—	—
71521	192020	54480	198452	77668	31767	11008
22307	75441	54480	75441	54480	12070	8718

地区	总计	上年末结余资金	本年实际到位			
			本年实际			
			合计	国家预算资金		
				小计	中央资金	地方资金
全国合计	**12746154**	**223640**	**12522514**	**2798973**	**1732801**	**1066172**
北京	462039	34515	427524	423823	1218	422605
天津	—	—	—	—	—	—
河北	6358	500	5858	702	702	—
山西	19069	—	19069	19069	10366	8703
内蒙古	169664	34942	134722	79326	69969	9357
内蒙古集团	139894	34942	104952	51066	45450	5616
辽宁	98317	—	98317	96046	59039	37007
吉林	156975	41040	115935	69014	57950	11064
吉林集团	47196	9778	37418	7842	6207	1635
长白山集团	87857	30491	57366	40021	32836	7185
黑龙江	457901	1123	456778	429986	425485	4501
龙江集团	435599	—	435599	416169	414636	1533
上海	52199	—	52199	52019	—	52019
江苏	226863	50	226813	9332	1285	8047
浙江	18743	—	18743	16549	620	15929
安徽	214628	—	214628	64908	32551	32357
福建	49684	112	49572	19530	7221	12309
江西	44572	—	44572	33148	29006	4142
山东	95006	236	94770	26696	14924	11772
河南	—	—	—	—	—	—
湖北	33085	—	33085	6250	4691	1559
湖南	390207	360	389847	91919	56260	35659
广东	11578	1272	10306	7833	—	7833
广西	9093424	14133	9079291	486278	279956	206322
海南	—	—	—	—	—	—
重庆	9060	1950	7110	5110	3660	1450
四川	226038	3790	222248	189826	164896	24930
贵州	1610	—	1610	1610	1342	268
云南	248385	38851	209534	177922	125189	52733
西藏	—	—	—	—	—	—
陕西	200799	1280	199519	95867	69936	25931
甘肃	159087	—	159087	155259	139547	15712
青海	51950	—	51950	51950	36577	15373
宁夏	—	—	—	—	—	—
新疆	148315	11896	136419	131012	82422	48590
新疆兵团	—	—	—	—	—	—
局直属单位	100598	37590	63008	57989	57989	—
大兴安岭	58645	18409	40236	35217	35217	—

投资完成情况(三)

单位:万元

资金合计					本年各项应付款	
到位资金小计						
国内贷款	债券	利用外资	自筹资金	其他资金	合计	其中:工程款
566434	**—**	**123488**	**8257774**	**775845**	**1199724**	**526524**
—	—	753	1092	1856	68906	68906
—	—	—	—	—	—	—
—	—	—	—	5156	—	—
—	—	—	—	—	—	—
—	—	—	52140	3256	1049	980
—	—	—	50859	3027	—	—
—	—	330	—	1941	2030	—
8445	—	—	31348	7128	17860	7725
8445	—	—	20889	242	11156	1421
—	—	—	10459	6886	5855	5648
—	—	—	16040	10752	8515	5855
—	—	—	14804	4626	8515	5855
—	—	—	—	180	—	—
—	—	—	217481	—	3762	512
—	—	—	1994	200	7663	2594
—	—	20	148839	861	35520	11252
—	—	6500	23428	114	6743	2172
4940	—	425	5090	969	8422	7740
3800	—	—	60065	4209	18028	14898
—	—	—	—	—	—	—
10500	—	—	16335	—	1645	1045
20502	—	3104	238144	36178	1815	299
—	—	—	2473	—	—	—
518072	—	112356	7305624	656961	901553	314148
—	—	—	—	—	—	—
—	—	—	2000	—	90	90
—	—	—	14902	17520	68556	51001
—	—	—	—	—	—	—
175	—	—	22888	8549	10793	6053
—	—	—	—	—	—	—
—	—	—	84653	18999	52	52
—	—	—	3008	820	—	—
—	—	—	—	—	—	—
—	—	—	—	—	—	—
—	—	—	5211	196	31195	31006
—	—	—	—	—	—	—
—	—	—	5019	—	5527	196
—	—	—	5019	—	—	—

林业利用外资基本情况

单位：万美元

指　　标	项目个数（个）	实际利用外资金额				协议利用外资金额			
		合计	国外借款	外商投资	无偿援助	合计	国外借款	外商投资	无偿援助
总　　计	**174**	**38034**	**7742**	**26655**	**3637**	**23519**	**5560**	**14792**	**3167**
一、营造林	120	12979	7528	4307	1144	10373	5533	3791	1049
1. 公益林	56	5913	4412	361	1140	4989	3929	11	1049
2. 工业原料林	37	3784	1816	1964	4	799	799	—	—
3. 特色经济林	27	3282	1300	1982	—	4585	805	3780	—
二、木竹材加工	13	2054	—	2054	—	3000	—	3000	—
其中：木家具制造	5	402	—	402	—	—	—	—	—
人造板制造	3	300	—	300	—	—	—	—	—
木制品制造	1	—	—	—	—	3000	—	3000	—
三、林纸一体化	3	17062	—	17062	—	—	—	—	—
四、林产化工	1	100	—	100	—	—	—	—	—
五、非木质林产品加工	3	200	—	200	—	240	—	240	—
六、花卉、种苗	6	496	—	496	—	—	—	—	—
七、科学研究	6	2296	8	200	2088	2084	—	—	2084
八、其他	22	2847	206	2236	405	7822	27	7761	34

各地区林业利用外资项目个数

单位:个

地区	总计	营造林				木竹材加工				林纸一体化	林产化工	非木质林产品加工	花卉、种苗	科学研究	其他
		合计	公益林	工业原料林	特色经济林	合计	其中：木家具制造	人造板制造	木制品制造						
全国合计	**174**	**120**	**56**	**37**	**27**	**13**	**5**	**3**	**1**	**3**	**1**	**3**	**6**	**6**	**22**
北京	2	1	1	—	—	—	—	—	—	—	—	—	—	—	1
天津	—	—	—	—	—	—	—	—	—	—	—	—	—	—	—
河北	3	3	2	—	1	—	—	—	—	—	—	—	—	—	—
山西	—	—	—	—	—	—	—	—	—	—	—	—	—	—	—
内蒙古	—	—	—	—	—	—	—	—	—	—	—	—	—	—	—
内蒙古集团	—	—	—	—	—	—	—	—	—	—	—	—	—	—	—
辽宁	4	4	4	—	—	—	—	—	—	—	—	—	—	—	—
吉林	—	—	—	—	—	—	—	—	—	—	—	—	—	—	—
吉林集团	—	—	—	—	—	—	—	—	—	—	—	—	—	—	—
长白山集团	—	—	—	—	—	—	—	—	—	—	—	—	—	—	—
黑龙江	—	—	—	—	—	—	—	—	—	—	—	—	—	—	—
龙江集团	—	—	—	—	—	—	—	—	—	—	—	—	—	—	—
上海	—	—	—	—	—	—	—	—	—	—	—	—	—	—	—
江苏	5	—	—	—	—	5	—	3	—	—	—	—	—	—	—
浙江	4	3	2	—	1	—	—	—	—	—	—	—	—	—	1
安徽	16	14	7	5	2	—	—	—	—	—	—	—	—	—	2
福建	20	2	—	—	2	1	—	—	1	—	—	3	6	—	8
江西	29	24	—	18	6	5	5	—	—	—	—	—	—	—	—
山东	3	2	2	—	—	—	—	—	—	—	—	—	—	1	—
河南	1	1	1	—	—	—	—	—	—	—	—	—	—	—	—
湖北	—	—	—	—	—	—	—	—	—	—	—	—	—	—	—
湖南	40	37	18	10	9	—	—	—	—	—	—	—	—	—	3
广东	1	1	—	1	—	—	—	—	—	—	—	—	—	—	—
广西	9	2	—	2	—	2	—	—	—	3	1	—	—	1	—
海南	—	—	—	—	—	—	—	—	—	—	—	—	—	—	—
重庆	—	—	—	—	—	—	—	—	—	—	—	—	—	—	—
四川	4	2	2	—	—	—	—	—	—	—	—	—	—	2	—
贵州	—	—	—	—	—	—	—	—	—	—	—	—	—	—	—
云南	3	1	—	1	—	—	—	—	—	—	—	—	—	2	—
西藏	—	—	—	—	—	—	—	—	—	—	—	—	—	—	—
陕西	7	7	1	—	6	—	—	—	—	—	—	—	—	—	—
甘肃	14	13	13	—	—	—	—	—	—	—	—	—	—	—	1
青海	5	—	—	—	—	—	—	—	—	—	—	—	—	—	5
宁夏	1	—	—	—	—	—	—	—	—	—	—	—	—	—	1
新疆	3	3	3	—	—	—	—	—	—	—	—	—	—	—	—
新疆兵团	—	—	—	—	—	—	—	—	—	—	—	—	—	—	—
大兴安岭	—	—	—	—	—	—	—	—	—	—	—	—	—	—	—

各地区林业实际利用外资情况

单位:万美元

地区	总计	营造林				木竹材加工				林纸一体化	林产化工	非木质林产品加工	花卉、种苗	科学研究	其他
		合计	公益林	工业原料林	特色经济林	合计	其中:木家具制造	人造板制造	木制品制造						
全国合计	**38034**	**12979**	**5913**	**3784**	**3282**	**2054**	**402**	**300**	**—**	**17062**	**100**	**200**	**496**	**2296**	**2847**
北　京	129	116	116	—	—	—	—	—	—	—	—	—	—	—	13
天　津	—	—	—	—	—	—	—	—	—	—	—	—	—	—	—
河　北	152	152	19	—	133	—	—	—	—	—	—	—	—	—	—
山　西	—	—	—	—	—	—	—	—	—	—	—	—	—	—	—
内蒙古	—	—	—	—	—	—	—	—	—	—	—	—	—	—	—
内蒙古集团	—	—	—	—	—	—	—	—	—	—	—	—	—	—	—
辽　宁	68	68	68	—	—	—	—	—	—	—	—	—	—	—	—
吉　林	—	—	—	—	—	—	—	—	—	—	—	—	—	—	—
吉林集团	—	—	—	—	—	—	—	—	—	—	—	—	—	—	—
长白山集团	—	—	—	—	—	—	—	—	—	—	—	—	—	—	—
黑龙江	—	—	—	—	—	—	—	—	—	—	—	—	—	—	—
龙江集团	—	—	—	—	—	—	—	—	—	—	—	—	—	—	—
上　海	—	—	—	—	—	—	—	—	—	—	—	—	—	—	—
江　苏	608	—	—	—	—	608	—	300	—	—	—	—	—	—	—
浙　江	303	255	95	—	160	—	—	—	—	—	—	—	—	—	48
安　徽	244	217	126	45	46	—	—	—	—	—	—	—	—	—	27
福　建	3732	800	—	—	800	—	—	—	—	—	—	200	496	—	2236
江　西	3478	3076	—	1525	1551	402	402	—	—	—	—	—	—	—	—
山　东	80	72	72	—	—	—	—	—	—	—	—	—	—	8	—
河　南	8	8	8	—	—	—	—	—	—	—	—	—	—	—	—
湖　北	—	—	—	—	—	—	—	—	—	—	—	—	—	—	—
湖　南	2616	2485	1477	705	303	—	—	—	—	—	—	—	—	—	131
广　东	993	993	—	993	—	—	—	—	—	—	—	—	—	—	—
广　西	18726	320	—	320	—	1044	—	—	—	17062	100	—	—	200	—
海　南	—	—	—	—	—	—	—	—	—	—	—	—	—	—	—
重　庆	—	—	—	—	—	—	—	—	—	—	—	—	—	—	—
四　川	4471	2387	2387	—	—	—	—	—	—	—	—	—	—	2084	—
贵　州	—	—	—	—	—	—	—	—	—	—	—	—	—	—	—
云　南	200	196	—	196	—	—	—	—	—	—	—	—	—	4	—
西　藏	—	—	—	—	—	—	—	—	—	—	—	—	—	—	—
陕　西	351	351	62	—	289	—	—	—	—	—	—	—	—	—	—
甘　肃	1143	1122	1122	—	—	—	—	—	—	—	—	—	—	—	21
青　海	350	—	—	—	—	—	—	—	—	—	—	—	—	—	350
宁　夏	21	—	—	—	—	—	—	—	—	—	—	—	—	—	21
新　疆	361	361	361	—	—	—	—	—	—	—	—	—	—	—	—
新疆兵团	—	—	—	—	—	—	—	—	—	—	—	—	—	—	—
大兴安岭	—	—	—	—	—	—	—	—	—	—	—	—	—	—	—

各地区林业协议利用外资情况

单位：万美元

地区	总计	营造林				木竹材加工				林纸一体化	林产化工	非木质林产品加工	花卉、种苗	科学研究	其他
		合计	公益林	工业原料林	特色经济林	合计	其中								
							木家具制造	人造板制造	木制品制造						
全国合计	**23519**	**10373**	**4989**	**799**	**4585**	**3000**	**—**	**—**	**3000**	**—**	**—**	**240**	**—**	**2084**	**7822**
北　京	129	116	116	—	—	—	—	—	—	—	—	—	—	—	13
天　津	—	—	—	—	—	—	—	—	—	—	—	—	—	—	—
河　北	143	143	143	—	—	—	—	—	—	—	—	—	—	—	—
山　西	—	—	—	—	—	—	—	—	—	—	—	—	—	—	—
内蒙古	—	—	—	—	—	—	—	—	—	—	—	—	—	—	—
内蒙古集团	—	—	—	—	—	—	—	—	—	—	—	—	—	—	—
辽　宁	68	68	68	—	—	—	—	—	—	—	—	—	—	—	—
吉　林	—	—	—	—	—	—	—	—	—	—	—	—	—	—	—
吉林集团	—	—	—	—	—	—	—	—	—	—	—	—	—	—	—
长白山集团	—	—	—	—	—	—	—	—	—	—	—	—	—	—	—
黑龙江	—	—	—	—	—	—	—	—	—	—	—	—	—	—	—
龙江集团	—	—	—	—	—	—	—	—	—	—	—	—	—	—	—
上　海	—	—	—	—	—	—	—	—	—	—	—	—	—	—	—
江　苏	—	—	—	—	—	—	—	—	—	—	—	—	—	—	—
浙　江	62	62	62	—	—	—	—	—	—	—	—	—	—	—	—
安　徽	116	89	63	26	—	—	—	—	—	—	—	—	—	—	27
福　建	12501	1500	—	—	1500	3000	—	—	3000	—	—	240	—	—	7761
江　西	2566	2566	—	114	2452	—	—	—	—	—	—	—	—	—	—
山　东	—	—	—	—	—	—	—	—	—	—	—	—	—	—	—
河　南	—	—	—	—	—	—	—	—	—	—	—	—	—	—	—
湖　北	—	—	—	—	—	—	—	—	—	—	—	—	—	—	—
湖　南	2126	2126	1028	659	439	—	—	—	—	—	—	—	—	—	—
广　东	—	—	—	—	—	—	—	—	—	—	—	—	—	—	—
广　西	—	—	—	—	—	—	—	—	—	—	—	—	—	—	—
海　南	—	—	—	—	—	—	—	—	—	—	—	—	—	—	—
重　庆	—	—	—	—	—	—	—	—	—	—	—	—	—	—	—
四　川	4471	2387	2387	—	—	—	—	—	—	—	—	—	—	2084	—
贵　州	—	—	—	—	—	—	—	—	—	—	—	—	—	—	—
云　南	—	—	—	—	—	—	—	—	—	—	—	—	—	—	—
西　藏	—	—	—	—	—	—	—	—	—	—	—	—	—	—	—
陕　西	194	194	—	—	194	—	—	—	—	—	—	—	—	—	—
甘　肃	1143	1122	1122	—	—	—	—	—	—	—	—	—	—	—	21
青　海	—	—	—	—	—	—	—	—	—	—	—	—	—	—	—
宁　夏	—	—	—	—	—	—	—	—	—	—	—	—	—	—	—
新　疆	—	—	—	—	—	—	—	—	—	—	—	—	—	—	—
新疆兵团	—	—	—	—	—	—	—	—	—	—	—	—	—	—	—
大兴安岭	—	—	—	—	—	—	—	—	—	—	—	—	—	—	—

国家林业局机关及直属单位

单位	本年计划投资	自年初					
		总计	其中：国家投资	生态建设与保护			
				合计	营造林	湿地恢复与保护	沙地治理与封禁
总计	**427795**	**441153**	**418306**	**308779**	**116401**	**1689**	**2518**
国家林业局信息中心	3452	3556	3556	—	—	—	—
国家林业局国有林场和林木种苗工作总站	20741	20802	20802	—	—	—	—
国家林业局林业工作站管理总站	20	20	20	—	—	—	—
国家林业局林业基金管理总站	—	809	809	—	—	—	—
国家林业局宣传中心	3785	3078	2591	—	—	—	—
国家林业局濒危物种进出口管理中心	1166	1307	1307	—	—	—	—
国家林业局天然林保护工程管理中心	470	543	543	—	—	—	—
国家林业局西北华北东北防护林建设局	2882	2485	2195	—	—	—	—
国家林业局退耕还林(草)工程管理办公室	705	705	705	—	—	—	—
国家林业局防治荒漠化管理中心	2571	2518	2518	2518	—	—	2518
国家林业局世界银行贷款项目管理中心	957	1035	1005	—	—	—	—
国家林业局科技发展中心	2308	2257	2257	—	—	—	—
国家林业局森林资源监督管理办公室	499	387	387	67	—	—	—
国家林业局亚太森林网络管理中心	3329	3757	3757	1448	—	—	—
国家林业局湿地保护管理中心	1687	1674	1674	1428	—	1428	—
国家林业局经济发展研究中心	—	—	—	—	—	—	—
国家林业局人才开发交流中心	1961	1743	840	—	—	—	—
国家林业局对外合作项目中心	709	709	709	—	—	—	—
国家林业局森林防火预警监测信息中心	2318	2318	2318	—	—	—	—
中国林业科学研究院	14267	8278	8278	1028	—	—	—
国家林业局调查规划设计院	3865	1958	1958	—	—	—	—
国家林业局林产工业规划设计院	—	204	204	—	—	—	—
国家林业局管理干部学院	—	383	383	—	—	—	—
中国绿色时报社	1314	1314	1314	—	—	—	—
中国林业出版社	4366	1895	1895	—	—	—	—
国家林业局国际竹藤中心	8108	8108	6149	—	—	—	—
中国林学会	—	1478	—	—	—	—	—
中国野生动物保护协会	—	—	—	—	—	—	—
中国花卉协会	—	—	—	—	—	—	—
中国绿化基金会	4044	5052	512	—	—	—	—

林业投资完成情况(一)

单位:万元

累计完成投资										
			林业支撑与保障							林业产业发展
野生动植物保护及自然保护区	生态保护补偿	其他	合计	林木种苗	森林防火与森林公安	林业有害生物防治	科技教育	林业信息化	其他	
1372	**352**	**186447**	**43251**	**20039**	**11676**	**1719**	**1334**	**3287**	**5196**	**24**
—	—	—	3066	—	—	—	—	3066	—	—
—	—	—	20000	20000	—	—	—	—	—	—
—	—	—	—	—	—	—	—	—	—	—
—	—	—	—	—	—	—	—	—	—	—
—	—	—	—	—	—	—	—	—	—	—
—	—	—	—	—	—	—	—	—	—	—
—	—	—	—	—	—	—	—	—	—	—
—	—	—	—	—	—	—	—	—	—	—
—	—	—	—	—	—	—	—	—	—	—
—	—	—	—	—	—	—	—	—	—	—
—	—	—	—	—	—	—	—	—	—	—
—	—	—	1257	—	—	—	1257	—	—	—
—	—	67	—	—	—	—	—	—	—	—
—	—	1448	—	—	—	—	—	—	—	—
—	—	—	—	—	—	—	—	—	—	—
—	—	—	—	—	—	—	—	—	—	—
—	—	—	1743	—	—	—	—	—	1743	—
—	—	—	—	—	—	—	—	—	—	—
—	—	—	—	—	—	—	—	—	—	—
—	352	676	1084	—	209	—	—	—	875	4
—	—	—	1958	—	—	—	—	—	1958	—
—	—	—	—	—	—	—	—	—	—	—
—	—	—	—	—	—	—	—	—	—	—
—	—	—	—	—	—	—	—	—	—	—
—	—	—	—	—	—	—	—	—	—	—
—	—	—	87	—	—	—	—	87	—	—
—	—	—	—	—	—	—	—	—	—	—
—	—	—	—	—	—	—	—	—	—	—
—	—	—	—	—	—	—	—	—	—	—
—	—	—	—	—	—	—	—	—	—	—

国家林业局机关及直属单位

单位	本年计划投资	自年初					
		总计	其中：国家投资	生态建设与保护			
				合计	营造林	湿地恢复与保护	沙地治理与封禁
国家林业局机关服务中心	2517	2497	2497	—	—	—	—
国家林业局离退休干部局	6395	6527	6527	—	—	—	—
国家林业局招待所	—	—	—	—	—	—	—
国家林业局幼儿园	352	352	352	—	—	—	—
驻内蒙古自治区森林资源监督专员办事处	—	—	—	—	—	—	—
驻长春森林资源监督专员办事处	—	—	—	—	—	—	—
驻黑龙江省森林资源监督专员办事处	656	656	724	—	—	—	—
驻大兴安岭森林资源监督专员办事处	513	517	517	—	—	—	—
驻福州森林资源监督专员办事处	385	452	415	—	—	—	—
驻云南省森林资源监督专员办事处	—	—	—	—	—	—	—
驻成都森林资源监督专员办事处	575	545	—	—	—	—	—
驻西安森林资源监督专员办事处	436	508	503	—	—	—	—
驻武汉森林资源监督专员办事处	353	353	353	—	—	—	—
驻贵阳森林资源监督专员办事处	284	284	284	—	—	—	—
驻广州森林资源监督专员办事处	23	13	—	—	—	—	—
驻合肥森林资源监督专员办事处	—	290	290	—	—	—	—
驻乌鲁木齐森林资源监督专员办事处	322	322	322	—	—	—	—
驻上海森林资源监督专员办事处	—	694	694	—	—	—	—
驻北京森林资源监督专员办事处	189	189	189	58	—	—	—
国家林业局森林病虫害防治总站	1922	1900	1900	—	—	—	—
国家林业局北方航空护林总站	1600	68	68	—	—	—	—
国家林业局南方航空护林总站	6045	4555	4555	—	—	—	—
南京森林警察学院	2739	3014	3014	—	—	—	—
国家林业局华东林业调查规划设计院	—	4	4	—	—	—	—
国家林业局中南林业调查规划设计院	—	—	—	—	—	—	—
国家林业局西北林业调查规划设计院	468	468	—	—	—	—	—
国家林业局昆明勘察设计院	1755	116	116	—	—	—	—
陕西佛坪国家级自然保护区管理局	—	—	—	—	—	—	—
甘肃白水江国家级自然保护区管理局	—	566	566	566	—	—	—
国家林业局卧龙自然保护区管理局	1189	27803	27803	26153	—	—	—
国家林业局北戴河培训中心	—	—	—	—	—	—	—
大兴安岭林业集团公司	313552	310088	297928	275513	116401	261	—

林业投资完成情况(二)

单位:万元

累 计 完 成 投 资										
			林业支撑与保障							林业产业发展
野生动植物保护及自然保护区	生态保护补偿	其他	合计	林木种苗	森林防火与森林公安	林业有害生物防治	科技教育	林业信息化	其他	
—	—	—	—	—	—	—	—	—	—	—
—	—	—	—	—	—	—	—	—	—	—
—	—	—	—	—	—	—	—	—	—	—
—	—	—	—	—	—	—	—	—	—	—
—	—	—	—	—	—	—	—	—	—	—
—	—	—	—	—	—	—	—	—	—	—
—	—	—	—	—	—	—	—	—	—	—
—	—	—	—	—	—	—	—	—	—	—
—	—	—	—	—	—	—	—	—	—	—
—	—	—	—	—	—	—	—	—	—	—
—	—	—	—	—	—	—	—	—	—	—
—	—	—	235	—	—	—	—	—	235	—
—	—	—	—	—	—	—	—	—	—	—
—	—	—	—	—	—	—	—	—	—	—
—	—	—	—	—	—	—	—	—	—	—
—	—	—	—	—	—	—	—	—	—	—
—	—	—	—	—	—	—	—	—	—	—
—	—	—	—	—	—	—	—	—	—	—
58	—	—	131	—	—	—	—	—	131	—
—	—	—	1900	—	—	1719	77	104	—	—
—	—	—	68	—	—	—	—	—	68	—
—	—	—	4555	—	4339	—	—	30	186	—
—	—	—	—	—	—	—	—	—	—	—
—	—	—	—	—	—	—	—	—	—	—
—	—	—	—	—	—	—	—	—	—	—
—	—	—	—	—	—	—	—	—	—	—
—	—	—	—	—	—	—	—	—	—	—
—	—	—	—	—	—	—	—	—	—	—
566	—	—	—	—	—	—	—	—	—	—
—	—	26153	1650	—	1650	—	—	—	—	—
—	—	—	—	—	—	—	—	—	—	—
748	—	158103	5517	39	5478	—	—	—	—	20

国家林业局机关及直属单位

单　　位	自年初累计完成投资					
	林业民生工程				其他投资	
	合计	棚户区(危旧房)改造	社会性基础设施	其他	合计	其中：财政事业费
总计	**24462**	**21254**	**3208**	**—**	**64637**	**31727**
国家林业局信息中心	—	—	—	—	490	313
国家林业局国有林场和林木种苗工作总站	—	—	—	—	802	802
国家林业局林业工作站管理总站	—	—	—	—	20	—
国家林业局林业基金管理总站	—	—	—	—	809	809
国家林业局宣传中心	—	—	—	—	3078	2827
国家林业局濒危物种进出口管理中心	—	—	—	—	1307	692
国家林业局天然林保护工程管理中心	—	—	—	—	543	91
国家林业局西北华北东北防护林建设局	—	—	—	—	2485	2195
国家林业局退耕还林(草)工程管理办公室	—	—	—	—	705	705
国家林业局防治荒漠化管理中心	—	—	—	—	—	—
国家林业局世界银行贷款项目管理中心	—	—	—	—	1035	—
国家林业局科技发展中心	—	—	—	—	1000	1000
国家林业局森林资源监督管理办公室	—	—	—	—	320	320
国家林业局亚太森林网络管理中心	—	—	—	—	2309	324
国家林业局湿地保护管理中心	—	—	—	—	246	214
国家林业局经济发展研究中心	—	—	—	—	—	—
国家林业局人才开发交流中心	—	—	—	—	—	—
国家林业局对外合作项目中心	—	—	—	—	709	709
国家林业局森林防火预警监测信息中心	—	—	—	—	2318	—
中国林业科学研究院	—	—	—	—	6162	—
国家林业局调查规划设计院	—	—	—	—	—	—
国家林业局林产工业规划设计院	—	—	—	—	204	—
国家林业局管理干部学院	—	—	—	—	383	383
中国绿色时报社	—	—	—	—	1314	1314
中国林业出版社	—	—	—	—	1895	—
国家林业局国际竹藤中心	—	—	—	—	8021	1214
中国林学会	—	—	—	—	1478	1193
中国野生动物保护协会	—	—	—	—	—	—
中国花卉协会	—	—	—	—	—	—
中国绿化基金会	—	—	—	—	5052	58

林业投资完成情况(三)

单位:万元

本年实际到位资金合计								
		本年实际到位资金小计						
总计	上年末结余资金	合计	国家预算资金	国内贷款	债券	利用外资	自筹资金	其他资金
535415	**99834**	**435581**	**413456**	**—**	**—**	**—**	**6616**	**15509**
3558	106	3452	3452	—	—	—	—	—
20802	—	20802	20802	—	—	—	—	—
20	—	20	20	—	—	—	—	—
809	66	743	743	—	—	—	—	—
3078	236	2842	2591	—	—	—	251	—
1325	159	1166	1166	—	—	—	—	—
543	—	543	543	—	—	—	—	—
3152	371	2781	2473	—	—	—	—	308
701	—	701	701	—	—	—	—	—
2587	16	2571	2571	—	—	—	—	—
1072	86	986	957	—	—	—	—	29
2490	100	2390	2390	—	—	—	—	—
499	66	433	433	—	—	—	—	—
3776	438	3338	3338	—	—	—	—	—
1823	136	1687	1687	—	—	—	—	—
40	40	—	—	—	—	—	—	—
2183	—	2183	866	—	—	—	1285	32
709	—	709	709	—	—	—	—	—
800	—	800	800	—	—	—	—	—
24340	10072	14268	14267	—	—	—	1	—
3865	—	3865	3865	—	—	—	—	—
560	560	—	—	—	—	—	—	—
652	652	—	—	—	—	—	—	—
1314	—	1314	1314	—	—	—	—	—
4366	1176	3190	1833	—	—	—	—	1357
17397	8083	9314	6331	—	—	—	—	2983
3839	2147	1692	1181	—	—	—	—	510
26982	26301	681	681	—	—	—	—	—
—	—	—	—	—	—	—	—	—
27002	21077	5925	512	—	—	—	—	5413

单　　位	自年初累计完成投资					
	林业民生工程				其他投资	
	合计	棚户区（危旧房）改造	社会性基础设施	其他	合计	其中：财政事业费
国家林业局机关服务中心	—	—	—	—	2497	2497
国家林业局离退休干部局	—	—	—	—	6527	6097
国家林业局招待所	—	—	—	—	—	—
国家林业局幼儿园	—	—	—	—	352	352
驻内蒙古自治区森林资源监督专员办事处	—	—	—	—	—	—
驻长春森林资源监督专员办事处	—	—	—	—	—	—
驻黑龙江省森林资源监督专员办事处	—	—	—	—	656	656
驻大兴安岭森林资源监督专员办事处	—	—	—	—	517	512
驻福州森林资源监督专员办事处	—	—	—	—	452	412
驻云南省森林资源监督专员办事处	—	—	—	—	—	—
驻成都森林资源监督专员办事处	—	—	—	—	545	531
驻西安森林资源监督专员办事处	—	—	—	—	273	236
驻武汉森林资源监督专员办事处	—	—	—	—	353	353
驻贵阳森林资源监督专员办事处	—	—	—	—	284	284
驻广州森林资源监督专员办事处	—	—	—	—	13	13
驻合肥森林资源监督专员办事处	—	—	—	—	290	290
驻乌鲁木齐森林资源监督专员办事处	—	—	—	—	322	151
驻上海森林资源监督专员办事处	—	—	—	—	694	694
驻北京森林资源监督专员办事处	—	—	—	—	—	—
国家林业局森林病虫害防治总站	—	—	—	—	—	—
国家林业局北方航空护林总站	—	—	—	—	—	—
国家林业局南方航空护林总站	—	—	—	—	—	—
南京森林警察学院	—	—	—	—	3014	3014
国家林业局华东林业调查规划设计院	—	—	—	—	4	4
国家林业局中南林业调查规划设计院	—	—	—	—	—	—
国家林业局西北林业调查规划设计院	—	—	—	—	468	468
国家林业局昆明勘察设计院	—	—	—	—	116	—
陕西佛坪国家级自然保护区管理局	—	—	—	—	—	—
甘肃白水江国家级自然保护区管理局	—	—	—	—	—	—
国家林业局卧龙自然保护区管理局	—	—	—	—	—	—
国家林业局北戴河培训中心	—	—	—	—	—	—
大兴安岭林业集团公司	24462	21254	3208	—	4576	—

林业投资完成情况(四)

单位:万元

本年实际到位资金合计								
总计	上年末结余资金	本年实际到位资金小计						
		合计	国家预算资金	国内贷款	债券	利用外资	自筹资金	其他资金
2541	24	2517	2517	—	—	—	—	—
6761	366	6395	6078	—	—	—	—	317
—	—	—	—	—	—	—	—	—
352	—	352	352	—	—	—	—	—
—	—	—	—	—	—	—	—	—
—	—	—	—	—	—	—	—	—
856	200	656	656	—	—	—	—	—
579	39	540	536	—	—	—	—	4
425	28	397	397	—	—	—	—	—
—	—	—	—	—	—	—	—	—
620	162	458	445	—	—	—	—	13
506	70	436	406	—	—	—	—	30
353	10	343	343	—	—	—	—	—
284	—	284	284	—	—	—	—	—
23	4	19	19	—	—	—	—	—
290	—	290	290	—	—	—	—	—
346	23	322	322	—	—	—	—	—
707	13	694	694	—	—	—	—	—
291	102	189	189	—	—	—	—	—
2565	587	1978	1922	—	—	—	—	56
1600	—	1600	1600	—	—	—	—	—
7919	1874	6045	6045	—	—	—	—	—
4196	1457	2739	2739	—	—	—	—	—
4	4	—	—	—	—	—	—	—
9360	981	8379	3923	—	—	—	—	4456
1553	1553	—	—	—	—	—	—	—
1755	—	1755	1755	—	—	—	—	—
—	—	—	—	—	—	—	—	—
2475	1628	847	847	—	—	—	—	—
1600	411	1189	1189	—	—	—	—	—
—	—	—	—	—	—	—	—	—
327170	18409	308761	303682	—	—	—	5079	—

6

林业教育

FORESTRY EDUCATION

2015～2016学年初普通高、中等林业院校和其他高、中等院校林科基本情况

单位：人

名　　称	学校单位数（所、个）	毕业生数	招生数	在校学生数	毕业班学生数	教职工数	
						计	其中：专任教师
总计	**—**	**156886**	**153999**	**528071**	**181874**	**21210**	**14132**
一、研究生	**92**	**7280**	**8646**	**25005**	**9842**	**—**	**—**
1. 高等林业院校	6	5254	6249	17944	7262	12107	7721
2. 其他高等院校(林科)	85	1750	2362	6067	2169	—	—
3. 林业科研单位	1	276	35	994	411	—	—
二、本科生	**269**	**47384**	**52613**	**210930**	**50355**	**—**	**—**
1. 普通高等林业院校	7	25906	26822	110108	26617	—	—
2. 其他普通高等院校(林科)	262	21478	25791	100822	23738	—	—
三、高职(专科)生	**230**	**41455**	**45687**	**140033**	**45952**	**—**	**—**
1. 高等林业(园林)职业学校	14	29265	34834	104057	32966	7702	5535
2. 其他高等职业学校(林科)	214	11409	10288	34242	12400	—	—
3. 普通林业学校专科	2	781	565	1734	586	—	—
四、中职生	**342**	**60767**	**47053**	**152103**	**75725**	**—**	**—**
1. 中等林业(园林)职业学校	18	15060	12164	37012	12790	1401	876
2. 其他中等职业学校(林科)	301	45707	34889	115091	62935	—	—

2015～2016学年初普通高等林业院校教职工情况(一)

单位:人

学校名称	教职工数								
	合计	校本部教职工							
		计	专任教师						行政人员
			计	正高级	副高级	中级	初级	无职称者	
总　计	**12107**	**11588**	**7721**	**1321**	**2710**	**3127**	**404**	**159**	**2060**
北京林业大学	1871	1776	1192	275	499	365	8	45	304
东北林业大学	2699	2406	1532	310	545	567	81	29	393
南京林业大学	1966	1884	1260	222	413	596	29	—	366
浙江农林大学	1673	1655	1114	183	372	490	56	13	337
中南林业科技大学	2310	2310	1451	205	484	632	81	49	437
西南林业大学	1165	1144	892	100	289	395	85	23	127
南京森林警察学院	423	413	280	26	108	82	64	—	96

2015～2016学年初普通高等林业院校教职工情况(二)

单位:人

学校名称	教职工数					另有其他人员			
	校本部教职工		科研机构人员	校办企业职工	其他附设机构人员	聘请校外教师	离退休人员	附属中小学幼儿园教职工	集体所有制人员
	教辅人员	工勤人员							
总　计	**1244**	**563**	**68**	**133**	**318**	**1412**	**4883**	**33**	**104**
北京林业大学	219	61	—	59	36	333	810	33	—
东北林业大学	343	138	2	59	232	20	1168	—	104
南京林业大学	157	101	36	15	31	270	1075	—	—
浙江农林大学	148	56	6	—	12	147	9	—	—
中南林业科技大学	260	162	—	—	—	209	1183	—	—
西南林业大学	91	34	21	—	—	374	438	—	—
南京森林警察学院	26	11	3	—	7	59	200	—	—

2015～2016 学年初普通高等林业院校资产情况

学校名称	占地面积(平方米)			图书资料		拥有教学用计算机(台)	多媒体教室座位数(个)	语音实验室数(个)	固定资产总值(万元)	
	总面积	其中		合计(万册)	其中:当年新增(万册)				计	教学、科研仪器设备资产
		绿化用地	运动场地							
一、学校产权	**10187304**	**5822207**	**441026**	**1137**	**39**	**55659**	**37998**	**2134**	**1028719**	**288183**
北京林业大学	463739	124750	56505	185	7	9039	5065	155	198033	60375
东北林业大学	1287559	526424	100291	216	9	9999	7559	433	218833	71957
南京林业大学	3730262	2915600	53726	178	6	7563	6013	299	157331	66158
浙江农林大学	1858234	920906	101198	157	6	6571	3494	413	144881	26153
中南林业科技大学	1324977	586000	52175	188	5	12663	7614	320	124251	34901
西南林业大学	793902	343593	68605	152	5	6810	5861	449	131337	20649
南京森林警察学院	728631	404934	8526	61	2	3014	2392	65	54052	7990
二、非学校产权	**510629**	**26000**	**15000**	**5**	**—**	**700**	**350**	**35100**	**8700**	**—**
北京林业大学	—	—	—	—	—	—	—	—	—	—
东北林业大学	—	—	—	—	—	—	—	—	—	—
南京林业大学	—	—	—	—	—	—	—	—	—	—
浙江农林大学	—	—	—	—	—	—	—	—	—	—
中南林业科技大学	33300	6000	15000	5	—	700	350	35100	8700	—
西南林业大学	437329	—	—	—	—	—	—	—	—	—
南京森林警察学院	40000	20000	—	—	—	—	—	—	—	—

2015～2016学年初普通高等林业院校和其他高等院校、科研院所林科研究生分单位情况(一)

单位:人

学校名称	毕业生数	招生数	在校学生数	毕业班学生数
总　计	**7280**	**8646**	**25005**	**9842**
一、博士生	**637**	**806**	**4311**	**2516**
1. 高等林业院校	447	660	3282	1969
北京林业大学	236	266	1163	634
东北林业大学	124	193	986	599
南京林业大学	57	130	800	543
浙江农林大学	—	4	10	—
中南林业科技大学	30	55	302	193
西南林业大学	—	12	21	—
2. 林业科研单位	94	35	443	206
中国林业科学研究院	94	35	443	206
3. 其他高等院校(林业学科)	96	111	586	341
二、硕士生	**6643**	**7840**	**20694**	**7326**
1. 高等林业院校	4807	5589	14662	5293
北京林业大学	1341	1474	3802	1503
东北林业大学	1152	1272	3344	1236
南京林业大学	938	1098	2819	1067
浙江农林大学	272	553	1545	494
中南林业科技大学	651	721	1919	495
西南林业大学	453	471	1233	498
2. 林业科研单位	182	—	551	205
中国林业科学研究院	182	—	551	205
3. 其他院所(林科)	1654	2251	5481	1828
北京大学	1	21	50	11
中国人民大学	5	5	12	1
清华大学	9	5	12	2
中国农业大学	32	17	35	18
北京农学院	11	19	38	8
北京师范大学	3	5	14	4
中国科学院大学	25	29	81	31
天津大学	5	4	18	7
天津科技大学	3	6	9	2
河北农业大学	102	97	235	103
石家庄铁道大学	—	5	5	—
山西大学	5	6	21	9
山西农业大学	36	41	146	54

2015～2016 学年初普通高等林业院校和其他高等院校、科研院所林科研究生分单位情况(二)

单位:人

学校名称	毕业生数	招生数	在校学生数	毕业班学生数
内蒙古农业大学	81	122	279	94
辽宁工程技术大学	4	11	21	8
沈阳建筑大学	—	12	12	—
沈阳农业大学	38	75	180	62
吉林农业大学	13	53	90	15
东北师范大学	6	—	22	12
北华大学	6	12	39	12
哈尔滨工业大学	20	17	53	16
黑龙江八一农垦大学	—	—	1	1
东北农业大学	6	—	10	7
同济大学	5	10	28	9
上海交通大学	32	34	105	36
上海财经大学	2	2	4	2
苏州大学	2	13	13	—
南京农业大学	52	56	144	62
浙江大学	9	13	35	11
安徽农业大学	72	67	158	60
安徽师范大学	—	1	2	—
福建农林大学	127	167	370	129
福建师范大学	2	4	11	6
南昌大学	4	—	19	6
江西农业大学	49	69	142	53
江西财经大学	3	12	34	9
山东建筑大学	16	21	57	18
齐鲁工业大学	2	—	1	1
山东农业大学	44	56	151	61
青岛农业大学	9	15	34	6
曲阜师范大学	1	1	3	—
聊城大学	6	5	15	5
华北水利水电大学	4	5	14	3
河南科技大学	—	10	10	—
河南农业大学	47	47	133	69
华中科技大学	18	14	46	20
长江大学	—	4	9	1
华中农业大学	96	92	223	97
湖北民族学院	4	11	35	10

2015～2016 学年初普通高等林业院校和其他高等院校、科研院所林科研究生分单位情况（三）

单位：人

学校名称	毕业生数	招生数	在校学生数	毕业班学生数
中南财经政法大学	1	—	2	—
吉首大学	7	3	18	9
湖南大学	—	8	8	—
湖南农业大学	—	10	12	—
湖南师范大学	1	4	7	—
华南理工大学	10	8	31	11
华南农业大学	63	69	169	80
华南师范大学	5	2	13	6
广州美术学院	—	3	3	—
仲恺农业工程学院	11	71	114	15
广西大学	21	33	73	20
广西师范大学	—	3	5	1
广西艺术学院	—	2	2	—
海南大学	13	6	24	9
重庆大学	—	13	37	12
西南大学	24	54	102	33
四川美术学院	—	9	9	—
四川大学	18	25	68	16
西南交通大学	9	7	30	12
成都理工大学	—	24	24	—
四川农业大学	162	174	387	58
西华师范大学	8	30	80	18
贵州大学	26	53	124	39
云南农业大学	34	22	69	26
西藏大学	3	7	16	9
西安理工大学	3	14	30	3
西安建筑科技大学	35	80	242	73
长安大学	—	—	—	—
西北农林科技大学	140	187	436	152
陕西师范大学	1	—	3	2
兰州大学	1	1	3	1
兰州交通大学	—	—	1	1
甘肃农业大学	22	13	61	25
青海大学	3	—	13	6
塔里木大学	7	7	16	9
新疆农业大学	9	18	70	31

2015~2016学年初普通高等林业院校和其他高等院校、科研院所林科研究生分学科情况(一)

单位:人

学科名称	毕业生数	招生数	在校学生数	毕业班学生数
总　计	**7280**	**8646**	**25005**	**9842**
一、博士生	**637**	**806**	**4311**	**2516**
1. 林业学科小计	557	687	3780	2219
林产化学加工工程	21	52	203	86
林木遗传育种	40	45	241	135
林学学科	18	41	160	80
林业工程学科	42	41	251	152
林业经济管理	39	53	353	241
木材科学与技术	31	56	312	192
森林保护学	32	43	213	114
森林工程	10	20	158	106
森林经理学	26	30	196	127
森林培育	74	63	369	224
水土保持与荒漠化防治	55	72	338	177
野生动植物保护与利用	19	29	164	100
园林植物与观赏园艺	46	35	210	129
风景园林学学科	12	29	113	53
土壤学(森林土壤学)	2	4	19	11
植物学(森林植物学)	31	26	124	73
生态学(森林生态学)	59	48	356	219
2. 林业院校和科研单位其他学科	80	119	531	297
材料科学与工程学科	3	5	11	—
草学学科	5	4	18	11
城乡规划学学科	7	—	15	15
道路与铁道工程	4	8	16	—
动物学	—	—	1	1
发酵工程	—	3	5	—
发育生物学	2	6	24	12
机械电子工程	1	1	5	3
机械工程学科	1	7	36	21
机械设计及理论	4	1	53	49
交通运输规划与管理	4	1	2	—
农业经济管理	6	15	81	51
农业资源与环境学科	14	10	29	12
生物化学与分子生物学	5	9	39	22
生物学学科	1	18	35	8
水生生物学	—	1	6	4
思想政治教育	2	5	27	15
微生物学	7	8	31	15

2015～2016学年初普通高等林业院校和其他高等院校、科研院所林科研究生分学科情况(二)

单位:人

学科名称	毕业生数	招生数	在校学生数	毕业班学生数
细胞生物学	2	7	29	15
遗传学	6	3	21	14
载运工具运用工程	3	3	18	11
制浆造纸工程	3	4	29	18
二、硕士	**6643**	**7840**	**20694**	**7326**
1. 林业学科小计	3738	4437	11873	4161
风景园林	853	1394	2765	960
林产化学加工工程	106	93	284	83
林木遗传育种	137	139	466	161
林学学科	87	179	471	123
林业工程学科	67	81	268	94
林业经济管理	72	40	160	61
木材科学与技术	156	153	466	155
森林保护学	170	185	555	192
森林工程	45	47	162	52
森林经理学	170	174	524	186
森林培育	253	229	796	281
水土保持与荒漠化防治	281	387	1073	329
野生动植物保护与利用	122	99	366	138
园林植物与观赏园艺	356	302	1009	371
林业硕士	389	260	966	434
其他林科专业	474	675	1542	541
2. 林业院校和科研单位其他学科	2905	3403	8821	3165
材料加工工程	8	4	22	9
材料物理与化学	7	8	21	6
材料学	8	10	34	13
草学学科	11	14	39	12
测试计量技术及仪器	—	5	9	—
茶学	1	—	2	1
车辆工程	18	14	46	19
城乡规划学学科	43	49	145	47
道路与铁道工程	13	22	64	21
地理学学科	—	5	10	—
地图学与地理信息系统	43	32	126	38
动物学	29	22	75	26
动物遗传育种与繁殖	5	5	13	4
俄语语言文学	5	5	15	5
发酵工程	4	3	11	2
发育生物学	12	16	50	19

2015～2016学年初普通高等林业院校和其他高等院校、科研院所林科研究生分学科情况(三)

单位:人

学科名称	毕业生数	招生数	在校学生数	毕业班学生数
法律	—	18	18	—
法学理论	8	6	26	12
法学学科	22	26	82	28
翻译	52	93	157	64
防灾减灾工程及防护工程	1	—	1	—
概率论与数理统计	10	3	12	4
高分子化学与物理	15	11	34	12
工程	588	776	1497	643
工程管理	—	6	6	—
工商管理	125	115	309	160
工商管理学科	44	35	111	40
公共管理	—	29	29	—
管理科学与工程学科	38	37	113	40
国际贸易学	6	15	43	16
国际商务	6	6	16	10
果树学	6	4	15	6
汉语言文字学	6	5	15	6
行政管理	36	25	91	37
化学工程	—	6	6	—
化学工程与技术学科	15	14	29	11
化学工艺	11	9	31	13
环境工程	23	17	52	19
环境科学	17	19	62	23
环境科学与工程学科	45	42	118	36
环境与资源保护法学	22	22	71	25
会计	29	57	112	55
会计学	14	29	79	22
机械电子工程	16	21	57	18
机械工程学科	12	12	37	13
机械设计及理论	19	23	70	21
机械制造及其自动化	27	21	62	22
计算机科学与技术学科	—	3	3	—
计算机软件与理论	14	12	36	13
计算机系统结构	2	5	12	3
计算机应用技术	34	30	93	33
技术经济及管理	5	4	10	3
检测技术与自动化装置	11	7	25	10

2015～2016学年初普通高等林业院校和其他高等院校、科研院所林科研究生分学科情况(四)

单位:人

学科名称	毕业生数	招生数	在校学生数	毕业班学生数
建筑学学科	12	16	52	18
交通信息工程及控制	17	4	14	5
交通运输规划与管理	8	14	29	6
结构工程	21	25	68	28
金融	—	10	10	—
金融学(含:保险学)	5	4	14	6
精密仪器及机械	—	2	6	—
科学技术哲学	2	1	2	1
控制理论与控制工程	12	20	59	20
流体力学	—	—	—	—
伦理学	15	10	31	12
旅游管理	30	25	64	26
马克思主义发展史	5	3	11	3
马克思主义哲学	—	2	5	—
马克思主义中国化研究	22	16	60	27
美学	4	5	15	4
民商法学(含:劳动法学、社会保障法学)	10	10	35	13
模式识别与智能系统	2	5	15	5
农产品加工及贮藏工程	17	15	42	15
农业电气化与自动化	9	4	14	4
农业机械化工程	15	10	29	9
农业经济管理	33	27	77	29
农业生物环境与能源工程	6	—	7	5
农业推广	305	576	1418	429
农业资源与环境学科	17	20	34	7
企业管理(含:财务管理、市场营销、人力资源管理)	29	34	89	24
桥梁与隧道工程	12	12	38	13
轻工技术与工程学科	—	—	2	—
人口、资源与环境经济学	14	11	25	6
人文地理学	4	3	11	5
软件工程学科	9	9	24	6
设计学学科	124	118	382	124
设计艺术学	8	—	9	9
生理学	12	13	35	13
生物工程学科	4	2	10	4
生物化工	8	12	30	6
生物化学与分子生物学	57	37	146	52

2015～2016学年初普通高等林业院校和其他高等院校、科研院所林科研究生分学科情况(五)

单位:人

学科名称	毕业生数	招生数	在校学生数	毕业班学生数
生物物理学	20	19	57	19
生物学学科	1	9	24	2
生药学	15	15	46	15
食品科学	5	6	22	8
食品科学与工程学科	19	21	63	22
市政工程	1	2	4	1
蔬菜学	2	—	2	1
数学学科	—	5	15	4
水生生物学	6	5	20	8
思想政治教育	32	22	82	35
特种经济动物饲养(含:蚕、蜂等)	7	7	22	8
统计学	10	15	39	11
土木工程学科	32	33	112	40
外国语言学及应用语言学	28	22	69	23
微生物学	49	42	123	39
细胞生物学	20	19	61	22
宪法学与行政法学	6	9	37	13
心理学学科	10	9	31	11
刑法学	4	6	6	—
岩土工程	13	12	33	11
药物化学	3	7	18	4
仪器科学与技术学科	8	—	8	8
遗传学	22	26	67	22
艺术	87	101	288	107
艺术学理论学科	—	3	6	—
英语语言文学	20	15	46	16
应用化学	17	7	42	13
应用数学	14	7	19	6
应用统计	8	7	15	8
应用心理学	6	—	4	4
有机化学	6	6	18	6
载运工具运用工程	18	24	78	27
哲学学科	13	12	34	11
植物营养学	8	8	28	11
制浆造纸工程	27	23	77	30
资产评估	20	12	22	10
自然地理学	14	15	49	15

2015～2016学年初普通高等林业院校和其他高等院校林科本科学生分学校情况(一)

单位:人

学校名称	毕业生数	招生数	在校学生数	毕业班学生数
总　计	**47384**	**52613**	**210930**	**50355**
一、普通高等林业院校	**25906**	**26822**	**110108**	**26617**
北京林业大学	3178	3292	13324	3300
东北林业大学	4660	4714	18805	4525
南京林业大学	4345	4246	17797	4383
浙江农林大学	3526	3499	14868	3801
中南林业科技大学	5559	5859	23678	5760
西南林业大学	3659	3736	16198	3753
南京森林警察学院	979	1476	5438	1095
二、其他高等院校(林科)	**21478**	**25791**	**100822**	**23738**
中国人民大学	26	—	1	1
北方工业大学	—	—	77	—
北京建筑大学	—	23	66	—
中国农业大学	66	29	246	85
北京农学院	176	181	762	186
天津科技大学	53	50	216	53
天津农学院	250	170	806	211
天津城建大学	65	59	252	66
河北工程大学	49	53	268	57
河北农业大学	433	453	1806	375
河北北方学院	69	78	293	73
衡水学院	59	75	360	110
沧州师范学院	—	30	30	—
河北科技师范学院	80	131	452	120
河北美术学院	—	74	138	—
华北理工大学轻工学院	—	27	100	26
河北农业大学现代科技学院	146	114	545	143
山西农业大学	487	368	1456	427
山西师范大学	77	59	232	66
运城学院	121	121	569	140
山西财经大学	95	100	433	108
山西农业大学信息学院	531	239	1396	656
内蒙古科技大学	—	34	92	—
内蒙古工业大学	—	30	148	30
内蒙古农业大学	787	820	3122	711
内蒙古民族大学	64	58	257	65
辽宁工程技术大学	32	52	181	38
沈阳化工大学	17	26	104	28
大连工业大学	—	45	141	—
沈阳建筑大学	23	65	211	18
辽宁工业大学	—	—	82	—
沈阳农业大学	303	300	1375	366
大连海洋大学	24	30	150	32
沈阳大学	30	27	169	31
大连理工大学城市学院	—	27	52	—
沈阳工学院	122	117	610	147
辽宁理工学院	—	30	30	—

2015～2016学年初普通高等林业院校和其他高等院校林科本科学生分学校情况(二)

单位:人

学校名称	毕业生数	招生数	在校学生数	毕业班学生数
吉林大学	58	65	218	55
延边大学	54	375	546	62
吉林建筑大学	30	42	145	31
吉林农业大学	321	359	1312	331
北华大学	204	308	996	221
吉林农业科技学院	99	229	751	138
长春大学	72	108	335	67
吉林建筑大学城建学院	—	39	39	—
长春建筑学院	89	143	506	109
长春科技学院	153	56	337	117
长春大学旅游学院	—	49	126	—
黑龙江大学	—	—	—	—
哈尔滨工业大学	6	27	102	16
黑龙江科技大学	—	30	59	—
佳木斯大学	49	—	155	84
黑龙江八一农垦大学	121	150	600	130
东北农业大学	223	254	1100	276
哈尔滨师范大学	37	40	152	34
齐齐哈尔大学	57	54	220	49
牡丹江师范学院	56	48	202	52
齐齐哈尔工程学院	—	40	66	—
同济大学	53	42	170	—
上海交通大学	27	—	100	35
华东理工大学	—	58	144	—
上海应用技术学院	75	69	276	66
上海海洋大学	57	43	207	71
上海商学院	73	73	305	82
苏州大学	26	36	135	32
东南大学	22	27	131	19
南京工业大学	—	58	125	—
常州大学	30	32	122	27
南京农业大学	156	157	678	170
江苏师范大学	51	49	169	37
苏州科技学院	—	60	189	—
淮阴工学院	40	110	341	77
扬州大学	96	125	458	120
三江学院	—	56	123	—
徐州工程学院	85	77	263	91
东南大学成贤学院	—	58	116	—
金陵科技学院	34	169	538	108
苏州科技学院天平学院	50	61	246	71
扬州大学广陵学院	83	38	285	87
金陵科技学院龙蟠学院	80	—	31	31
宿迁学院	49	92	374	95
浙江大学	61	—	149	54

2015～2016学年初普通高等林业院校和其他高等院校林科本科学生分学校情况(三)

单位:人

学校名称	毕业生数	招生数	在校学生数	毕业班学生数
浙江理工大学	58	55	256	67
丽水学院	83	103	409	88
浙江万里学院	—	62	215	—
浙江财经大学	28	—	47	32
浙江树人学院	31	—	101	32
浙江工业大学之江学院	—	24	76	—
绍兴文理学院元培学院	39	78	306	82
合肥工业大学	—	27	88	—
安徽理工大学	—	36	155	40
安徽农业大学	295	268	1025	306
阜阳师范学院	65	116	320	55
安庆师范学院	96	39	186	54
黄山学院	236	218	827	187
皖西学院	—	97	97	—
滁州学院	62	85	275	57
淮南师范学院	94	141	476	97
安徽建筑大学	—	68	195	—
安徽科技学院	73	123	547	127
安徽新华学院	—	50	94	—
安徽文达信息工程学院	—	37	134	—
安徽建筑大学城市建设学院	60	84	231	73
安徽农业大学经济技术学院	82	101	402	87
华侨大学	—	33	61	—
福州大学	—	32	122	—
福建工程学院	—	55	129	—
福建农林大学	725	771	2807	641
闽南师范大学	66	90	347	72
三明学院	—	70	211	—
厦门工学院	—	72	110	—
厦门大学嘉庚学院	45	74	271	45
江西理工大学	—	29	64	—
江西农业大学	257	273	1009	233
上饶师范学院	29	59	235	32
宜春学院	51	67	405	132
井冈山大学	32	27	141	35
江西财经大学	—	—	—	—
景德镇学院	—	46	46	—
南昌工程学院	74	165	391	68
九江学院	35	34	154	33
南昌工学院	—	59	164	—
南昌大学共青学院	—	27	123	35
江西农业大学南昌商学院	100	78	377	92
青岛理工大学	36	32	131	33
山东建筑大学	79	89	395	96
齐鲁工业大学	36	75	157	32

2015～2016学年初普通高等林业院校和其他高等院校林科本科学生分学校情况(四)

单位:人

学校名称	毕业生数	招生数	在校学生数	毕业班学生数
山东农业大学	491	586	2174	510
青岛农业大学	305	404	1422	366
聊城大学	49	52	237	66
德州学院	—	34	123	—
临沂大学	70	72	365	87
菏泽学院	—	35	73	—
山东工艺美术学院	—	23	23	—
潍坊学院	55	60	284	76
山东英才学院	—	65	102	9
青岛农业大学海都学院	22	31	173	50
郑州大学	—	30	57	—
河南科技大学	114	136	548	133
河南农业大学	292	345	1416	381
河南科技学院	113	130	543	172
河南牧业经济学院	—	204	369	—
许昌学院	—	67	197	34
南阳师范学院	69	89	296	67
商丘师范学院	82	57	238	89
河南财经政法大学	42	—	93	—
黄淮学院	175	56	239	71
新乡学院	—	56	233	80
信阳农林学院	—	105	232	—
河南城建学院	42	126	445	61
河南科技学院新科学院	—	115	326	49
商丘学院	93	33	258	140
华中科技大学	25	25	143	34
长江大学	224	158	876	216
湖北工业大学	—	29	151	61
华中农业大学	352	248	1360	372
湖北民族学院	58	99	297	81
中南财经政法大学	49	43	192	45
湖北美术学院	—	17	57	—
湖北工程学院	41	82	333	54
湖北科技学院	—	33	78	—
武昌首义学院	—	—	30	—
武汉生物工程学院	56	74	381	63
湖北大学知行学院	—	25	100	—
长江大学文理学院	51	27	168	51
湖北民族学院科技学院	35	47	236	80
武汉设计工程学院	263	178	784	240
吉首大学	71	61	231	70
湖南大学	20	—	64	23
湖南科技大学	54	85	323	68
湖南农业大学	267	222	1169	315
邵阳学院	50	113	348	66

2015～2016学年初普通高等林业院校和其他高等院校林科本科学生分学校情况(五)

单位:人

学校名称	毕业生数	招生数	在校学生数	毕业班学生数
怀化学院	107	94	413	103
南华大学	—	21	259	—
湖南城市学院	41	61	204	42
湖南农业大学东方科技学院	124	135	508	132
吉首大学张家界学院	60	55	257	71
湖南应用技术学院	—	116	258	—
暨南大学	—	46	46	—
华南理工大学	—	34	111	—
华南农业大学	398	477	1780	418
广东海洋大学	96	147	516	133
韶关学院	78	94	347	78
惠州学院	68	79	323	76
岭南师范学院	53	93	315	57
肇庆学院	96	137	503	123
嘉应学院	65	91	372	95
广州大学	—	52	103	—
仲恺农业工程学院	194	274	1040	259
广东工业大学	—	34	111	—
佛山科学技术学院	40	55	254	77
广州大学华软软件学院	—	87	229	—
广东海洋大学寸金学院	137	95	503	173
华南农业大学珠江学院	—	120	328	—
广西大学	262	233	1211	334
桂林理工大学	76	68	323	77
玉林师范学院	49	54	193	42
广西艺术学院	—	25	164	—
梧州学院	38	46	204	41
广西财经学院	49	38	233	64
广西大学行健文理学院	43	52	203	59
北京航空航天大学北海学院	38	—	29	29
海南大学	440	429	1654	382
海南师范大学	47	47	190	43
三亚学院	96	66	284	84
重庆大学	26	30	150	29
重庆交通大学	—	—	32	—
西南大学	213	224	980	208
重庆师范大学	22	—	56	—
重庆文理学院	257	208	1024	315
长江师范学院	—	58	132	—
四川美术学院	16	24	107	27
重庆大学城市科技学院	38	83	288	47
重庆人文科技学院	92	82	467	109
四川大学	30	29	164	37
西南交通大学	30	—	136	28
成都理工大学	23	100	284	48

2015～2016 学年初普通高等林业院校和其他高等院校林科本科学生分学校情况(六)

单位:人

学校名称	毕业生数	招生数	在校学生数	毕业班学生数
西华大学	—	34	92	—
四川农业大学	921	447	3334	993
西昌学院	33	90	170	27
西华师范大学	94	205	477	91
绵阳师范学院	65	139	353	59
西南民族大学	—	28	143	29
成都学院	114	—	148	148
四川旅游学院	—	114	114	—
成都文理学院	—	166	166	—
贵州大学	223	196	1030	298
贵州师范大学	53	70	241	57
铜仁学院	42	50	187	47
安顺学院	—	47	113	66
凯里学院	104	61	349	83
黔南民族师范学院	61	45	239	72
贵州财经大学	—	54	228	55
贵阳学院	63	39	279	84
六盘水师范学院	—	34	122	1
云南大学	21	27	156	34
昆明理工大学	31	59	239	40
云南农业大学	221	450	1429	366
大理大学	—	50	129	—
普洱学院	—	80	239	—
昆明学院	—	47	86	—
云南师范大学文理学院	105	44	265	86
西藏大学农牧学院	275	240	738	158
西安建筑科技大学	28	56	287	60
西北农林科技大学	592	523	2271	606
延安大学	50	42	248	60
榆林学院	49	118	390	97
安康学院	55	48	312	81
西安财经学院	43	53	193	44
西安外事学院	53	30	159	37
西安建筑科技大学华清学院	—	65	101	—
延安大学西安创新学院	60	55	196	51
兰州大学	26	33	120	32
甘肃农业大学	310	381	1565	395
兰州财经大学	54	42	207	47
兰州财经大学陇桥学院	—	37	111	34
青海大学	58	34	173	72
宁夏大学	113	71	440	122
塔里木大学	169	63	567	163
新疆农业大学	318	219	1054	305
石河子大学	93	110	491	100
新疆农业大学科学技术学院	80	155	614	141

2015～2016学年初普通高等林业院校和其他高等院校林科本科学生分专业情况(一)

单位:人

专业名称	毕业生数	招生数	在校学生数	毕业班学生数
总　计	**47384**	**52613**	**210930**	**50355**
一、林科专业	**26466**	**30381**	**121009**	**29042**
1. 林业工程类	2574	2683	10882	2811
森林工程	317	725	1810	356
木材科学与工程	1842	1578	7133	1950
林产化工	415	380	1939	505
2. 森林资源类	3681	4133	15943	3946
林学	2589	3064	11646	2831
森林保护	745	694	2986	802
野生动物与自然保护区管理	347	375	1311	313
3. 环境生态类	15913	19387	76538	17555
园林	12429	10906	48911	13282
水土保持与荒漠化防治	967	1145	4364	1126
风景园林	2517	7336	23263	3147
4. 农林经济管理类	4298	4178	17646	4730
农林经济管理	4298	4178	17646	4730
二、林业院校非林科专业	**20918**	**22232**	**89921**	**21313**
包装工程	181	190	753	182
保险学	39	67	222	39
材料成型及控制工程	44	58	284	62
材料工程类	—	—	24	—
材料化学	142	157	641	162
材料科学与工程	—	82	153	—
财务管理	139	75	531	150
草坪管理	42	—	22	22
草业科学	28	34	150	43
测绘工程	181	150	746	179
测控技术与仪器	45	30	182	46
茶学	—	30	82	—
产品设计	—	290	896	—
朝鲜语	30	43	125	27
车辆工程	194	223	1130	241
城市地下空间工程	—	53	183	—
城市管理	55	73	206	40
城乡规划	—	251	805	—
地理科学	—	41	127	—
地理信息科学	—	263	765	—
地理信息系统	253	—	273	273
电气工程及其自动化	183	125	719	160
电气类	—	335	335	—
电气信息工程	45	—	138	47
电子科学与技术	64	111	424	77
电子商务	76	119	489	109
电子信息工程	381	243	1294	354
电子信息科学与技术	53	61	237	50

2015～2016 学年初普通高等林业院校和其他高等院校林科本科学生分专业情况(二)

单位:人

专业名称	毕业生数	招生数	在校学生数	毕业班学生数
电子信息类	—	172	172	—
动画	146	69	393	157
动物科学	96	128	500	101
动物医学	46	118	440	89
俄语	76	98	339	77
法学	381	456	1746	435
法语	90	94	347	82
服装与服饰设计	—	—	94	—
高分子材料与工程	290	364	1294	258
给水排水工程	99	—	152	120
工程管理	304	266	1106	269
工程力学	36	37	168	43
工商管理	389	766	1757	400
工业工程	78	88	339	66
工业设计	463	375	1646	525
公安管理学	—	158	445	—
公安情报学	—	79	77	—
公共事业管理	171	47	514	178
公共艺术	—	48	118	—
广播电视新闻学	43	—	39	39
广播电视学	—	30	104	—
广告学	231	187	886	284
国际经济与贸易	552	405	2119	606
国际商务	53	83	332	76
过程装备与控制工程	43	60	203	44
汉语国际教育	—	62	162	—
汉语言	38	—	36	36
汉语言文学	141	178	710	157
行政管理	50	72	223	43
化学	38	—	152	46
化学工程类	—	—	31	—
化学工程与工艺	216	217	813	199
化学类	—	108	108	—
化学生物学	—	33	143	33
环境工程	251	350	1179	252
环境科学	208	259	1001	220
环境设计	—	657	2286	—
会计学	1319	690	4007	1074
会展经济与管理	—	40	77	—
机械电子工程	141	110	743	194
机械类(车辆)	—	179	179	—
机械类(机电)	—	186	186	—
机械设计制造及其自动化	813	594	2870	706
计算机科学与技术	509	485	2424	573
计算机类	—	174	175	—

2015～2016 学年初普通高等林业院校和其他高等院校林科本科学生分专业情况(三)

单位:人

专业名称	毕业生数	招生数	在校学生数	毕业班学生数
建设环境与设备工程	92	—	67	67
建筑环境与能源应用工程	—	56	183	—
建筑学	169	99	758	170
交通工程	76	55	365	82
交通运输	443	252	1315	392
金融工程	—	120	302	—
金融学	349	322	1403	307
经济统计学	—	—	121	—
经济学	77	68	296	68
经济学类	—	126	126	—
景观建筑设计	90	—	108	108
警务指挥与战术	—	157	373	—
酒店管理	—	91	220	—
粮食工程	—	33	92	—
旅游管理	495	346	1838	515
能源与动力工程	—	159	520	—
农村区域发展	34	—	122	38
农学	65	111	463	135
农学(种子科学与工程)	28	—	—	—
农业机械化及其自动化	46	—	30	30
农业资源与环境	65	72	261	64
汽车服务工程	104	91	513	87
轻化工程	182	180	666	165
热能与动力工程	135	—	206	206
人力资源管理	152	114	495	155
人文地理与城乡规划	—	136	347	—
日语	200	206	769	195
软件工程	114	228	727	124
商务英语	46	96	246	55
设计学类	—	435	435	—
社会工作	80	86	328	72
社会体育指导与管理	28	34	126	31
摄影	43	—	60	37
生物工程	137	123	472	139
生物技术	293	355	1501	355
生物科学	163	94	465	128
生物科学类	—	91	91	—
生物制药	—	30	92	—
食品科学与工程	383	431	1556	365
食品质量与安全	93	100	423	139
市场营销	328	159	1128	305
视觉传达设计	—	205	773	—
数学与应用数学	96	109	426	101
数字媒体技术	—	—	57	—
数字媒体艺术	102	25	325	107

2015～2016 学年初普通高等林业院校和其他高等院校林科本科学生分专业情况(四)

单位:人

专业名称	毕业生数	招生数	在校学生数	毕业班学生数
泰语	47	40	164	38
体育教育	45	42	181	42
通信工程	161	153	756	204
统计学	125	30	226	138
土地资源管理	37	72	436	117
土木工程	1093	763	3617	964
网络安全与执法	—	108	317	—
网络工程	26	—	91	32
文化产业管理	49	62	230	61
物理学	30	59	203	37
物联网工程	—	27	86	—
物流工程	191	225	833	188
物流管理	93	161	681	158
物业管理	80	59	207	50
消防工程	40	147	447	52
心理学	—	—	—	—
新能源科学与工程	—	61	61	—
信息工程	38	44	193	46
信息管理与信息系统	279	292	1363	304
信息与计算科学	229	280	1099	252
刑事科学技术	223	247	914	211
艺术设计	1317	—	1230	1230
音乐表演	60	84	266	54
印刷工程	46	29	180	77
英语	553	475	2089	564
应用化学	142	118	642	148
应用生物科学	32	42	164	44
应用统计学	—	58	172	—
应用物理学	23	38	110	—
应用心理学	68	69	302	73
园艺	252	253	1063	240
越南语	—	—	104	32
侦查学	419	305	1579	414
政治学与行政学	52	60	219	47
植物保护	106	101	400	114
治安学	337	335	1514	470
中药学	34	59	206	30
种子科学与工程	—	—	55	29
资源环境与城乡规划	35	—	40	40
资源环境与城乡规划管理	188	—	158	158
自动化	274	223	1093	268
自然地理与资源环境	—	90	269	—

2015～2016 学年初高等林业职业院校教职工情况(一)

单位:人

学校名称	教职工数								
	合计	校本部教职工							
		计	专任教师						行政人员
			计	正高级	副高级	中级	初级	无职称者	
总　计	**7702**	**7602**	**5535**	**304**	**1341**	**2022**	**1539**	**283**	**818**
山西林业职业技术学院	309	288	220	3	43	82	71	21	35
辽宁林业职业技术学院	455	455	318	32	88	107	57	34	67
黑龙江林业职业技术学院	631	626	320	54	89	104	62	11	156
黑龙江生态工程职业学院	511	511	241	41	83	93	18	6	78
河南林业职业学院	303	303	202	2	62	87	51	—	38
上海农林职业技术学院	208	208	116	2	18	52	44	—	40
江苏农林职业技术学院	779	756	543	39	130	219	134	21	62
安徽林业职业技术学院	133	133	100	2	27	38	31	2	9
福建林业职业技术学院	423	409	353	9	69	88	180	7	16
江西环境工程职业学院	774	765	565	30	111	198	220	6	44
湖北生态工程职业技术学院	677	677	520	15	115	122	178	90	91
湖南环境生物职业技术学院	938	938	764	26	203	359	176	—	82
广西生态工程职业技术学院	403	375	278	18	75	132	21	32	47
云南林业职业技术学院	563	563	497	11	108	198	170	10	22
甘肃林业职业技术学院	458	458	396	19	120	143	87	27	13
宁夏葡萄酒与防沙治沙职业技术学院	137	137	102	1	26	20	39	16	18

2015～2016 学年初高等林业职业院校教职工情况(二)

单位:人

学校名称	教职工数					另有其他人员			
	校本部教职工		科研机构人员	校办企业职工	其他附设机构人员	聘请校外教师	离退休人员	附属中小学幼儿园教职工	集体所有制人员
	教辅人员	工勤人员							
总　计	**703**	**546**	**19**	**18**	**63**	**2264**	**2353**	**—**	**—**
山西林业职业技术学院	13	20	—	—	21	55	83	—	—
辽宁林业职业技术学院	6	64	—	—	—	70	221	—	—
黑龙江林业职业技术学院	68	82	—	—	5	156	501	—	—
黑龙江生态工程职业学院	106	86	—	—	—	189	207	—	—
河南林业职业学院	36	27	—	—	—	13	94	—	—
上海农林职业技术学院	48	4	—	—	—	97	9	—	—
江苏农林职业技术学院	122	29	18	5	—	390	112	—	—
安徽林业职业技术学院	9	15	—	—	—	116	66	—	—
福建林业职业技术学院	34	6	1	13	—	161	89	—	—
江西环境工程职业学院	65	91	—	—	9	140	107	—	—
湖北生态工程职业技术学院	37	29	—	—	—	230	83	—	—
湖南环境生物职业技术学院	76	16	—	—	—	178	337	—	—
广西生态工程职业技术学院	26	24	—	—	28	226	237	—	—
云南林业职业技术学院	15	29	—	—	—	146	112	—	—
甘肃林业职业技术学院	37	12	—	—	—	96	61	—	—
宁夏葡萄酒与防沙治沙职业技术学院	5	12	—	—	—	1	34	—	—

2015～2016学年高等林业职业教育及普通专科分学校情况(一)

单位:人

学校名称	毕业生数	招生数	在校学生数	毕业班学生数
总　计	**41455**	**45687**	**140033**	**45952**
(一)高等林业职业学校	**29265**	**34834**	**104057**	**32966**
山西林业职业技术学院	1998	1580	4852	1743
辽宁林业职业技术学院	2160	2210	6310	1925
黑龙江林业职业技术学院	2275	2234	6491	2114
黑龙江生态工程职业学院	1194	1926	5554	2066
河南林业职业学院	—	1044	1778	273
上海农林职业技术学院	860	1204	3481	1074
江苏农林职业技术学院	3784	3523	11670	3969
安徽林业职业技术学院	958	1160	3324	1032
福建林业职业技术学院	2108	2069	6462	2368
江西环境工程职业学院	2114	2748	8813	2446
湖南环境生物职业技术学院	2714	3193	10375	3323
湖北生态工程职业技术学院	2651	3031	10132	3596
广东生态工程职业学院	—	659	1143	—
广西生态工程职业技术学院	1503	2671	7207	2056
云南林业职业技术学院	1840	2502	7101	2052
甘肃林业职业技术学院	2906	2767	8585	2732
宁夏葡萄酒与防沙治沙职业技术学院	200	313	779	197
(二)普通林业学校专科	**781**	**565**	**1734**	**586**
中南林业科技大学	642	565	1734	586
南京森林警察学院	139	—	—	—
(三)其他高等学校(林科)	**11409**	**10288**	**34242**	**12400**
北京农学院	55	71	232	58
北京联合大学	10	13	38	10
北京城市学院	26	—	22	22
北京农业职业学院	40	65	198	72
天津农学院	69	74	212	76
天津滨海职业学院	42	47	157	54
河北农业大学	167	—	2	—
河北北方学院	32	23	84	55
衡水学院	43	—	15	15
沧州师范学院	11	4	13	9
河北政法职业学院	52	68	195	73
沧州职业技术学院	120	53	232	112
保定职业技术学院	50	61	158	41
石家庄工程职业学院	79	28	174	102
唐山职业技术学院	103	104	363	165
衡水职业技术学院	76	27	75	40
河北旅游职业学院	138	110	300	100
石家庄财经职业学院	—	7	22	14

2015～2016学年高等林业职业教育及普通专科分学校情况(二)

单位:人

学校名称	毕业生数	招生数	在校学生数	毕业班学生数
河北美术学院	13	16	66	25
廊坊职业技术学院	73	61	260	94
廊坊东方职业技术学院	7	4	20	11
宣化科技职业学院	—	3	26	3
吕梁学院	154	—	257	136
太原学院	24	36	85	29
长治职业技术学院	16	49	92	17
晋城职业技术学院	—	18	42	—
内蒙古农业大学	31	31	185	87
集宁师范学院	—	50	50	—
河套学院	16	—	—	—
兴安职业技术学院	—	3	3	—
呼和浩特职业学院	—	38	38	—
内蒙古电子信息职业技术学院	58	75	199	62
锡林郭勒职业学院	18	11	49	24
乌兰察布职业学院	57	19	143	81
鄂尔多斯生态环境职业学院	—	22	22	—
扎兰屯职业学院	—	22	22	—
辽宁农业职业技术学院	156	142	497	154
阜新高等专科学校	32	37	57	20
辽东学院	32	—	25	25
辽宁职业学院	41	52	191	71
辽宁水利职业学院	39	89	222	46
长春科技学院	28	21	67	19
松原职业技术学院	5	—	—	—
伊春职业学院	122	1	147	119
黑龙江职业学院	17	47	134	48
黑龙江建筑职业技术学院	53	71	204	73
大庆职业学院	—	17	24	—
黑龙江农业职业技术学院	13	8	23	7
黑龙江农业工程职业学院	39	51	117	35
齐齐哈尔工程学院	—	—	30	13
大兴安岭职业学院	48	48	119	27
黑龙江农业经济职业学院	23	27	81	31
黑龙江生物科技职业学院	17	27	67	28
黑龙江农垦科技职业学院	14	18	56	22
上海城市管理职业技术学院	114	114	304	115
连云港职业技术学院	56	25	159	83
扬州市职业大学	—	76	226	74
硅湖职业技术学院	9	3	66	27
江苏联合职业技术学院	237	—	612	371

2015～2016学年高等林业职业教育及普通专科分学校情况(三)

单位:人

学校名称	毕业生数	招生数	在校学生数	毕业班学生数
南通科技职业学院	114	37	196	139
江苏农牧科技职业学院	102	31	254	121
苏州农业职业技术学院	228	235	743	198
无锡城市职业技术学院	30	16	48	—
江苏城市职业学院	46	34	224	99
南京旅游职业学院	16	—	49	26
徐州生物工程职业技术学院	33	27	169	21
金华职业技术学院	134	256	737	280
宁波城市职业技术学院	146	149	439	185
嘉兴职业技术学院	135	79	421	169
丽水职业技术学院	133	90	293	90
台州科技职业学院	43	48	136	45
温州科技职业学院	176	193	552	181
芜湖职业技术学院	58	95	197	59
宿州职业技术学院	39	42	177	81
六安职业技术学院	134	117	418	153
合肥职业技术学院	25	34	83	17
滁州职业技术学院	46	53	149	40
池州职业技术学院	124	92	310	100
宣城职业技术学院	47	22	109	60
安徽城市管理职业学院	126	169	445	140
安庆职业技术学院	91	61	312	176
黄山职业技术学院	31	64	114	20
漳州职业技术学院	93	73	235	77
闽西职业技术学院	41	20	83	34
福建农业职业技术学院	243	102	323	118
福州黎明职业技术学院	15	9	32	23
宁德职业技术学院	20	16	40	18
漳州城市职业学院	50	46	146	49
武夷山职业学院	11	8	27	3
景德镇学院	35	39	135	45
江西科技师范大学	2	56	134	—
南昌工学院	—	32	102	20
江西生物科技职业学院	58	81	276	100
抚州职业技术学院	5	—	2	—
吉安职业技术学院	—	40	63	—
临沂大学	16	22	119	45
济宁职业技术学院	21	14	72	37
潍坊职业学院	33	66	300	71

2015～2016学年高等林业职业教育及普通专科分学校情况(四)

单位：人

学校名称	毕业生数	招生数	在校学生数	毕业班学生数
东营职业学院	27	63	136	31
聊城职业技术学院	14	26	57	15
滨州职业学院	30	20	77	35
潍坊科技学院	40	—	68	36
山东英才学院	11	97	198	23
东营科技职业学院	1	28	66	—
淄博职业学院	23	45	82	9
青岛求实职业技术学院	25	61	127	27
山东协和学院	—	10	42	—
泰山职业技术学院	15	29	112	31
枣庄职业学院	8	18	35	13
潍坊工程职业学院	5	7	17	5
山东农业工程学院	53	62	220	100
河南科技大学	65	—	96	53
河南农业大学	96	—	63	63
河南科技学院	66	71	248	94
三门峡职业技术学院	44	15	79	49
新乡学院	62	55	107	52
信阳农林学院	92	100	433	85
濮阳职业技术学院	38	29	66	25
许昌职业技术学院	63	38	115	49
商丘职业技术学院	105	37	175	78
河南农业职业学院	318	243	777	314
商丘学院	25	32	108	39
许昌陶瓷职业学院	3	—	—	—
南阳农业职业学院	—	6	6	—
黄冈职业技术学院	79	52	216	107
江汉大学	23	—	—	—
荆楚理工学院	46	43	167	69
武昌理工学院	—	24	24	—
恩施职业技术学院	11	22	39	—
武汉生物工程学院	138	187	535	179
武汉工贸职业学院	14	—	28	—
荆州职业技术学院	58	39	109	35
仙桃职业学院	35	7	128	89
武汉软件工程职业学院	73	—	—	—
湖北三峡职业技术学院	43	44	172	67
湖北生物科技职业学院	115	58	255	124
咸宁职业技术学院	49	129	288	97

2015～2016 学年高等林业职业教育及普通专科分学校情况(五)

单位:人

学校名称	毕业生数	招生数	在校学生数	毕业班学生数
武汉民政职业学院	41	10	137	34
三峡旅游职业技术学院	31	11	49	18
永州职业技术学院	33	51	102	34
湖南生物机电职业技术学院	198	265	829	241
娄底职业技术学院	126	104	236	68
长沙职业技术学院	18	13	54	20
岳阳职业技术学院	50	45	143	52
常德职业技术学院	51	22	82	33
湘西民族职业技术学院	15	23	42	8
益阳职业技术学院	58	104	219	27
湖南应用技术学院	62	52	266	92
湖南都市职业学院	20	17	53	17
顺德职业技术学院	29	108	233	85
深圳职业技术学院	154	158	468	160
私立华联学院	92	39	184	88
广东农工商职业技术学院	162	125	388	156
阳江职业技术学院	67	54	220	83
河源职业技术学院	51	71	161	45
揭阳职业技术学院	—	48	68	—
广州城市职业学院	86	78	233	64
东莞职业技术学院	74	68	237	81
广东环境保护工程职业学院	296	202	610	221
玉林师范学院	—	—	—	—
桂林师范高等专科学校	23	—	41	27
贺州学院	8	—	—	—
广西交通职业技术学院	63	60	207	83
广西农业职业技术学院	104	63	199	72
广西城市职业学院	25	40	93	26
广西英华国际职业学院	18	3	11	6
广西工程职业学院	11	8	22	9
海南职业技术学院	67	59	261	132
琼台师范高等专科学校	30	79	244	93
重庆三峡职业学院	331	287	923	315
重庆工贸职业技术学院	86	36	230	109
重庆城市管理职业学院	165	132	442	145
重庆旅游职业学院	52	21	106	38
西昌学院	50	—	84	59
西华师范大学	51	—	108	54
绵阳师范学院	13	—	30	30

2015～2016学年高等林业职业教育及普通专科分学校情况(六)

单位:人

学校名称	毕业生数	招生数	在校学生数	毕业班学生数
南充职业技术学院	76	78	162	36
内江职业技术学院	44	30	129	61
成都农业科技职业学院	122	199	433	130
眉山职业技术学院	—	38	38	—
广安职业技术学院	31	50	151	58
安顺职业技术学院	10	32	106	34
黔东南民族职业技术学院	23	85	171	—
黔南民族职业技术学院	15	62	92	7
遵义职业技术学院	—	68	90	—
黔西南民族职业技术学院	33	35	92	16
贵阳职业技术学院	96	30	155	66
云南农业大学	—	—	24	—
普洱学院	33	31	92	25
昆明学院	27	—	—	—
云南农业职业技术学院	56	40	133	40
西双版纳职业技术学院	19	24	72	34
玉溪农业职业技术学院	84	34	187	80
云南热带作物职业学院	62	—	40	40
云南国防工业职业技术学院	39	40	111	44
大理农林职业技术学院	—	82	231	83
西藏大学农牧学院	36	80	152	35
西藏职业技术学院	104	90	287	103
杨凌职业技术学院	57	22	78	24
安康学院	22	—	32	32
西安东方亚太职业技术学院	—	5	10	—
咸阳职业技术学院	43	29	194	43
西安职业技术学院	27	—	15	8
汉中职业技术学院	8	23	96	39
延安职业技术学院	13	—	16	16
河西学院	1	—	—	—
陇南师范高等专科学校	—	49	93	—
兰州职业技术学院	41	58	305	188
甘肃农业职业技术学院	55	4	231	58
青海畜牧兽医职业技术学院	30	46	150	68
宁夏职业技术学院	53	41	161	67
伊犁职业技术学院	12	26	93	39
巴音郭楞职业技术学院	26	25	91	35
新疆应用职业技术学院	12	24	100	38

2015～2016学年高等林业（生态）职业技术学院和其他高等职业学院林科分专业情况（一）

单位：人

专业名称	毕业生数	招生数	在校学生数	毕业班学生数
总　计	**41455**	**45687**	**140033**	**45952**
（一）林科专业	**18216**	**17888**	**56673**	**19375**
城市园林	1368	1580	4527	1608
高尔夫场地管理	112	75	307	107
家具卖场设计与管理	106	188	792	161
经济林培育与利用	25	91	133	27
林业技术	1804	2386	6245	1740
林业信息技术	28	34	104	34
木材加工技术	175	201	485	152
人造板自动化生产技术	32	—	2	—
森林防火指挥与通讯	38	14	82	58
森林工程技术	—	33	79	16
森林生态旅游	305	491	1047	243
森林资源保护	250	194	696	257
商品花卉	590	425	1485	560
野生动物保护	22	23	57	15
野生植物资源开发与利用	75	89	206	76
园林技术	11840	10654	35810	12667
园林建筑	116	159	542	215
自然保护区建设与管理	40	114	258	27
其他林业专业	1290	1137	3816	1412
（二）非林科专业	**23239**	**27799**	**83360**	**26577**
包装技术与设计	36	41	146	56
报关与国际货运	—	—	—	—
财务管理	367	328	1330	474
茶艺	50	57	150	43
城市轨道交通工程技术	—	39	39	—
城市轨道交通运营管理	—	215	215	—
城镇规划	222	144	615	246
宠物养护与疫病防治	54	167	412	119
宠物医学	80	152	247	44
畜牧兽医	169	251	645	198
传媒策划与管理	—	77	156	43
导游	34	44	101	35
道路桥梁工程技术	456	332	1219	437
地理信息系统与地图制图技术	130	78	290	111
电脑艺术设计	96	98	315	87
电气自动化技术	151	94	483	180
电子商务	303	1060	1930	317
电子信息工程技术	67	45	280	107
雕刻艺术与家具设计	113	305	510	91

2015～2016学年高等林业(生态)职业技术学院和其他高等职业学院林科分专业情况(二)

单位:人

专业名称	毕业生数	招生数	在校学生数	毕业班学生数
动漫设计与制作	65	130	453	153
动物防疫与检疫	—	30	88	26
动物科学与技术	43	—	119	58
动物医学	153	112	636	291
都市园艺	26	52	187	60
房地产经营与估价	14	—	24	15
服装设计	18	28	91	26
给排水工程技术	43	60	145	32
工程测量技术	332	277	839	309
工程测量与监理	138	152	607	184
工程机械运用与维护	9	—	—	—
工程监理	241	187	721	282
工程造价	888	1312	4005	1229
工商企业管理	24	42	101	36
工业分析与检验	—	—	21	21
工业设计	—	1	19	12
供用电技术	—	41	41	—
观光农业	36	36	119	45
广告设计与制作	105	197	496	143
广告与会展	43	47	152	55
国际贸易实务	13	—	—	—
国际商务	90	—	46	46
焊接技术及自动化	23	5	35	19
航空服务	—	160	160	—
护理	1642	1565	5963	1984
环境工程技术	50	75	230	71
环境监测与评价	145	220	621	187
环境监测与治理技术	301	409	1095	308
环境艺术设计	595	588	1683	550
会计	558	989	2915	947
会计电算化	1497	1138	3901	1456
会计与审计	421	330	1154	406
会展策划与管理	55	32	122	55
机电设备维修与管理	—	13	13	—
机电一体化技术	468	636	2186	632
机械设计与制造	89	72	229	65
机械制造与自动化	117	30	164	84
计算机多媒体技术	12	41	80	15
计算机类专业	—	16	16	—
计算机网络技术	285	701	1461	291
计算机系统维护	9	—	5	5

2015～2016 学年高等林业(生态)职业技术学院和其他高等职业学院林科分专业情况(三)

单位:人

专业名称	毕业生数	招生数	在校学生数	毕业班学生数
计算机信息管理	42	52	293	119
计算机应用技术	414	608	1562	398
家具设计与制造	438	441	1205	403
家政服务	101	37	125	40
建筑工程管理	46	134	325	76
建筑工程技术	1506	984	4993	2260
建筑装饰工程技术	96	63	262	77
金融保险	—	3	3	—
金融与证券	104	189	478	144
经济管理	98	99	345	121
景观设计	57	131	371	116
景区开发与管理	27	46	98	19
酒店管理	521	728	1833	541
康复治疗技术	—	16	41	—
空中乘务	—	5	8	—
口腔医学技术	—	75	191	48
连锁经营管理	43	35	56	21
楼宇智能化工程技术	35	10	51	23
旅游服务与管理	18	—	20	—
旅游管理	353	397	1028	254
旅游管理类专业	14	56	149	47
旅游英语	47	24	89	27
绿色食品生产与检验	47	58	148	40
模具设计与制造	69	66	212	70
农产品质量检测	15	113	218	47
农林管理类专业	40	—	—	—
农业机械应用技术	54	65	259	99
农业技术类专业	42	—	—	—
农业技术与管理	—	63	262	91
农业经济管理	17	91	200	54
烹饪工艺与营养	—	40	40	—
葡萄与葡萄酒工程	—	113	286	75
汽车电子技术	89	124	285	76
汽车技术服务与营销	178	308	994	365
汽车检测与维修技术	316	575	1266	263
汽车运用技术	89	115	565	156
汽车运用与维修	—	121	240	40
汽车制造与装配技术	—	85	171	40
嵌入式技术与应用	—	41	71	—
软件技术	104	316	611	122
商务管理	64	84	174	53

2015～2016学年高等林业(生态)职业技术学院和其他高等职业学院林科分专业情况(四)

单位:人

专业名称	毕业生数	招生数	在校学生数	毕业班学生数
商务日语	41	59	161	54
商务英语	106	72	274	108
设施农业技术	24	85	209	69
社区管理与服务	—	36	129	48
涉外护理	—	—	—	—
涉外旅游	2	—	—	—
生化制药技术	48	40	122	43
生物技术及应用	270	516	1101	279
生物制药技术	101	178	389	90
食品工艺与检测	—	—	52	31
食品加工技术	69	39	143	54
食品类专业	40	—	—	—
食品生物技术	43	45	140	22
食品药品监督管理	31	37	114	36
食品营养与检测	246	230	730	260
食品质量与安全监管	—	—	1	—
市场开发与营销	47	107	275	77
市场营销	356	491	1449	456
市政工程技术	82	93	293	90
视觉传达艺术设计	79	60	205	72
室内检测与控制技术	—	7	7	—
室内设计技术	1349	1226	4206	1478
室内装饰设计	—	—	12	9
兽医医药	27	30	81	14
数控技术	191	106	383	141
数控设备应用与维护	27	20	60	29
数字媒体技术	79	44	160	65
水产养殖技术	31	74	167	19
水利工程	98	49	191	70
水土保持	73	55	157	52
水文与工程地质	—	36	82	—
通信技术	251	146	447	109
投资与理财	31	48	122	45
图文信息技术	18	—	—	—
图形图像制作	153	164	504	163
微电子技术	—	—	18	18
文秘	126	73	271	97
物联网应用技术	84	135	354	109
物流管理	555	575	1675	568
物业管理	—	—	34	—
西餐工艺	—	63	146	42

2015～2016学年高等林业(生态)职业技术学院和其他高等职业学院林科分专业情况(五)

单位:人

专业名称	毕业生数	招生数	在校学生数	毕业班学生数
现代农业	—	86	129	—
新闻采编与制作	29	—	30	15
新闻与传播	—	—	—	—
信息安全技术	—	4	4	—
休闲服务与管理	—	24	72	18
学前教育	224	250	672	216
药品质量检测技术	—	30	45	—
药物制剂技术	—	21	21	—
药学	176	219	640	211
医学检验技术	158	176	470	122
医药营销	8	32	56	18
移动互联网应用技术	—	34	34	—
移动通信技术	—	29	29	—
艺术设计	103	77	437	169
艺术设计类专业	44	—	14	—
音乐表演	32	17	82	31
营销与策划	138	220	555	132
影视动画	17	24	71	33
应用电子技术	157	111	318	84
应用俄语	10	—	6	6
应用韩语	14	—	34	17
应用化工技术	58	53	110	16
园艺技术	692	725	2104	704
治安管理	139	—	—	—
中草药栽培技术	24	43	101	21
中药	51	71	193	54
中药制药技术	27	53	90	16
种子生产与经营	17	46	86	18
助产	155	216	601	177
装潢艺术设计	43	72	185	51
装饰艺术设计	—	83	619	289
资产评估与管理	83	126	295	65
资源环境与城市管理	151	154	555	195
作物生产技术	51	102	284	71

2015～2016学年初主要涉林高等院校及科研单位分学科专业学生情况(一)

单位:人

单位名称	分学科、专业学生数	毕业生数	招生数	在校学生数	毕业班学生数
北京林业大学	**学生总数**	**4755**	**5032**	**18289**	**5437**
	其中:林业学科、专业学生	1677	1804	6582	2199
	占学生总数的比例	35.27%	36.34%	36.46%	41.36%
	一、研究生合计	1577	1740	4965	2137
	(一)博士小计	236	266	1163	634
	1. 林业学科	201	227	994	538
	2. 其他学科	35	39	169	96
	(二)硕士小计	1341	1474	3802	1503
	1. 林业学科	626	731	1931	719
	2. 其他学科	715	743	1871	784
	二、本专科生合计	3178	3292	13324	3300
	1. 林科专业	850	846	3657	942
	2. 其他专业	2328	2446	9667	2358
东北林业大学	**学生总数**	**5936**	**6179**	**23135**	**6360**
	其中:林业学科、专业学生	1191	1200	4739	1657
	占学生总数的比例	20.06%	19.42%	20.48%	26.05%
	一、研究生合计	1276	1465	4330	1835
	(一)博士小计	124	193	986	599
	1. 林业学科	81	142	751	472
	2. 其他学科	43	51	235	127
	(二)硕士小计	1152	1272	3344	1236
	1. 林业学科	323	399	1108	384
	2. 其他学科	829	873	2236	852
	二、本专科生合计	4660	4714	18805	4525
	本科小计	4660	4714	18805	4525
	1. 林科专业	787	659	2880	801
	2. 其他专业	3873	4055	15925	3724
南京林业大学	**学生总数**	**4939**	**5215**	**20151**	**5601**
	其中:林业学科、专业学生	1023	1191	4549	1583
	占学生总数的比例	20.71%	22.84%	22.57%	28.26%
	一、研究生合计	995	1228	3619	1610
	(一)博士小计	57	130	800	543
	1. 林业学科	50	111	686	469
	2. 其他学科	7	19	114	74
	(二)硕士小计	938	1098	2819	1067
	1. 林业学科	365	400	1074	392
	2. 其他学科	573	698	1745	675
	二、本专科生合计	3944	3987	16532	3991
	(一)本科小计	3944	3987	16532	3991
	1. 林科专业	608	680	2789	722
	2. 其他专业	3336	3307	13743	3269

2015～2016学年初主要涉林高等院校及科研单位分学科专业学生情况(二)

单位:人

单位名称	分学科、专业学生数	毕业生数	招生数	在校学生数	毕业班学生数
中南林业科技大学	**学生总数**	**6882**	**7200**	**27633**	**7034**
	其中:林业学科、专业学生	820	933	3590	994
	占学生总数的比例	11.92%	12.91%	13.12%	13.77%
	一、研究生合计	681	776	2221	688
	(一)博士小计	30	55	302	193
	1. 林业学科	29	45	284	189
	2. 其他学科	1	10	18	4
	(二)硕士小计	651	721	1919	495
	1. 林业学科	189	186	541	151
	2. 其他学科	462	535	1378	344
	二、本专科生合计	6201	6424	25412	6346
	(一)本科小计	5559	5859	23678	5760
	1. 林科专业	539	655	2592	594
	2. 其他专业	4899	5235	20756	5029
	(二)高职小计	642	565	1734	586
西南林业大学	**学生总数**	**4112**	**4219**	**17452**	**4251**
	其中:林业学科、专业学生	987	1046	4098	1044
	占学生总数的比例	24.00%	24.79%	23.48%	24.56%
	一、研究生合计	453	483	1254	498
	(一)博士小计	—	12	21	—
	1. 林业学科	—	11	20	—
	2. 其他学科	—	1	1	—
	(二)硕士小计	453	471	1233	498
	1. 林业学科	278	264	695	291
	2. 其他学科	175	207	538	207
	二、本专科生合计	3659	3736	16198	3753
	(一)本科小计	3659	3736	16198	3753
	1. 林科专业	709	771	3383	753
	2. 其他专业	2950	2965	12815	3000
西北农林科技大学	**学生总数**	**7646**	**7815**	**28931**	**8372**
	其中:林业学科、专业学生	928	890	3428	1067
	占学生总数的比例	12.41%	11.30%	11.70%	12.36%
	一、研究生合计	2279	2652	7410	2958
	(一)博士小计	373	422	1806	913
	1. 林业学科	73	63	346	176
	2. 其他学科	300	359	1460	737
	(二)硕士小计	1906	2230	5604	2045
	1. 林业学科	263	304	811	285
	2. 其他学科	1643	1926	4793	1760
	二、本专科生合计	5367	5163	21521	5414
	1. 林科专业	592	523	2271	606

2015～2016学年初主要涉林高等院校及科研单位分学科专业学生情况(三)

单位:人

单位名称	分学科、专业学生数	毕业生数	招生数	在校学生数	毕业班学生数
	2. 其他专业	4775	4640	19250	4808
浙江农林大学	**学生总数**	**3640**	**3946**	**15932**	**4170**
	其中:林业学科、专业学生	617	632	2515	673
	占学生总数的比例	16.95%	16.02%	15.79%	16.14%
	一、研究生合计	272	557	1555	494
	(一)博士小计	—	4	10	—
	林学学科	—	4	10	—
	(二)硕士小计	272	553	1545	494
	1. 林业学科	165	206	541	171
	2. 其他学科	107	347	1004	323
	二、本专科生合计	3368	3389	14377	3676
	(一)本科小计	3368	3389	14377	3676
	1. 林科专业	452	422	1964	502
	2. 其他专业	2916	2967	12413	3174
中国林业科学研究院	**学生总数**	**276**	**35**	**994**	**411**
	其中:林业学科、专业学生	250	35	896	378
	占学生总数的比例	90.58%	100.00%	90.14%	91.97%
	一、研究生合计	276	35	994	411
	(一)博士小计	94	35	443	206
	林业学科	94	35	443	206
	(二)硕士小计	182	—	551	205
	1. 林业学科	156	—	453	172
	2. 其他学科	26	—	98	33
河北农业大学	**学生总数**	**8384**	**7760**	**29186**	**8576**
	其中:林业学科、专业学生	752	602	2215	551
	占学生总数的比例	8.97%	7.76%	7.59%	6.42%
	一、研究生合计	796	837	2276	963
	(一)博士小计	42	55	288	179
	1. 林业学科	6	10	50	33
	2. 其他学科	36	45	238	146
	(二)硕士小计	754	782	1988	784
	1. 林业学科	146	139	357	143
	2. 其他学科	608	643	1631	641
	二、本专科生合计	7588	6923	26910	7613
	(一)本科小计	4580	6121	21627	4777
	1. 林科专业	433	453	1806	375
	2. 其他专业	4147	5668	19821	4402
	(二)高职小计	3008	802	5283	2836
	1. 林科专业	167	—	2	—
	2. 其他专业	2841	802	5281	2836

2015～2016学年初主要涉林高等院校及科研单位分学科专业学生情况(四)

单位:人

单位名称	分学科、专业学生数	毕业生数	招生数	在校学生数	毕业班学生数
内蒙古农业大学	**学生总数**	**8823**	**8792**	**33704**	**9171**
	其中:林业学科、专业学生	950	1030	3812	988
	占学生总数的比例	10.77%	11.72%	11.31%	10.77%
	一、研究生合计	752	931	2591	1045
	(一)博士小计	73	114	489	267
	1. 林业学科	15	20	101	59
	2. 其他学科	58	94	388	208
	(二)硕士小计	679	817	2102	778
	1. 林业学科	117	159	394	131
	2. 其他学科	562	658	1708	647
	二、本专科生合计	8071	7861	31113	8126
	(一)本科小计	7010	6897	27684	6903
	1. 林科专业	787	820	3122	711
	2. 其他专业	6223	6077	24562	6192
	(二)高职小计	1061	964	3429	1223
	1. 林科专业	31	31	195	87
	2. 其他专业	1030	933	3234	1136
安徽农业大学	**学生总数**	**5770**	**5244**	**21082**	**6101**
	其中:林业学科、专业学生	392	386	1364	433
	占学生总数的比例	6.79%	7.36%	6.47%	7.10%
	一、研究生合计	783	993	2625	1000
	(一)博士小计	30	52	203	101
	1. 林业学科	7	10	31	17
	2. 其他学科	23	42	172	84
	(二)硕士小计	753	941	2422	899
	1. 林业学科	90	108	308	110
	2. 其他学科	663	833	2114	789
	二、本专科生合计	4987	4251	18457	5101
	(一)本科小计	4987	4251	18457	5101
	1. 林科专业	295	268	1025	306
	2. 其他专业	4692	3983	17432	4795
福建农林大学	**学生总数**	**7115**	**6959**	**27059**	**7423**
	其中:林业学科、专业学生	756	887	2856	746
	占学生总数的比例	10.63%	12.75%	10.55%	10.05%
	一、研究生合计	957	1258	3635	1502
	(一)博士小计	61	113	558	335
	1. 林业学科	14	33	172	102
	2. 其他学科	47	80	386	233
	(二)硕士小计	896	1145	3077	1167
	1. 林业学科	172	219	512	185
	2. 其他学科	724	926	2565	982

2015～2016学年初主要涉林高等院校及科研单位分学科专业学生情况(五)

单位:人

单位名称	分学科、专业学生数	毕业生数	招生数	在校学生数	毕业班学生数
	二、本专科生合计	6158	5701	23424	5921
	(一)本科小计	5472	5701	23020	5517
	1.林科专业	570	635	2172	459
	2.其他专业	4902	5066	20848	5058
	(二)高职小计	686	—	404	404
	其他专业	686	—	404	404
江西农业大学	**学生总数**	**4827**	**5338**	**20499**	**5195**
	其中:林业学科、专业学生	344	381	1284	336
	占学生总数的比例	7.13%	7.14%	6.26%	6.47%
	一、研究生合计	490	511	1454	578
	(一)博士小计	22	32	118	59
	1.林业学科	7	11	43	23
	2.其他学科	15	21	75	36
	(二)硕士小计	468	479	1336	519
	1.林业学科	80	97	232	80
	2.其他学科	388	382	1104	439
	二、本专科生合计	4337	4827	19045	4617
	(一)本科小计	4337	4827	19045	4617
	1.林科专业	257	273	1009	233
	2.其他专业	4080	4554	18036	4384
山东农业大学	**学生总数**	**8359**	**8527**	**33757**	**8786**
	其中:林业学科、专业学生	603	715	2560	650
	占学生总数的比例	7.21%	8.39%	7.58%	7.40%
	一、研究生合计	1033	1184	3172	1228
	(一)博士小计	100	112	407	184
	1.林业学科	10	12	55	24
	2.其他学科	90	100	352	160
	(二)硕士小计	933	1072	2765	1044
	1.林业学科	102	117	331	116
	2.其他学科	831	955	2434	928
	二、本专科生合计	7326	7343	30585	7558
	(一)本科小计	7326	7343	30585	7558
	1.林科专业	491	586	2174	510
	2.其他专业	6835	6757	28411	7048
河南农业大学	**学生总数**	**7510**	**8680**	**32428**	**8634**
	其中:林业学科、专业学生	474	457	1813	581
	占学生总数的比例	6.31%	5.26%	5.59%	6.73%
	一、研究生合计	648	738	2055	828
	(一)博士小计	35	56	185	66
	1.林业学科	2	9	26	9
	2.其他学科	36	59	158	55

2015~2016学年初主要涉林高等院校及科研单位分学科专业学生情况(六)

单位:人

单位名称	分学科、专业学生数	毕业生数	招生数	在校学生数	毕业班学生数
	(二)硕士小计	613	682	1870	762
	1.林业学科	84	103	308	128
	2.其他学科	529	579	1562	634
	二、本专科生合计	6862	7942	30373	7806
	(一)本科小计	5914	6357	26333	6873
	1.林科专业	292	345	1416	381
	2.其他专业	5622	6012	24917	6492
	(二)高职小计	948	1585	4040	933
	1.林科专业	96	—	63	63
	2.其他专业	852	1585	3977	870
新疆农业大学	**学生总数**	**3913**	**4251**	**16749**	**4167**
	其中:林业学科、专业学生	372	260	1219	381
	占学生总数的比例	9.51%	6.12%	7.28%	9.14%
	一、研究生合计	600	634	1855	803
	(一)博士小计	23	39	193	117
	1.林业学科	—	—	2	2
	2.其他学科	23	39	191	115
	(二)硕士小计	577	595	1662	686
	1.林业学科	54	41	163	74
	2.其他学科	523	554	1499	612
	二、本专科生合计	3313	3617	14894	3364
	(一)本科小计	3239	3573	14690	3281
	1.林科专业	318	219	1054	305
	2.其他专业	2921	3354	13636	2976
	(二)高职小计	74	44	204	83
	其他专业	74	44	204	83
山西林业职业技术学院	**学生总数**	**1998**	**1580**	**4852**	**1743**
	其中:林业类专业学生	514	401	1141	389
	占学生总数的比例	25.73%	25.38%	23.52%	22.32%
辽宁林业职业技术学院	**学生总数**	**2160**	**2210**	**6310**	**1925**
	其中:林业类专业学生	534	372	1245	424
	占学生总数的比例	24.72%	16.83%	19.73%	22.03%
黑龙江林业职业技术学院	**学生总数**	**2275**	**2234**	**6491**	**2114**
	其中:林业类专业学生	277	239	1122	310
	占学生总数的比例	12.18%	10.70%	17.29%	14.66%
黑龙江生态职业技术学院	**学生总数**	**1194**	**1926**	**5554**	**2066**
	其中:林业类专业学生	64	125	322	115
	占学生总数的比例	5.36%	6.49%	5.80%	5.57%
安徽林业职业技术学院	**学生总数**	**958**	**1160**	**3324**	**1032**
	其中:林业类专业学生	352	301	834	262
	占学生总数的比例	36.74%	25.95%	25.09%	25.39%

2015～2016学年初主要涉林高等院校及科研单位分学科专业学生情况(七)

单位:人

单位名称	分学科、专业学生数	毕业生数	招生数	在校学生数	毕业班学生数
福建林业职业技术学院	**学生总数**	**2108**	**2069**	**6462**	**2368**
	其中:林业类专业学生	199	229	602	196
	占学生总数的比例	9.44%	11.07%	9.32%	8.28%
江西环境工程职业学院	**学生总数**	**2114**	**2748**	**8813**	**2446**
	其中:林业类专业学生	469	468	1638	465
	占学生总数的比例	22.19%	17.03%	18.59%	19.01%
河南林业职业技术学院	**学生总数**	**—**	**1044**	**1778**	**273**
	其中:林业类专业学生	—	159	356	109
	占学生总数的比例	—	15.23%	20.02%	39.93%
湖北生态工程职业技术学院	**学生总数**	**2651**	**3031**	**10132**	**3596**
	其中:林业类专业学生	755	762	2073	664
	占学生总数的比例	28.48%	25.14%	20.46%	18.46%
湖南环境生物职业技术学院	**学生总数**	**2714**	**3193**	**10375**	**3323**
	其中:林业类专业学生	222	241	647	163
	占学生总数的比例	8.18%	7.55%	6.24%	4.91%
广东生态工程职业学院	**学生总数**	**—**	**659**	**1143**	**—**
	其中:林业类专业学生	—	659	1143	—
	占学生总数的比例	—	100%	100%	—
广西生态工程职业技术学院	**学生总数**	**1503**	**2671**	**7207**	**2056**
	其中:林业类专业学生	310	351	1035	329
	占学生总数的比例	20.63%	13.14%	14.36%	16.00%
云南林业职业技术学院	**学生总数**	**1840**	**2502**	**7101**	**2052**
	其中:林业类专业学生	724	956	2609	733
	占学生总数的比例	39.35%	38.21%	36.74%	35.72%
甘肃林业职业技术学院	**学生总数**	**2906**	**2767**	**8585**	**2732**
	其中:林业类专业学生	525	528	1600	615
	占学生总数的比例	18.07%	19.08%	18.64%	22.51%
宁夏葡萄酒与防沙治沙职业技术学院	**学生总数**	**200**	**313**	**779**	**197**
	其中:林业类专业学生	70	83	225	66
	占学生总数的比例	35.00%	26.52%	28.88%	33.50%
上海农林职业技术学院	**学生总数**	**860**	**1204**	**3481**	**1074**
	其中:林业类专业学生	137	114	340	151
	占学生总数的比例	15.93%	9.47%	9.77%	14.06%
江苏农林职业技术学院	**学生总数**	**3784**	**3523**	**11670**	**3969**
	其中:林业类专业学生	587	543	1707	548
	占学生总数的比例	15.51%	15.41%	14.63%	13.81%

2015～2016 学年初普通中等林业(园林)

学校名称	教职工数总计	校本部					
		合计	专任教师				
			计	正高级	副高级	讲师	助理讲师
合　计	**2485**	**2485**	**1570**	**3**	**497**	**503**	**321**
北京市园林学校	100	100	66	2	17	26	18
天津市园林学校	54	54	38	—	13	19	6
涿鹿县宝峰寺林业中学	27	27	26	—	10	16	—
内蒙古大兴安岭林业学校	181	181	102	—	61	35	6
沈阳市园林学校	38	38	33	—	9	21	3
黑龙江省林业卫生学校	495	495	271	—	25	24	32
朗乡林业局职业中学	31	31	24	—	3	15	6
黑龙江省伊春林业学校	137	137	78	—	41	13	13
黑龙江省齐齐哈尔林业学校	178	178	111	—	42	24	45
福建三明林业学校	160	160	127	1	42	41	43
广东省林业职业技术学校	237	237	129	—	57	35	24
广西壮族自治区桂林林业学校	106	106	83	—	13	49	21
贵州省林业学校	188	188	115	—	34	38	18
普洱林业学校	82	82	62	—	19	23	20
陕西省榆林林业学校	181	181	106	—	45	43	18
甘肃省庆阳林业学校	138	138	98	—	31	42	21
新疆林业学校	152	152	101	—	35	39	27

职业学校教职工情况

单位:人

职工数				校办厂(场)职工	附设机构人员	兼任教师(不在教职工数中)
教员	教辅人员	行政人员	工勤人员			
246	**320**	**308**	**287**	**—**	**—**	**200**
3	12	7	15	—	—	—
—	5	3	8	—	—	4
—	—	—	1	—	—	—
—	11	23	45	—	—	—
—	4	—	1	—	—	1
190	81	104	39	—	—	—
—	4	—	3	—	—	—
11	16	29	14	—	—	25
—	17	7	43	—	—	—
—	14	12	7	—	—	112
13	67	24	17	—	—	—
—	11	9	3	—	—	—
25	35	12	26	—	—	58
—	5	1	14	—	—	—
—	15	37	23	—	—	—
4	8	23	9	—	—	—
—	15	17	19	—	—	—

2015～2016学年中等林业（园林）职业学校和其他中等职业学校林科分学校学生情况

单位：人

学校名称	毕业生数	招生数	在校学生数	毕业班学生数
总　计	**60767**	**47053**	**152103**	**75725**
（一）中等林业（园林）职业学校	15060	12164	37012	12790
北京市园林学校	136	75	440	186
天津市园林学校	305	435	638	143
涿鹿县宝峰寺林业中学	174	77	236	104
内蒙古扎兰屯林业学校	670	—	—	—
内蒙古大兴安岭林业学校	777	86	313	130
沈阳市园林学校	32	—	13	13
黑龙江省林业卫生学校	2834	2419	7312	2013
朗乡林业局职业中学	26	10	37	15
黑龙江省伊春林业学校	1787	1939	4450	2164
黑龙江省齐齐哈尔林业学校	891	605	1752	899
福建三明林业学校	2655	2063	6039	2085
广东省林业职业技术学校	1278	612	3192	—
广西壮族自治区桂林林业学校	706	718	2084	653
贵州省林业学校	710	2382	8105	3478
普洱林业学校	40	158	391	126
陕西省榆林林业学校	305	31	140	68
甘肃省庆阳林业学校	1424	392	1296	498
新疆林业学校	310	162	574	215
（二）高职院校及其他中等专业学校（林科）	45707	34889	115091	62935

2015～2016学年初普通中等林业(园林)职业学校和其他中等职业学校林科分专业学生情况(一)

单位:人

专业名称	毕业生数	招生数	在校学生数	毕业班学生数
总　计	**60767**	**47053**	**152103**	**75725**
(一)林科专业	52078	39104	127442	67036
现代林业技术	6652	3688	15453	8074
森林资源保护与管理	905	569	2933	2122
园林技术	29001	22069	72501	37008
园林绿化	8574	6301	18342	11654
木材加工	3614	3266	8963	4689
林产化工	105	—	30	30
生态环境保护	194	322	899	258
其他林业专业	3033	2889	8321	3201
(二)非林科专业	8689	7949	24661	8689
宠物养护与经营	10	13	46	15
道路与桥梁工程施工	60	12	41	16
电气运行与控制	156	62	148	65
电子电器应用与维修	47	—	—	—
电子技术应用	—	—	51	51
电子商务	97	290	774	46
电子与信息技术	32	—	—	—
服装设计与工艺	39	54	172	—
工程测量	—	21	95	39
工程机械运用与维修	—	137	301	87
工程造价	41	12	201	125
工艺美术	—	—	78	66
果蔬花卉生产技术	16	—	48	1

2015～2016学年初普通中等林业(园林)职业学校和其他中等职业学校林科分专业学生情况(二)

单位:人

专业名称	毕业生数	招生数	在校学生数	毕业班学生数
焊接技术应用	—	—	2	—
护理	2822	4195	12512	4015
化学工艺	18	—	—	—
会计	573	589	1200	530
会计电算化	501	195	801	116
机电技术应用	27	41	151	23
机电设备安装与维修	68	23	99	57
机械加工技术	3	12	15	3
机械制造技术	—	—	7	7
计算机动漫与游戏制作	11	24	124	28
计算机平面设计	54	40	122	39
计算机网络技术	—	101	349	136
计算机应用	1193	551	1377	568
家具设计与制作	417	14	394	372
建筑工程施工	16	11	123	75
建筑装饰	—	—	37	—
景区服务与管理	2	6	28	11
酒店服务与管理	22	—	—	—
康复技术	23	24	57	22
客户信息服务	—	78	78	—
口腔修复工艺	143	158	311	61
旅游服务类专业	—	12	37	18
旅游服务与管理	142	103	282	103
美发与形象设计	—	11	67	31

2015～2016 学年初普通中等林业(园林)职业学校和其他中等职业学校林科分专业学生情况(三)

单位:人

专业名称	毕业生数	招生数	在校学生数	毕业班学生数
美术设计与制作	31	41	128	—
民族民居装饰	—	48	87	39
农村经济综合管理	220	63	72	4
农村医学	45	41	800	729
农业机械使用与维护	171	4	22	14
农业与农村用水	127	—	—	—
汽车电子技术应用	4	—	1	1
汽车运用与维修	134	507	1551	572
市政工程施工	110	46	160	88
数控技术应用	53	28	98	44
水利水电工程施工	—	52	124	36
太阳能与沼气技术利用	33	—	120	—
土木水利类专业	—	31	31	—
文化艺术类专业	—	—	42	18
文秘	—	—	33	—
橡胶工艺	—	—	16	12
学前教育	433	174	544	99
眼视光与配镜	48	118	227	43
药剂	22	—	51	51
药品食品检验	—	—	24	24
中草药种植	216	7	227	14
中药制药	3	—	63	63
其他类专业	19	—	112	112

普通林业教育及高中等林业职业教育
“十二五”期间学生情况(一)

	毕业生					招生数	
	小计	研究生	本科生	专科/高职生	中职生	小计	研究生
五年合计	**696445**	**37476**	**189877**	**138559**	**330533**	**740809**	**41905**
2011/2012 学年	112727	5554	35182	20329	51662	164039	7052
其中:林业学科、专业	82015	3623	17066	17798	43528	130129	4218
2012/2013 学年	117532	8454	36542	2883	69653	130355	9218
其中:林业学科、专业	84721	5261	18023	508	60929	93410	5173
2013/2014 学年	155719	8760	30030	36190	80739	147093	9559
其中:林业学科、专业	106357	5745	10808	17469	72335	86674	6056
2014/2015 学年	153550	7397	40739	37702	67712	145877	7984
其中:林业学科、专业	104242	4747	20115	17657	61723	89545	5093
2015/2016 学年	156917	7311	47384	41455	60767	153445	8092
其中:林业学科、专业	101086	4326	26466	18216	52078	91943	4570

普通林业教育及高中等林业职业教育
“十二五”期间学生情况(二)

	招生数			在校生数				
	本科生	专科/高职生	中职生	小计	研究生	本科生	专科/高职生	中职生
五年合计	**220917**	**145045**	**332942**	**2400260**	**127011**	**854330**	**435896**	**983023**
2011/2012 学年	43981	18892	94114	487987	20676	158042	54977	254292
其中:林业学科、专业	22584	18622	84705	362516	13174	75574	49500	224268
2012/2013 学年	42835	1525	76777	421715	28469	165735	4608	222903
其中:林业学科、专业	20593	368	67276	296278	18216	80263	1012	196787
2013/2014 学年	38189	39035	60310	481680	28631	145921	116059	191069
其中:林业学科、专业	15012	18165	47441	293937	19480	56456	54888	163113
2014/2015 学年	43299	39906	54688	480674	24097	173702	120219	162656
其中:林业学科、专业	20388	17600	46464	290919	16160	83998	55838	134923
2015/2016 学年	52613	45687	47053	528204	25138	210930	140033	152103
其中:林业学科、专业	30381	17888	39104	320910	15786	121009	56673	127442

附录一

国有林区135个木材采运企业和20个重点营林局主要统计指标

ANNEX Ⅰ

指标名称	计量单位
一、人工造林面积	**公顷**
其中：新造混交林面积	公顷
新造灌木林面积	公顷
新造竹林面积	公顷
二、飞播造林面积	**公顷**
1. 荒山飞播面积	公顷
2. 飞播营林面积	公顷
三、当年新封山(沙)育林面积	**公顷**
1. 无林地和疏林地新封山育林面积	公顷
2. 有林地和灌木林地新封山育林面积	公顷
四、退化林修复面积	**公顷**
其中：纯林改造混交林面积	公顷
1. 低效林改造面积	公顷
2. 退化防护林改造面积	公顷
五、森林抚育面积	**公顷**
六、人工更新面积	**公顷**
其中：新造混交林面积	公顷
人工促进天然更新面积	公顷
七、年末实有封山(沙)育林面积	**公顷**
八、森林管护面积	**公顷**
九、年末实有育苗面积	**公顷**
其中：国有育苗面积	公顷

林生产情况

合计	东北、内蒙古重点国有林区 87 个森工企业
41374	**22527**
6458	3175
1603	1470
—	—
666	**—**
333	—
333	—
40031	—
22220	—
17811	—
122811	**117020**
—	—
122811	117020
—	—
1431944	**1204145**
13817	**12869**
3586	3525
5335	5298
1234214	**661974**
40097156	**27277778**
3670	**1087**
2163	850

国有林区分企业的

企业名称	人工造林面积				飞播造林面积			当年新封山(沙)育林面积		
	合计	其中			合计	荒山飞播面积	飞播营林面积	合计	无林地和疏林地新封山育林面积	有林地和灌木林地新封山育林面积
		新造混交林面积	新造灌木林面积	新造竹林面积						
全国合计	**41374**	**6458**	**1603**	**—**	**666**	**333**	**333**	**40031**	**22220**	**17811**
其中：东北、内蒙古重点国有林区 87 个森工企业	22527	3175	1470	—	—	—	—	—	—	—
内蒙古	**14183**	**382**	**1384**	**—**	**—**	**—**	**—**	**6666**	**6666**	**—**
内蒙古集团林管局	**4500**	**334**	**998**	**—**	**—**	**—**	**—**	**—**	**—**	**—**
阿尔山	267	133	—	—	—	—	—	—	—	—
绰尔	468	201	—	—	—	—	—	—	—	—
绰源	445	—	—	—	—	—	—	—	—	—
乌尔旗汉	600	—	67	—	—	—	—	—	—	—
库都尔	469	—	134	—	—	—	—	—	—	—
图里河	134	—	67	—	—	—	—	—	—	—
伊图里河	—	—	—	—	—	—	—	—	—	—
克一河	200	—	—	—	—	—	—	—	—	—
甘河	191	—	53	—	—	—	—	—	—	—
吉文	176	—	9	—	—	—	—	—	—	—
阿里河	668	—	668	—	—	—	—	—	—	—
根河	137	—	—	—	—	—	—	—	—	—
金河	367	—	—	—	—	—	—	—	—	—
阿龙山	378	—	—	—	—	—	—	—	—	—
满归	—	—	—	—	—	—	—	—	—	—
得耳布尔	—	—	—	—	—	—	—	—	—	—
莫尔道嘎	—	—	—	—	—	—	—	—	—	—
内蒙古集团营林局	**786**	**48**	**386**	**—**	**—**	**—**	**—**	**—**	**—**	**—**
大杨树	739	48	386	—	—	—	—	—	—	—
毕拉河	47	—	—	—	—	—	—	—	—	—
内蒙古林业厅营林局	**8897**	**—**	**—**	**—**	**—**	**—**	**—**	**6666**	**6666**	**—**
免渡河	1333	—	—	—	—	—	—	—	—	—
乌奴尔	667	—	—	—	—	—	—	—	—	—
巴林	333	—	—	—	—	—	—	—	—	—
南木	333	—	—	—	—	—	—	—	—	—
红花尔基	3602	—	—	—	—	—	—	1333	1333	—
柴河	429	—	—	—	—	—	—	—	—	—
五岔沟	1333	—	—	—	—	—	—	3333	3333	—
白狼	867	—	—	—	—	—	—	2000	2000	—
吉林	**15482**	**3427**	**86**	**—**	**—**	**—**	**—**	**—**	**—**	**—**
吉林集团林管局	**8333**	**78**	**86**	**—**	**—**	**—**	**—**	**—**	**—**	**—**
临江	133	—	—	—	—	—	—	—	—	—
三岔子	215	—	—	—	—	—	—	—	—	—
湾沟	—	—	—	—	—	—	—	—	—	—
松江河	160	—	—	—	—	—	—	—	—	—

营林生产情况(一)

单位:公顷

退化林修复面积				森林抚育面积	人工更新面积			年末实有封山(沙)育林面积	森林管护面积	年末实有育苗面积	
合计	其中:纯林改造混交林面积	低效林改造面积	退化防护林修复面积		合计	其中:新造混交林面积	其中:人工促进天然更新面积			合计	其中:国有育苗面积
122811	**—**	**122811**	**—**	**1431944**	**13817**	**3586**	**5335**	**1234214**	**40097156**	**3670**	**2163**
117020	—	117020	—	1204145	12869	3525	5298	661974	27277778	1087	850
23771	**—**	**23771**	**—**	**414653**	**134**	**—**	**—**	**69901**	**11275888**	**1831**	**543**
23369	**—**	**23369**	**—**	**346777**	**134**	**—**	**—**	**—**	**7169290**	**135**	**115**
667	—	667	—	5333	—	—	—	—	482676	5	4
1667	—	1667	—	22667	—	—	—	—	422014	26	25
668	—	668	—	19335	—	—	—	—	299786	2	—
1667	—	1667	—	23333	134	—	—	—	577020	3	3
1804	—	1804	—	16677	—	—	—	—	483600	5	3
1471	—	1471	—	22004	—	—	—	—	356233	2	2
1337	—	1337	—	21334	—	—	—	—	410549	16	8
1068	—	1068	—	18676	—	—	—	—	363301	2	2
687	—	687	—	22715	—	—	—	—	357258	1	1
1107	—	1107	—	20671	—	—	—	—	362438	10	10
1671	—	1671	—	22670	—	—	—	—	451958	12	12
2001	—	2001	—	24669	—	—	—	—	628824	31	31
1601	—	1601	—	21341	—	—	—	—	516319	2	2
1616	—	1616	—	22672	—	—	—	—	357427	5	5
1668	—	1668	—	20343	—	—	—	—	390295	2	2
1333	—	1333	—	18336	—	—	—	—	254367	6	—
1336	—	1336	—	24001	—	—	—	—	455225	5	5
402	**—**	**402**	**—**	**3342**	**—**	**—**	**—**	**—**	**1336714**	**2**	**1**
202	—	202	—	2002	—	—	—	—	793033	1	1
200	—	200	—	1340	—	—	—	—	543681	1	—
—	**—**	**—**	**—**	**64534**	**—**	**—**	**—**	**69901**	**2769884**	**1694**	**427**
—	—	—	—	18667	—	—	—	4072	278733	—	—
—	—	—	—	12000	—	—	—	2672	215200	—	—
—	—	—	—	12000	—	—	—	3409	288000	1	1
—	—	—	—	1200	—	—	—	4700	330200	—	—
—	—	—	—	8667	—	—	—	19035	598067	5	1
—	—	—	—	12000	—	—	—	5159	369867	—	—
—	—	—	—	—	—	—	—	18854	584275	1501	378
—	—	—	—	—	—	—	—	12000	105542	187	47
54160	**—**	**54160**	**—**	**140430**	**13585**	**3525**	**5298**	**370138**	**3723390**	**253**	**236**
24922	**—**	**24922**	**—**	**50049**	**10570**	**3001**	**5199**	**215647**	**1105292**	**119**	**119**
2338	—	2338	—	9334	102	—	—	22270	174774	12	12
2667	—	2667	—	8667	3833	—	—	22966	—	22	22
3469	—	3469	—	4334	48	48	—	47429	101474	3	3
334	—	334	—	6762	3370	—	3322	—	161000	20	20

国有林区分企业的

企业名称	人工造林面积				飞播造林面积			当年新封山(沙)育林面积		
	合计	其中			合计	荒山飞播面积	飞播营林面积	合计	无林地和疏林地新封山育林面积	有林地和灌木林地新封山育林面积
		新造混交林面积	新造灌木林面积	新造竹林面积						
泉阳	500	—	—	—	—	—	—	—	—	—
露水河	78	78	—	—	—	—	—	—	—	—
白石山	1725	—	—	—	—	—	—	—	—	—
红石	5522	—	86	—	—	—	—	—	—	—
长白山森工集团	**5364**	**2435**	**—**	**—**	**—**	**—**	**—**	**—**	**—**	**—**
黄泥河	467	—	—	—	—	—	—	—	—	—
敦化	172	—	—	—	—	—	—	—	—	—
大石头	399	—	—	—	—	—	—	—	—	—
八家子	342	—	—	—	—	—	—	—	—	—
和龙	40	—	—	—	—	—	—	—	—	—
汪清	37	—	—	—	—	—	—	—	—	—
大兴沟	279	—	—	—	—	—	—	—	—	—
天桥岭	2435	2435	—	—	—	—	—	—	—	—
白河	733	—	—	—	—	—	—	—	—	—
珲春	460	—	—	—	—	—	—	—	—	—
吉林省林业厅营林局	**1785**	**914**	**—**	**—**	**—**	**—**	**—**	**—**	**—**	**—**
上营	1414	914	—	—	—	—	—	—	—	—
辉南	315	—	—	—	—	—	—	—	—	—
长白	23	—	—	—	—	—	—	—	—	—
安图	33	—	—	—	—	—	—	—	—	—
长白山*	—	—	—	—	—	—	—	—	—	—
龙江集团	**2672**	**280**	**—**	**—**	**—**	**—**	**—**	**—**	**—**	**—**
牡丹江林业管理局	**600**	**200**	**—**	**—**	**—**	**—**	**—**	**—**	**—**	**—**
大海林	200	200	—	—	—	—	—	—	—	—
柴河	—	—	—	—	—	—	—	—	—	—
东京城	67	—	—	—	—	—	—	—	—	—
穆棱	—	—	—	—	—	—	—	—	—	—
绥阳	133	—	—	—	—	—	—	—	—	—
海林	—	—	—	—	—	—	—	—	—	—
林口	—	—	—	—	—	—	—	—	—	—
八面通	200	—	—	—	—	—	—	—	—	—
合江林业管理局	**539**	**—**	**—**	**—**	**—**	**—**	**—**	**—**	**—**	**—**
桦南	—	—	—	—	—	—	—	—	—	—
双鸭山	—	—	—	—	—	—	—	—	—	—
鹤立	406	—	—	—	—	—	—	—	—	—
鹤北	133	—	—	—	—	—	—	—	—	—
东方红	—	—	—	—	—	—	—	—	—	—
迎春	—	—	—	—	—	—	—	—	—	—
清河	—	—	—	—	—	—	—	—	—	—
伊春林业管理局	**800**	**67**	**—**	**—**	**—**	**—**	**—**	**—**	**—**	**—**

营林生产情况(二)

单位:公顷

退化林修复面积				森林抚育面积	人工更新面积			年末实有封山(沙)育林面积	森林管护面积	年末实有育苗面积	
合计	其中:纯林改造混交林面积	低效林改造面积	退化防护林修复面积		合计	其中				合计	其中:国有育苗面积
						新造混交林面积	人工促进天然更新面积				
3275	—	3275	—	4667	40	—	—	—	106638	3	3
3218	—	3218	—	8030	1953	1761	1877	1929	124178	12	12
3000	—	3000	—	6668	1192	1192	—	—	137538	29	29
6621	—	6621	—	1587	32	—	—	121053	299690	18	18
25832	**—**	**25832**	**—**	**76657**	**2165**	**524**	**99**	**150127**	**2223888**	**111**	**94**
63	—	63	—	8002	2	—	—	19234	209111	9	—
—	—	—	—	3916	—	—	—	21850	236683	14	14
4583	—	4583	—	9695	—	—	—	—	264206	17	9
3337	—	3337	—	6677	31	—	31	15399	154718	8	8
4444	—	4444	—	7541	—	—	—	—	174435	6	6
3188	—	3188	—	8000	68	—	68	17932	313833	26	26
2615	—	2615	—	4587	1	—	—	12473	122604	—	—
191	—	191	—	10903	524	524	—	—	193506	12	12
4366	—	4366	—	8001	1484	—	—	63239	189663	11	11
3045	—	3045	—	9335	55	—	—	—	365129	8	8
3406	**—**	**3406**	**—**	**13724**	**850**	**—**	**—**	**4364**	**394210**	**23**	**23**
133	—	133	—	4016	846	—	—	—	127855	9	9
1201	—	1201	—	3187	4	—	—	2000	65394	10	10
—	—	—	—	1707	—	—	—	2364	89400	1	1
2072	—	2072	—	4814	—	—	—	—	111561	3	3
—	—	—	—	—	—	—	—	—	—	—	—
23676	**—**	**23676**	**—**	**496721**	**—**	**—**	**—**	**296200**	**8046754**	**634**	**435**
7200	**—**	**7200**	**—**	**118047**	**—**	**—**	**—**	**221098**	**2274642**	**115**	**115**
867	—	867	—	6273	—	—	—	18451	259775	12	12
1333	—	1333	—	16667	—	—	—	18218	327308	10	10
1267	—	1267	—	16667	—	—	—	36173	374175	22	22
1333	—	1333	—	18000	—	—	—	24833	253245	24	24
1200	—	1200	—	18000	—	—	—	64197	487352	7	7
—	—	—	—	10000	—	—	—	14452	150200	20	20
—	—	—	—	14667	—	—	—	26608	271544	10	10
1200	—	1200	—	17773	—	—	—	18166	151043	10	10
3137	**—**	**3137**	**—**	**72666**	**—**	**—**	**—**	**—**	**1461983**	**126**	**118**
—	—	—	—	13333	—	—	—	—	225475	9	1
—	—	—	—	7333	—	—	—	—	134311	19	19
933	—	933	—	5333	—	—	—	—	70827	21	21
867	—	867	—	15333	—	—	—	—	381427	21	21
—	—	—	—	15333	—	—	—	—	353666	14	14
1337	—	1337	—	10000	—	—	—	—	153347	20	20
—	—	—	—	6001	—	—	—	—	142930	22	22
8673	**—**	**8673**	**—**	**183342**	**—**	**—**	**—**	**53056**	**1767647**	**161**	**130**

国有林区分企业的

企业名称	人工造林面积				飞播造林面积			当年新封山(沙)育林面积		
	合计	其中 新造混交林面积	新造灌木林面积	新造竹林面积	合计	荒山飞播面积	飞播营林面积	合计	无林地和疏林地新封山育林面积	有林地和灌木林地新封山育林面积
双丰	—	—	—	—	—	—	—	—	—	—
铁力	—	—	—	—	—	—	—	—	—	—
桃山	—	—	—	—	—	—	—	—	—	—
朗乡	133	—	—	—	—	—	—	—	—	—
南岔	—	—	—	—	—	—	—	—	—	—
金山屯	—	—	—	—	—	—	—	—	—	—
美溪	—	—	—	—	—	—	—	—	—	—
乌马河	—	—	—	—	—	—	—	—	—	—
翠峦	67	—	—	—	—	—	—	—	—	—
友好	—	—	—	—	—	—	—	—	—	—
上甘岭	67	67	—	—	—	—	—	—	—	—
五营	—	—	—	—	—	—	—	—	—	—
红星	133	—	—	—	—	—	—	—	—	—
新青	400	—	—	—	—	—	—	—	—	—
汤旺河	—	—	—	—	—	—	—	—	—	—
乌伊岭	—	—	—	—	—	—	—	—	—	—
松花江林业管理局	**600**	**13**	**—**	**—**	**—**	**—**	**—**	**—**	**—**	**—**
山河屯	—	—	—	—	—	—	—	—	—	—
苇河	400	13	—	—	—	—	—	—	—	—
亚布力	200	—	—	—	—	—	—	—	—	—
方正	—	—	—	—	—	—	—	—	—	—
兴隆	—	—	—	—	—	—	—	—	—	—
绥棱	—	—	—	—	—	—	—	—	—	—
通北	—	—	—	—	—	—	—	—	—	—
沾河	—	—	—	—	—	—	—	—	—	—
总局直属单位	**133**	**—**	**—**	**—**	**—**	**—**	**—**	**—**	**—**	**—**
带岭实验局	133	—	—	—	—	—	—	—	—	—
大兴安岭	**872**	**—**	**—**	**—**	**—**	**—**	**—**	**—**	**—**	**—**
大兴安岭林管局	**872**	**—**	**—**	**—**	**—**	**—**	**—**	**—**	**—**	**—**
松岭	—	—	—	—	—	—	—	—	—	—
新林	—	—	—	—	—	—	—	—	—	—
塔河	—	—	—	—	—	—	—	—	—	—
呼中	77	—	—	—	—	—	—	—	—	—
阿木尔	—	—	—	—	—	—	—	—	—	—
图强	267	—	—	—	—	—	—	—	—	—
西林吉	466	—	—	—	—	—	—	—	—	—
十八站	—	—	—	—	—	—	—	—	—	—
韩家园	62	—	—	—	—	—	—	—	—	—
大兴安岭营林局	**—**	**—**	**—**	**—**	**—**	**—**	**—**	**—**	**—**	**—**
加格达奇	—	—	—	—	—	—	—	—	—	—

营林生产情况(三)

单位:公顷

退化林修复面积				森林抚育面积	人工更新面积			年末实有封山(沙)育林面积	森林管护面积	年末实有育苗面积	
合计	其中:纯林改造混交林面积	低效林改造面积	退化防护林修复面积		合计	其中				合计	其中:国有育苗面积
						新造混交林面积	人工促进天然更新面积				
—	—	—	—	6667	—	—	—	17446	—	—	—
—	—	—	—	14673	—	—	—	—	183592	15	15
—	—	—	—	9333	—	—	—	—	—	3	3
1200	—	1200	—	14668	—	—	—	—	264696	24	24
—	—	—	—	14667	—	—	—	—	—	11	—
1334	—	1334	—	13333	—	—	—	—	—	12	7
—	—	—	—	12000	—	—	—	—	214573	8	2
—	—	—	—	7333	—	—	—	—	117154	6	6
1333	—	1333	—	8000	—	—	—	—	—	7	—
1000	—	1000	—	14000	—	—	—	—	—	7	7
667	—	667	—	6667	—	—	—	—	121772	8	6
—	—	—	—	6667	—	—	—	15964	117068	7	7
871	—	871	—	14667	—	—	—	—	—	9	9
934	—	934	—	14000	—	—	—	4404	271852	17	17
1334	—	1334	—	12000	—	—	—	15242	200206	6	6
—	—	—	—	14667	—	—	—	—	276734	21	21
4132	**—**	**4132**	**—**	**115333**	**—**	**—**	**—**	**22046**	**2446792**	**221**	**61**
—	—	—	—	12000	—	—	—	15379	202706	13	13
934	—	934	—	14667	—	—	—	—	186290	8	8
1198	—	1198	—	16000	—	—	—	6667	279662	9	9
—	—	—	—	15333	—	—	—	—	199502	8	8
1000	—	1000	—	15333	—	—	—	—	304427	13	13
—	—	—	—	11333	—	—	—	—	213804	7	7
1000	—	1000	—	12000	—	—	—	—	309118	3	3
—	—	—	—	18667	—	—	—	—	751283	160	—
534	**—**	**534**	**—**	**7333**	**—**	**—**	**—**	**—**	**95690**	**11**	**11**
534	—	534	—	7333	—	—	—	—	95690	11	11
18819	**—**	**18819**	**—**	**230599**	**—**	**—**	**—**	**—**	**7395840**	**86**	**86**
18819	**—**	**18819**	**—**	**206666**	**—**	**—**	**—**	**—**	**6445477**	**73**	**73**
1333	—	1333	—	22000	—	—	—	—	674118	16	16
1333	—	1333	—	27800	—	—	—	—	859205	3	3
1900	—	1900	—	27800	—	—	—	—	909480	11	11
4000	—	4000	—	25400	—	—	—	—	767108	8	8
1333	—	1333	—	18333	—	—	—	—	546612	4	4
2000	—	2000	—	18000	—	—	—	—	500587	10	10
2667	—	2667	—	21800	—	—	—	—	722013	5	5
1333	—	1333	—	20666	—	—	—	—	672502	3	3
2920	—	2920	—	24867	—	—	—	—	793852	13	13
—	**—**	**—**	**—**	**23933**	**—**	**—**	**—**	**—**	**950363**	**13**	**13**
—	—	—	—	23933	—	—	—	—	950363	13	13

国有林区分企业的

企业名称	人工造林面积				飞播造林面积			当年新封山(沙)育林面积		
	合计	其中			合计	荒山飞播面积	飞播营林面积	合计	无林地和疏林地新封山育林面积	有林地和灌木林地新封山育林面积
		新造混交林面积	新造灌木林面积	新造竹林面积						
四川	**1733**	**333**	**133**	**—**	**—**	**—**	**—**	**13996**	**13663**	**333**
阿坝州林管局	**200**	**200**	**—**	**—**	**—**	**—**	**—**	**2331**	**2331**	**—**
川西	—	—	—	—	—	—	—	—	—	—
黑水	—	—	—	—	—	—	—	333	333	—
马尔康	—	—	—	—	—	—	—	333	333	—
小金	—	—	—	—	—	—	—	333	333	—
观音桥	—	—	—	—	—	—	—	333	333	—
松潘	—	—	—	—	—	—	—	333	333	—
南坪	200	200	—	—	—	—	—	333	333	—
壤塘	—	—	—	—	—	—	—	333	333	—
甘孜州林管局	**200**	**133**	**—**	**—**	**—**	**—**	**—**	**1665**	**1665**	**—**
道孚	—	—	—	—	—	—	—	333	333	—
新龙	200	133	—	—	—	—	—	—	—	—
丹巴	—	—	—	—	—	—	—	—	—	—
炉霍	—	—	—	—	—	—	—	333	333	—
白玉	—	—	—	—	—	—	—	333	333	—
力邱河	—	—	—	—	—	—	—	333	333	—
翁达	—	—	—	—	—	—	—	333	333	—
其他地、州林管局	**1333**	**—**	**133**	**—**	**—**	**—**	**—**	**10000**	**9667**	**333**
川南	—	—	—	—	—	—	—	9000	9000	—
雷波	667	—	—	—	—	—	—	—	—	—
凉北	533	—	—	—	—	—	—	667	667	—
夹金山	—	—	—	—	—	—	—	—	—	—
木里	—	—	—	—	—	—	—	—	—	—
普威	—	—	—	—	—	—	—	—	—	—
盐边	133	—	133	—	—	—	—	333	—	333
云南	**1697**	**333**	**—**	**—**	**—**	**—**	**—**	**6900**	**555**	**6345**
云南省林管局	**1697**	**333**	**—**	**—**	**—**	**—**	**—**	**6900**	**555**	**6345**
华坪	134	—	—	—	—	—	—	333	—	333
碧泉	187	—	—	—	—	—	—	1667	—	1667
黑白水	—	—	—	—	—	—	—	—	—	—
中甸*	—	—	—	—	—	—	—	—	—	—
巨甸	43	—	—	—	—	—	—	500	500	—
红旗	—	—	—	—	—	—	—	667	—	667
云台山	—	—	—	—	—	—	—	1534	55	1479
漾江	—	—	—	—	—	—	—	—	—	—
景东	—	—	—	—	—	—	—	—	—	—
墨江	333	333	—	—	—	—	—	666	—	666
卫国	—	—	—	—	—	—	—	1333	—	1333
江边*	—	—	—	—	—	—	—	—	—	—

营林生产情况(四)

单位:公顷

退化林修复面积				森林抚育面积	人工更新面积			年末实有封山(沙)育林面积	森林管护面积	年末实有育苗面积	
合计	其中:纯林改造混交林面积	低效林改造面积	退化防护林修复面积		合计	其中:新造混交林面积	其中:人工促进天然更新面积			合计	其中:国有育苗面积
2001	**—**	**2001**	**—**	**33711**	**—**	**—**	**—**	**36306**	**3264326**	**22**	**22**
—	**—**	**—**	**—**	**12445**	**—**	**—**	**—**	**5660**	**1350210**	**4**	**4**
—	—	—	—	1333	—	—	—	—	114642	—	—
—	—	—	—	1000	—	—	—	333	255881	—	—
—	—	—	—	2733	—	—	—	995	223612	—	—
—	—	—	—	2000	—	—	—	1667	119070	1	1
—	—	—	—	1380	—	—	—	1000	194781	—	—
—	—	—	—	1333	—	—	—	333	110768	—	—
—	—	—	—	1333	—	—	—	333	191538	3	3
—	—	—	—	1333	—	—	—	999	139918	—	—
1334	**—**	**1334**	**—**	**9333**	**—**	**—**	**—**	**5394**	**1157729**	**17**	**17**
334	—	334	—	1333	—	—	—	1000	210817	10	10
333	—	333	—	1333	—	—	—	800	270537	3	3
—	—	—	—	1333	—	—	—	667	135304	—	—
333	—	333	—	1333	—	—	—	549	78198	1	1
—	—	—	—	1333	—	—	—	633	310897	2	2
—	—	—	—	1334	—	—	—	1099	96385	—	—
334	—	334	—	1334	—	—	—	646	55591	1	1
667	**—**	**667**	**—**	**11933**	**—**	**—**	**—**	**25252**	**756387**	**1**	**1**
—	—	—	—	667	—	—	—	17359	73559	—	—
—	—	—	—	1333	—	—	—	2400	123439	—	—
667	—	667	—	1600	—	—	—	1245	51246	—	—
—	—	—	—	—	—	—	—	382	160170	—	—
—	—	—	—	5333	—	—	—	533	242042	1	1
—	—	—	—	2000	—	—	—	1667	59704	—	—
—	—	—	—	1000	—	—	—	1666	46227	—	—
—	**—**	**—**	**—**	**10032**	**61**	**61**	**—**	**32600**	**1793394**	**3**	**—**
—	**—**	**—**	**—**	**10032**	**61**	**61**	**—**	**32600**	**1793394**	**3**	**—**
—	—	—	—	833	—	—	—	3667	54792	—	—
—	—	—	—	2667	—	—	—	1667	204299	—	—
—	—	—	—	—	—	—	—	1600	80355	—	—
—	—	—	—	—	—	—	—	—	—	—	—
—	—	—	—	533	—	—	—	1700	150875	3	—
—	—	—	—	2000	—	—	—	1000	102372	—	—
—	—	—	—	667	—	—	—	17100	302710	—	—
—	—	—	—	—	—	—	—	—	150930	—	—
—	—	—	—	—	61	61	—	667	185627	—	—
—	—	—	—	666	—	—	—	666	71933	—	—
—	—	—	—	1333	—	—	—	1333	273427	—	—
—	—	—	—	—	—	—	—	—	—	—	—

国有林区分企业的

企业名称	人工造林面积				飞播造林面积			当年新封山(沙)育林面积		
	合计	其中			合计	荒山飞播面积	飞播营林面积	合计	无林地和疏林地新封山育林面积	有林地和灌木林地新封山育林面积
		新造混交林面积	新造灌木林面积	新造竹林面积						
清水江 *	—	—	—	—	—	—	—	—	—	—
南盘江 *	—	—	—	—	—	—	—	—	—	—
新平	—	—	—	—	—	—	—	—	—	—
宁蒗	1000	—	—	—	—	—	—	200	—	200
陕西	**—**	**—**	**—**	**—**	**—**	**—**	**—**	**9802**	**667**	**9135**
陕西省林管局	**—**	**—**	**—**	**—**	**—**	**—**	**—**	**8468**	**—**	**8468**
宁西	—	—	—	—	—	—	—	667	—	667
太白	—	—	—	—	—	—	—	2000	—	2000
长青	—	—	—	—	—	—	—	1467	—	1467
宁东	—	—	—	—	—	—	—	2667	—	2667
汉西	—	—	—	—	—	—	—	667	—	667
龙草坪	—	—	—	—	—	—	—	1000	—	1000
陕西省营林局	**—**	**—**	**—**	**—**	**—**	**—**	**—**	**1334**	**667**	**667**
马头滩	—	—	—	—	—	—	—	667	667	—
辛家山	—	—	—	—	—	—	—	667	—	667
甘肃	**4735**	**1703**	**—**	**—**	**—**	**—**	**—**	**2667**	**669**	**1998**
甘肃省林管局	**2600**	**1200**	**—**	**—**	**—**	**—**	**—**	**1334**	**669**	**665**
舟曲	533	533	—	—	—	—	—	333	163	170
迭部	867	—	—	—	—	—	—	334	334	—
洮河	667	667	—	—	—	—	—	334	172	162
白水江	533	—	—	—	—	—	—	333	—	333
甘肃省营林局	**2135**	**503**	**—**	**—**	**—**	**—**	**—**	**1333**	**—**	**1333**
小陇山	**2135**	**503**	**—**	**—**	**—**	**—**	**—**	**1333**	**—**	**1333**
青海	**—**	**—**	**—**	**—**	**—**	**—**	**—**	**—**	**—**	**—**
青海省林管局	**—**	**—**	**—**	**—**	**—**	**—**	**—**	**—**	**—**	**—**
玛可河 *	—	—	—	—	—	—	—	—	—	—
新疆	**—**	**—**	**—**	**—**	**666**	**333**	**333**	**—**	**—**	**—**
新疆维吾尔自治区林管局	**—**	**—**	**—**	**—**	**666**	**333**	**333**	**—**	**—**	**—**
天山西部	—	—	—	—	—	—	—	—	—	—
阿尔泰山	—	—	—	—	666	333	333	—	—	—
新疆维吾尔自治区营林局	**—**	**—**	**—**	**—**	**—**	**—**	**—**	**—**	**—**	**—**
天山东部	—	—	—	—	—	—	—	—	—	—

注:标 * 的单位已改为从事管护工作的事业性质单位或归地方管理,因此没有数据。

营林生产情况(五)

单位:公顷

退化林修复面积				森林抚育面积	人工更新面积			年末实有封山(沙)育林面积	森林管护面积	年末实有育苗面积	
合计	其中:纯林改造混交林面积	低效林改造面积	退化防护林修复面积		合计	其中:新造混交林面积	其中:人工促进天然更新面积			合计	其中:国有育苗面积
—	—	—	—	—	—	—	—	—	—	—	—
—	—	—	—	—	—	—	—	—	—	—	—
—	—	—	—	—	—	—	—	—	—	—	—
—	—	—	—	1333	—	—	—	3200	216074	—	—
—	**—**	**—**	**—**	**20932**	**—**	**—**	**—**	**133075**	**534708**	**26**	**26**
—	**—**	**—**	**—**	**18266**	**—**	**—**	**—**	**130541**	**475268**	**22**	**22**
—	—	—	—	3333	—	—	—	18267	117160	10	10
—	—	—	—	3733	—	—	—	24733	146927	2	2
—	—	—	—	1333	—	—	—	19340	34020	10	10
—	—	—	—	5867	—	—	—	36267	103647	—	—
—	—	—	—	2667	—	—	—	16867	38847	—	—
—	—	—	—	1333	—	—	—	15067	34667	—	—
—	**—**	**—**	**—**	**2666**	**—**	**—**	**—**	**2534**	**59440**	**4**	**4**
—	—	—	—	1333	—	—	—	667	34380	2	2
—	—	—	—	1333	—	—	—	1867	25060	2	2
125	**—**	**125**	**—**	**54134**	**—**	**—**	**—**	**189651**	**1417074**	**233**	**233**
107	**—**	**107**	**—**	**20800**	**—**	**—**	**—**	**91746**	**772207**	**192**	**192**
—	—	—	—	3333	—	—	—	15234	104053	21	21
107	—	107	—	9800	—	—	—	29412	277960	79	79
—	—	—	—	5667	—	—	—	37591	317080	79	79
—	—	—	—	2000	—	—	—	9509	73114	13	13
18	**—**	**18**	**—**	**33334**	**—**	**—**	**—**	**97905**	**644867**	**41**	**41**
18	**—**	**18**	**—**	**33334**	**—**	**—**	**—**	**97905**	**644867**	**41**	**41**
—	**—**	**—**	**—**	**—**	**—**	**—**	**—**	**—**	**—**	**—**	**—**
—	**—**	**—**	**—**	**—**	**—**	**—**	**—**	**—**	**—**	**—**	**—**
—	—	—	—	—	—	—	—	—	—	—	—
259	**—**	**259**	**—**	**30732**	**37**	**—**	**37**	**106343**	**2645782**	**582**	**582**
259	**—**	**259**	**—**	**21731**	**33**	**—**	**33**	**61144**	**1797234**	**220**	**220**
259	—	259	—	11667	—	—	—	31429	769187	116	116
—	—	—	—	10064	33	—	33	29715	1028047	104	104
—	**—**	**—**	**—**	**9001**	**4**	**—**	**4**	**45199**	**848548**	**362**	**362**
—	—	—	—	9001	4	—	4	45199	848548	362	362

国有林区企业总产值

（按现行价

指标名称	计量单位
一、企业总产值	**万元**
1. 第一产业	万元
（1）涉林产业	万元
①林木育种和育苗	万元
②营造林	万元
③木材和竹材采运	万元
④经济林产品的种植与采集	万元
⑤花卉及其他观赏植物种植	万元
⑥陆生野生动物繁育与利用	万元
（2）非林产业	万元
2. 第二产业	万元
（1）涉林产业	万元
①木材加工和木、竹、藤、棕、苇制品制造	万元
②木、竹、藤家具制造	万元
③木、竹、苇浆造纸和纸制品	万元
④林产化学产品制造	万元
⑤木质工艺品和木质文教体育用品制造	万元
⑥非木质林产品加工制造业	万元
⑦其他	万元
（2）非林产业	万元
3. 第三产业	万元
其中：林业生产服务	万元
林业旅游与休闲服务	万元
林业公共管理及其他组织服务	万元
二、企业销售产值	**万元**

和销售产值

格计算)

合计	东北、内蒙古重点国有林区 87 个森工企业
7612795	**7235283**
3276020	3027674
2156453	1943575
66805	41592
611716	464631
276038	245749
1030203	1022839
1401	727
170290	168037
1119567	1084099
1983884	1941649
600723	586097
347019	332418
74691	74691
487	487
12106	12106
8510	8510
87343	87343
70567	70542
1383161	1355552
2352891	2265960
68477	52701
689725	680253
128677	104235
3203395	**3152470**

国有林区分企业的

（按现行价

企业名称	企业总				
	总计	第一			
		合计	涉林		
			小计	林木育种和育苗	营造林
全国合计	**7612795**	**3276020**	**2156453**	**66805**	**611716**
其中：东北、内蒙古重点国有林区 87 个森工企业	7235283	3027674	1943575	41592	464631
内蒙古	**904249**	**433028**	**407130**	**5828**	**226444**
内蒙古集团林管局	**786303**	**343746**	**338218**	**4360**	**165508**
阿尔山	77300	19545	17495	227	8325
绰尔	66201	26582	26582	247	10760
绰源	29556	17376	17376	180	7851
乌尔旗汉	55100	22219	21907	306	12235
库都尔	38192	16198	16198	249	10605
图里河	31253	11111	11111	315	7728
伊图里河	22110	12728	11620	173	8202
克一河	35484	18118	17684	137	8897
甘河	41645	18224	17954	55	11096
吉文	27734	11699	11699	200	7731
阿里河	54916	23282	21934	208	9375
根河	67897	23049	23049	696	13698
金河	50465	36350	36350	200	11001
阿龙山	40556	23497	23491	105	9891
满归	45951	26334	26334	699	7815
得耳布尔	38722	15594	15594	214	9423
莫尔道嘎	63221	21840	21840	149	10875
内蒙古集团营林局	**36019**	**17116**	**12318**	**201**	**9256**
大杨树	14927	10084	5286	110	4629
毕拉河	21092	7032	7032	91	4627
内蒙古林业厅营林局	**81927**	**72166**	**56594**	**1267**	**51680**
免渡河	11148	10092	7762	—	7120
乌奴尔	7906	7676	6179	—	6039
巴林	6587	6319	5170	11	5063
南木	6001	4755	4072	—	3942
红花尔基	13307	11588	10001	242	9571
柴河	9603	8794	7555	—	6882
五岔沟	22110	20160	14317	1014	12563
白狼	5265	2782	1538	—	500
吉林	**1204084**	**477529**	**457410**	**21923**	**52385**
吉林集团林管局	**737331**	**286039**	**271134**	**8730**	**24282**
临江	113855	41823	41823	202	3538
三岔子	108188	46288	45210	5118	1263
湾沟	94000	7690	7690	57	2786

企业总产值和销售产值(一)

格计算)　　　　　　　　　　　　　　　　　　　　　　　　　　　　　　单位:万元

产　　值					
产　业					第二产业
产　业				非林产业	合计
木材和竹材采运	经济林产品的种植与采集	花卉及其他观赏植物种植	陆生野生动物繁育与利用		
276038	**1030203**	**1401**	**170290**	**1119567**	**1983884**
245749	1022839	727	168037	1084099	1941649
64658	**46792**	**26**	**63382**	**25898**	**142975**
62464	**44020**	**26**	**61840**	**5528**	**135948**
—	1780	—	7163	2050	3562
4676	124	—	10775	—	27215
2411	1649	—	5285	—	2875
4014	299	26	5027	312	16191
4223	452	—	669	—	11801
2156	320	—	592	—	9172
1451	284	—	1510	1108	1337
2658	3890	—	2102	434	3584
2918	879	—	3006	270	1990
2168	1495	—	105	—	3250
4345	2321	—	5685	1348	19100
6606	1436	—	613	—	18165
5594	5140	—	14415	—	886
4211	8483	—	801	6	1102
4824	12198	—	798	—	2108
3911	447	—	1599	—	4750
6298	2823	—	1695	—	8860
858	**636**	**—**	**1367**	**4798**	**6927**
493	54	—	—	4798	369
365	582	—	1367	—	6558
1336	**2136**	**—**	**175**	**15572**	**100**
632	10	—	—	2330	—
—	140	—	—	1497	—
31	47	—	18	1149	100
—	130	—	—	683	—
—	188	—	—	1587	—
673	—	—	—	1239	—
—	695	—	45	5843	—
—	926	—	112	1244	—
203741	**135173**	**589**	**43599**	**20119**	**342557**
87727	**116974**	**509**	**32912**	**14905**	**211984**
9727	16444	—	11912	—	21975
11941	23507	—	3381	1078	15252
3847	530	—	470	—	78630

国有林区分企业的

（按现行价

企业名称	企业总				
	总计	第一			
		合计	涉林		
			小计	林木育种和育苗	营造林
松江河	103505	36976	35360	248	3284
泉阳	68481	32089	32089	129	2461
露水河	62585	24134	24134	852	6039
白石山	92857	49357	46357	1400	2808
红石	93860	47682	38471	724	2103
长白山森工集团	**401474**	**152647**	**149203**	**10058**	**23786**
黄泥河	54055	11482	11482	948	3592
敦化	59795	21484	21484	1078	972
大石头	37209	11064	11064	40	2297
八家子	26246	10989	10989	283	1733
和龙	53701	25593	25084	1279	1572
汪清	54659	21137	18303	250	1934
大兴沟	12819	8150	8150	2800	1424
天桥岭	29148	8789	8789	2187	1232
白河	42165	14894	14793	52	3173
珲春	31677	19065	19065	1141	5857
吉林省林业厅营林局	**65279**	**38843**	**37073**	**3135**	**4317**
上营	22623	17093	16893	93	1000
辉南	7567	5191	4803	68	1850
长白	4488	999	999	3	265
安图	30601	15560	14378	2971	1202
长白山 *	—	—	—	—	—
龙江集团	**4627722**	**1903009**	**914052**	**11877**	**130023**
牡丹江林业管理局	**1042386**	**384505**	**251749**	**941**	**37755**
大海林	168990	27690	17169	224	4352
柴河	196352	38324	26472	185	6688
东京城	124095	53724	36942	—	5952
穆棱	167411	59622	28115	165	5588
绥阳	153952	103431	90027	—	6683
海林	108910	34712	28602	367	3761
林口	64293	35332	15875	—	2640
八面通	58383	31670	8547	—	2091
合江林业管理局	**735614**	**322966**	**130155**	**577**	**22749**
桦南	100021	46735	5026	27	3039
双鸭山	92578	30201	4247	57	1823
鹤立	46434	28164	11419	20	1635
鹤北	112977	41502	21423	118	5887
东方红	132148	60267	29997	322	6225
迎春	61904	37351	4171	13	2158

企业总产值和销售产值(二)

格计算)　　　　单位:万元

产　值					
产　业					第二产业
产　业				非林产业	合计
木材和竹材采运	经济林产品的种植与采集	花卉及其他观赏植物种植	陆生野生动物繁育与利用		
15340	9062	509	6917	1616	26545
5091	22254	—	2154	—	18246
8872	8092	—	279	—	18804
7429	31170	—	3550	3000	7900
25480	5915	—	4249	9211	24632
92439	**14045**	**—**	**8875**	**3444**	**118580**
6942	—	—	—	—	9510
19434	—	—	—	—	21201
8727	—	—	—	—	16035
8973	—	—	—	—	10969
15378	4795	—	2060	509	8024
7503	6150	—	2466	2834	21772
3926	—	—	—	—	1654
5370	—	—	—	—	7707
10612	782	—	174	101	15407
5574	2318	—	4175	—	6301
23575	**4154**	**80**	**1812**	**1770**	**11993**
15500	200	—	100	200	3500
2243	375	—	267	388	293
259	472	—	—	—	2482
5573	3107	80	1445	1182	5718
—	—	—	—	—	—
2261	**726484**	**48**	**43359**	**988957**	**1401233**
1769	**209116**	**—**	**2168**	**132756**	**272403**
90	12503	—	—	10521	32176
—	19501	—	98	11852	74724
—	30990	—	—	16782	20378
30	22332	—	—	31507	54752
44	83300	—	—	13404	30773
—	22404	—	2070	6110	38005
1605	11630	—	—	19457	11455
—	6456	—	—	23123	10140
—	**99047**	**30**	**7752**	**192811**	**288944**
—	1960	—	—	41709	37530
—	2367	—	—	25954	47462
—	9764	—	—	16745	10321
—	15418	—	—	20079	51483
—	15668	30	7752	30270	45032
—	2000	—	—	33180	12298

国有林区分企业的

（按现行价

企业名称	总 计	企 业 总			
		第 一			
		合 计	涉 林		
			小计	林木育种和育苗	营造林
清河	189552	78746	53872	20	1982
伊春林业管理局	**1728781**	**707789**	**322361**	**2092**	**44407**
双丰	96098	50285	3004	—	3004
铁力	161005	40830	11750	87	1623
桃山	85815	60808	12452	59	2191
朗乡	122302	63522	30811	170	5199
南岔	79612	36839	10198	69	2640
金山屯	85433	37110	16480	—	2592
美溪	92868	17917	6078	806	5272
乌马河	133704	36462	8954	185	612
翠峦	111793	27948	8664	30	3366
友好	194395	101693	33016	44	2657
上甘岭	53916	33514	20805	—	1810
五营	140413	24877	24877	288	1600
红星	81774	40887	40887	8	1517
新青	72163	39758	18853	215	5118
汤旺河	184725	79681	62060	70	2160
乌伊岭	32765	15658	13472	61	3046
松花江林业管理局	**937161**	**455859**	**195727**	**8037**	**23882**
山河屯	103696	35346	5895	84	160
苇河	124142	75182	51110	120	5254
亚布力	132850	72030	51038	6449	2868
方正	119522	49842	24356	146	2787
兴隆	119266	61242	17542	—	2987
绥棱	128460	42184	12806	1005	2040
通北	102990	61800	4952	90	4226
沾河	106235	58233	28028	143	3560
总局直属单位	**183780**	**31890**	**14060**	**230**	**1230**
带岭实验局	183780	31890	14060	230	1230
大兴安岭	**646434**	**325117**	**258650**	**6366**	**111776**
大兴安岭林管局	**625655**	**305506**	**242193**	**6225**	**101100**
松岭	66779	26655	20844	247	10128
新林	113070	54653	46801	320	13081
塔河	87950	56523	41777	438	13884
呼中	74325	34633	26645	610	12589
阿木尔	40061	19772	15675	964	8274
图强	39199	23974	21329	582	8317
西林吉	151858	49847	34634	1001	11470
十八站	22089	16755	14288	801	9297

企业总产值和销售产值(三)

格计算)　　　　单位:万元

产　值					
产　业					第二产业
产　业				非林产业	合计
木材和竹材采运	经济林产品的种植与采集	花卉及其他观赏植物种植	陆生野生动物繁育与利用		
—	51870	—	—	24874	84818
77	**244104**	**18**	**31663**	**385428**	**538585**
—	—	—	—	47281	34455
—	10040	—	—	29080	94430
—	10202	—	—	48356	16505
—	25442	—	—	32711	34955
—	7489	—	—	26641	17571
25	13845	18	—	20630	26831
—	—	—	—	11839	36481
—	8157	—	—	27508	32959
—	5268	—	—	19284	57685
52	30263	—	—	68677	73209
—	18995	—	—	12709	10457
—	22989	—	—	—	46196
—	7699	—	31663	—	22897
—	13520	—	—	20905	10628
—	59830	—	—	17621	14444
—	10365	—	—	2186	8882
415	**161617**	**—**	**1776**	**260132**	**194501**
225	5426	—	—	29451	19059
—	43960	—	1776	24072	20302
—	41721	—	—	20992	16490
190	21233	—	—	25486	40587
—	14555	—	—	43700	17811
—	9761	—	—	29378	48680
—	636	—	—	56848	12923
—	24325	—	—	30205	18649
—	**12600**	**—**	**—**	**17830**	**106800**
—	12600	—	—	17830	106800
—	**120680**	**144**	**19684**	**66467**	**66977**
—	**115040**	**144**	**19684**	**63313**	**66179**
—	6681	—	3788	5811	11039
—	33088	—	312	7852	12204
—	27455	—	—	14746	10938
—	13205	45	196	7988	6996
—	5257	—	1180	4097	9183
—	4731	—	7699	2645	6175
—	17958	30	4175	15213	5517
—	3869	45	276	2467	2697

国有林区分企业的

(按现行价

企业名称	企业总				
	总计	第一			
		合计	涉林		
			小计	林木育种和育苗	营造林
韩家园	30324	22694	20200	1262	14060
大兴安岭营林局	**20779**	**19611**	**16457**	**141**	**10676**
加格达奇	20779	19611	16457	141	10676
四川	**40415**	**36318**	**23710**	**2597**	**19491**
阿坝州林管局	**16933**	**13500**	**13500**	**1468**	**12012**
川西	1788	1468	1468	1468	—
黑水	1595	1515	1515	—	1515
马尔康	2577	1977	1977	—	1977
小金	1657	1523	1523	—	1523
观音桥	1899	1732	1732	—	1732
松潘	1154	1102	1102	—	1102
南坪	4818	2738	2738	—	2718
壤塘	1445	1445	1445	—	1445
甘孜州林管局	**15911**	**15669**	**3061**	**1123**	**1464**
道孚	2700	2700	637	469	38
新龙	2400	2400	398	120	90
丹巴	2600	2600	147	40	2
炉霍	2300	2300	131	30	65
白玉	2800	2800	435	385	35
力邱河	1901	1659	1259	60	1199
翁达	1210	1210	54	19	35
其他地、州林管局	**7571**	**7149**	**7149**	**6**	**6015**
川南	—	—	—	—	—
雷波	501	495	495	—	495
凉北	680	680	680	—	680
夹金山	2266	1850	1850	—	1850
木里	966	966	966	6	960
普威	2030	2030	2030	—	2030
盐边	1128	1128	1128	—	—
云南	**13593**	**4544**	**4544**	**131**	**1588**
云南省林管局	**13593**	**4544**	**4544**	**131**	**1588**
华坪	97	97	97	97	—
碧泉	—	—	—	—	—
黑白水	—	—	—	—	—
中甸 *	—	—	—	—	—
巨甸	359	359	359	34	165
红旗	—	—	—	—	—
云台山	—	—	—	—	—
漾江	—	—	—	—	—

企业总产值和销售产值(四)

格计算) 单位:万元

产值					
产业					第二产业
产业				非林产业	
木材和竹材采运	经济林产品的种植与采集	花卉及其他观赏植物种植	陆生野生动物繁育与利用		合计
—	2796	24	2058	2494	1430
—	**5640**	**—**	**—**	**3154**	**798**
—	5640	—	—	3154	798
1128	**376**	**118**	**—**	**12608**	**18**
—	**20**	**—**	**—**	**—**	**18**
—	—	—	—	—	18
—	—	—	—	—	—
—	—	—	—	—	—
—	—	—	—	—	—
—	—	—	—	—	—
—	—	—	—	—	—
—	20	—	—	—	—
—	—	—	—	—	—
—	**356**	**118**	**—**	**12608**	**—**
—	12	118	—	2063	—
—	188	—	—	2002	—
—	105	—	—	2453	—
—	36	—	—	2169	—
—	15	—	—	2365	—
—	—	—	—	400	—
—	—	—	—	1156	—
1128	**—**	**—**	**—**	**—**	**—**
—	—	—	—	—	—
—	—	—	—	—	—
—	—	—	—	—	—
—	—	—	—	—	—
—	—	—	—	—	—
—	—	—	—	—	—
1128	—	—	—	—	—
2665	**—**	**160**	**—**	**—**	**9020**
2665	**—**	**160**	**—**	**—**	**9020**
—	—	—	—	—	—
—	—	—	—	—	—
—	—	—	—	—	—
—	—	—	—	—	—
—	—	160	—	—	—
—	—	—	—	—	—
—	—	—	—	—	—
—	—	—	—	—	—

国有林区分企业的

（按现行价

企业名称	企业总				
	总计	第一			
		合计	涉林		
			小计	林木育种和育苗	营造林
景东	1791	1791	1791	—	1423
墨江	718	462	462	—	—
卫国	10628	1835	1835	—	—
江边 *	—	—	—	—	—
清水江 *	—	—	—	—	—
南盘江 *	—	—	—	—	—
新平	—	—	—	—	—
宁蒗	—	—	—	—	—
陕西	**47393**	**8874**	**7159**	**521**	**5378**
陕西省林管局	**38042**	**6972**	**5257**	**356**	**4162**
宁西	6665	941	941	92	667
太白	15899	1454	1019	129	879
长青	6217	1808	528	135	393
宁东	5207	1658	1658	—	1331
汉西	2370	767	767	—	548
龙草坪	1684	344	344	—	344
陕西省营林局	**9351**	**1902**	**1902**	**165**	**1216**
马头滩	7242	1593	1593	165	907
辛家山	2109	309	309	—	309
甘肃	**76559**	**49013**	**48965**	**4996**	**43104**
甘肃省林管局	**44499**	**24389**	**24387**	**1757**	**22528**
舟曲	9144	4024	4022	87	3833
迭部	14708	8415	8415	745	7670
洮河	15076	9251	9251	855	8396
白水江	5571	2699	2699	70	2629
甘肃省营林局	**32060**	**24624**	**24578**	**3239**	**20576**
小陇山	32060	24624	24578	3239	20576
青海	—	—	—	—	—
青海省林管局	—	—	—	—	—
玛可河 *	—	—	—	—	—
新疆	**52346**	**38588**	**34833**	**12566**	**21527**
新疆维吾尔自治区林管局	**37656**	**25774**	**22629**	**8468**	**13487**
天山西部	15838	7036	4151	1118	2638
阿尔泰山	21818	18738	18478	7350	10849
新疆维吾尔自治区营林局	**14690**	**12814**	**12204**	**4098**	**8040**
天山东部	14690	12814	12204	4098	8040

企业总产值和销售产值(五)

格计算)　　　　单位:万元

产　值					
产　业					第二产业
产　业				非林产业	合计
木材和竹材采运	经济林产品的种植与采集	花卉及其他观赏植物种植	陆生野生动物繁育与利用		
368	—	—	—	—	—
462	—	—	—	—	232
1835	—	—	—	—	8788
—	—	—	—	—	—
—	—	—	—	—	—
—	—	—	—	—	—
—	—	—	—	—	—
—	—	—	—	—	—
665	**79**	**316**	**200**	**1715**	**17461**
144	**79**	**316**	**200**	**1715**	**12191**
59	10	—	113	—	1156
—	11	—	—	435	9316
—	—	—	—	1280	1707
11	—	316	—	—	12
74	58	—	87	—	—
—	—	—	—	—	—
521	**—**	**—**	**—**	**—**	**5270**
521	—	—	—	—	4170
—	—	—	—	—	1100
383	**482**	**—**	**—**	**48**	**3619**
—	**102**	**—**	**—**	**2**	**3619**
—	102	—	—	2	1021
—	—	—	—	—	866
—	—	—	—	—	653
—	—	—	—	—	1079
383	**380**	**—**	**—**	**46**	**—**
383	380	—	—	46	—
—	**—**	**—**	**—**	**—**	**—**
—	**—**	**—**	**—**	**—**	**—**
—	—	—	—	—	—
537	**137**	**—**	**66**	**3755**	**24**
537	**137**	**—**	**—**	**3145**	**24**
258	137	—	—	2885	—
279	—	—	—	260	24
—	**—**	**—**	**66**	**610**	**—**
—	—	—	66	610	—

国有林区分企业的

（按现行价

企业名称	企业总					
	第二					
	涉林					
	小计	木材加工和木、竹、藤、棕、苇制品制造	木、竹、藤家具制造	木、竹、苇浆造纸和纸制品	林产化学产品制造	木质工艺品和木质文教体育用品制造
全国合计	**600723**	**347019**	**74691**	**487**	**12106**	**8510**
其中：东北、内蒙古重点国有林区 87 个森工企业	586097	332418	74691	487	12106	8510
内蒙古	**3985**	**100**	**—**	**—**	**—**	**—**
内蒙古集团林管局	**3885**	**—**	**—**	**—**	**—**	**—**
阿尔山	360	—	—	—	—	—
绰尔	—	—	—	—	—	—
绰源	—	—	—	—	—	—
乌尔旗汉	—	—	—	—	—	—
库都尔	—	—	—	—	—	—
图里河	1455	—	—	—	—	—
伊图里河	—	—	—	—	—	—
克一河	2070	—	—	—	—	—
甘河	—	—	—	—	—	—
吉文	—	—	—	—	—	—
阿里河	—	—	—	—	—	—
根河	—	—	—	—	—	—
金河	—	—	—	—	—	—
阿龙山	—	—	—	—	—	—
满归	—	—	—	—	—	—
得耳布尔	—	—	—	—	—	—
莫尔道嘎	—	—	—	—	—	—
内蒙古集团营林局	**—**	**—**	**—**	**—**	**—**	**—**
大杨树	—	—	—	—	—	—
毕拉河	—	—	—	—	—	—
内蒙古林业厅营林局	**100**	**100**	**—**	**—**	**—**	**—**
免渡河	—	—	—	—	—	—
乌奴尔	—	—	—	—	—	—
巴林	100	100	—	—	—	—
南木	—	—	—	—	—	—
红花尔基	—	—	—	—	—	—
柴河	—	—	—	—	—	—
五岔沟	—	—	—	—	—	—
白狼	—	—	—	—	—	—
吉林	**109837**	**84626**	**5396**	**—**	**1552**	**—**
吉林集团林管局	**84654**	**62507**	**5396**	**—**	**—**	**—**
临江	21975	4545	3979	—	—	—
三岔子	6363	5827	536	—	—	—
湾沟	610	610	—	—	—	—

企业总产值和销售产值(六)

格计算)　　单位:万元

产　值							
产　业			第三产业				企业销售产值
产　业		非林产业	合　计	其中:林业生产服务	林业旅游与休闲服务	林业公共管理及其他组织服务	
非木质林产品加工制造业	其他						
87343	**70567**	**1383161**	**2352891**	**68477**	**689725**	**128677**	**3203395**
87343	70542	1355552	2265960	52701	680253	104235	3152470
—	**3885**	**138990**	**328246**	**1841**	**71239**	**4069**	**61224**
—	**3885**	**132063**	**306609**	**—**	**68179**	**—**	**56637**
—	360	3202	54193	—	44568	—	23
—	—	27215	12404	—	660	—	4071
—	—	2875	9305	—	365	—	1798
—	—	16191	16690	—	541	—	5390
—	—	11801	10193	—	—	—	4223
—	1455	7717	10970	—	543	—	2208
—	—	1337	8045	—	—	—	1287
—	2070	1514	13782	—	375	—	2765
—	—	1990	21431	—	—	—	2414
—	—	3250	12785	—	—	—	2963
—	—	19100	12534	—	1262	—	3661
—	—	18165	26683	—	7517	—	5623
—	—	886	13229	—	402	—	3632
—	—	1102	15957	—	—	—	3287
—	—	2108	17509	—	1143	—	4811
—	—	4750	18378	—	466	—	3000
—	—	8860	32521	—	10337	—	5481
—	**—**	**6927**	**11976**	**—**	**1583**	**—**	**858**
—	—	369	4474	—	—	—	493
—	—	6558	7502	—	1583	—	365
—	**—**	**—**	**9661**	**1841**	**1477**	**4069**	**3729**
—	—	—	1056	24	—	290	188
—	—	—	230	50	—	—	1370
—	—	—	168	28	—	89	31
—	—	—	1246	—	—	1205	—
—	—	—	1719	155	144	380	—
—	—	—	809	201	208	180	2140
—	—	—	1950	—	25	1925	—
—	—	—	2483	1383	1100	—	—
14911	**3352**	**232720**	**383998**	**35777**	**28401**	**51905**	**804759**
14751	**2000**	**127330**	**239308**	**19515**	**18528**	**21803**	**503307**
13451	—	—	50057	5770	10443	13000	9728
—	—	8889	46648	3432	351	416	83169
—	—	78020	7680	3800	30	3850	66797

国有林区分企业的

（按现行价

企业名称	企 业 总					
	第 二					
	涉 林					
	小 计	木材加工和木、竹、藤、棕、苇制品制造	木、竹、藤家具制造	木、竹、苇浆造纸和纸制品	林产化学产品制造	木质工艺品和木质文教体育用品制造
松江河	26545	26545	—	—	—	—
泉阳	—	—	—	—	—	—
露水河	16063	15063	—	—	—	—
白石山	2900	—	600	—	—	—
红石	10198	9917	281	—	—	—
长白山森工集团	**19730**	**16691**	**—**	**—**	**1552**	**—**
黄泥河	413	253	—	—	—	—
敦化	2035	2035	—	—	—	—
大石头	690	690	—	—	—	—
八家子	—	—	—	—	—	—
和龙	1009	1009	—	—	—	—
汪清	10502	8950	—	—	1552	—
大兴沟	842	842	—	—	—	—
天桥岭	709	460	—	—	—	—
白河	3229	2452	—	—	—	—
珲春	301	—	—	—	—	—
吉林省林业厅营林局	**5453**	**5428**	**—**	**—**	**—**	**—**
上营	3500	3500	—	—	—	—
辉南	—	—	—	—	—	—
长白	261	261	—	—	—	—
安图	1692	1667	—	—	—	—
长白山 *	—	—	—	—	—	—
龙江集团	**418061**	**245957**	**68119**	**487**	**—**	**8510**
牡丹江林业管理局	**120577**	**109618**	**1822**	**—**	**—**	**272**
大海林	7970	7970	—	—	—	—
柴河	44931	33972	1822	—	—	272
东京城	5654	5654	—	—	—	—
穆棱	26401	26401	—	—	—	—
绥阳	15141	15141	—	—	—	—
海林	15100	15100	—	—	—	—
林口	3000	3000	—	—	—	—
八面通	2380	2380	—	—	—	—
合江林业管理局	**70546**	**13819**	**5928**	**—**	**—**	**5624**
桦南	1664	1664	—	—	—	—
双鸭山	400	400	—	—	—	—
鹤立	3191	360	—	—	—	200
鹤北	10168	3062	4284	—	—	—
东方红	4000	2347	87	—	—	74
迎春	1600	1600	—	—	—	—

企业总产值和销售产值(七)

格计算)　　　　　　　　　　　　　　　　　　　　　　　单位:万元

产　值							
产　业			第三产业				企业销售产值
产　业		非林产业	合　计	其中:林业生产服务	林业旅游与休闲服务	林业公共管理及其他组织服务	
非木质林产品加工制造业	其他						
—	—	—	39984	2823	1526	—	72453
—	—	18246	18146	—	4300	—	65286
1000	—	2741	19647	1648	786	2164	50885
300	2000	5000	35600	1600	1000	—	80599
—	—	14434	21546	442	92	2373	74390
160	**1327**	**98850**	**130247**	**15114**	**8427**	**27446**	**265556**
160	—	9097	33063	159	—	957	51892
—	—	19166	17110	88	198	1775	57411
—	—	15345	10110	—	210	2410	37071
—	—	10969	4288	3270	40	978	25196
—	—	7015	20084	46	—	892	17054
—	—	11270	11750	—	5	8583	13544
—	—	812	3015	130	—	2885	11022
—	249	6998	12652	5752	—	6900	16121
—	777	12178	11864	1208	7680	785	25300
—	301	6000	6311	4461	294	1281	10945
—	**25**	**6540**	**14443**	**1148**	**1446**	**2656**	**35896**
—	—	—	2030	—	10	2020	13000
—	—	293	2083	67	1436	454	4201
—	—	2221	1007	—	—	—	5918
—	25	4026	9323	1081	—	182	12777
—	—	—	—	—	—	—	—
32278	**62710**	**983172**	**1323480**	**11760**	**445882**	**23387**	**2068104**
7897	**968**	**151826**	**385478**	**1344**	**95255**	**—**	**550017**
—	—	24206	109124	—	53742	—	97484
7897	968	29793	83304	1159	17003	—	109
—	—	14724	49993	61	6600	—	124095
—	—	28351	53037	—	3500	—	142100
—	—	15632	19748	59	3000	—	15652
—	—	22905	36193	44	5850	—	76237
—	—	8455	17506	21	3300	—	48220
—	—	7760	16573	—	2260	—	46120
17553	**27622**	**218398**	**123704**	**8515**	**29549**	**—**	**514110**
—	—	35866	15756	—	3000	—	96693
—	—	47062	14915	20	4800	—	55547
401	2230	7130	7949	412	2600	—	27860
—	2822	41315	19992	1059	4288	—	82303
1492	—	41032	26849	893	5306	—	68769
—	—	10698	12255	5951	1650	—	23704

国有林区分企业的

（按现行价

企业名称	企业总					
	第二					
	涉林					
	小计	木材加工和木、竹、藤、棕、苇制品制造	木、竹、藤家具制造	木、竹、苇浆造纸和纸制品	林产化学产品制造	木质工艺品和木质文教体育用品制造
清河	49523	4386	1557	—	—	5350
伊春林业管理局	**132965**	**45537**	**51679**	**487**	**—**	**2614**
双丰	26625	3060	22400	77	—	—
铁力	2077	1129	948	—	—	—
桃山	2039	2039	—	—	—	—
朗乡	11149	928	—	—	—	—
南岔	5209	—	5209	—	—	—
金山屯	9720	980	8740	—	—	—
美溪	11739	10688	1051	—	—	—
乌马河	16016	1883	705	—	—	1450
翠峦	9537	7737	1800	—	—	—
友好	3196	2471	725	—	—	—
上甘岭	8018	7656	362	—	—	—
五营	2402	1060	842	410	—	90
红星	5348	5348	—	—	—	—
新青	7128	—	5000	—	—	1074
汤旺河	12694	558	3829	—	—	—
乌伊岭	68	—	68	—	—	—
松花江林业管理局	**81673**	**66383**	**7790**	**—**	**—**	**—**
山河屯	7000	5500	—	—	—	—
苇河	10822	10200	—	—	—	—
亚布力	10085	10085	—	—	—	—
方正	8974	8974	—	—	—	—
兴隆	14405	9027	—	—	—	—
绥棱	13224	5944	7280	—	—	—
通北	10248	10248	—	—	—	—
沾河	6915	6405	510	—	—	—
总局直属单位	**12300**	**10600**	**900**	**—**	**—**	**—**
带岭实验局	12300	10600	900	—	—	—
大兴安岭	**59767**	**7263**	**1176**	**—**	**10554**	**—**
大兴安岭林管局	**58969**	**7263**	**1176**	**—**	**10554**	**—**
松岭	11039	531	—	—	—	—
新林	7222	1044	—	—	367	—
塔河	10517	409	496	—	2992	—
呼中	6908	1825	680	—	198	—
阿木尔	9183	226	—	—	1924	—
图强	4506	600	—	—	2866	—
西林吉	5467	1085	—	—	2131	—
十八站	2697	1543	—	—	40	—

企业总产值和销售产值(八)

格计算)　　　　单位:万元

产值							
产业			第三产业				企业销售产值
产业		非林产业	合计	其中:林业生产服务	林业旅游与休闲服务	林业公共管理及其他组织服务	
非木质林产品加工制造业	其他						
15660	22570	35295	25988	180	7905	—	159234
6028	**26620**	**405620**	**482407**	**—**	**220205**	**—**	**847764**
—	1088	7830	11358	—	5204	—	—
—	—	92353	25745	—	15565	—	133690
—	—	14466	8502	—	4771	—	71705
—	10221	23806	23825	—	20825	—	85611
—	—	12362	25202	—	17700	—	—
—	—	17111	21492	—	15950	—	55531
—	—	24742	38470	—	15260	—	—
6028	5950	16943	64283	—	4056	—	113648
—	—	48148	26160	—	8903	—	—
—	—	70013	19493	—	4815	—	184677
—	—	2439	9945	—	9945	—	—
—	—	43794	69340	—	42082	—	—
—	—	17549	17990	—	6224	—	—
—	1054	3500	21777	—	11232	—	36650
—	8307	1750	90600	—	37673	—	166252
—	—	8814	8225	—	—	—	—
—	**7500**	**112828**	**286801**	**1901**	**79170**	**—**	**—**
—	1500	12059	49291	—	34500	—	—
—	622	9480	28658	168	6138	—	—
—	—	6405	44330	—	17417	—	—
—	—	31613	29093	283	6015	—	—
—	5378	3406	40213	—	4900	—	—
—	—	35456	37596	1450	3800	—	—
—	—	2675	28267	—	2500	—	—
—	—	11734	29353	—	3900	—	—
800	**—**	**94500**	**45090**	**—**	**21703**	**23387**	**156213**
800	—	94500	45090	—	21703	23387	156213
40154	**620**	**7210**	**254340**	**6312**	**137654**	**31599**	**258008**
39356	**620**	**7210**	**253970**	**6312**	**137544**	**31339**	**248416**
10508	—	—	29085	313	15600	1351	23138
5811	—	4982	46213	—	7563	11592	50875
6000	620	421	20489	1100	6500	3201	46481
4205	—	88	32696	—	15870	6256	27524
7033	—	—	11106	1596	—	1995	18207
1040	—	1669	9050	1003	2800	3193	23904
2251	—	50	96494	—	86810	1871	38742
1114	—	—	2637	—	700	1048	10032

国有林区分企业的

(按现行价

企业名称	企业总					
	第二					
	涉林					
	小计	木材加工和木、竹、藤、棕、苇制品制造	木、竹、藤家具制造	木、竹、苇浆造纸和纸制品	林产化学产品制造	木质工艺品和木质文教体育用品制造
韩家园	1430	—	—	—	36	—
大兴安岭营林局	**798**	**—**	**—**	**—**	**—**	**—**
加格达奇	798	—	—	—	—	—
四川	**—**	**—**	**—**	**—**	**—**	**—**
阿坝州林管局	**—**	**—**	**—**	**—**	**—**	**—**
川西	—	—	—	—	—	—
黑水	—	—	—	—	—	—
马尔康	—	—	—	—	—	—
小金	—	—	—	—	—	—
观音桥	—	—	—	—	—	—
松潘	—	—	—	—	—	—
南坪	—	—	—	—	—	—
壤塘	—	—	—	—	—	—
甘孜州林管局	**—**	**—**	**—**	**—**	**—**	**—**
道孚	—	—	—	—	—	—
新龙	—	—	—	—	—	—
丹巴	—	—	—	—	—	—
炉霍	—	—	—	—	—	—
白玉	—	—	—	—	—	—
力邱河	—	—	—	—	—	—
翁达	—	—	—	—	—	—
其他地、州林管局	**—**	**—**	**—**	**—**	**—**	**—**
川南	—	—	—	—	—	—
雷波	—	—	—	—	—	—
凉北	—	—	—	—	—	—
夹金山	—	—	—	—	—	—
木里	—	—	—	—	—	—
普威	—	—	—	—	—	—
盐边	—	—	—	—	—	—
云南	**9020**	**9020**	**—**	**—**	**—**	**—**
云南省林管局	**9020**	**9020**	**—**	**—**	**—**	**—**
华坪	—	—	—	—	—	—
碧泉	—	—	—	—	—	—
黑白水	—	—	—	—	—	—
中甸 *	—	—	—	—	—	—
巨甸	—	—	—	—	—	—
红旗	—	—	—	—	—	—
云台山	—	—	—	—	—	—
漾江	—	—	—	—	—	—

企业总产值和销售产值(九)

格计算)　　　　单位:万元

产值								
产业			第三产业				企业销售产值
产业		非林产业	合计	其中:林业生产服务	林业旅游与休闲服务	林业公共管理及其他组织服务	
非木质林产品加工制造业	其他						
1394	—	—	6200	2300	1701	832	9513
798	**—**	**—**	**370**	**—**	**110**	**260**	**9592**
798	—	—	370	—	110	260	9592
—	**—**	**18**	**4079**	**—**	**1026**	**239**	**206**
—	**—**	**18**	**3415**	**—**	**626**	**233**	**—**
—	—	18	302	—	—	—	—
—	—	—	80	—	14	66	—
—	—	—	600	—	460	—	—
—	—	—	134	—	—	—	—
—	—	—	167	—	—	167	—
—	—	—	52	—	52	—	—
—	—	—	2080	—	100	—	—
—	—	—	—	—	—	—	—
—	**—**	**—**	**242**	**—**	**240**	**—**	**206**
—	—	—	—	—	—	—	—
—	—	—	—	—	—	—	—
—	—	—	—	—	—	—	—
—	—	—	—	—	—	—	—
—	—	—	—	—	—	—	206
—	—	—	242	—	240	—	—
—	—	—	—	—	—	—	—
—	**—**	**—**	**422**	**—**	**160**	**6**	**—**
—	—	—	—	—	—	—	—
—	—	—	6	—	—	6	—
—	—	—	—	—	—	—	—
—	—	—	416	—	160	—	—
—	—	—	—	—	—	—	—
—	—	—	—	—	—	—	—
—	—	—	—	—	—	—	—
—	**—**	**—**	**29**	**24**	**5**	**—**	**10130**
—	**—**	**—**	**29**	**24**	**5**	**—**	**10130**
—	—	—	—	—	—	—	—
—	—	—	—	—	—	—	77
—	—	—	—	—	—	—	—
—	—	—	—	—	—	—	—
—	—	—	—	—	—	—	27
—	—	—	—	—	—	—	—
—	—	—	—	—	—	—	—
—	—	—	—	—	—	—	—

国有林区分企业的

（按现行价

企业名称	企业总					
	第二					
	涉林					
	小计	木材加工和木、竹、藤、棕、苇制品制造	木、竹、藤家具制造	木、竹、苇浆造纸和纸制品	林产化学产品制造	木质工艺品和木质文教体育用品制造
景东	—	—	—	—	—	—
墨江	232	232	—	—	—	—
卫国	8788	8788	—	—	—	—
江边 *	—	—	—	—	—	—
清水江 *	—	—	—	—	—	—
南盘江 *	—	—	—	—	—	—
新平	—	—	—	—	—	—
宁蒗	—	—	—	—	—	—
陕西	**—**	**—**	**—**	**—**	**—**	**—**
陕西省林管局	**—**	**—**	**—**	**—**	**—**	**—**
宁西	—	—	—	—	—	—
太白	—	—	—	—	—	—
长青	—	—	—	—	—	—
宁东	—	—	—	—	—	—
汉西	—	—	—	—	—	—
龙草坪	—	—	—	—	—	—
陕西省营林局	**—**	**—**	**—**	**—**	**—**	**—**
马头滩	—	—	—	—	—	—
辛家山	—	—	—	—	—	—
甘肃	**53**	**53**	**—**	**—**	**—**	**—**
甘肃省林管局	**53**	**53**	**—**	**—**	**—**	**—**
舟曲	53	53	—	—	—	—
迭部	—	—	—	—	—	—
洮河	—	—	—	—	—	—
白水江	—	—	—	—	—	—
甘肃省营林局	**—**	**—**	**—**	**—**	**—**	**—**
小陇山	—	—	—	—	—	—
青海	**—**	**—**	**—**	**—**	**—**	**—**
青海省林管局	**—**	**—**	**—**	**—**	**—**	**—**
玛可河 *	—	—	—	—	—	—
新疆	**—**	**—**	**—**	**—**	**—**	**—**
新疆维吾尔自治区林管局	**—**	**—**	**—**	**—**	**—**	**—**
天山西部	—	—	—	—	—	—
阿尔泰山	—	—	—	—	—	—
新疆维吾尔自治区营林局	**—**	**—**	**—**	**—**	**—**	**—**
天山东部	—	—	—	—	—	—

企业总产值和销售产值(十)

格计算) 单位:万元

产值							
产业			第三产业				企业销售产值
产业		非林产业	合计	其中:林业生产服务	林业旅游与休闲服务	林业公共管理及其他组织服务	
非木质林产品加工制造业	其他						
—	—	—	—	—	—	—	373
—	—	—	24	24	—	—	—
—	—	—	5	—	5	—	9653
—	—	—	—	—	—	—	—
—	—	—	—	—	—	—	—
—	—	—	—	—	—	—	—
—	—	—	—	—	—	—	—
—	—	—	—	—	—	—	—
—	**—**	**17461**	**21058**	**62**	**2007**	**15**	**—**
—	**—**	**12191**	**18879**	**62**	**193**	**—**	**—**
—	—	1156	4568	2	101	—	—
—	—	9316	5129	18	—	—	—
—	—	1707	2702	2	—	—	—
—	—	12	3537	32	92	—	—
—	—	—	1603	2	—	—	—
—	—	—	1340	6	—	—	—
—	**—**	**5270**	**2179**	**—**	**1814**	**15**	**—**
—	—	4170	1479	—	1464	15	—
—	—	1100	700	—	350	—	—
—	**—**	**3566**	**23927**	**7021**	**2246**	**12269**	**—**
—	**—**	**3566**	**16491**	**759**	**1072**	**12269**	**—**
—	—	968	4099	13	8	2431	—
—	—	866	5427	412	121	4351	—
—	—	653	5172	332	771	4009	—
—	—	1079	1793	2	172	1478	—
—	**—**	**—**	**7436**	**6262**	**1174**	**—**	**—**
—	—	—	7436	6262	1174	—	—
—	**—**	**—**	**—**	**—**	**—**	**—**	**—**
—	**—**	**—**	**—**	**—**	**—**	**—**	**—**
—	—	—	—	—	—	—	—
—	**—**	**24**	**13734**	**5680**	**1265**	**5194**	**964**
—	**—**	**24**	**11858**	**5680**	**437**	**4609**	**258**
—	—	—	8802	5448	351	1996	258
—	—	24	3056	232	86	2613	—
—	**—**	**—**	**1876**	**—**	**828**	**585**	**706**
—	—	—	1876	—	828	585	706

国有林区主

指标名称	计量单位
一、商品材产量	**立方米**
1. 原木	立方米
2. 薪材	立方米
按来源分：	
1. 天然林	立方米
2. 人工林	立方米
按用途分：	
1. 直接用原木	立方米
2. 加工用材	立方米
3. 造纸用材	立方米
4. 其他	立方米
二、木材销售量	**立方米**
三、木材实际库存量	**立方米**
四、锯材产量	**立方米**
五、人造板产量	**立方米**
其中：胶合板	立方米
纤维板	立方米
刨花板	立方米
六、木片、木粒加工产品产量	**实积立方米**
七、木地板	**平方米**
八、卫生筷子	**标准箱**

要产品产量

合计	东北、内蒙古重点国有林区 87 个森工企业
1949166	**1790992**
1918953	1764347
30213	26645
1745261	1632258
203905	158734
315230	253790
1135682	1054125
29773	29773
468481	453304
2359633	**2048957**
581349	**539261**
354318	**313236**
253412	**189303**
58143	36554
107458	69577
29455	28455
7494	**7494**
1172531	**1172531**
788854	**788854**

国有林区分企业

企业名称	商品材产量								
	合 计	原 木	薪 材	按来源分		按用途分			
				天然林	人工林	直接用原木	加工用材	造纸用材	其他
全国合计	**1949166**	**1918953**	**30213**	**1745261**	**203905**	**315230**	**1135682**	**29773**	**468481**
其中:东北、内蒙古重点国有林区 87 个森工企业	1790992	1764347	26645	1632258	158734	253790	1054125	29773	453304
内蒙古	**799895**	**779940**	**19955**	**724211**	**75684**	**164500**	**200814**	**25981**	**408600**
内蒙古集团林管局	**772634**	**752679**	**19955**	**700458**	**72176**	**160095**	**185873**	**25981**	**400685**
阿尔山	—	—	—	—	—	—	—	—	—
绰尔	60263	60263	—	59817	446	32005	418	—	27840
绰源	27400	27400	—	27400	—	—	—	269	27131
乌尔旗汉	65986	63623	2363	63324	2662	25896	37087	2363	640
库都尔	33193	32802	391	29164	4029	4333	11850	391	16619
图里河	29757	29757	—	29142	615	4708	3576	—	21473
伊图里河	16799	16699	100	16298	501	—	3765	100	12934
克一河	32256	29978	2278	31888	368	504	917	2278	28557
甘河	40307	38978	1329	40307	—	20684	1435	1329	16859
吉文	28578	26358	2220	28578	—	—	6987	2220	19371
阿里河	45309	44873	436	44485	824	12819	7604	436	24450
根河	81371	81371	—	76315	5056	29506	7892	6816	37157
金河	74486	74486	—	74486	—	22561	25088	5749	21088
阿龙山	49280	47394	1886	49280	—	7079	5682	1886	34633
满归	57675	57675	—	—	57675	—	2084	238	55353
得耳布尔	39743	39743	—	39743	—	—	20722	659	18362
莫尔道嘎	90231	81279	8952	90231	—	—	50766	1247	38218
内蒙古集团营林局	**7099**	**7099**	**—**	**3591**	**3508**	**346**	**—**	**—**	**6753**
大杨树	3745	3745	—	237	3508	50	—	—	3695
毕拉河	3354	3354	—	3354	—	296	—	—	3058
内蒙古林业厅营林局	**20162**	**20162**	**—**	**20162**	**—**	**4059**	**14941**	**—**	**1162**
免渡河	9532	9532	—	9532	—	4059	4311	—	1162
乌奴尔	—	—	—	—	—	—	—	—	—
巴林	660	660	—	660	—	—	660	—	—
南木	—	—	—	—	—	—	—	—	—
红花尔基	—	—	—	—	—	—	—	—	—
柴河	9970	9970	—	9970	—	—	9970	—	—
五岔沟	—	—	—	—	—	—	—	—	—
白狼	—	—	—	—	—	—	—	—	—
吉林	**1048831**	**1045972**	**2859**	**996199**	**52632**	**69052**	**930460**	**65**	**49254**
吉林集团林管局	**419635**	**417407**	**2228**	**372393**	**47242**	**16629**	**374033**	**—**	**28973**
临江	46856	45575	1281	46856	—	7502	38073	—	1281
三岔子	69865	69865	—	67445	2420	4805	60976	—	4084

的主要产品产量(一)

单位:立方米

木材销售量	木材实际库存量	锯材产量	人造板产量				木片、木粒加工产品产量(实积立方米)	木地板(平方米)	卫生筷子(标准箱)
			合计	其中					
				胶合板	纤维板	刨花板			
2359633	**581349**	**354318**	**253412**	**58143**	**107458**	**29455**	**7494**	**1172531**	**788854**
2048957	539261	313236	189303	36554	69577	28455	7494	1172531	788854
765139	**473721**	**—**	**1000**	**—**	**—**	**1000**	**—**	**—**	**—**
713258	**447516**	**—**	**—**	**—**	**—**	**—**	**—**	**—**	**—**
251	1060	—	—	—	—	—	—	—	—
52494	64878	—	—	—	—	—	—	—	—
19097	14972	—	—	—	—	—	—	—	—
88867	10245	—	—	—	—	—	—	—	—
33463	12774	—	—	—	—	—	—	—	—
29384	15455	—	—	—	—	—	—	—	—
16109	4695	—	—	—	—	—	—	—	—
32007	13716	—	—	—	—	—	—	—	—
34655	35072	—	—	—	—	—	—	—	—
39059	3030	—	—	—	—	—	—	—	—
38173	26406	—	—	—	—	—	—	—	—
69722	29385	—	—	—	—	—	—	—	—
48361	90569	—	—	—	—	—	—	—	—
44308	33893	—	—	—	—	—	—	—	—
58298	25525	—	—	—	—	—	—	—	—
30488	12018	—	—	—	—	—	—	—	—
78522	53823	—	—	—	—	—	—	—	—
11305	**1**	**—**	**—**	**—**	**—**	**—**	**—**	**—**	**—**
6715	—	—	—	—	—	—	—	—	—
4590	1	—	—	—	—	—	—	—	—
40576	**26204**	**—**	**1000**	**—**	**—**	**1000**	**—**	**—**	**—**
2838	16976	—	—	—	—	—	—	—	—
17842	4158	—	—	—	—	—	—	—	—
660	—	—	1000	—	—	1000	—	—	—
—	—	—	—	—	—	—	—	—	—
—	—	—	—	—	—	—	—	—	—
19236	5070	—	—	—	—	—	—	—	—
—	—	—	—	—	—	—	—	—	—
—	—	—	—	—	—	—	—	—	—
1472367	**73752**	**70409**	**69958**	**570**	**64267**	**—**	**1025**	**1050000**	**—**
464819	**25167**	**8000**	**51141**	**—**	**47267**	**—**	**—**	**—**	**—**
57296	1216	—	—	—	—	—	—	—	—
79669	—	929	3874	—	—	—	—	—	—

企业名称	商品材产量								
	合计	原木	薪材	按来源分		按用途分			
				天然林	人工林	直接用原木	加工用材	造纸用材	其他
湾沟	19549	19549	—	18535	1014	1014	12198	—	6337
松江河	57637	57258	379	50594	7043	—	51453	—	6184
泉阳	25414	25394	20	25414	—	721	24693	—	—
露水河	40872	40872	—	40872	—	47	34458	—	6367
白石山	36242	35694	548	—	36242	1884	33810	—	548
红石	123200	123200	—	122677	523	656	118372	—	4172
长白山森工集团	**551489**	**550858**	**631**	**546469**	**5020**	**44910**	**489811**	**65**	**16703**
黄泥河	39132	39132	—	39073	59	6442	31959	—	731
敦化	82891	82891	—	82126	765	—	80078	—	2813
大石头	61452	61410	42	60714	738	6291	53623	—	1538
八家子	61267	60678	589	61266	1	6421	54192	65	589
和龙	101764	101764	—	101699	65	—	101764	—	—
汪清	51836	51836	—	51836	—	8336	43000	—	500
大兴沟	26821	26821	—	23429	3392	9126	17695	—	—
天桥岭	42247	42247	—	42247	—	5707	34015	—	2525
白河	57267	57267	—	57267	—	418	48842	—	8007
珲春	26812	26812	—	26812	—	2169	24643	—	—
吉林省林业厅营林局	**77707**	**77707**	**—**	**77337**	**370**	**7513**	**66616**	**—**	**3578**
上营	36269	36269	—	36174	95	—	36269	—	—
辉南	7513	7513	—	7238	275	7513	—	—	—
长白	3766	3766	—	3766	—	—	3766	—	—
安图	30159	30159	—	30159	—	—	26581	—	3578
长白山 *	—	—	—	—	—	—	—	—	—
龙江集团	**40135**	**36304**	**3831**	**9347**	**30788**	**31810**	**4408**	**3727**	**190**
牡丹江林业管理局	**31340**	**31336**	**4**	**1018**	**30322**	**31250**	**—**	**—**	**90**
大海林	1018	1018	—	1018	—	1018	—	—	—
柴河	—	—	—	—	—	—	—	—	—
东京城	—	—	—	—	—	—	—	—	—
穆棱	836	836	—	—	836	836	—	—	—
绥阳	358	354	4	—	358	268	—	—	90
海林	—	—	—	—	—	—	—	—	—
林口	29128	29128	—	—	29128	29128	—	—	—
八面通	—	—	—	—	—	—	—	—	—
合江林业管理局	**—**	**—**	**—**	**—**	**—**	**—**	**—**	**—**	**—**
桦南	—	—	—	—	—	—	—	—	—
双鸭山	—	—	—	—	—	—	—	—	—
鹤立	—	—	—	—	—	—	—	—	—
鹤北	—	—	—	—	—	—	—	—	—

的主要产品产量(二)

单位:立方米

木材销售量	木材实际库存量	锯材产量	人造板产量				木片、木粒加工产品产量(实积立方米)	木地板(平方米)	卫生筷子(标准箱)
			合计	其中					
				胶合板	纤维板	刨花板			
34540	2370	1750	—	—	—	—	—	—	—
65696	757	—	—	—	—	—	—	—	—
32018	468	—	—	—	—	—	—	—	—
41838	—	343	—	—	—	—	—	—	—
39657	—	—	—	—	—	—	—	—	—
114105	20356	4978	47267	—	47267	—	—	—	—
801836	**48585**	**22277**	**18247**	**—**	**17000**	**—**	**1025**	**1050000**	**—**
51080	—	900	—	—	—	—	1025	—	—
124285	—	6904	—	—	—	—	—	—	—
96980	—	1261	—	—	—	—	—	—	—
75664	—	—	—	—	—	—	—	—	—
112312	9823	—	—	—	—	—	—	—	—
91147	—	—	17000	—	17000	—	—	1050000	—
47888	—	4015	—	—	—	—	—	—	—
65090	—	2421	—	—	—	—	—	—	—
92483	31337	6776	1247	—	—	—	—	—	—
44907	7425	—	—	—	—	—	—	—	—
205712	**—**	**40132**	**570**	**570**	**—**	**—**	**—**	**—**	**—**
67000	—	35000	—	—	—	—	—	—	—
25382	—	—	—	—	—	—	—	—	—
42874	—	—	—	—	—	—	—	—	—
70456	—	5132	570	570	—	—	—	—	—
—	—	—	—	—	—	—	—	—	—
46272	**17992**	**272884**	**119096**	**36366**	**5310**	**28455**	**5500**	**118531**	**617858**
37901	**17568**	**113542**	**41060**	**1946**	**—**	**20722**	**700**	**99276**	**440312**
1018	—	6000	31	31	—	—	700	—	—
1748	—	76108	10377	1565	—	—	—	—	—
—	—	4000	430	350	—	—	—	—	41500
836	—	2650	30222	—	—	20722	—	59276	18812
358	—	16300	—	—	—	—	—	—	380000
—	—	—	—	—	—	—	—	—	—
33941	17568	8484	—	—	—	—	—	40000	—
—	—	—	—	—	—	—	—	—	—
—	**—**	**20511**	**5850**	**1900**	**—**	**—**	**—**	**—**	**92460**
—	—	—	—	—	—	—	—	—	32460
—	—	3076	—	—	—	—	—	—	—
—	—	2000	1000	1000	—	—	—	—	—
—	—	3100	—	—	—	—	—	—	60000

企业名称	商品材产量								
	合 计	原 木	薪 材	按来源分		按用途分			
				天然林	人工林	直接用原木	加工用材	造纸用材	其他
东方红	—	—	—	—	—	—	—	—	—
迎春	—	—	—	—	—	—	—	—	—
清河	—	—	—	—	—	—	—	—	—
伊春林业管理局	**1865**	**1719**	**146**	**1865**	**—**	**560**	**1159**	**46**	**100**
双丰	—	—	—	—	—	—	—	—	—
铁力	—	—	—	—	—	—	—	—	—
桃山	—	—	—	—	—	—	—	—	—
朗乡	—	—	—	—	—	—	—	—	—
南岔	—	—	—	—	—	—	—	—	—
金山屯	816	670	146	816	—	560	110	46	100
美溪	—	—	—	—	—	—	—	—	—
乌马河	—	—	—	—	—	—	—	—	—
翠峦	—	—	—	—	—	—	—	—	—
友好	1049	1049	—	1049	—	—	1049	—	—
上甘岭	—	—	—	—	—	—	—	—	—
五营	—	—	—	—	—	—	—	—	—
红星	—	—	—	—	—	—	—	—	—
新青	—	—	—	—	—	—	—	—	—
汤旺河	—	—	—	—	—	—	—	—	—
乌伊岭	—	—	—	—	—	—	—	—	—
松花江林业管理局	**6930**	**3249**	**3681**	**6464**	**466**	**—**	**3249**	**3681**	**—**
山河屯	3681	—	3681	3681	—	—	—	3681	—
苇河	—	—	—	—	—	—	—	—	—
亚布力	—	—	—	—	—	—	—	—	—
方正	3249	3249	—	2783	466	—	3249	—	—
兴隆	—	—	—	—	—	—	—	—	—
绥棱	—	—	—	—	—	—	—	—	—
通北	—	—	—	—	—	—	—	—	—
沾河	—	—	—	—	—	—	—	—	—
总局直属单位	**—**	**—**	**—**	**—**	**—**	**—**	**—**	**—**	**—**
带岭实验局	—	—	—	—	—	—	—	—	—
大兴安岭	**—**	**—**	**—**	**—**	**—**	**—**	**—**	**—**	**—**
大兴安岭林管局	**—**	**—**	**—**	**—**	**—**	**—**	**—**	**—**	**—**
松岭	—	—	—	—	—	—	—	—	—
新林	—	—	—	—	—	—	—	—	—
塔河	—	—	—	—	—	—	—	—	—
呼中	—	—	—	—	—	—	—	—	—
阿木尔	—	—	—	—	—	—	—	—	—

的主要产品产量(三)

单位:立方米

木材销售量	木材实际库存量	锯材产量	人造板产量				木片、木粒加工产品产量(实积立方米)	木地板(平方米)	卫生筷子(标准箱)
			合计	其中					
				胶合板	纤维板	刨花板			
—	—	2035	—	—	—	—	—	—	—
—	—	1800	—	—	—	—	—	—	—
—	—	8500	4850	900	—	—	—	—	—
1441	**424**	**29037**	**47497**	**14746**	**5310**	**7733**	**—**	**19255**	**—**
—	—	17000	2250	750	—	—	—	—	—
—	—	570	120	120	—	—	—	18648	—
—	—	—	2113	738	—	—	—	607	—
—	—	—	7733	—	—	7733	—	—	—
—	—	—	—	—	—	—	—	—	—
816	—	—	—	—	—	—	—	—	—
—	—	2336	9582	9582	—	—	—	—	—
—	—	7681	—	—	—	—	—	—	—
—	—	—	—	—	—	—	—	—	—
625	424	—	5845	535	5310	—	—	—	—
—	—	—	6287	3021	—	—	—	—	—
—	—	—	—	—	—	—	—	—	—
—	—	—	4994	—	—	—	—	—	—
—	—	1450	5860	—	—	—	—	—	—
—	—	—	2713	—	—	—	—	—	—
—	—	—	—	—	—	—	—	—	—
6930	**—**	**109794**	**19689**	**17774**	**—**	**—**	**4800**	**—**	**85086**
3681	—	11000	—	—	—	—	—	—	—
—	—	25500	555	—	—	—	—	—	—
—	—	8979	774	774	—	—	—	—	85086
3249	—	10251	—	—	—	—	—	—	—
—	—	30090	1360	—	—	—	—	—	—
—	—	—	17000	17000	—	—	—	—	—
—	—	700	—	—	—	—	—	—	—
—	—	23274	—	—	—	—	4800	—	—
—	**—**	**—**	**5000**	**—**	**—**	**—**	**—**	**—**	**—**
—	—	—	5000	—	—	—	—	—	—
11467	**—**	**10075**	**819**	**188**	**—**	**—**	**969**	**4000**	**170996**
11467	**—**	**10075**	**819**	**188**	**—**	**—**	**969**	**4000**	**170996**
—	—	—	300	—	—	—	—	4000	24500
—	—	1104	—	—	—	—	—	—	34646
—	—	1568	—	—	—	—	184	—	4500
2746	—	3303	118	—	—	—	285	—	23074
1235	—	276	—	—	—	—	—	—	11284

企业名称	商品材产量								
	合 计	原 木	薪 材	按来源分		按用途分			
				天然林	人工林	直接用原木	加工用材	造纸用材	其他
图强	—	—	—	—	—	—	—	—	—
西林吉	—	—	—	—	—	—	—	—	—
十八站	—	—	—	—	—	—	—	—	—
韩家园	—	—	—	—	—	—	—	—	—
大兴安岭营林局	**—**	**—**	**—**	**—**	**—**	**—**	**—**	**—**	**—**
加格达奇	—	—	—	—	—	—	—	—	—
四川	**—**	**—**	**—**	**—**	**—**	**—**	**—**	**—**	**—**
阿坝州林管局	**—**	**—**	**—**	**—**	**—**	**—**	**—**	**—**	**—**
川西	—	—	—	—	—	—	—	—	—
黑水	—	—	—	—	—	—	—	—	—
马尔康	—	—	—	—	—	—	—	—	—
小金	—	—	—	—	—	—	—	—	—
观音桥	—	—	—	—	—	—	—	—	—
松潘	—	—	—	—	—	—	—	—	—
南坪	—	—	—	—	—	—	—	—	—
壤塘	—	—	—	—	—	—	—	—	—
甘孜州林管局	**—**	**—**	**—**	**—**	**—**	**—**	**—**	**—**	**—**
道孚	—	—	—	—	—	—	—	—	—
新龙	—	—	—	—	—	—	—	—	—
丹巴	—	—	—	—	—	—	—	—	—
炉霍	—	—	—	—	—	—	—	—	—
白玉	—	—	—	—	—	—	—	—	—
力邱河	—	—	—	—	—	—	—	—	—
翁达	—	—	—	—	—	—	—	—	—
其他地、州林管局	**—**	**—**	**—**	**—**	**—**	**—**	**—**	**—**	**—**
川南	—	—	—	—	—	—	—	—	—
雷波	—	—	—	—	—	—	—	—	—
凉北	—	—	—	—	—	—	—	—	—
夹金山	—	—	—	—	—	—	—	—	—
木里	—	—	—	—	—	—	—	—	—
普威	—	—	—	—	—	—	—	—	—
盐边	—	—	—	—	—	—	—	—	—
云南	**37128**	**37128**	**—**	**—**	**37128**	**37128**	**—**	**—**	**—**
云南省林管局	**37128**	**37128**	**—**	**—**	**37128**	**37128**	**—**	**—**	**—**
华坪	191	191	—	—	191	191	—	—	—
碧泉	—	—	—	—	—	—	—	—	—
黑白水	—	—	—	—	—	—	—	—	—
中甸 *	—	—	—	—	—	—	—	—	—
巨甸	—	—	—	—	—	—	—	—	—

的主要产品产量(四)

单位:立方米

木材销售量	木材实际库存量	锯材产量	人造板产量				木片、木粒加工产品产量(实积立方米)	木地板(平方米)	卫生筷子(标准箱)
			合计	其中					
				胶合板	纤维板	刨花板			
2469	—	1949	—	—	—	—	—	—	—
—	—	1875	401	188	—	—	500	—	—
—	—	—	—	—	—	—	—	—	72992
5017	—	—	—	—	—	—	—	—	—
—	—	—	—	—	—	—	—	—	—
—	—	—	—	—	—	—	—	—	—
—	—	—	—	—	—	—	—	—	—
—	—	—	—	—	—	—	—	—	—
—	—	—	—	—	—	—	—	—	—
—	—	—	—	—	—	—	—	—	—
—	—	—	—	—	—	—	—	—	—
—	—	—	—	—	—	—	—	—	—
—	—	—	—	—	—	—	—	—	—
—	—	—	—	—	—	—	—	—	—
—	—	—	—	—	—	—	—	—	—
—	—	—	—	—	—	—	—	—	—
—	—	—	—	—	—	—	—	—	—
—	—	—	—	—	—	—	—	—	—
—	—	—	—	—	—	—	—	—	—
—	—	—	—	—	—	—	—	—	—
—	—	—	—	—	—	—	—	—	—
—	—	—	—	—	—	—	—	—	—
—	—	—	—	—	—	—	—	—	—
—	—	—	—	—	—	—	—	—	—
—	—	—	—	—	—	—	—	—	—
—	—	—	—	—	—	—	—	—	—
—	—	—	—	—	—	—	—	—	—
—	—	—	—	—	—	—	—	—	—
—	—	—	—	—	—	—	—	—	—
—	—	—	—	—	—	—	—	—	—
—	—	—	—	—	—	—	—	—	—
—	—	—	—	—	—	—	—	—	—
46935	**8710**	**950**	**62539**	**21019**	**37881**	—	—	—	—
46935	**8710**	**950**	**62539**	**21019**	**37881**	—	—	—	—
191	—	—	—	—	—	—	—	—	—
2571	—	—	—	—	—	—	—	—	—
—	—	—	—	—	—	—	—	—	—
—	—	—	—	—	—	—	—	—	—
—	—	—	—	—	—	—	—	—	—

企业名称	商品材产量								
	合计	原木	薪材	按来源分		按用途分			
				天然林	人工林	直接用原木	加工用材	造纸用材	其他
红旗	—	—	—	—	—	—	—	—	—
云台山	—	—	—	—	—	—	—	—	—
漾江	—	—	—	—	—	—	—	—	—
景东	7365	7365	—	—	7365	7365	—	—	—
墨江	8719	8719	—	—	8719	8719	—	—	—
卫国	20853	20853	—	—	20853	20853	—	—	—
江边 *	—	—	—	—	—	—	—	—	—
清水江 *	—	—	—	—	—	—	—	—	—
南盘江 *	—	—	—	—	—	—	—	—	—
新平	—	—	—	—	—	—	—	—	—
宁蒗	—	—	—	—	—	—	—	—	—
陕西	**—**	**—**	**—**	**—**	**—**	**—**	**—**	**—**	**—**
陕西省林管局	**—**	**—**	**—**	**—**	**—**	**—**	**—**	**—**	**—**
宁西	—	—	—	—	—	—	—	—	—
太白	—	—	—	—	—	—	—	—	—
长青	—	—	—	—	—	—	—	—	—
宁东	—	—	—	—	—	—	—	—	—
汉西	—	—	—	—	—	—	—	—	—
龙草坪	—	—	—	—	—	—	—	—	—
陕西省营林局	**—**	**—**	**—**	**—**	**—**	**—**	**—**	**—**	**—**
马头滩	—	—	—	—	—	—	—	—	—
辛家山	—	—	—	—	—	—	—	—	—
甘肃	**10437**	**6869**	**3568**	**2764**	**7673**	**—**	**—**	**—**	**10437**
甘肃省林管局	**—**	**—**	**—**	**—**	**—**	**—**	**—**	**—**	**—**
舟曲	—	—	—	—	—	—	—	—	—
迭部	—	—	—	—	—	—	—	—	—
洮河	—	—	—	—	—	—	—	—	—
白水江	—	—	—	—	—	—	—	—	—
甘肃省营林局	**10437**	**6869**	**3568**	**2764**	**7673**	**—**	**—**	**—**	**10437**
小陇山	10437	6869	3568	2764	7673	—	—	—	10437
青海	**—**	**—**	**—**	**—**	**—**	**—**	**—**	**—**	**—**
青海省林管局	**—**	**—**	**—**	**—**	**—**	**—**	**—**	**—**	**—**
玛可河 *	—	—	—	—	—	—	—	—	—
新疆	**12740**	**12740**	**—**	**12740**	**—**	**12740**	**—**	**—**	**—**
新疆维吾尔自治区林管局	**12740**	**12740**	**—**	**12740**	**—**	**12740**	**—**	**—**	**—**
天山西部	8840	8840	—	8840	—	8840	—	—	—
阿尔泰山	3900	3900	—	3900	—	3900	—	—	—
新疆维吾尔自治区营林局	**—**	**—**	**—**	**—**	**—**	**—**	**—**	**—**	**—**
天山东部	—	—	—	—	—	—	—	—	—

的主要产品产量（五）

单位：立方米

木材销售量	木材实际库存量	锯材产量	人造板产量				木片、木粒加工产品产量（实积立方米）	木地板（平方米）	卫生筷子（标准箱）
			合计	其中					
				胶合板	纤维板	刨花板			
—	—	—	—	—	—	—	—	—	—
—	—	—	—	—	—	—	—	—	—
—	—	—	—	—	—	—	—	—	—
7466	6968	—	—	—	—	—	—	—	—
12811	—	950	540	540	—	—	—	—	—
23896	1742	—	61999	20479	37881	—	—	—	—
—	—	—	—	—	—	—	—	—	—
—	—	—	—	—	—	—	—	—	—
—	—	—	—	—	—	—	—	—	—
—	—	—	—	—	—	—	—	—	—
—	—	—	—	—	—	—	—	—	—
—	**—**	**—**	**—**	**—**	**—**	**—**	**—**	**—**	**—**
—	**—**	**—**	**—**	**—**	**—**	**—**	**—**	**—**	**—**
—	—	—	—	—	—	—	—	—	—
—	—	—	—	—	—	—	—	—	—
—	—	—	—	—	—	—	—	—	—
—	—	—	—	—	—	—	—	—	—
—	—	—	—	—	—	—	—	—	—
—	—	—	—	—	—	—	—	—	—
—	**—**	**—**	**—**	**—**	**—**	**—**	**—**	**—**	**—**
—	—	—	—	—	—	—	—	—	—
—	—	—	—	—	—	—	—	—	—
11008	**879**	**—**	**—**	**—**	**—**	**—**	**—**	**—**	**—**
—	**—**	**—**	**—**	**—**	**—**	**—**	**—**	**—**	**—**
—	—	—	—	—	—	—	—	—	—
—	—	—	—	—	—	—	—	—	—
—	—	—	—	—	—	—	—	—	—
—	—	—	—	—	—	—	—	—	—
11008	**879**	**—**	**—**	**—**	**—**	**—**	**—**	**—**	**—**
11008	879	—	—	—	—	—	—	—	—
—	**—**	**—**	**—**	**—**	**—**	**—**	**—**	**—**	**—**
—	**—**	**—**	**—**	**—**	**—**	**—**	**—**	**—**	**—**
—	—	—	—	—	—	—	—	—	—
6445	**6295**	**—**	**—**	**—**	**—**	**—**	**—**	**—**	**—**
6445	**6295**	**—**	**—**	**—**	**—**	**—**	**—**	**—**	**—**
2545	6295	—	—	—	—	—	—	—	—
3900	—	—	—	—	—	—	—	—	—
—	**—**	**—**	**—**	**—**	**—**	**—**	**—**	**—**	**—**
—	—	—	—	—	—	—	—	—	—

国有林区非木材产品产量

指标名称	计量单位	合　计	东北、内蒙古重点国有林区87个森工企业
一、各类经济林产品产量合计	吨	251059	247726
二、森林药材	吨	37273	37174
三、食用菌	吨	104882	104022
四、山野菜	吨	67631	66790
五、年末大牲畜存栏数	只	745278	649485
六、年末家禽存栏数	只	5481042	5419733
七、森林旅游人数	人次	12614537	11743436

国有林区从业人员和劳动报酬情况

指标名称	计量单位	合　计	东北、内蒙古重点国有林区87个森工企业
一、年末人数	人	612865	569892
其中：混岗职工人数	人	91195	91031
1. 在岗职工	人	398804	358385
其中：混岗职工人数	人	3530	3530
其中：非全日制	人	4264	2568
2. 其他从业人员	人	1027	—
3. 离开本单位仍保留劳动关系人员	人	213034	211507
二、年末参加基本养老保险人数	人	528933	472674
其中：混岗职工人数	人	10198	10072
三、年末参加基本医疗保险人数	人	618696	523068
其中：混岗职工人数	人	15537	15444
四、在岗职工平均人数	人	374293	335433
五、在岗职工工资总额	千元	12201535	10699116
六、年末离退休人员人数	人	535205	469898
七、离退休人员年生活费	千元	14219877	12245323

国有林区分企业的非木材产品产量(一)

企业名称	各类经济林产品产量合计（吨）	森林药材（吨）	食用菌（吨）	山野菜（吨）	年末大牲畜存栏数（只）	年末家禽存栏数（只）	森林旅游人数（人次）
全国合计	**251059**	**37273**	**104882**	**67631**	**745278**	**5481042**	**12614537**
其中:东北、内蒙古重点国有林区 87 个森工企业	247726	37174	104022	66790	649485	5419733	11743436
内蒙古	**19498**	**2204**	**1577**	**3750**	**231995**	**339201**	**1222304**
内蒙古集团林管局	**19191**	**2180**	**1431**	**3541**	**157217**	**327151**	**1137400**
阿尔山	1201	147	36	968	32111	72160	742800
绰尔	40	—	—	—	22428	750	11000
绰源	1609	1481	20	108	10900	10070	6100
乌尔旗汉	54	41	8	1	11655	—	9150
库都尔	82	—	82	—	2320	9000	—
图里河	49	24	8	—	3955	1875	9050
伊图里河	46	—	22	9	5401	2130	—
克一河	487	31	420	24	6339	12000	6300
甘河	526	269	45	—	13580	72200	—
吉文	375	—	300	70	1500	—	—
阿里河	722	—	280	207	25394	36584	21000
根河	469	52	55	60	2604	7300	126100
金河	2624	—	4	—	4650	2000	6700
阿龙山	5563	45	23	—	3153	17485	—
满归	4333	—	43	2090	2080	60800	19100
得耳布尔	282	65	4	—	4064	10997	7800
莫尔道嘎	729	25	81	4	5083	11800	172300
内蒙古集团营林局	**276**	**—**	**10**	**74**	**1681**	**5550**	**26400**
大杨树	5	—	—	—	—	—	—
毕拉河	271	—	10	74	1681	5550	26400
内蒙古林业厅营林局	**31**	**24**	**136**	**135**	**73097**	**6500**	**58504**
免渡河	—	—	3	2	68	—	—
乌奴尔	26	—	2	24	—	—	—
巴林	—	14	2	—	—	—	—
南木	5	—	2	3	4745	—	—
红花尔基	—	6	10	4	12500	1400	11500
柴河	—	—	—	—	4774	—	25004
五岔沟	—	4	73	12	50160	5100	—
白狼	—	—	44	90	850	—	22000
吉林	**29273**	**3982**	**14489**	**3926**	**47150**	**289184**	**639794**
吉林集团林管局	**10660**	**2854**	**4141**	**1809**	**15830**	**89530**	**212945**
临江	1262	367	501	394	9100	9800	22995
三岔子	734	88	113	97	1179	28530	4200
湾沟	460	30	—	—	200	20000	1000

国有林区分企业的非木材产品产量(二)

企业名称	各类经济林产品产量合计（吨）	森林药材（吨）	食用菌（吨）	山野菜（吨）	年末大牲畜存栏数（只）	年末家禽存栏数（只）	森林旅游人数（人次）
松江河	2095	1256	183	392	2079	3200	45000
泉阳	1188	590	48	80	2900	28000	7750
露水河	1005	388	200	310	22	—	54000
白石山	2760	60	3000	100	—	—	15000
红石	1156	75	96	436	350	—	63000
长白山森工集团	**15739**	**1053**	**9728**	**1443**	**25707**	**153154**	**266849**
黄泥河	2180	104	1725	340	3550	5000	—
敦化	895	35	550	80	1817	50000	6100
大石头	2934	288	1709	43	7567	84600	3100
八家子	580	—	100	480	7100	7000	—
和龙	693	55	485	85	1929	1254	—
汪清	1260	52	204	15	300	—	1650
大兴沟	1689	60	1478	95	416	—	—
天桥岭	2234	15	1894	275	1500	—	—
白河	2665	381	1507	21	1350	5000	236399
珲春	609	63	76	9	178	300	19600
吉林省林业厅营林局	**2874**	**75**	**620**	**674**	**5613**	**46500**	**160000**
上营	1811	1	210	500	1100	2000	31000
辉南	—	2	13	43	653	2900	129000
长白	—	10	—	—	—	—	—
安图	1063	62	397	131	3860	41600	—
长白山 *	—	—	—	—	—	—	—
龙江集团	**195559**	**26402**	**80664**	**57373**	**434737**	**4352820**	**8615816**
牡丹江林业管理局	**55826**	**4526**	**29289**	**18890**	**67609**	**460404**	**2097241**
大海林	3063	312	1742	721	20290	112600	567037
柴河	3551	8	2760	579	866	29564	592108
东京城	6264	750	3830	420	21515	70850	220000
穆棱	5720	960	3660	800	5100	80000	210000
绥阳	30911	811	14750	15200	8200	120000	110000
海林	3563	1620	518	600	2986	14000	180000
林口	1815	65	1400	260	5021	13000	115000
八面通	939	—	629	310	3631	20390	103096
合江林业管理局	**18336**	**6285**	**6173**	**1972**	**99582**	**488400**	**1367381**
桦南	571	53	36	24	16830	250000	110000
双鸭山	883	65	146	300	10466	30000	300000
鹤立	968	222	343	190	16178	21400	110200
鹤北	2586	75	1621	107	22829	44000	237000
东方红	3628	1010	1390	950	10591	60000	240131
迎春	425	60	37	301	8900	40000	90000

国有林区分企业的非木材产品产量(三)

企业名称	各类经济林产品产量合计(吨)	森林药材(吨)	食用菌(吨)	山野菜(吨)	年末大牲畜存栏数(只)	年末家禽存栏数(只)	森林旅游人数(人次)
清河	9275	4800	2600	100	13788	43000	280050
伊春林业管理局	**65260**	**10271**	**23351**	**22116**	**141669**	**2525897**	**3213951**
双丰	3466	2380	166	460	3532	175700	70681
铁力	689	—	339	350	1700	11360	201568
桃山	4545	2845	513	686	19870	82930	68649
朗乡	7031	450	1358	3200	19275	138500	255964
南岔	4800	1340	1886	1436	450	68823	201000
金山屯	3850	1070	2500	280	1050	50000	280050
美溪	5360	—	1980	700	20750	105000	248940
乌马河	3882	135	578	2944	18279	67665	28241
翠峦	1040	—	542	278	5000	300000	110048
友好	5120	—	1750	2645	4130	1061850	100000
上甘岭	1117	130	480	397	15736	122300	181000
五营	7391	204	3620	2677	636	102629	670000
红星	3660	1500	1000	920	4940	33965	150180
新青	4123	217	1754	2089	3891	24811	227100
汤旺河	7558	—	3895	2422	9680	161364	420530
乌伊岭	1628	—	990	632	12750	19000	—
松花江林业管理局	**53189**	**4460**	**21351**	**13295**	**103812**	**368082**	**1733550**
山河屯	2840	340	2050	320	7249	10000	375000
苇河	7819	430	6873	424	3363	14608	234300
亚布力	7390	1810	4500	1010	2290	80000	300000
方正	4422	952	2579	810	43636	72000	278250
兴隆	2530	132	2224	50	1856	61000	200000
绥棱	3763	246	807	160	31573	100500	125000
通北	583	—	18	481	1015	20000	91000
沾河	23842	550	2300	10040	12830	9974	130000
总局直属单位	**2948**	**860**	**500**	**1100**	**22065**	**510037**	**203693**
带岭实验局	2948	860	500	1100	22065	510037	203693
大兴安岭	**6301**	**4685**	**8048**	**2550**	**14313**	**491528**	**1484026**
大兴安岭林管局	**6246**	**3808**	**7691**	**2040**	**12013**	**481028**	**1477906**
松岭	78	38	950	23	675	85600	170000
新林	1506	500	1795	226	759	43221	108000
塔河	1046	960	1225	400	6800	141700	48210
呼中	621	1398	1928	361	1313	69980	190370
阿木尔	702	440	415	8	597	18260	—
图强	835	16	9	2	55	20152	29878
西林吉	1390	21	780	460	610	52000	916684
十八站	55	144	394	100	492	30542	4180

国有林区分企业的非木材产品产量(四)

企业名称	各类经济林产品产量合计（吨）	森林药材（吨）	食用菌（吨）	山野菜（吨）	年末大牲畜存栏数（只）	年末家禽存栏数（只）	森林旅游人数（人次）
韩家园	13	291	195	460	712	19573	10584
大兴安岭营林局	**55**	**877**	**357**	**510**	**2300**	**10500**	**6120**
加格达奇	55	877	357	510	2300	10500	6120
四川	**—**	**—**	**5**	**—**	**3655**	**7101**	**64136**
阿坝州林管局	**—**	**—**	**1**	**—**	**—**	**5000**	**20500**
川西	—	—	—	—	—	—	—
黑水	—	—	—	—	—	—	—
马尔康	—	—	1	—	—	5000	15000
小金	—	—	—	—	—	—	—
观音桥	—	—	—	—	—	—	—
松潘	—	—	—	—	—	—	5500
南坪	—	—	—	—	—	—	—
壤塘	—	—	—	—	—	—	—
甘孜州林管局	**—**	**—**	**4**	**—**	**3655**	**2101**	**43636**
道孚	—	—	—	—	750	—	—
新龙	—	—	—	—	400	—	—
丹巴	—	—	2	—	—	—	—
炉霍	—	—	—	—	—	—	—
白玉	—	—	—	—	805	601	—
力邱河	—	—	2	—	—	—	43636
翁达	—	—	—	—	1700	1500	—
其他地、州林管局	**—**	**—**	**—**	**—**	**—**	**—**	**—**
川南	—	—	—	—	—	—	—
雷波	—	—	—	—	—	—	—
凉北	—	—	—	—	—	—	—
夹金山	—	—	—	—	—	—	—
木里	—	—	—	—	—	—	—
普威	—	—	—	—	—	—	—
盐边	—	—	—	—	—	—	—
云南	**—**	**—**	**—**	**—**	**—**	**—**	**8333**
云南省林管局	**—**	**—**	**—**	**—**	**—**	**—**	**8333**
华坪	—	—	—	—	—	—	—
碧泉	—	—	—	—	—	—	—
黑白水	—	—	—	—	—	—	—
中甸 *	—	—	—	—	—	—	—
巨甸	—	—	—	—	—	—	—
红旗	—	—	—	—	—	—	—
云台山	—	—	—	—	—	—	—
漾江	—	—	—	—	—	—	—

国有林区分企业的非木材产品产量(五)

企业名称	各类经济林产品产量合计（吨）	森林药材（吨）	食用菌（吨）	山野菜（吨）	年末大牲畜存栏数（只）	年末家禽存栏数（只）	森林旅游人数（人次）
景东	—	—	—	—	—	—	—
墨江	—	—	—	—	—	—	—
卫国	—	—	—	—	—	—	8333
江边*	—	—	—	—	—	—	—
清水江*	—	—	—	—	—	—	—
南盘江*	—	—	—	—	—	—	—
新平	—	—	—	—	—	—	—
宁蒗	—	—	—	—	—	—	—
陕西	**—**	**—**	**99**	**—**	**—**	**—**	**68667**
陕西省林管局	**—**	**—**	**99**	**—**	**—**	**—**	**5067**
宁西	—	—	—	—	—	—	2100
太白	—	—	36	—	—	—	—
长青	—	—	5	—	—	—	—
宁东	—	—	—	—	—	—	2967
汉西	—	—	58	—	—	—	—
龙草坪	—	—	—	—	—	—	—
陕西省营林局	**—**	**—**	**—**	**—**	**—**	**—**	**63600**
马头滩	—	—	—	—	—	—	13600
辛家山	—	—	—	—	—	—	50000
甘肃	**—**	**—**	**—**	**32**	**584**	**—**	**278139**
甘肃省林管局	**—**	**—**	**—**	**32**	**—**	**—**	**100998**
舟曲	—	—	—	32	—	—	640
迭部	—	—	—	—	—	—	10082
洮河	—	—	—	—	—	—	87000
白水江	—	—	—	—	—	—	3276
甘肃省营林局	**—**	**—**	**—**	**—**	**584**	**—**	**177141**
小陇山	—	—	—	—	584	—	177141
青海	**—**	**—**	**—**	**—**	**—**	**—**	**—**
青海省林管局	**—**	**—**	**—**	**—**	**—**	**—**	**—**
玛可河*	—	—	—	—	—	—	—
新疆	**428**	**—**	**—**	**—**	**12844**	**1208**	**233322**
新疆维吾尔自治区林管局	**428**	**—**	**—**	**—**	**12762**	**1208**	**93000**
天山西部	428	—	—	—	8315	—	84000
阿尔泰山	—	—	—	—	4447	1208	9000
新疆维吾尔自治区营林局	**—**	**—**	**—**	**—**	**82**	**—**	**140322**
天山东部	—	—	—	—	82	—	140322

国有林区分企业的从业人员

企业名称	年末人数					
	总计	其中：混岗职工人数	在岗职工 合计	其中：混岗职工人数	其中：非全日制	其他从业人员
全国合计	**612865**	**91195**	**398804**	**3530**	**4264**	**1027**
其中：东北、内蒙古重点国有林区 87 个森工企业	569892	91031	358385	3530	2568	—
内蒙古	**139511**	**55112**	**53727**	**—**	**660**	**164**
内蒙古集团林管局	**126229**	**52807**	**43881**	**—**	**—**	**—**
阿尔山	9159	6058	2176	—	—	—
绰尔	4649	969	2647	—	—	—
绰源	3552	1137	1407	—	—	—
乌尔旗汉	10972	6314	2746	—	—	—
库都尔	11713	6487	2931	—	—	—
图里河	5780	2426	1985	—	—	—
伊图里河	4951	1590	1958	—	—	—
克一河	5819	1999	2135	—	—	—
甘河	9411	3764	3356	—	—	—
吉文	5095	1257	2067	—	—	—
阿里河	8637	4366	2596	—	—	—
根河	13712	6898	4450	—	—	—
金河	7786	3139	2750	—	—	—
阿龙山	5916	1665	2387	—	—	—
满归	5632	1747	2178	—	—	—
得耳布尔	5670	1253	2435	—	—	—
莫尔道嘎	7775	1738	3677	—	—	—
内蒙古集团营林局	**5399**	**2141**	**2220**	**—**	**—**	**—**
大杨树	3252	1767	1026	—	—	—
毕拉河	2147	374	1194	—	—	—
内蒙古林业厅营林局	**7883**	**164**	**7626**	**—**	**660**	**164**
免渡河	1354	134	1220	—	—	134
乌奴尔	746	—	746	—	—	—
巴林	656	—	628	—	—	—
南木	573	—	573	—	—	—
红花尔基	1101	—	1036	—	—	—
柴河	936	30	906	—	—	30
五岔沟	1510	—	1510	—	—	—
白狼	1007	—	1007	—	660	—
吉林	**99823**	**2518**	**67989**	**926**	**729**	**—**
吉林集团林管局	**43874**	**807**	**32268**	**807**	**—**	**—**
临江	3900	—	1810	—	—	—
三岔子	6993	630	6670	630	—	—
湾沟	3565	—	1275	—	—	—

和劳动报酬情况(一)

单位:人

离开本单位仍保留劳动关系人员	年末参加基本养老保险人数		年末参加基本医疗保险人数		在岗职工平均人数	在岗职工工资总额(千元)	年末离退休人员人数	离退休人员年生活费(千元)
	合计	其中:混岗职工人数	合计	其中:混岗职工人数				
213034	**528933**	**10198**	**618696**	**15537**	**374293**	**12201535**	**535205**	**14219877**
211507	472674	10072	523068	15444	335433	10699116	469898	12245323
85620	**84525**	**126**	**87075**	**93**	**55889**	**2227184**	**81085**	**2483558**
82348	**73422**	**—**	**73422**	**—**	**46243**	**1842056**	**72718**	**2201785**
6983	3101	—	3101	—	2599	101575	4301	132491
2002	3680	—	3680	—	3034	119215	2964	91985
2145	2415	—	2415	—	1638	63076	1829	58927
8226	4658	—	4658	—	2977	115332	5172	154940
8782	5226	—	5226	—	2985	116415	5985	182071
3795	3354	—	3354	—	2566	100246	3705	134247
2993	3361	—	3361	—	2226	86814	3370	106586
3684	3820	—	3820	—	2110	82465	3560	111245
6055	5647	—	5647	—	3062	119669	6240	196689
3028	3838	—	3838	—	2368	92354	3736	106913
6041	4271	—	4271	—	2808	109708	5753	157023
9262	6814	—	6814	—	3897	161870	7627	215392
5036	4647	—	4647	—	3084	124578	4279	136143
3529	4251	—	4251	—	2388	97083	3615	99988
3454	3885	—	3885	—	2610	110151	4085	110970
3235	4417	—	4417	—	2358	92284	2917	90160
4098	6037	—	6037	—	3533	149221	3580	116015
3179	**3258**	**—**	**3258**	**—**	**1868**	**73459**	**2621**	**78989**
2226	1485	—	1485	—	925	36827	2059	61003
953	1773	—	1773	—	943	36632	562	17986
93	**7845**	**126**	**10395**	**93**	**7778**	**311669**	**5746**	**202784**
—	1346	126	2448	93	1220	45787	1135	37169
—	746	—	1569	—	802	37390	823	32811
28	656	—	656	—	656	31327	633	22675
—	573	—	1137	—	576	27896	564	17880
65	1101	—	1101	—	1101	53731	467	15971
—	906	—	967	—	906	42816	337	11568
—	1510	—	1510	—	1510	54377	1282	47288
—	1007	—	1007	—	1007	18344	505	17423
31834	**94205**	**941**	**106524**	**897**	**63838**	**2357375**	**75509**	**1538490**
11606	**43874**	**807**	**43874**	**807**	**32445**	**1217125**	**35783**	**742655**
2090	3900	—	3900	—	1916	74870	7166	11505
323	6993	630	6993	630	7871	320001	7277	201260
2290	3565	—	3565	—	1275	63852	2263	52976

国有林区分企业的从业人员

企业名称	年末人数					
	总计	其中：混岗职工人数	在岗职工			其他从业人员
			合计	其中		
				混岗职工人数	非全日制	
松江河	6323	—	6323	—	—	—
泉阳	3099	—	2990	—	—	—
露水河	6458	177	2428	177	—	—
白石山	6349	—	4197	—	—	—
红石	7187	—	6575	—	—	—
长白山森工集团	**50613**	**1711**	**31130**	**119**	**—**	**—**
黄泥河	4772	—	2986	—	—	—
敦化	8873	955	6223	—	—	—
大石头	6648	—	2727	—	—	—
八家子	4417	503	2525	—	—	—
和龙	5908	119	2748	119	—	—
汪清	4990	—	3969	—	—	—
大兴沟	2900	134	1619	—	—	—
天桥岭	3938	—	3538	—	—	—
白河	5156	—	2345	—	—	—
珲春	3011	—	2450	—	—	—
吉林省林业厅营林局	**5336**	**—**	**4591**	**—**	**729**	**—**
上营	2215	—	2019	—	—	—
辉南	920	—	886	—	729	—
长白	763	—	724	—	—	—
安图	1438	—	962	—	—	—
长白山 *	—	—	—	—	—	—
龙江集团	**297382**	**31420**	**202491**	**459**	**2568**	**—**
牡丹江林业管理局	**40347**	**—**	**36139**	**—**	**—**	**—**
大海林	5378	—	5037	—	—	—
柴河	4833	—	4678	—	—	—
东京城	6945	—	6476	—	—	—
穆棱	4448	—	4123	—	—	—
绥阳	5088	—	5088	—	—	—
海林	4222	—	3903	—	—	—
林口	4563	—	3530	—	—	—
八面通	4870	—	3304	—	—	—
合江林业管理局	**32370**	**166**	**25724**	**29**	**—**	**—**
桦南	6828	—	2761	—	—	—
双鸭山	3660	113	3390	1	—	—
鹤立	3751	—	3633	—	—	—
鹤北	6255	—	5654	—	—	—
东方红	6172	53	4582	28	—	—
迎春	2995	—	2995	—	—	—

和劳动报酬情况(二)

单位:人

离开本单位仍保留劳动关系人员	年末参加基本养老保险人数		年末参加基本医疗保险人数		在岗职工平均人数	在岗职工工资总额(千元)	年末离退休人员人数	离退休人员年生活费(千元)
	合计	其中:混岗职工人数	合计	其中:混岗职工人数				
—	6323	—	6323	—	5426	216160	6288	156290
109	3099	—	3099	—	2990	124928	3322	89832
4030	6458	177	6458	177	2496	85314	3666	97638
2152	6349	—	6349	—	3896	111310	3028	67222
612	7187	—	7187	—	6575	220690	2773	65934
19483	**45097**	**134**	**54149**	**90**	**26801**	**964180**	**37468**	**736248**
1786	4772	—	4772	—	2476	86373	3934	9994
2650	7696	—	14221	—	4361	170193	6751	170031
3921	3623	—	3505	—	2942	104722	5480	10066
1892	2192	—	2238	—	2169	69400	3025	80718
3160	5892	—	5892	—	2742	118922	3068	82287
1021	8100	—	9491	—	3969	98721	4623	122729
1281	2744	134	3163	90	1593	64258	1811	38955
400	3812	—	4601	—	1637	56104	3088	73085
2811	3766	—	3766	—	2383	106518	4528	119364
561	2500	—	2500	—	2529	88969	1160	29019
745	**5234**	**—**	**8501**	**—**	**4592**	**176069**	**2258**	**59587**
196	2215	—	3841	—	2054	88522	—	—
34	818	—	1676	—	881	26449	806	19970
39	763	—	763	—	709	23697	669	14450
476	1438	—	2221	—	948	37402	783	25166
—	—	—	—	—	—	—	—	—
94891	**262688**	**8047**	**301970**	**13463**	**182166**	**5168166**	**265963**	**7033745**
4208	**38434**	**—**	**38312**	**—**	**31647**	**1015035**	**52820**	**1414063**
341	5378	—	5378	—	4245	120753	8209	214567
155	4163	—	4163	—	4304	172932	9675	251329
469	6945	—	6826	—	4158	143711	9689	253717
325	4150	—	4150	—	4090	127989	7122	209996
—	5087	—	5024	—	5282	179208	6239	168326
319	4222	—	4222	—	2758	85456	4671	123875
1033	4563	—	4563	—	3523	89341	3988	102305
1566	3926	—	3986	—	3287	95646	3227	89948
6646	**29406**	**53**	**30840**	**53**	**23900**	**638109**	**29624**	**810972**
4067	6592	—	5732	—	3066	99595	4724	125649
270	3212	—	3458	—	3246	73092	3599	98174
118	3406	—	3548	—	3353	58800	2369	61647
601	5704	—	6231	—	6074	132249	4024	111503
1590	5471	53	6098	53	3316	106810	8142	235112
—	2707	—	2984	—	2682	91259	2428	69634

国有林区分企业的从业人员

企业名称	年末人数					
	总计	其中：混岗职工人数	在岗职工			其他从业人员
			合计	其中		
				混岗职工人数	非全日制	
清河	2709	—	2709	—	—	—
伊春林业管理局	**169600**	**30889**	**95061**	**215**	**—**	**—**
双丰	14938	6270	6990	—	—	—
铁力	10325	2079	5291	—	—	—
桃山	20707	11992	4437	—	—	—
朗乡	10629	—	9348	—	—	—
南岔	11120	1763	8842	119	—	—
金山屯	10602	—	5446	—	—	—
美溪	10453	798	5568	—	—	—
乌马河	14535	7455	5234	—	—	—
翠峦	10824	—	5885	—	—	—
友好	10621	—	7769	—	—	—
上甘岭	5902	96	4213	96	—	—
五营	7899	—	5592	—	—	—
红星	6439	—	5335	—	—	—
新青	9845	436	5869	—	—	—
汤旺河	7623	—	4776	—	—	—
乌伊岭	7138	—	4466	—	—	—
松花江林业管理局	**50779**	**365**	**41318**	**215**	**2568**	**—**
山河屯	6159	215	5161	215	758	—
苇河	7942	—	6834	—	—	—
亚布力	5615	31	4275	—	—	—
方正	5715	—	3620	—	—	—
兴隆	6404	119	3706	—	—	—
绥棱	6941	—	6850	—	1810	—
通北	5186	—	5186	—	—	—
沾河	6817	—	5686	—	—	—
总局直属单位	**4286**	**—**	**4249**	**—**	**—**	**—**
带岭实验局	4286	—	4249	—	—	—
大兴安岭	**46395**	**2145**	**46395**	**2145**	**—**	**—**
大兴安岭林管局	**44265**	**2145**	**44265**	**2145**	**—**	**—**
松岭	4675	539	4675	539	—	—
新林	6006	—	6006	—	—	—
塔河	7350	—	7350	—	—	—
呼中	5597	—	5597	—	—	—
阿木尔	3976	545	3976	545	—	—
图强	4320	1061	4320	1061	—	—
西林吉	6661	—	6661	—	—	—
十八站	3115	—	3115	—	—	—

和劳动报酬情况(三)

单位:人

离开本单位仍保留劳动关系人员	年末参加基本养老保险人数		年末参加基本医疗保险人数		在岗职工平均人数	在岗职工工资总额(千元)	年末离退休人员人数	离退休人员年生活费(千元)
	合计	其中:混岗职工人数	合计	其中:混岗职工人数				
—	2314	—	2789	—	2163	76304	4338	109253
74539	**138294**	**7629**	**179797**	**13045**	**87263**	**2378099**	**129474**	**3368607**
7948	8758	—	13662	—	5575	87543	8791	230138
5034	19345	—	17371	—	4229	127038	10467	258856
16270	8715	—	16050	—	4437	100835	8940	221257
1281	8465	—	8080	—	9417	191144	11396	295644
2278	10216	859	10216	859	8926	215061	7607	208505
5156	11957	—	17076	—	5458	162368	10309	258748
4885	9655	5568	9655	5568	5441	162645	4636	143530
9301	7750	670	13166	6086	5234	141842	6879	176215
4939	—	—	—	—	5882	174522	13447	306881
2852	7792	—	9469	—	5107	158211	7999	208508
1689	8013	96	11852	96	2570	99674	4589	122360
2307	8657	—	14820	—	5650	146006	6378	163363
1104	6439	—	6439	—	5335	125967	7823	190863
3976	9235	436	9845	436	4861	188143	8506	257748
2847	6846	—	15199	—	4675	154737	7008	202746
2672	6451	—	6897	—	4466	142361	4699	123246
9461	**47281**	**365**	**45943**	**365**	**35107**	**1007719**	**50446**	**1340633**
998	5085	215	5616	215	3826	117181	5770	162347
1108	7942	—	5459	—	5955	163296	12729	291664
1340	5615	31	5615	31	4096	111413	5469	166012
2095	5715	—	5715	—	4362	128612	4485	126778
2698	6404	119	6404	119	3715	107108	6624	178112
91	4517	—	5131	—	4760	95611	6414	166560
—	5186	—	5186	—	3212	116666	5289	148016
1131	**6817**	**—**	**6817**	**—**	**5181**	**167832**	**3666**	**101144**
37	9273	—	7078	—	4249	129204	3599	99470
37	9273	—	7078	—	4249	129204	3599	99470
—	**44335**	**1084**	**46395**	**1084**	**45910**	**1434130**	**55345**	**1451900**
—	**42266**	**1084**	**44265**	**1084**	**43811**	**1367360**	**52332**	**1378410**
—	4457	539	4675	539	4777	168040	8084	184960
—	5750	—	6006	—	6318	212640	11572	292660
—	6895	—	7350	—	6735	206260	6210	237300
—	5376	—	5597	—	5600	173680	7321	182860
—	3816	545	3976	545	4071	128290	2972	81690
—	4180	—	4320	—	3941	117930	4677	121450
—	6363	—	6661	—	6661	188000	6916	161610
—	2963	—	3115	—	3115	88340	3558	90530

国有林区分企业的从业人员

企业名称	年末人数					
	总计	其中：混岗职工人数	在岗职工			其他从业人员
			合计	其中		
				混岗职工人数	非全日制	
韩家园	2565	—	2565	—	—	—
大兴安岭营林局	**2130**	**—**	**2130**	**—**	**—**	**—**
加格达奇	2130	—	2130	—	—	—
四川	**6345**	**—**	**5861**	**—**	**109**	**115**
阿坝州林管局	**1954**	**—**	**1816**	**—**	**109**	**49**
川西	267	—	156	—	—	49
黑水	265	—	265	—	—	—
马尔康	398	—	398	—	—	—
小金	168	—	168	—	—	—
观音桥	202	—	200	—	—	—
松潘	235	—	210	—	—	—
南坪	310	—	310	—	—	—
壤塘	109	—	109	—	109	—
甘孜州林管局	**1106**	**—**	**1105**	**—**	**—**	**—**
道孚	205	—	205	—	—	—
新龙	181	—	181	—	—	—
丹巴	256	—	256	—	—	—
炉霍	179	—	178	—	—	—
白玉	120	—	120	—	—	—
力邱河	118	—	118	—	—	—
翁达	47	—	47	—	—	—
其他地、州林管局	**3285**	**—**	**2940**	**—**	**—**	**66**
川南	1217	—	1217	—	—	—
雷波	330	—	185	—	—	37
凉北	291	—	151	—	—	—
夹金山	452	—	452	—	—	—
木里	571	—	571	—	—	—
普威	296	—	236	—	—	29
盐边	128	—	128	—	—	—
云南	**3679**	**—**	**2955**	**—**	**—**	**605**
云南省林管局	**3679**	**—**	**2955**	**—**	**—**	**605**
华坪	344	—	211	—	—	117
碧泉	232	—	232	—	—	—
黑白水	134	—	99	—	—	35
中甸 *	—	—	—	—	—	—
巨甸	87	—	87	—	—	—
红旗	231	—	159	—	—	72
云台山	353	—	353	—	—	—
漾江	635	—	254	—	—	381

和劳动报酬情况(四)

单位:人

离开本单位仍保留劳动关系人员	年末参加基本养老保险人数		年末参加基本医疗保险人数		在岗职工平均人数	在岗职工工资总额(千元)	年末离退休人员人数	离退休人员年生活费(千元)
	合计	其中:混岗职工人数	合计	其中:混岗职工人数				
—	2466	—	2565	—	2593	84180	1022	25350
—	**2069**	**—**	**2130**	**—**	**2099**	**66770**	**3013**	**73490**
—	2069	—	2130	—	2099	66770	3013	73490
369	**13847**	**—**	**38882**	**—**	**5995**	**256060**	**38239**	**1127203**
89	**3540**	**—**	**18068**	**—**	**1868**	**76958**	**19799**	**608139**
62	218	—	1553	—	157	7995	1335	44760
—	265	—	4481	—	266	10340	4216	131650
—	398	—	4541	—	408	15653	4143	125433
—	1803	—	1808	—	171	8790	1635	49540
2	202	—	3742	—	204	9152	3540	101952
25	235	—	235	—	235	9000	1415	41900
—	310	—	310	—	317	12077	2226	75780
—	109	—	1398	—	110	3951	1289	37123
1	**1848**	**—**	**8478**	**—**	**1127**	**66398**	**7372**	**215752**
—	205	—	1789	—	209	12550	1584	43730
—	181	—	1845	—	186	12117	1664	51191
—	256	—	1557	—	261	12106	1301	37838
1	179	—	1490	—	179	11000	1311	40590
—	862	—	862	—	120	7941	742	19829
—	118	—	600	—	125	6203	482	11929
—	47	—	335	—	47	4481	288	10644
279	**8459**	**—**	**12336**	**—**	**3000**	**112703**	**11068**	**303312**
—	1217	—	1217	—	1272	42925	3800	109896
108	293	—	1978	—	185	7610	1685	49974
140	—	—	1653	—	151	4550	1362	39740
—	452	—	991	—	456	19770	539	14230
—	4253	—	4253	—	571	21973	3682	89473
31	1350	—	1350	—	237	10266	—	—
—	894	—	894	—	128	5610	—	—
119	**4580**	**—**	**6459**	**—**	**3184**	**106466**	**5799**	**156475**
119	**4580**	**—**	**6459**	**—**	**3184**	**106466**	**5799**	**156475**
16	710	—	710	—	230	7438	483	13178
—	232	—	869	—	232	9448	637	16953
—	99	—	521	—	104	3973	422	13587
—	—	—	—	—	—	—	—	—
—	87	—	269	—	90	3923	182	5514
—	159	—	472	—	231	4702	313	7828
—	668	—	792	—	354	7671	630	15213
—	254	—	254	—	254	6771	405	9876

国有林区分企业的从业人员

企业名称	年末人数					
	总计	其中：混岗职工人数	在岗职工			其他从业人员
			合计	其中		
				混岗职工人数	非全日制	
景东	271	—	271	—	—	—
墨江	197	—	197	—	—	—
卫国	667	—	564	—	—	—
江边 *	—	—	—	—	—	—
清水江 *	—	—	—	—	—	—
南盘江 *	—	—	—	—	—	—
新平	75	—	75	—	—	—
宁蒗	453	—	453	—	—	—
陕西	**4218**	**—**	**3891**	**—**	**—**	**136**
陕西省林管局	**3731**	**—**	**3404**	**—**	**—**	**136**
宁西	1064	—	1064	—	—	—
太白	1259	—	1157	—	—	—
长青	216	—	216	—	—	—
宁东	632	—	632	—	—	—
汉西	291	—	202	—	—	—
龙草坪	269	—	133	—	—	136
陕西省营林局	**487**	**—**	**487**	**—**	**—**	**—**
马头滩	240	—	240	—	—	—
辛家山	247	—	247	—	—	—
甘肃	**13061**	**—**	**13061**	**—**	**—**	**—**
甘肃省林管局	**7775**	**—**	**7775**	**—**	**—**	**—**
舟曲	1369	—	1369	—	—	—
迭部	2750	—	2750	—	—	—
洮河	2786	—	2786	—	—	—
白水江	870	—	870	—	—	—
甘肃省营林局	**5286**	**—**	**5286**	**—**	**—**	**—**
小陇山	5286	—	5286	—	—	—
青海	**—**	**—**	**—**	**—**	**—**	**—**
青海省林管局	**—**	**—**	**—**	**—**	**—**	**—**
玛可河 *	—	—	—	—	—	—
新疆	**2451**	**—**	**2434**	**—**	**198**	**7**
新疆维吾尔自治区林管局	**1675**	**—**	**1662**	**—**	**163**	**5**
天山西部	942	—	931	—	—	4
阿尔泰山	733	—	731	—	163	1
新疆维吾尔自治区营林局	**776**	**—**	**772**	**—**	**35**	**2**
天山东部	776	—	772	—	35	2

和劳动报酬情况(五)

单位:人

离开本单位仍保留劳动关系人员	年末参加基本养老保险人数		年末参加基本医疗保险人数		在岗职工平均人数	在岗职工工资总额(千元)	年末离退休人员人数	离退休人员年生活费(千元)
	合计	其中:混岗职工人数	合计	其中:混岗职工人数				
—	271	—	967	—	276	10794	696	18733
—	197	—	197	—	202	9955	508	13766
103	667	—	667	—	680	24348	815	21625
—	—	—	—	—	—	—	—	—
—	—	—	—	—	—	—	—	—
—	—	—	—	—	—	—	—	—
—	288	—	288	—	78	5340	213	6008
—	948	—	453	—	453	12104	495	14194
191	**4218**	**—**	**8386**	**—**	**3895**	**139601**	**3889**	**116920**
191	**3731**	**—**	**7899**	**—**	**3404**	**130215**	**3655**	**110796**
—	1064	—	2302	—	1064	53257	1238	37653
102	1259	—	2713	—	1157	31413	1454	41360
—	216	—	699	—	216	5874	—	—
—	632	—	1065	—	632	22358	433	13846
89	291	—	523	—	202	9582	202	7587
—	269	—	597	—	133	7730	328	10350
—	**487**	**—**	**487**	**—**	**491**	**9385**	**234**	**6123**
—	240	—	240	—	244	4439	132	3380
—	247	—	247	—	247	4946	102	2743
—	**18188**	**—**	**18161**	**—**	**10946**	**378376**	**6924**	**219267**
—	**12902**	**—**	**12875**	**—**	**5637**	**180297**	**5331**	**158703**
—	2857	—	2857	—	1123	34215	1488	45012
—	4941	—	4927	—	1875	54999	2191	61706
—	3880	—	3867	—	2034	71326	1095	34530
—	1224	—	1224	—	605	19756	557	17455
—	**5286**	**—**	**5286**	**—**	**5309**	**198079**	**1593**	**60564**
—	5286	—	5286	—	5309	198079	1593	60564
—	**—**	**—**	**—**	**—**	**—**	**—**	**—**	**—**
—	**—**	**—**	**—**	**—**	**—**	**—**	**—**	**—**
—	—	—	—	—	—	—	—	—
10	**2347**	**—**	**4844**	**—**	**2470**	**134178**	**2452**	**92319**
8	**1601**	**—**	**3104**	**—**	**1696**	**87511**	**1441**	**56279**
7	869	—	1716	—	959	45245	786	31367
1	732	—	1388	—	737	42267	655	24912
2	**746**	**—**	**1740**	**—**	**774**	**46667**	**1011**	**36040**
2	746	—	1740	—	774	46667	1011	36040

国有林区林业投资完成情况(一)

指标名称	计量单位	合　计	东北、内蒙古重点国有林区87个森工企业
一、本年计划投资	**万元**	**2339929**	**1929873**
二、自年初累计完成投资	**万元**	**2244427**	**1829101**
其中:国家投资	万元	2065195	1697487
1. 生态建设与保护	万元	1753165	1447149
(1)营造林	万元	438543	343921
(2)湿地恢复与保护	万元	3899	3075
(3)沙地治理与封禁	万元	373	—
(4)野生动植物保护及自然保护区	万元	4589	1727
(5)生态保护补偿	万元	288433	237387
(6)其他(含生态工程补助资金)	万元	1017328	861039
2. 林业支撑与保障	万元	85916	50435
(1)林木种苗	万元	4161	3057
(2)森林防火与森林公安	万元	21448	16810
(3)林业有害生物防治	万元	1436	908
(4)科技教育	万元	107	—
(5)林业信息化	万元	72	62
(6)其他	万元	58692	29598
3. 林业产业发展	万元	32071	27450
(1)工业原料林	万元	—	—
(2)特色经济林	万元	146	40
(3)林下经济	万元	2043	1349
(4)木竹制品加工制造	万元	—	—
(5)木竹家具制造	万元	—	—

国有林区林业投资完成情况(二)

指标名称	计量单位	合　计	东北、内蒙古重点国有林区87个森工企业
(6)非木质林产品加工制造	万元	537	350
(7)林业旅游与休闲	万元	18643	17586
(8)其他	万元	10702	8125
4. 林业民生工程	万元	318991	279240
(1)棚户区(危旧房)改造	万元	201376	171817
(2)社会性基础设施	万元	97486	96144
(3)其他	万元	20129	11279
5. 其他投资	万元	54284	24827
其中:财政事业费	万元	15703	—
三、本年房屋竣工面积	**平方米**	**1317816**	**1247154**
本年房屋竣工价值	万元	207654	193131
四、本年新增公路里程	**千米**	**1736**	**149**
五、本年实际到位资金合计	**万元**	**2479483**	**2018197**
1. 上年末结余资金	万元	235007	186663
2. 本年实际到位资金小计	万元	2244476	1831534
(1)国家预算资金	万元	2103629	1706490
①中央资金	万元	2009714	1646207
②地方资金	万元	93915	60283
(2)国内贷款	万元	—	—
(3)债券	万元	—	—
(4)利用外资	万元	—	—
(5)自筹资金	万元	103317	94690
(6)其他资金	万元	37530	30354

国有林区分企业的

企业名称	本年计划投资	自年初累计						
		总　计	其中：国家投资	生态建设与保护				
				合计	营造林	湿地恢复与保护	沙地治理与封禁	野生动植物保护及自然保护区
全国合计	**2339929**	**2244427**	**2065195**	**1753165**	**438543**	**3899**	**373**	**4589**
其中：东北、内蒙古重点国有林区 87 个森工企业	1929873	1829101	1697487	1447149	343921	3075	—	1727
内蒙古	**550910**	**519883**	**474018**	**425334**	**49587**	**1503**	**—**	**200**
内蒙古集团林管局	**430818**	**402288**	**362945**	**334797**	**17041**	**763**	**—**	**—**
阿尔山	25557	16947	15240	14303	2053	—	—	—
绰尔	26943	26898	23972	21253	1005	—	—	—
绰源	18056	16966	16042	14552	674	—	—	—
乌尔旗汉	26729	25252	24047	21941	1162	263	—	—
库都尔	26266	23590	22833	21463	1183	—	—	—
图里河	24278	28285	26819	18571	865	500	—	—
伊图里河	17734	17329	16427	16656	814	—	—	—
克一河	16833	16805	16660	16663	826	—	—	—
甘河	25258	24336	23659	22658	671	—	—	—
吉文	18706	18166	17610	17542	747	—	—	—
阿里河	35298	23951	20578	19996	1271	—	—	—
根河	43880	49810	34360	28293	1078	—	—	—
金河	22957	21622	21511	21514	1154	—	—	—
阿龙山	18883	18471	18236	18239	981	—	—	—
满归	23153	20663	19681	18753	920	—	—	—
得耳布尔	20769	19972	19477	18345	821	—	—	—
莫尔道嘎	39518	33225	25793	24055	816	—	—	—
内蒙古集团营林局	**20608**	**18808**	**13920**	**13120**	**1111**	**440**	**—**	**—**
大杨树	8221	7923	7436	6636	425	300	—	—
毕拉河	12387	10885	6484	6484	686	140	—	—
内蒙古林业厅营林局	**99484**	**98787**	**97153**	**77417**	**31435**	**300**	**—**	**200**
免渡河	12789	12409	12383	11197	10052	—	—	—
乌奴尔	10809	9485	9444	7162	1696	—	—	—
巴林	9195	9817	9817	7858	2688	—	—	—
南木	9582	9942	9942	8316	2717	—	—	—
红花尔基	15553	16008	14441	12101	3302	—	—	200
柴河	11005	10575	10575	8828	5343	—	—	—
五岔沟	21850	21850	21850	14000	3293	—	—	—
白狼	8701	8701	8701	7955	2344	300	—	—
吉林	**515756**	**445596**	**381175**	**295973**	**87945**	**1461**	**—**	**1394**
吉林集团林管局	**168729**	**154003**	**130129**	**109017**	**39078**	**—**	**—**	**—**
临江	24912	22891	19962	14591	6176	—	—	—
三岔子	21975	23058	21746	14595	4287	—	—	—
湾沟	17726	11900	10642	9129	3739	—	—	—

林业投资完成情况(一)

单位:万元

完成投资															
		林业支撑与保障							林业产业发展						
生态保护补偿	其他(含生态工程补助资金)	合计	林木种苗	森林防火与森林公安	林业有害生物防治	科技教育	林业信息化	其他	合计	工业原料林	特色经济林	林下经济	木竹制品加工制造	木竹家具制造	非木质林产品加工制造
288433	**1017328**	**85916**	**4161**	**21448**	**1436**	**107**	**72**	**58692**	**32071**	**—**	**146**	**2043**	**—**	**—**	**537**
237387	861039	50435	3057	16810	908	—	62	29598	27450	—	40	1349	—	—	350
238600	**135444**	**14358**	**365**	**4913**	**22**	**—**	**24**	**9034**	**15131**	**—**	**—**	**1068**	**—**	**—**	**350**
220606	**96387**	**2954**	**52**	**2878**	**—**	**—**	**24**	**—**	**12133**	**—**	**—**	**1068**	**—**	**—**	**350**
8726	3524	778	—	778	—	—	—	—	636	—	—	503	—	—	—
14457	5791	—	—	—	—	—	—	—	137	—	—	—	—	—	—
8783	5095	509	—	500	—	—	9	—	313	—	—	27	—	—	—
13954	6562	39	—	39	—	—	—	—	175	—	—	—	—	—	—
15754	4526	—	—	—	—	—	—	—	44	—	—	29	—	—	—
12748	4458	275	26	234	—	—	15	—	—	—	—	—	—	—	—
9975	5867	—	—	—	—	—	—	—	38	—	—	—	—	—	—
10377	5460	—	—	—	—	—	—	—	16	—	—	—	—	—	—
17182	4805	829	—	829	—	—	—	—	161	—	—	161	—	—	—
10691	6104	—	—	—	—	—	—	—	224	—	—	197	—	—	—
13543	5182	1	—	1	—	—	—	—	1492	—	—	151	—	—	—
20189	7026	13	—	13	—	—	—	—	3748	—	—	—	—	—	—
13998	6362	—	—	—	—	—	—	—	—	—	—	—	—	—	—
12397	4861	—	—	—	—	—	—	—	19	—	—	—	—	—	—
11744	6089	—	—	—	—	—	—	—	890	—	—	—	—	—	—
11476	6048	471	26	445	—	—	—	—	17	—	—	—	—	—	—
14612	8627	39	—	39	—	—	—	—	4223	—	—	—	—	—	350
7181	**4388**	**712**	**—**	**712**	**—**	**—**	**—**	**—**	**2998**	**—**	**—**	**—**	**—**	**—**	**—**
4231	1680	712	—	712	—	—	—	—	—	—	—	—	—	—	—
2950	2708	—	—	—	—	—	—	—	2998	—	—	—	—	—	—
10813	**34669**	**10692**	**313**	**1323**	**22**	**—**	**—**	**9034**	**—**	**—**	**—**	**—**	**—**	**—**	**—**
—	1145	—	—	—	—	—	—	—	—	—	—	—	—	—	—
2283	3183	765	—	—	—	—	—	765	—	—	—	—	—	—	—
2000	3170	807	—	50	8	—	—	749	—	—	—	—	—	—	—
1900	3699	723	—	—	—	—	—	723	—	—	—	—	—	—	—
2000	6599	1169	283	280	—	—	—	606	—	—	—	—	—	—	—
2600	885	1062	—	—	—	—	—	1062	—	—	—	—	—	—	—
20	10687	5420	30	745	7	—	—	4638	—	—	—	—	—	—	—
10	5301	746	—	248	7	—	—	491	—	—	—	—	—	—	—
1400	**203773**	**37590**	**3025**	**4928**	**276**	**—**	**38**	**29323**	**8879**	**—**	**40**	**311**	**—**	**—**	**—**
—	**69939**	**9995**	**1739**	**1616**	**65**	**—**	**38**	**6537**	**7670**	**—**	**40**	**107**	**—**	**—**	**—**
—	8415	1225	277	156	10	—	—	782	546	—	40	—	—	—	—
—	10308	1737	160	149	3	—	38	1387	67	—	—	67	—	—	—
—	5390	715	—	235	—	—	—	480	616	—	—	—	—	—	—

国有林区分企业的

企业名称	本年计划投资	自年初累计						
		总　计	其中：国家投资	生态建设与保护				
				合计	营造林	湿地恢复与保护	沙地治理与封禁	野生动植物保护及自然保护区
松江河	23139	20736	13812	15348	5413	—	—	—
泉阳	22886	21816	17235	10886	4371	—	—	—
露水河	27475	21671	19225	19877	5728	—	—	—
白石山	14460	15791	13627	13551	5399	—	—	—
红石	16156	16140	13880	11040	3965	—	—	—
长白山森工集团	**306550**	**250924**	**213461**	**159938**	**38767**	**1461**	**—**	**839**
黄泥河	30144	23447	21249	17622	16618	—	—	210
敦化	49030	30537	28023	22615	65	—	—	—
大石头	42292	34798	28963	18791	—	1461	—	—
八家子	22738	20694	17988	12911	1733	—	—	—
和龙	27073	26935	22520	16051	1290	—	—	20
汪清	23597	23971	20517	16336	245	—	—	45
大兴沟	17134	14046	13527	10164	7264	—	—	—
天桥岭	22399	21979	17827	14365	11447	—	—	38
白河	44010	36400	25917	18895	105	—	—	—
珲春	28133	18117	16930	12188	—	—	—	526
吉林省林业厅营林局	**40477**	**40669**	**37585**	**27018**	**10100**	**—**	**—**	**555**
上营	7605	7605	7479	4844	1855	—	—	—
辉南	6869	7142	6192	5662	669	—	—	555
长白	9083	9013	9013	7692	1076	—	—	—
安图	16920	16909	14901	8820	6500	—	—	—
长白山 *	—	—	—	—	—	—	—	—
龙江集团	**756221**	**746847**	**725305**	**604563**	**136695**	**150**	**—**	**888**
牡丹江林业管理局	**177954**	**177198**	**172448**	**143276**	**36779**	**—**	**—**	**—**
大海林	22407	22194	21887	19206	4785	—	—	—
柴河	23690	23826	23047	19998	4762	—	—	—
东京城	25266	25883	24809	22599	5587	—	—	—
穆棱	29011	29011	27972	18326	5416	—	—	—
绥阳	20623	20623	20567	20319	5412	—	—	—
海林	19167	19167	18703	15108	3334	—	—	—
林口	23531	22235	21442	14889	4321	—	—	—
八面通	14259	14259	14021	12831	3162	—	—	—
合江林业管理局	**120528**	**121653**	**117716**	**106583**	**25156**	**—**	**—**	**—**
桦南	19854	19854	19640	17000	4783	—	—	—
双鸭山	12905	12783	12783	12222	2650	—	—	—
鹤立	12647	12647	12549	11930	2251	—	—	—
鹤北	20738	20738	20618	19710	5158	—	—	—
东方红	24516	25763	24028	20777	5143	—	—	—
迎春	17130	17130	15566	13053	3014	—	—	—

林业投资完成情况(二)

单位:万元

完成投资															
		林业支撑与保障							林业产业发展						
生态保护补偿	其他(含生态工程补助资金)	合计	林木种苗	森林防火与森林公安	林业有害生物防治	科技教育	林业信息化	其他	合计	工业原料林	特色经济林	林下经济	木竹制品加工制造	木竹家具制造	非木质林产品加工制造
—	9935	1561	248	—	—	—	—	1313	2888	—	—	—	—	—	—
—	6515	1112	—	473	10	—	—	629	3340	—	—	—	—	—	—
—	14149	1404	—	461	3	—	—	940	173	—	—	—	—	—	—
—	8152	921	—	65	—	—	—	856	40	—	—	40	—	—	—
—	7075	1320	1054	77	39	—	—	150	—	—	—	—	—	—	—
1400	**117471**	**22771**	**1266**	**2913**	**156**	**—**	**—**	**18436**	**229**	**—**	**—**	**154**	**—**	**—**	**—**
750	44	1209	31	140	—	—	—	1038	35	—	—	—	—	—	—
—	22550	2308	874	—	3	—	—	1431	—	—	—	—	—	—	—
—	17330	1543	22	225	15	—	—	1281	—	—	—	—	—	—	—
—	11178	2402	31	351	35	—	—	1985	—	—	—	—	—	—	—
—	14741	1735	—	283	40	—	—	1412	—	—	—	—	—	—	—
—	16046	1962	150	266	3	—	—	1543	40	—	—	—	—	—	—
650	2250	655	25	219	10	—	—	401	50	—	—	50	—	—	—
—	2880	1430	30	351	30	—	—	1019	19	—	—	19	—	—	—
—	18790	6838	—	117	—	—	—	6721	—	—	—	—	—	—	—
—	11662	2689	103	961	20	—	—	1605	85	—	—	85	—	—	—
—	**16363**	**4824**	**20**	**399**	**55**	**—**	**—**	**4350**	**980**	**—**	**—**	**50**	**—**	**—**	**—**
—	2989	2761	—	146	15	—	—	2600	—	—	—	—	—	—	—
—	4438	731	20	101	20	—	—	590	—	—	—	—	—	—	—
—	6616	621	—	101	20	—	—	500	50	—	—	50	—	—	—
—	2320	711	—	51	—	—	—	660	930	—	—	—	—	—	—
—	—	—	—	—	—	—	—	—	—	—	—	—	—	—	—
8200	**458630**	**8525**	**—**	**3213**	**687**	**—**	**—**	**4625**	**4400**	**—**	**—**	**—**	**—**	**—**	**—**
2390	**104107**	**1491**	**—**	**1061**	**274**	**—**	**—**	**156**	**—**	**—**	**—**	**—**	**—**	**—**	**—**
330	14091	52	—	—	52	—	—	—	—	—	—	—	—	—	—
400	14836	670	—	657	—	—	—	13	—	—	—	—	—	—	—
410	16602	204	—	—	61	—	—	143	—	—	—	—	—	—	—
400	12510	53	—	—	53	—	—	—	—	—	—	—	—	—	—
420	14487	59	—	—	59	—	—	—	—	—	—	—	—	—	—
—	11774	—	—	—	—	—	—	—	—	—	—	—	—	—	—
—	10568	—	—	—	—	—	—	—	—	—	—	—	—	—	—
430	9239	453	—	404	49	—	—	—	—	—	—	—	—	—	—
1180	**80247**	**3527**	**—**	**860**	**151**	**—**	**—**	**2516**	**—**	**—**	**—**	**—**	**—**	**—**	**—**
—	12217	—	—	—	—	—	—	—	—	—	—	—	—	—	—
—	9572	—	—	—	—	—	—	—	—	—	—	—	—	—	—
460	9219	—	—	—	—	—	—	—	—	—	—	—	—	—	—
320	14232	52	—	—	52	—	—	—	—	—	—	—	—	—	—
—	15634	910	—	860	50	—	—	—	—	—	—	—	—	—	—
400	9639	2549	—	—	49	—	—	2500	—	—	—	—	—	—	—

国有林区分企业的

企业名称	本年计划投资	自年初累计						
		总计	其中：国家投资	生态建设与保护				
				合计	营造林	湿地恢复与保护	沙地治理与封禁	野生动植物保护及自然保护区
清河	12738	12738	12532	11891	2157	—	—	—
伊春林业管理局	**236510**	**236510**	**233450**	**196657**	**33000**	**—**	**—**	**888**
双丰	12578	12578	12416	8528	1200	—	—	—
铁力	14847	14847	14764	13624	2640	—	—	—
桃山	16785	16785	16330	11285	1680	—	—	—
朗乡	18110	18110	18003	15563	2640	—	—	—
南岔	21199	21199	20898	18095	2640	—	—	—
金山屯	13112	13112	13112	13112	2400	—	—	—
美溪	14799	14799	14634	12354	2160	—	—	—
乌马河	10598	10598	10364	9742	1320	—	—	—
翠峦	12301	12301	12295	12285	1440	—	—	—
友好	17237	17237	17001	16244	2520	—	—	888
上甘岭	9062	9062	9019	8427	1200	—	—	—
五营	16793	16793	16347	10190	1200	—	—	—
红星	11863	11863	11814	11131	2640	—	—	—
新青	20188	20188	19767	14017	2520	—	—	—
汤旺河	16304	16304	15968	11397	2160	—	—	—
乌伊岭	10734	10734	10718	10663	2640	—	—	—
松花江林业管理局	**203456**	**194127**	**184999**	**146673**	**38174**	**—**	**—**	**—**
山河屯	22736	22736	22113	16367	4114	—	—	—
苇河	24894	24894	24386	19039	4814	—	—	—
亚布力	23825	22823	22265	19063	4960	—	—	—
方正	33325	29680	29434	18257	4808	—	—	—
兴隆	24977	26606	23000	19427	5046	—	—	—
绥棱	20256	20627	17543	16116	4296	—	—	—
通北	18015	18015	17807	16979	4178	—	—	—
沾河	35428	28746	28451	21425	5958	—	—	—
总局直属单位	**17773**	**17359**	**16692**	**11374**	**3586**	**150**	**—**	**—**
带岭实验局	17773	17359	16692	11374	3586	150	—	—
大兴安岭	**246947**	**256231**	**251727**	**225714**	**111229**	**261**	**—**	**—**
大兴安岭林管局	**229516**	**238654**	**234233**	**210050**	**100553**	**—**	**—**	**—**
松岭	25355	26223	25543	23382	10549	—	—	—
新林	29641	31570	31570	26138	12179	—	—	—
塔河	36152	43804	43804	32062	13928	—	—	—
呼中	29614	28952	28851	28851	12789	—	—	—
阿木尔	20600	19397	19227	18127	8172	—	—	—
图强	19070	19275	19243	18860	8317	—	—	—
西林吉	27608	28260	27193	26993	11268	—	—	—
十八站	20102	20793	19172	17873	9297	—	—	—

林业投资完成情况(三)

单位:万元

完成投资															
		林业支撑与保障							林业产业发展						
生态保护补偿	其他(含生态工程补助资金)	合计	林木种苗	森林防火与森林公安	林业有害生物防治	科技教育	林业信息化	其他	合计	工业原料林	特色经济林	林下经济	木竹制品加工制造	木竹家具制造	非木质林产品加工制造
—	9734	16	—	—	—	—	—	16	—	—	—	—	—	—	—
2920	**159849**	**262**	**—**	**38**	**113**	**—**	**—**	**111**	**—**	**—**	**—**	**—**	**—**	**—**	**—**
—	7328	—	—	—	—	—	—	—	—	—	—	—	—	—	—
—	10984	—	—	—	—	—	—	—	—	—	—	—	—	—	—
—	9605	38	—	38	—	—	—	—	—	—	—	—	—	—	—
420	12503	16	—	—	—	—	—	16	—	—	—	—	—	—	—
—	15455	15	—	—	—	—	—	15	—	—	—	—	—	—	—
400	10312	—	—	—	—	—	—	—	—	—	—	—	—	—	—
—	10194	—	—	—	—	—	—	—	—	—	—	—	—	—	—
—	8422	16	—	—	—	—	—	16	—	—	—	—	—	—	—
410	10435	16	—	—	—	—	—	16	—	—	—	—	—	—	—
300	12536	16	—	—	—	—	—	16	—	—	—	—	—	—	—
210	7017	—	—	—	—	—	—	—	—	—	—	—	—	—	—
—	8990	—	—	—	—	—	—	—	—	—	—	—	—	—	—
320	8171	—	—	—	—	—	—	—	—	—	—	—	—	—	—
460	11037	58	—	—	58	—	—	—	—	—	—	—	—	—	—
400	8837	16	—	—	—	—	—	16	—	—	—	—	—	—	—
—	8023	71	—	—	55	—	—	16	—	—	—	—	—	—	—
1490	**107009**	**3245**	**—**	**1254**	**149**	**—**	**—**	**1842**	**4400**	**—**	**—**	**—**	**—**	**—**	**—**
—	12253	52	—	—	52	—	—	—	—	—	—	—	—	—	—
460	13765	—	—	—	—	—	—	—	—	—	—	—	—	—	—
430	13673	—	—	—	—	—	—	—	—	—	—	—	—	—	—
—	13449	—	—	—	—	—	—	—	—	—	—	—	—	—	—
300	14081	16	—	—	—	—	—	16	4400	—	—	—	—	—	—
—	11820	—	—	—	—	—	—	—	—	—	—	—	—	—	—
300	12501	64	—	—	51	—	—	13	—	—	—	—	—	—	—
—	15467	3113	—	1254	46	—	—	1813	—	—	—	—	—	—	—
220	**7418**	**—**	**—**	**—**	**—**	**—**	**—**	**—**	**—**	**—**	**—**	**—**	**—**	**—**	**—**
220	7418	—	—	—	—	—	—	—	—	—	—	—	—	—	—
—	**114224**	**5478**	**—**	**5478**	**—**	**—**	**—**	**—**	**20**	**—**	**—**	**20**	**—**	**—**	**—**
—	**109497**	**3979**	**—**	**3979**	**—**	**—**	**—**	**—**	**—**	**—**	**—**	**—**	**—**	**—**	**—**
—	12833	—	—	—	—	—	—	—	—	—	—	—	—	—	—
—	13959	—	—	—	—	—	—	—	—	—	—	—	—	—	—
—	18134	2456	—	2456	—	—	—	—	—	—	—	—	—	—	—
—	16062	—	—	—	—	—	—	—	—	—	—	—	—	—	—
—	9955	—	—	—	—	—	—	—	—	—	—	—	—	—	—
—	10543	383	—	383	—	—	—	—	—	—	—	—	—	—	—
—	15725	—	—	—	—	—	—	—	—	—	—	—	—	—	—
—	8576	1140	—	1140	—	—	—	—	—	—	—	—	—	—	—

国有林区分企业的

企业名称	本年计划投资	自年初累计						
		总计	其中：国家投资	生态建设与保护				
				合计	营造林	湿地恢复与保护	沙地治理与封禁	野生动植物保护及自然保护区
韩家园	21374	20380	19630	17764	14054	—	—	—
大兴安岭营林局	**17431**	**17577**	**17494**	**15664**	**10676**	**261**	**—**	**—**
加格达奇	17431	17577	17494	15664	10676	261	—	—
四川	**57463**	**67621**	**48414**	**54132**	**19731**	**—**	**—**	**786**
阿坝州林管局	**20385**	**28728**	**12999**	**18673**	**8346**	**—**	**—**	**—**
川西	2086	2086	2086	1607	—	—	—	—
黑水	3764	3764	—	2984	2215	—	—	—
马尔康	4443	5194	3827	4444	3337	—	—	—
小金	2141	6888	2359	1873	395	—	—	—
观音桥	3738	3738	2994	3738	169	—	—	—
松潘	2480	2480	—	411	240	—	—	—
南坪	—	2718	—	1883	1715	—	—	—
壤塘	1733	1860	1733	1733	275	—	—	—
甘孜州林管局	**14579**	**14579**	**14579**	**14008**	**265**	**—**	**—**	**—**
道孚	2804	2804	2804	2617	35	—	—	—
新龙	2618	2618	2618	2413	90	—	—	—
丹巴	2754	2754	2754	2751	—	—	—	—
炉霍	1840	1840	1840	1840	35	—	—	—
白玉	1805	1805	1805	1659	35	—	—	—
力邱河	1749	1749	1749	1719	35	—	—	—
翁达	1009	1009	1009	1009	35	—	—	—
其他地、州林管局	**22499**	**24314**	**20836**	**21451**	**11120**	**—**	**—**	**786**
川南	7115	8751	8186	6476	3298	—	—	614
雷波	2601	2600	—	2564	1667	—	—	—
凉北	1879	1879	1664	1588	1017	—	—	—
夹金山	2654	2654	2654	2486	—	—	—	—
木里	5092	5272	5229	5179	3220	—	—	—
普威	2030	2030	2030	2030	1858	—	—	172
盐边	1128	1128	1073	1128	60	—	—	—
云南	**14354**	**21804**	**5576**	**15482**	**8898**	**—**	**373**	**—**
云南省林管局	**14354**	**21804**	**5576**	**15482**	**8898**	**—**	**373**	**—**
华坪	2157	1374	—	277	95	—	—	—
碧泉	—	1871	—	1480	354	—	—	—
黑白水	875	929	929	110	110	—	—	—
中甸 *	—	—	—	—	—	—	—	—
巨甸	693	794	777	165	165	—	—	—
红旗	1398	1194	1194	1023	584	—	—	—
云台山	947	747	—	373	—	—	373	—
漾江	1495	2054	—	2054	1534	—	—	—

林业投资完成情况(四)

单位:万元

完成投资															
		林业支撑与保障							林业产业发展						
生态保护补偿	其他(含生态工程补助资金)	合计	林木种苗	森林防火与森林公安	林业有害生物防治	科技教育	林业信息化	其他	合计	工业原料林	特色经济林	林下经济	木竹制品加工制造	木竹家具制造	非木质林产品加工制造
—	3710	—	—	—	—	—	—	—	—	—	—	—	—	—	—
—	**4727**	**1499**	**—**	**1499**	**—**	**—**	**—**	**—**	**20**	**—**	**—**	**20**	**—**	**—**	**—**
—	4727	1499	—	1499	—	—	—	—	20	—	—	20	—	—	—
19957	**13658**	**4673**	**13**	**763**	**85**	**—**	**—**	**3812**	**2343**	**—**	**106**	**594**	**—**	**—**	**—**
4501	**5826**	**2705**	**—**	**172**	**70**	**—**	**—**	**2463**	**1452**	**—**	**—**	**26**	**—**	**—**	**—**
1266	341	135	—	—	30	—	—	105	85	—	—	—	—	—	—
116	653	780	—	—	—	—	—	780	—	—	—	—	—	—	—
273	834	—	—	—	—	—	—	—	750	—	—	—	—	—	—
1088	390	40	—	—	40	—	—	—	—	—	—	—	—	—	—
214	3355	—	—	—	—	—	—	—	—	—	—	—	—	—	—
136	35	1578	—	—	—	—	—	1578	491	—	—	—	—	—	—
168	—	172	—	172	—	—	—	—	100	—	—	—	—	—	—
1240	218	—	—	—	—	—	—	—	26	—	—	26	—	—	—
13743	**—**	**3**	**—**	**—**	**3**	**—**	**—**	**—**	**568**	**—**	**—**	**568**	**—**	**—**	**—**
2582	—	—	—	—	—	—	—	—	187	—	—	187	—	—	—
2323	—	—	—	—	—	—	—	—	205	—	—	205	—	—	—
2751	—	3	—	—	3	—	—	—	—	—	—	—	—	—	—
1805	—	—	—	—	—	—	—	—	—	—	—	—	—	—	—
1624	—	—	—	—	—	—	—	—	146	—	—	146	—	—	—
1684	—	—	—	—	—	—	—	—	30	—	—	30	—	—	—
974	—	—	—	—	—	—	—	—	—	—	—	—	—	—	—
1713	**7832**	**1965**	**13**	**591**	**12**	**—**	**—**	**1349**	**323**	**—**	**106**	**—**	**—**	**—**	**—**
267	2297	1700	—	351	—	—	—	1349	—	—	—	—	—	—	—
232	665	36	—	30	6	—	—	—	—	—	—	—	—	—	—
148	423	133	—	130	3	—	—	—	158	—	106	—	—	—	—
332	2154	3	—	—	3	—	—	—	165	—	—	—	—	—	—
613	1346	93	13	80	—	—	—	—	—	—	—	—	—	—	—
—	—	—	—	—	—	—	—	—	—	—	—	—	—	—	—
121	947	—	—	—	—	—	—	—	—	—	—	—	—	—	—
2986	**3225**	**206**	**—**	**191**	**10**	**—**	**—**	**5**	**746**	**—**	**—**	**—**	**—**	**—**	**187**
2986	**3225**	**206**	**—**	**191**	**10**	**—**	**—**	**5**	**746**	**—**	**—**	**—**	**—**	**—**	**187**
182	—	9	—	9	—	—	—	—	—	—	—	—	—	—	—
—	1126	—	—	—	—	—	—	—	—	—	—	—	—	—	—
—	—	19	—	19	—	—	—	—	—	—	—	—	—	—	—
—	—	—	—	—	—	—	—	—	—	—	—	—	—	—	—
—	—	10	—	10	—	—	—	—	—	—	—	—	—	—	—
439	—	45	—	45	—	—	—	—	—	—	—	—	—	—	—
—	—	—	—	—	—	—	—	—	374	—	—	—	—	—	187
504	16	—	—	—	—	—	—	—	—	—	—	—	—	—	—

国有林区分企业的

企业名称	本年计划投资	自年初累计						
		总　计	其中：国家投资	生态建设与保护				
				合计	营造林	湿地恢复与保护	沙地治理与封禁	野生动植物保护及自然保护区
景东	—	2795	2676	2729	2406	—	—	—
墨江	2419	2419	—	1988	368	—	—	—
卫国	3574	3574	—	3171	2207	—	—	—
江边 *	—	—	—	—	—	—	—	—
清水江 *	—	—	—	—	—	—	—	—
南盘江 *	—	—	—	—	—	—	—	—
新平	796	796	—	796	—	—	—	—
宁蒗	—	3257	—	1316	1075	—	—	—
陕西	**32088**	**42337**	**39697**	**30197**	**4780**	**30**	**—**	**1014**
陕西省林管局	**29737**	**37289**	**37289**	**28287**	**4162**	**—**	**—**	**1014**
宁西	6626	6413	6413	6285	667	—	—	308
太白	9097	16578	16578	8474	879	—	—	223
长青	1759	1926	1926	1733	393	—	—	—
宁东	7623	7802	7802	7288	1331	—	—	270
汉西	2338	2376	2376	2345	548	—	—	—
龙草坪	2294	2194	2194	2162	344	—	—	213
陕西省营林局	**2351**	**5048**	**2408**	**1910**	**618**	**30**	**—**	**—**
马头滩	—	2697	1157	1002	309	30	—	—
辛家山	2351	2351	1251	908	309	—	—	—
甘肃	**108774**	**82248**	**81823**	**59370**	**6003**	**—**	**—**	**300**
甘肃省林管局	**65458**	**38932**	**38507**	**22968**	**4378**	**—**	**—**	**300**
舟曲	12168	7145	7145	4133	967	—	—	300
迭部	23692	13750	13325	7810	1376	—	—	—
洮河	21439	13425	13425	8396	1417	—	—	—
白水江	8159	4612	4612	2629	618	—	—	—
甘肃省营林局	**43316**	**43316**	**43316**	**36402**	**1625**	**—**	**—**	**—**
小陇山	43316	43316	43316	36402	1625	—	—	—
青海	**—**	**—**	**—**	**—**	**—**	**—**	**—**	**—**
青海省林管局	**—**	**—**	**—**	**—**	**—**	**—**	**—**	**—**
玛可河 *	—	—	—	—	—	—	—	—
新疆	**57416**	**61860**	**57460**	**42400**	**13675**	**494**	**—**	**7**
新疆维吾尔自治区林管局	**36141**	**41286**	**38817**	**28588**	**10852**	**494**	**—**	**—**
天山西部	18532	23889	21460	13669	2657	494	—	—
阿尔泰山	17609	17397	17357	14919	8195	—	—	—
新疆维吾尔自治区营林局	**21275**	**20574**	**18643**	**13812**	**2823**	**—**	**—**	**7**
天山东部	21275	20574	18643	13812	2823	—	—	7

林业投资完成情况(五)

单位:万元

完成投资																
		林业支撑与保障							林业产业发展							
生态保护补偿	其他(含生态工程补助资金)	合计	林木种苗	森林防火与森林公安	林业有害生物防治	科技教育	林业信息化	其他	合计	工业原料林	特色经济林	林下经济	木竹制品加工制造	木竹家具制造	非木质林产品加工制造
—	323	66	—	61	—	—	—	5	—	—	—	—	—	—	—
1620	—	26	—	26	—	—	—	—	—	—	—	—	—	—	—
—	964	31	—	21	10	—	—	—	372	—	—	—	—	—	—
—	—	—	—	—	—	—	—	—	—	—	—	—	—	—	—
—	—	—	—	—	—	—	—	—	—	—	—	—	—	—	—
—	—	—	—	—	—	—	—	—	—	—	—	—	—	—	—
—	796	—	—	—	—	—	—	—	—	—	—	—	—	—	—
241	—	—	—	—	—	—	—	—	—	—	—	—	—	—	—
6895	**17478**	**692**	**400**	**—**	**72**	**—**	**—**	**220**	**53**	**—**	**—**	**50**	**—**	**—**	**—**
6840	**16271**	**482**	**400**	**—**	**62**	**—**	**—**	**20**	**53**	**—**	**—**	**50**	**—**	**—**	**—**
1615	3695	12	—	—	2	—	—	10	—	—	—	—	—	—	—
2224	5148	18	—	—	18	—	—	—	53	—	—	50	—	—	—
460	880	2	—	—	2	—	—	—	—	—	—	—	—	—	—
1428	4259	442	400	—	32	—	—	10	—	—	—	—	—	—	—
635	1162	2	—	—	2	—	—	—	—	—	—	—	—	—	—
478	1127	6	—	—	6	—	—	—	—	—	—	—	—	—	—
55	**1207**	**210**	**—**	**—**	**10**	**—**	**—**	**200**	**—**	**—**	**—**	**—**	**—**	**—**	**—**
33	630	10	—	—	10	—	—	—	—	—	—	—	—	—	—
22	577	200	—	—	—	—	—	200	—	—	—	—	—	—	—
3610	**49457**	**12757**	**245**	**764**	**106**	**100**	**—**	**11542**	**—**	**—**	**—**	**—**	**—**	**—**	**—**
2547	**15743**	**12386**	**85**	**719**	**40**	**—**	**—**	**11542**	**—**	**—**	**—**	**—**	**—**	**—**	**—**
196	2670	2203	20	3	10	—	—	2170	—	—	—	—	—	—	—
829	5605	4575	20	402	10	—	—	4143	—	—	—	—	—	—	—
1240	5739	4247	25	312	20	—	—	3890	—	—	—	—	—	—	—
282	1729	1361	20	2	—	—	—	1339	—	—	—	—	—	—	—
1063	**33714**	**371**	**160**	**45**	**66**	**100**	**—**	**—**	**—**	**—**	**—**	**—**	**—**	**—**	**—**
1063	33714	371	160	45	66	100	—	—	—	—	—	—	—	—	—
—	**—**	**—**	**—**	**—**	**—**	**—**	**—**	**—**	**—**	**—**	**—**	**—**	**—**	**—**	**—**
—	**—**	**—**	**—**	**—**	**—**	**—**	**—**	**—**	**—**	**—**	**—**	**—**	**—**	**—**	**—**
—	—	—	—	—	—	—	—	—	—	—	—	—	—	—	—
6785	**21439**	**1637**	**113**	**1198**	**178**	**7**	**10**	**131**	**499**	**—**	**—**	**—**	**—**	**—**	**—**
5380	**11862**	**785**	**—**	**476**	**161**	**7**	**10**	**131**	**152**	**—**	**—**	**—**	**—**	**—**	**—**
932	9586	393	—	310	77	—	—	6	152	—	—	—	—	—	—
4448	2276	392	—	166	84	7	10	125	—	—	—	—	—	—	—
1405	**9577**	**852**	**113**	**722**	**17**	**—**	**—**	**—**	**347**	**—**	**—**	**—**	**—**	**—**	**—**
1405	9577	852	113	722	17	—	—	—	347	—	—	—	—	—	—

国有林区分企业的

企业名称	自年初累计完成投资							
	林业产业发展		林业民生工程				其他投资	
	林业旅游与休闲	其他	合计	棚户区（危旧房）改造	社会性基础设施	其他	合计	其中：财政事业费
全国合计	**18643**	**10702**	**318991**	**201376**	**97486**	**20129**	**54284**	**15703**
其中：东北、内蒙古重点国有林区 87 个森工企业	17586	8125	279240	171817	96144	11279	24827	—
内蒙古	**12570**	**1143**	**54535**	**26304**	**16850**	**11381**	**10525**	**297**
内蒙古集团林管局	**9572**	**1143**	**46391**	**24809**	**15689**	**5893**	**6013**	**—**
阿尔山	—	133	903	—	—	903	327	—
绰尔	—	137	5008	2007	2457	544	500	—
绰源	244	42	1581	—	1105	476	11	—
乌尔旗汉	—	175	3031	905	1721	405	66	—
库都尔	—	15	544	—	—	544	1539	—
图里河	—	—	8096	3550	3637	909	1343	—
伊图里河	—	38	486	—	71	415	149	—
克一河	—	16	72	—	—	72	54	—
甘河	—	—	669	5	431	233	19	—
吉文	—	27	203	—	—	203	197	—
阿里河	1225	116	2129	1377	545	207	333	—
根河	3605	143	17327	14053	3000	274	429	—
金河	—	—	68	—	—	68	40	—
阿龙山	—	19	68	—	—	68	145	—
满归	763	127	1010	—	942	68	10	—
得耳布尔	—	17	996	—	801	195	143	—
莫尔道嘎	3735	138	4200	2912	979	309	708	—
内蒙古集团营林局	**2998**	**—**	**1266**	**—**	**741**	**525**	**712**	**—**
大杨树	—	—	435	—	—	435	140	—
毕拉河	2998	—	831	—	741	90	572	—
内蒙古林业厅营林局	**—**	**—**	**6878**	**1495**	**420**	**4963**	**3800**	**297**
免渡河	—	—	759	—	300	459	453	65
乌奴尔	—	—	755	—	—	755	803	50
巴林	—	—	429	—	—	429	723	48
南木	—	—	555	—	—	555	348	57
红花尔基	—	—	1950	1495	120	335	788	46
柴河	—	—	—	—	—	—	685	31
五岔沟	—	—	2430	—	—	2430	—	—
白狼	—	—	—	—	—	—	—	—
吉林	**616**	**7912**	**84883**	**58334**	**21688**	**4861**	**18271**	**605**
吉林集团林管局	**616**	**6907**	**25535**	**15592**	**9892**	**51**	**1786**	**—**
临江	—	506	6529	1150	5379	—	—	—
三岔子	—	—	5404	5404	—	—	1255	—
湾沟	616	—	909	437	472	—	531	—

林业投资完成情况(六)

单位:万元

本年房屋竣工面积(平方米)		本年新增公路里程(千米)	本年实际到位资金合计										
					本年实际到位资金小计								
						国家预算资金							
总计	本年房屋竣工价值		总计	上年末结余资金	合计	小计	中央资金	地方资金	国内贷款	债券	利用外资	自筹资金	其他资金
1317816	**207654**	**1736**	**2479483**	**235007**	**2244476**	**2103629**	**2009714**	**93915**	**—**	**—**	**—**	**103317**	**37530**
1247154	193131	149	2018197	186663	1831534	1706490	1646207	60283	—	—	—	94690	30354
360464	**60686**	**113**	**588411**	**71920**	**516491**	**485418**	**435516**	**49902**	**—**	**—**	**—**	**27776**	**3297**
322688	**54732**	**85**	**469453**	**71279**	**398174**	**372214**	**331288**	**40926**	**—**	**—**	**—**	**22933**	**3027**
—	—	6	16947	—	16947	15240	12901	2339	—	—	—	1707	—
80004	12797	6	24757	2516	22241	21882	21614	268	—	—	—	359	—
11310	1710	3	17874	—	17874	17540	14704	2836	—	—	—	334	—
6832	905	6	30637	4920	25717	24521	22076	2445	—	—	—	541	655
78510	13530	6	30979	6121	24858	23599	21902	1697	—	—	—	1259	—
41071	6849	3	29431	—	29431	27965	24522	3443	—	—	—	1466	—
11972	2081	6	17568	—	17568	16806	13332	3474	—	—	—	762	—
—	—	3	19895	1676	18219	18074	15541	2533	—	—	—	145	—
3812	495	6	25266	—	25266	24344	22678	1666	—	—	—	922	—
—	—	3	21135	2855	18280	17763	14305	3458	—	—	—	517	—
222	25	3	44424	20379	24045	22692	20654	2038	—	—	—	1353	—
65262	13052	6	56469	13737	42732	35909	32619	3290	—	—	—	4451	2372
—	—	3	25881	4259	21622	21511	19874	1637	—	—	—	111	—
100	10	3	22766	4385	18381	18146	16920	1226	—	—	—	235	—
—	—	3	25838	5175	20663	19681	17598	2083	—	—	—	982	—
473	81	3	21243	—	21243	20748	17915	2833	—	—	—	495	—
23120	3197	16	38343	5256	33087	25793	22133	3660	—	—	—	7294	—
30401	**4459**	**28**	**19331**	**581**	**18750**	**13933**	**12768**	**1165**	**—**	**—**	**—**	**4817**	**—**
75	3	8	8421	519	7902	7449	7327	122	—	—	—	453	—
30326	4456	20	10910	62	10848	6484	5441	1043	—	—	—	4364	—
7375	**1495**	**—**	**99627**	**60**	**99567**	**99271**	**91460**	**7811**	**—**	**—**	**—**	**26**	**270**
—	—	—	12909	—	12909	12883	11450	1433	—	—	—	26	—
—	—	—	10869	60	10809	10768	9398	1370	—	—	—	—	41
—	—	—	9195	—	9195	9195	8131	1064	—	—	—	—	—
—	—	—	9582	—	9582	9582	8542	1040	—	—	—	—	—
7375	1495	—	15553	—	15553	15324	13652	1672	—	—	—	—	229
—	—	—	10968	—	10968	10968	9736	1232	—	—	—	—	—
—	—	—	21850	—	21850	21850	21850	—	—	—	—	—	—
—	—	—	8701	—	8701	8701	8701	—	—	—	—	—	—
290638	**36471**	**36**	**549983**	**103738**	**446245**	**375303**	**356189**	**19114**	**—**	**—**	**—**	**45630**	**25312**
77625	**7721**	**—**	**181503**	**35353**	**146150**	**118795**	**115611**	**3184**	**—**	**—**	**—**	**12179**	**15176**
12268	981	—	27854	6328	21526	14370	14370	—	—	—	—	416	6740
—	—	—	28575	7919	20656	19344	19233	111	—	—	—	1190	122
—	—	—	15065	1113	13952	12694	11919	775	—	—	—	453	805

国有林区分企业的

企业名称	自年初累计完成投资							
	林业产业发展		林业民生工程				其他投资	
	林业旅游与休闲	其他	合计	棚户区（危旧房）改造	社会性基础设施	其他	合计	其中：财政事业费
松江河	—	2888	939	—	939	—	—	—
泉阳	—	3340	6478	6478	—	—	—	—
露水河	—	173	217	17	200	—	—	—
白石山	—	—	1279	—	1228	51	—	—
红石	—	—	3780	2106	1674	—	—	—
长白山森工集团	**—**	**75**	**53507**	**36901**	**11796**	**4810**	**14479**	**—**
黄泥河	—	35	2383	839	—	1544	2198	—
敦化	—	—	5614	1915	2199	1500	—	—
大石头	—	—	13045	13045	—	—	1419	—
八家子	—	—	5381	1397	3984	—	—	—
和龙	—	—	7897	5303	2594	—	1252	—
汪清	—	40	5633	3867	—	1766	—	—
大兴沟	—	—	3019	—	3019	—	158	—
天桥岭	—	—	5380	5380	—	—	785	—
白河	—	—	2000	2000	—	—	8667	—
珲春	—	—	3155	3155	—	—	—	—
吉林省林业厅营林局	**—**	**930**	**5841**	**5841**	**—**	**—**	**2006**	**605**
上营	—	—	—	—	—	—	—	—
辉南	—	—	144	144	—	—	605	605
长白	—	—	—	—	—	—	650	—
安图	—	930	5697	5697	—	—	751	—
长白山 *	—	—	—	—	—	—	—	—
龙江集团	**4400**	**—**	**129359**	**75983**	**53376**	**—**	**—**	**—**
牡丹江林业管理局	**—**	**—**	**32431**	**15983**	**16448**	**—**	**—**	**—**
大海林	—	—	2936	1400	1536	—	—	—
柴河	—	—	3158	622	2536	—	—	—
东京城	—	—	3080	808	2272	—	—	—
穆棱	—	—	10632	5842	4790	—	—	—
绥阳	—	—	245	—	245	—	—	—
海林	—	—	4059	1771	2288	—	—	—
林口	—	—	7346	4680	2666	—	—	—
八面通	—	—	975	860	115	—	—	—
合江林业管理局	**—**	**—**	**11543**	**6442**	**5101**	**—**	**—**	**—**
桦南	—	—	2854	1782	1072	—	—	—
双鸭山	—	—	561	—	561	—	—	—
鹤立	—	—	717	602	115	—	—	—
鹤北	—	—	976	769	207	—	—	—
东方红	—	—	4076	2726	1350	—	—	—
迎春	—	—	1528	563	965	—	—	—

林业投资完成情况(七)

单位:万元

本年房屋竣工面积(平方米) 总计	本年房屋竣工面积(平方米) 本年房屋竣工价值	本年新增公路里程(千米)	本年实际到位资金合计 总计	本年实际到位资金合计 上年末结余资金	本年实际到位资金小计 合计	国家预算资金 小计	国家预算资金 中央资金	国家预算资金 地方资金	国内贷款	债券	利用外资	自筹资金	其他资金
765	170	—	22568	—	22568	17911	17401	510	—	—	—	2838	1819
42415	4241	—	22339	5698	16641	11539	11097	442	—	—	—	3822	1280
—	—	—	32559	14295	18264	15430	15140	290	—	—	—	588	2246
—	—	—	15791	—	15791	13627	13381	246	—	—	—	—	2164
22177	2329	—	16752	—	16752	13880	13070	810	—	—	—	2872	—
213013	**28750**	**36**	**321867**	**61323**	**260544**	**220975**	**205967**	**15008**	**—**	**—**	**—**	**32044**	**7525**
—	—	—	27613	1541	26072	23874	21098	2776	—	—	—	2120	78
—	—	—	33278	2228	31050	28536	28431	105	—	—	—	2509	5
128339	13045	—	45135	8065	37070	31235	26655	4580	—	—	—	5817	18
—	—	—	30125	7436	22689	19983	19062	921	—	—	—	2706	—
23630	3704	—	41844	10062	31782	27367	23602	3765	—	—	—	1340	3075
12832	3867	—	29107	5304	23803	20349	19966	383	—	—	—	386	3068
—	—	—	18175	5116	13059	12540	12480	60	—	—	—	511	8
16045	2118	—	27872	5958	21914	17762	17374	388	—	—	—	3082	1070
32167	6016	—	40733	7308	33425	20836	19756	1080	—	—	—	12442	147
—	—	36	27985	8305	19680	18493	17543	950	—	—	—	1131	56
—	**—**	**—**	**46613**	**7062**	**39551**	**35533**	**34611**	**922**	**—**	**—**	**—**	**1407**	**2611**
—	—	—	7869	264	7605	7605	7479	126	—	—	—	—	—
—	—	—	12752	4176	8576	6566	6471	95	—	—	—	275	1735
—	—	—	9083	624	8459	8459	8391	68	—	—	—	—	—
—	—	—	16909	1998	14911	12903	12270	633	—	—	—	1132	876
—	—	—	—	—	—	—	—	—	—	—	—	—	—
533448	**86215**	**—**	**760969**	**—**	**760969**	**738046**	**738046**	**—**	**—**	**—**	**—**	**18297**	**4626**
196313	**62722**	**—**	**183487**	**—**	**183487**	**177848**	**177848**	**—**	**—**	**—**	**—**	**5639**	**—**
—	—	—	23083	—	23083	21887	21887	—	—	—	—	1196	—
16247	622	—	23826	—	23826	23047	23047	—	—	—	—	779	—
—	—	—	25883	—	25883	24809	24809	—	—	—	—	1074	—
180066	4975	—	29011	—	29011	27972	27972	—	—	—	—	1039	—
—	—	—	24623	—	24623	24567	24567	—	—	—	—	56	—
—	57125	—	19167	—	19167	18703	18703	—	—	—	—	464	—
—	—	—	23635	—	23635	22842	22842	—	—	—	—	793	—
—	—	—	14259	—	14259	14021	14021	—	—	—	—	238	—
39135	**4099**	**—**	**120406**	**—**	**120406**	**117716**	**117716**	**—**	**—**	**—**	**—**	**625**	**2065**
—	—	—	19854	—	19854	19640	19640	—	—	—	—	—	214
—	—	—	12783	—	12783	12783	12783	—	—	—	—	—	—
10885	2004	—	12647	—	12647	12549	12549	—	—	—	—	—	98
—	—	—	20738	—	20738	20618	20618	—	—	—	—	—	120
28250	2095	—	24516	—	24516	24028	24028	—	—	—	—	—	488
—	—	—	17130	—	17130	15566	15566	—	—	—	—	625	939

国有林区分企业的

企业名称	自年初累计完成投资							
	林业产业发展		林业民生工程				其他投资	
	林业旅游与休闲	其他	合计	棚户区（危旧房）改造	社会性基础设施	其他	合计	其中：财政事业费
清河	—	—	831	—	831	—	—	—
伊春林业管理局	**—**	**—**	**39591**	**25774**	**13817**	**—**	**—**	**—**
双丰	—	—	4050	3240	810	—	—	—
铁力	—	—	1223	810	413	—	—	—
桃山	—	—	5462	3240	2222	—	—	—
朗乡	—	—	2531	2025	506	—	—	—
南岔	—	—	3089	1620	1469	—	—	—
金山屯	—	—	—	—	—	—	—	—
美溪	—	—	2445	1620	825	—	—	—
乌马河	—	—	840	—	840	—	—	—
翠峦	—	—	—	—	—	—	—	—
友好	—	—	977	648	329	—	—	—
上甘岭	—	—	635	421	214	—	—	—
五营	—	—	6603	4374	2229	—	—	—
红星	—	—	732	486	246	—	—	—
新青	—	—	6113	4050	2063	—	—	—
汤旺河	—	—	4891	3240	1651	—	—	—
乌伊岭	—	—	—	—	—	—	—	—
松花江林业管理局	**4400**	**—**	**39809**	**23532**	**16277**	**—**	**—**	**—**
山河屯	—	—	6317	3240	3077	—	—	—
苇河	—	—	5855	3240	2615	—	—	—
亚布力	—	—	3760	1745	2015	—	—	—
方正	—	—	11423	7731	3692	—	—	—
兴隆	4400	—	2763	1766	997	—	—	—
绥棱	—	—	4511	3500	1011	—	—	—
通北	—	—	972	—	972	—	—	—
沾河	—	—	4208	2310	1898	—	—	—
总局直属单位	**—**	**—**	**5985**	**4252**	**1733**	**—**	**—**	**—**
带岭实验局	—	—	5985	4252	1733	—	—	—
大兴安岭	**—**	**—**	**23182**	**18532**	**4650**	**—**	**1837**	**—**
大兴安岭林管局	**—**	**—**	**22793**	**18532**	**4261**	**—**	**1832**	**—**
松岭	—	—	2701	2701	—	—	140	—
新林	—	—	5432	4732	700	—	—	—
塔河	—	—	9286	8258	1028	—	—	—
呼中	—	—	—	—	—	—	101	—
阿木尔	—	—	1100	900	200	—	170	—
图强	—	—	—	—	—	—	32	—
西林吉	—	—	1267	1267	—	—	—	—
十八站	—	—	674	674	—	—	1106	—

林业投资完成情况(八)

单位:万元

本年房屋竣工面积(平方米)		本年新增公路里程(千米)	本年实际到位资金合计										
					本年实际到位资金小计								
						国家预算资金							
总计	本年房屋竣工价值		总计	上年末结余资金	合计	小计	中央资金	地方资金	国内贷款	债券	利用外资	自筹资金	其他资金
—	—	—	12738	—	12738	12532	12532	—	—	—	—	—	206
125000	**12800**	**—**	**236510**	**—**	**236510**	**233450**	**233450**	**—**	**—**	**—**	**—**	**3060**	**—**
—	—	—	12578	—	12578	12416	12416	—	—	—	—	162	—
—	—	—	14847	—	14847	14764	14764	—	—	—	—	83	—
—	—	—	16785	—	16785	16330	16330	—	—	—	—	455	—
—	—	—	18110	—	18110	18003	18003	—	—	—	—	107	—
—	—	—	21199	—	21199	20898	20898	—	—	—	—	301	—
—	—	—	13112	—	13112	13112	13112	—	—	—	—	—	—
—	—	—	14799	—	14799	14634	14634	—	—	—	—	165	—
—	—	—	10598	—	10598	10364	10364	—	—	—	—	234	—
—	—	—	12301	—	12301	12295	12295	—	—	—	—	6	—
—	—	—	17237	—	17237	17001	17001	—	—	—	—	236	—
—	—	—	9062	—	9062	9019	9019	—	—	—	—	43	—
—	—	—	16793	—	16793	16347	16347	—	—	—	—	446	—
—	—	—	11863	—	11863	11814	11814	—	—	—	—	49	—
125000	12800	—	20188	—	20188	19767	19767	—	—	—	—	421	—
—	—	—	16304	—	16304	15968	15968	—	—	—	—	336	—
—	—	—	10734	—	10734	10718	10718	—	—	—	—	16	—
173000	**6594**	**—**	**202793**	**—**	**202793**	**191926**	**191926**	**—**	**—**	**—**	**—**	**8306**	**2561**
100000	3000	—	22736	—	22736	22113	22113	—	—	—	—	623	—
17850	1428	—	24894	—	24894	24386	24386	—	—	—	—	508	—
53550	1606	—	23825	—	23825	23094	23094	—	—	—	—	—	731
—	—	—	33325	—	33325	31857	31857	—	—	—	—	—	1468
—	—	—	28577	—	28577	24627	24627	—	—	—	—	3950	—
—	—	—	22675	—	22675	19591	19591	—	—	—	—	2930	154
1600	560	—	18015	—	18015	17807	17807	—	—	—	—	—	208
—	—	—	28746	—	28746	28451	28451	—	—	—	—	295	—
—	**—**	**—**	**17773**	**—**	**17773**	**17106**	**17106**	**—**	**—**	**—**	**—**	**667**	**—**
—	—	—	17773	—	17773	17106	17106	—	—	—	—	667	—
69979	**11254**	**—**	**265074**	**18127**	**246947**	**242527**	**242527**	**—**	**—**	**—**	**—**	**4420**	**—**
67517	**10802**	**—**	**246711**	**17195**	**229516**	**225192**	**225192**	**—**	**—**	**—**	**—**	**4324**	**—**
—	—	—	27739	2384	25355	25062	25062	—	—	—	—	293	—
—	—	—	32680	3039	29641	29233	29233	—	—	—	—	408	—
47517	7602	—	43238	7086	36152	35062	35062	—	—	—	—	1090	—
—	—	—	29614	—	29614	29513	29513	—	—	—	—	101	—
—	—	—	20600	—	20600	20430	20430	—	—	—	—	170	—
—	—	—	19453	383	19070	19038	19038	—	—	—	—	32	—
20000	3200	—	28390	782	27608	27499	27499	—	—	—	—	109	—
—	—	—	21793	1691	20102	18881	18881	—	—	—	—	1221	—

国有林区分企业的

企业名称	自年初累计完成投资							
	林业产业发展		林业民生工程				其他投资	
	林业旅游与休闲	其他	合计	棚户区（危旧房）改造	社会性基础设施	其他	合计	其中：财政事业费
韩家园	—	—	2333	—	2333	—	283	—
大兴安岭营林局	**—**	**—**	**389**	**—**	**389**	**—**	**5**	**—**
加格达奇	—	—	389	—	389	—	5	—
四川	**893**	**750**	**1301**	**1301**	**—**	**—**	**5172**	**—**
阿坝州林管局	**728**	**698**	**726**	**726**	**—**	**—**	**5172**	**—**
川西	—	85	—	—	—	—	259	—
黑水	—	—	—	—	—	—	—	—
马尔康	600	150	—	—	—	—	—	—
小金	—	—	625	625	—	—	4350	—
观音桥	—	—	—	—	—	—	—	—
松潘	28	463	—	—	—	—	—	—
南坪	100	—	—	—	—	—	563	—
壤塘	—	—	101	101	—	—	—	—
甘孜州林管局	**—**	**—**	**—**	**—**	**—**	**—**	**—**	**—**
道孚	—	—	—	—	—	—	—	—
新龙	—	—	—	—	—	—	—	—
丹巴	—	—	—	—	—	—	—	—
炉霍	—	—	—	—	—	—	—	—
白玉	—	—	—	—	—	—	—	—
力邱河	—	—	—	—	—	—	—	—
翁达	—	—	—	—	—	—	—	—
其他地、州林管局	**165**	**52**	**575**	**575**	**—**	**—**	**—**	**—**
川南	—	—	575	575	—	—	—	—
雷波	—	—	—	—	—	—	—	—
凉北	—	52	—	—	—	—	—	—
夹金山	165	—	—	—	—	—	—	—
木里	—	—	—	—	—	—	—	—
普威	—	—	—	—	—	—	—	—
盐边	—	—	—	—	—	—	—	—
云南	**163**	**396**	**721**	**520**	**201**	**—**	**4649**	**4647**
云南省林管局	**163**	**396**	**721**	**520**	**201**	**—**	**4649**	**4647**
华坪	—	—	73	43	30	—	1015	1013
碧泉	—	—	40	40	—	—	351	351
黑白水	—	—	—	—	—	—	800	800
中甸 *	—	—	—	—	—	—	—	—
巨甸	—	—	22	22	—	—	597	597
红旗	—	—	126	10	116	—	—	—
云台山	163	24	—	—	—	—	—	—
漾江	—	—	—	—	—	—	—	—

林业投资完成情况(九)

单位:万元

本年房屋竣工面积(平方米) 总计	本年房屋竣工面积(平方米) 本年房屋竣工价值	本年新增公路里程(千米)	本年实际到位资金合计 总计	本年实际到位资金合计 上年末结余资金	本年实际到位资金小计 合计	国家预算资金 小计	国家预算资金 中央资金	国家预算资金 地方资金	国内贷款	债券	利用外资	自筹资金	其他资金
—	—	—	23204	1830	21374	20474	20474	—	—	—	—	900	—
2462	**452**	**—**	**18363**	**932**	**17431**	**17335**	**17335**	**—**	**—**	**—**	**—**	**96**	**—**
2462	452	—	18363	932	17431	17335	17335	—	—	—	—	96	—
20854	**4617**	**—**	**61292**	**180**	**61112**	**59301**	**55536**	**3765**	**—**	**—**	**—**	**718**	**1093**
20854	**4617**	**—**	**23124**	**—**	**23124**	**21664**	**19646**	**2018**	**—**	**—**	**—**	**716**	**744**
—	—	—	2080	—	2080	2080	1687	393	—	—	—	—	—
—	—	—	3764	—	3764	3764	2881	883	—	—	—	—	—
—	—	—	3827	—	3827	3827	3827	—	—	—	—	—	—
—	—	—	2784	—	2784	2359	1799	560	—	—	—	425	—
—	—	—	3738	—	3738	2994	2994	—	—	—	—	—	744
20854	4617	—	2480	—	2480	2189	2189	—	—	—	—	291	—
—	—	—	2718	—	2718	2718	2536	182	—	—	—	—	—
—	—	—	1733	—	1733	1733	1733	—	—	—	—	—	—
—	**—**	**—**	**14579**	**—**	**14579**	**14579**	**13918**	**661**	**—**	**—**	**—**	**—**	**—**
—	—	—	2804	—	2804	2804	2664	140	—	—	—	—	—
—	—	—	2618	—	2618	2618	2483	135	—	—	—	—	—
—	—	—	2754	—	2754	2754	2597	157	—	—	—	—	—
—	—	—	1841	—	1841	1841	1737	104	—	—	—	—	—
—	—	—	1805	—	1805	1805	1749	56	—	—	—	—	—
—	—	—	1749	—	1749	1749	1719	30	—	—	—	—	—
—	—	—	1008	—	1008	1008	969	39	—	—	—	—	—
—	**—**	**—**	**23589**	**180**	**23409**	**23058**	**21972**	**1086**	**—**	**—**	**—**	**2**	**349**
—	—	—	8026	—	8026	8024	7560	464	—	—	—	2	—
—	—	—	2600	—	2600	2564	2453	111	—	—	—	—	36
—	—	—	1879	—	1879	1664	1505	159	—	—	—	—	215
—	—	—	2654	—	2654	2654	2630	24	—	—	—	—	—
—	—	—	5272	180	5092	5049	4782	267	—	—	—	—	43
—	—	—	2030	—	2030	2030	1969	61	—	—	—	—	—
—	—	—	1128	—	1128	1073	1073	—	—	—	—	—	55
240	**36**	**1566**	**28942**	**9199**	**19743**	**18893**	**18671**	**222**	**—**	**—**	**—**	**246**	**604**
240	**36**	**1566**	**28942**	**9199**	**19743**	**18893**	**18671**	**222**	**—**	**—**	**—**	**246**	**604**
—	—	—	2197	—	2197	2197	2197	—	—	—	—	—	—
—	—	—	1871	—	1871	1871	1871	—	—	—	—	—	—
—	—	—	929	130	799	799	799	—	—	—	—	—	—
—	—	—	—	—	—	—	—	—	—	—	—	—	—
—	—	—	864	187	677	677	667	10	—	—	—	—	—
240	36	—	1397	—	1397	1185	1185	—	—	—	—	—	212
—	—	1566	1472	1472	—	—	—	—	—	—	—	—	—
—	—	—	3032	1537	1495	1495	1495	—	—	—	—	—	—

国有林区分企业的

企业名称	自年初累计完成投资							
	林业产业发展		林业民生工程				其他投资	
	林业旅游与休闲	其他	合计	棚户区（危旧房）改造	社会性基础设施	其他	合计	其中：财政事业费
景东	—	—	—	—	—	—	—	—
墨江	—	—	405	405	—	—	—	—
卫国	—	372	—	—	—	—	—	—
江边＊	—	—	—	—	—	—	—	—
清水江＊	—	—	—	—	—	—	—	—
南盘江＊	—	—	—	—	—	—	—	—
新平	—	—	—	—	—	—	—	—
宁蒗	—	—	55	—	55	—	1886	1886
陕西	**—**	**3**	**10709**	**10635**	**—**	**74**	**686**	**—**
陕西省林管局	**—**	**3**	**8069**	**7995**	**—**	**74**	**398**	**—**
宁西	—	—	—	—	—	—	116	—
太白	—	3	7892	7847	—	45	141	—
长青	—	—	148	148	—	—	43	—
宁东	—	—	—	—	—	—	72	—
汉西	—	—	29	—	—	29	—	—
龙草坪	—	—	—	—	—	—	26	—
陕西省营林局	**—**	**—**	**2640**	**2640**	**—**	**—**	**288**	**—**
马头滩	—	—	1540	1540	—	—	145	—
辛家山	—	—	1100	1100	—	—	143	—
甘肃	**—**	**—**	**3517**	**200**	**—**	**3317**	**6604**	**6604**
甘肃省林管局	**—**	**—**	**2501**	**200**	**—**	**2301**	**1077**	**1077**
舟曲	—	—	528	200	—	328	281	281
迭部	—	—	967	—	—	967	398	398
洮河	—	—	523	—	—	523	259	259
白水江	—	—	483	—	—	483	139	139
甘肃省营林局	**—**	**—**	**1016**	**—**	**—**	**1016**	**5527**	**5527**
小陇山	—	—	1016	—	—	1016	5527	5527
青海	**—**	**—**	**—**	**—**	**—**	**—**	**—**	**—**
青海省林管局	**—**	**—**	**—**	**—**	**—**	**—**	**—**	**—**
玛可河＊	—	—	—	—	—	—	—	—
新疆	**1**	**498**	**10784**	**9567**	**721**	**496**	**6540**	**3550**
新疆维吾尔自治区林管局	**—**	**152**	**6607**	**6102**	**184**	**321**	**5154**	**2965**
天山西部	—	152	6240	5735	184	321	3435	1495
阿尔泰山	—	—	367	367	—	—	1719	1470
新疆维吾尔自治区营林局	**1**	**346**	**4177**	**3465**	**537**	**175**	**1386**	**585**
天山东部	1	346	4177	3465	537	175	1386	585

林业投资完成情况(十)

单位:万元

本年房屋竣工面积(平方米)		本年新增公路里程(千米)	本年实际到位资金合计										
			总计	上年末结余资金	本年实际到位资金小计								
					合计	国家预算资金			国内贷款	债券	利用外资	自筹资金	其他资金
总计	本年房屋竣工价值					小计	中央资金	地方资金					
—	—	—	2795	885	1910	1910	1698	212	—	—	—	—	—
—	—	—	4607	2403	2204	2204	2204	—	—	—	—	—	—
—	—	—	5725	1981	3744	3372	3372	—	—	—	—	246	126
—	—	—	—	—	—	—	—	—	—	—	—	—	—
—	—	—	—	—	—	—	—	—	—	—	—	—	—
—	—	—	—	—	—	—	—	—	—	—	—	—	—
—	—	—	796	—	796	530	530	—	—	—	—	—	266
—	—	—	3257	604	2653	2653	2653	—	—	—	—	—	—
—	**—**	**—**	**35009**	**440**	**34569**	**31929**	**24716**	**7213**	**—**	**—**	**—**	**2640**	**—**
—	**—**	**—**	**29900**	**440**	**29460**	**29460**	**22607**	**6853**	**—**	**—**	**—**	**—**	**—**
—	—	—	6626	—	6626	6626	5300	1326	—	—	—	—	—
—	—	—	8872	—	8872	8872	7343	1529	—	—	—	—	—
—	—	—	1759	—	1759	1759	1489	270	—	—	—	—	—
—	—	—	7571	—	7571	7571	4768	2803	—	—	—	—	—
—	—	—	2778	440	2338	2338	1888	450	—	—	—	—	—
—	—	—	2294	—	2294	2294	1819	475	—	—	—	—	—
—	**—**	**—**	**5109**	**—**	**5109**	**2469**	**2109**	**360**	**—**	**—**	**—**	**2640**	**—**
—	—	—	2733	—	2733	1193	1113	80	—	—	—	1540	—
—	—	—	2376	—	2376	1276	996	280	—	—	—	1100	—
42193	**8375**	**21**	**100984**	**—**	**100984**	**100559**	**92361**	**8198**	**—**	**—**	**—**	**425**	**—**
41224	**8183**	**—**	**57668**	**—**	**57668**	**57243**	**49045**	**8198**	**—**	**—**	**—**	**425**	**—**
32052	5644	—	11281	—	11281	11281	9643	1638	—	—	—	—	—
8870	2492	—	20620	—	20620	20195	17232	2963	—	—	—	425	—
302	47	—	19120	—	19120	19120	16477	2643	—	—	—	—	—
—	—	—	6647	—	6647	6647	5693	954	—	—	—	—	—
969	**192**	**21**	**43316**	**—**	**43316**	**43316**	**43316**	**—**	**—**	**—**	**—**	**—**	**—**
969	192	21	43316	—	43316	43316	43316	—	—	—	—	—	—
—	**—**	**—**	**—**	**—**	**—**	**—**	**—**	**—**	**—**	**—**	**—**	**—**	**—**
—	**—**	**—**	**—**	**—**	**—**	**—**	**—**	**—**	**—**	**—**	**—**	**—**	**—**
—	—	—	—	—	—	—	—	—	—	—	—	—	—
—	**—**	**—**	**88819**	**31403**	**57416**	**51653**	**46152**	**5501**	**—**	**—**	**—**	**3165**	**2598**
—	**—**	**—**	**60165**	**24024**	**36141**	**33994**	**30290**	**3704**	**—**	**—**	**—**	**1342**	**805**
—	—	—	34046	15514	18532	16601	13294	3307	—	—	—	1322	609
—	—	—	26119	8510	17609	17393	16996	397	—	—	—	20	196
—	**—**	**—**	**28654**	**7379**	**21275**	**17659**	**15862**	**1797**	**—**	**—**	**—**	**1823**	**1793**
—	—	—	28654	7379	21275	17659	15862	1797	—	—	—	1823	1793

附录二

林业工作站和乡村林场基本情况

ANNEX Ⅱ

各地区乡镇林业

地区	至本年底实有站数						本年新建站数	已加挂野保站牌子站数	已加挂科技推广站牌子站数
	总站数			派出机构	双重领导	乡镇管理			
	计	片站							
		计	管理乡镇数						
全国总计	**24516**	**2421**	**7855**	**8715**	**4170**	**11631**	**180**	**7266**	**4128**
北　京	144	2	9	29	64	51	—	1	1
天　津	118	—	—	14	0	104	—	—	—
河　北	1038	536	1505	517	123	398	17	90	148
山　西	1148	63	145	88	482	578	3	143	86
内蒙古	715	28	94	496	112	107	6	2	82
辽　宁	914	—	—	69	52	793	2	431	201
吉　林	700	4	11	382	287	31	0	236	127
黑龙江	877	17	48	357	169	351	7	173	143
上　海	103	—	—	15	24	64	—	—	—
江　苏	203	19	47	4	28	171	3	1	9
浙　江	583	48	171	95	56	432	—	24	41
安　徽	807	171	661	443	243	121	14	232	65
福　建	926	22	53	758	112	56	2	656	388
江　西	890	222	719	793	55	42	1	678	187
山　东	1302	—	—	30	96	1176	2	14	99
河　南	1974	56	228	116	229	1629	11	181	183
湖　北	885	150	562	746	69	70	—	249	167
湖　南	1995	121	357	1258	—	737	9	1464	1142
广　东	720	48	128	358	—	362	1	116	202
广　西	1101	11	28	459	185	457	2	9	26
海　南	14	—	—	14	—	—	—	—	—
重　庆	295	18	108	18	39	238	1	43	17
四　川	1469	545	2057	1035	269	165	40	754	298
贵　州	1327	2	6	23	254	1050	12	634	79
云　南	1361	1	2	20	343	998	18	495	76
西　藏	—	—	—	—	—	—	—	—	—
陕　西	852	109	290	181	231	440	—	296	109
甘　肃	762	154	437	193	229	340	—	61	74
青　海	263	18	56	11	95	157	7	2	14
宁　夏	110	56	133	87	5	18	3	29	19
新　疆	775	—	—	106	319	350	18	243	135
新疆兵团	145	—	—	—	—	145	1	9	10

注：1. 总站数中的“片站”是指管理两个以上乡镇林业工作的林业站。

2. 人、财、物三权属县林业主管部门的站为派出机构；三权属乡镇的为乡镇管理；介于二者之间的为双重领导。三者

3. 已加挂野保站牌子站数指截至本年底加挂“野生动植物保护管理站”牌子的林业站总数。

4. 已加挂仲裁委员会牌子站数指截至本年底加挂“林业承包合同仲裁委员会”牌子的林业站总数。

5. 林业站“在岗职工”是指在林业站工作并在林业站开支的人员，不包括林业站临时聘用的后勤服务人员及其所办经以及新分配的大中专毕业生。

工作站基本情况

单位：个、人

已加挂公益林管护站牌子站数	已加挂病虫害防治站牌子站数	已加挂仲裁委员会牌子站数	至本年底已核定编制数	年末在岗职工总数		经费渠道				至本年底自有办公用房站数	
				计	长期职工	财政全额	财政差额	林业经费	自收自支	计	本年新建
5137	**3619**	**313**	**88302**	**105699**	**104029**	**84424**	**5659**	**8293**	**7323**	**13142**	**373**
—	4	—	788	912	911	609	144	5	154	67	9
—	—	—	188	273	273	111	111	—	51	44	1
63	61	5	3083	3791	3657	2463	431	113	784	618	8
290	108	25	1879	2617	2406	2105	68	201	243	474	22
93	25	—	2291	2770	2704	2581	22	156	11	246	7
306	237	14	3582	3786	3761	2973	427	94	292	246	3
127	102	—	3427	3953	3944	2959	197	534	263	333	31
47	140	21	2553	2614	2607	1803	172	316	323	573	9
—	—	—	241	317	308	265	26	4	22	82	—
1	3	—	500	1016	953	786	68	16	146	131	4
136	—	—	1813	1802	1740	1686	100	12	4	169	1
29	111	—	2852	3026	2994	2544	212	65	205	436	25
120	111	16	3579	3571	3569	2922	307	263	79	602	1
392	468	22	3598	4443	4422	3205	249	455	534	485	15
18	65	1	3291	4586	4563	4295	211	5	75	686	4
177	120	21	3458	5407	5273	4492	130	271	514	1006	9
266	97	20	3224	5024	4990	3093	505	532	894	539	18
1512	1044	76	10702	12424	12332	10939	946	126	413	1053	25
98	20	10	3337	3808	3687	3100	424	158	126	350	5
21	21	—	3888	4098	4074	3299	137	444	218	913	9
1	—	—	53	57	57	3	—	—	54	14	—
10	8	8	935	974	970	965	1	4	4	111	10
447	220	37	5499	6342	6331	5280	268	442	352	838	72
241	115	6	5472	4622	4502	4085	213	96	228	890	8
89	65	1	8674	7404	7404	7165	23	189	27	852	15
—	—	—	—	—	—	—	—	—	—	—	—
301	135	10	2757	3499	3398	2867	153	459	20	319	7
96	28	1	1821	2747	2693	2609	29	41	68	295	3
36	6	—	338	538	513	478	46	12	2	68	8
3	8	—	753	631	631	623	1	7	—	12	3
121	262	18	3022	3632	3551	3481	38	74	39	604	32
96	35	1	704	5015	4811	638	—	3199	1178	86	9

之和为总站数。

济实体中聘用的人员。“长期职工”是指“在岗职工”中用工期限在一年（含一年）以上的职工，包括正式职工和合同制职工，

各地区地、县级林业

地　区	地(市)								
	林业站总数	管理人员							
		文化程度				专业技术人员			
		合计	大专以上学历	中专学历	高中以下文化	合计	高级	中级	初级
全国总计	**216**	**2405**	**2183**	**142**	**80**	**1699**	**520**	**742**	**437**
北　京	—	—	—	—	—	—	—	—	—
天　津	—	—	—	—	—	—	—	—	—
河　北	11	128	108	12	8	104	47	30	27
山　西	11	95	85	10	—	78	23	38	17
内蒙古	12	186	161	19	6	114	36	58	20
辽　宁	14	85	85	—	—	60	10	36	14
吉　林	11	116	96	13	7	54	12	20	22
黑龙江	7	59	54	5	—	46	8	30	8
上　海	—	—	—	—	—	—	—	—	—
江　苏	12	113	106	1	6	91	42	29	20
浙　江	3	17	16	1	—	10	6	3	1
安　徽	8	53	53	—	—	45	15	23	7
福　建	1	32	32	—	—	23	13	8	2
江　西	10	49	48	1	—	30	8	14	8
山　东	15	109	105	2	2	88	31	49	8
河　南	17	291	279	5	7	222	64	96	62
湖　北	4	63	55	8	—	57	23	30	4
湖　南	8	39	39	—	—	25	10	12	3
广　东	—	49	44	2	3	12	1	7	4
广　西	11	78	70	5	3	49	7	28	14
海　南	—	—	—	—	—	—	—	—	—
重　庆	—	—	—	—	—	—	—	—	—
四　川	6	57	56	—	1	31	14	16	1
贵　州	—	12	12	—	—	11	4	6	1
云　南	2	64	64	—	—	—	—	—	—
西　藏	—	—	—	—	—	—	—	—	—
陕　西	12	283	235	31	17	209	56	80	73
甘　肃	7	62	54	3	5	45	10	13	22
青　海	8	84	73	5	6	67	25	25	17
宁　夏	5	59	56	1	2	47	21	14	12
新　疆	8	139	122	12	5	105	21	49	35
新疆兵团	13	83	75	6	2	76	13	28	35

注：1.“管理人员”指从事林业站管理工作的专兼职人员。

2. 有林业站的既统计站数又统计管理人员，无林业站的只统计相关管理人员。

工作站及管理人员情况

单位:个、人

县(市、区)									
林业站总数	管理人员								
	文化程度				专业技术人员				
	合计	大专以上学历	中专学历	高中以下文化	合计	高级	中级	初级
1783	**22057**	**16416**	**3732**	**1909**	**16488**	**2342**	**7541**	**6605**
12	202	182	16	4	127	15	68	44
12	139	121	8	10	114	24	49	41
150	1335	1022	215	98	1086	235	506	345
114	1379	872	353	154	1037	77	453	507
117	1144	886	157	101	746	165	278	303
77	432	382	38	12	324	40	186	98
60	641	475	116	50	523	112	236	175
93	696	577	117	2	603	119	294	190
9	231	197	11	23	185	38	79	68
73	961	770	127	64	859	245	400	214
27	299	271	21	7	264	62	144	58
56	459	403	50	6	402	90	191	121
4	165	152	11	2	156	27	90	39
91	538	353	112	73	383	24	139	220
137	1117	982	110	25	959	185	443	331
159	2495	1524	648	323	1565	138	664	763
—	268	206	58	4	190	14	154	22
95	467	351	89	27	318	31	194	93
2	229	192	22	15	143	6	63	74
63	509	396	82	31	387	11	204	172
14	57	24	2	31	39	1	2	36
14	95	73	10	12	33	4	22	7
62	774	601	104	69	504	77	237	190
15	218	189	27	2	170	2	104	64
1	1058	913	91	54	1058	31	449	578
—	—	—	—	—	—	—	—	—
98	2697	1809	515	373	1763	250	762	751
82	1156	868	154	134	750	91	348	311
45	488	351	88	49	374	57	189	128
22	397	356	21	20	326	94	152	80
79	1411	918	359	134	1100	77	441	582
—	—	—	—	—	—	—	—	—

各地区乡镇林业工作站

地区	林业站长期职工总数	文化程度情况				专业技术人员			本(专)科班		
		大专以上学历人数	中专学历人数	高中文化人数	初中以下文化人数	高级	中级	初级	本年毕业生数	在校生总数	本年入学人数
全国总计	**104029**	**57540**	**23053**	**17554**	**5882**	**3245**	**24127**	**34087**	**990**	**1233**	**371**
北京	911	651	106	98	56	10	83	128	—	1	—
天津	273	179	58	30	6	47	54	64	—	1	—
河北	3657	2313	809	469	66	265	1177	1016	17	9	6
山西	2406	833	743	700	130	138	357	654	1	3	1
内蒙古	2704	1909	495	287	13	254	709	744	18	30	6
辽宁	3761	2653	705	260	143	71	1320	1154	18	45	7
吉林	3944	1713	1405	550	276	150	980	1498	4	40	22
黑龙江	2607	1629	804	144	30	221	918	902	3	1	3
上海	308	217	46	28	17	14	79	106	1	—	—
江苏	953	505	238	148	62	51	290	298	63	6	6
浙江	1740	1111	317	243	69	17	1050	549	11	6	—
安徽	2994	1993	736	199	66	205	1160	1168	13	32	8
福建	3569	2233	713	522	101	163	1054	1188	49	87	25
江西	4422	1710	1043	1256	413	133	651	1437	48	106	15
山东	4563	2789	1336	375	63	208	1201	2124	59	32	25
河南	5273	2487	1632	1036	118	244	779	1474	29	41	4
湖北	4990	2588	1222	864	316	72	1474	1460	27	55	2
湖南	12332	4978	2907	3512	935	156	1743	2729	196	215	76
广东	3687	1621	920	831	315	44	335	1153	10	8	1
广西	4074	2576	818	538	142	20	724	1576	17	41	9
海南	57	24	2	23	8	1	2	36	—	—	—
重庆	970	802	85	67	16	17	142	206	4	4	1
四川	6331	3735	1026	1013	557	159	1376	1810	19	29	10
贵州	4502	3410	668	256	168	114	863	1663	20	19	13
云南	7404	5504	1079	402	419	160	3176	4068	186	263	66
西藏	—	—	—	—	—	—	—	—	—	—	—
陕西	3398	1781	1098	450	69	112	698	1085	50	102	38
甘肃	2693	1652	504	393	144	29	499	1136	34	42	23
青海	513	358	50	80	25	12	159	150	56	1	—
宁夏	631	477	108	36	10	67	205	219	32	2	—
新疆	3551	2137	1042	281	91	44	632	1820	1	7	4
新疆兵团	4811	972	338	2463	1038	47	237	472	4	5	—

注:1. 林业中专班指在林业学校学习的、不包括在农广校参加学习的林业中专人数。

2. 正在接受学历教育的人员按原学历统计。

人员素质和培训情况

单位：人

学历教育情况			年龄结构情况			年度培训情况			
中专班			35岁以下	36至50岁	51岁以上	站长			站员
本年毕业生数	在校生总数	本年入学人数				计	初任培训人数	能力提升培训人次	
195	**96**	**20**	**23374**	**63895**	**16760**	**46507**	**6404**	**40103**	**72198**
12	—	—	243	410	258	202	14	188	495
—	—	—	68	143	62	91	5	86	54
8	—	—	1200	2017	440	1065	215	850	1328
—	—	—	416	1153	837	915	170	745	524
9	—	—	651	1697	356	880	136	744	1619
—	—	—	882	2174	705	1368	247	1121	1811
—	1	—	657	2263	1024	747	153	594	3531
—	—	—	406	1647	554	996	160	836	750
1	—	—	106	108	94	—	—	—	274
83	2	1	107	594	252	691	111	580	1118
—	—	—	317	653	770	513	118	395	626
—	—	—	350	2318	326	844	124	720	2205
2	—	—	663	2127	779	736	185	551	2046
—	—	—	736	2989	697	953	140	813	2503
33	7	7	1012	3089	462	1370	263	1107	1553
7	6	1	1461	3201	611	2309	534	1775	1697
5	60	—	576	3536	878	1038	157	881	2791
11	—	—	2566	7843	1923	4146	512	3634	11039
7	—	—	587	2336	764	1039	94	945	2332
—	—	—	647	2744	683	1657	153	1504	3776
—	—	—	13	27	17	5	—	5	—
—	—	—	266	561	143	449	166	283	624
1	—	—	1234	4085	1012	1497	142	1355	3184
—	4	—	1081	2873	548	1572	496	1076	1682
9	4	8	2522	4172	710	18392	1442	16950	16331
—	—	—	—	—	—	—	—	—	—
—	7	—	975	1939	484	712	176	536	1479
4	4	2	1201	1250	242	756	177	579	1594
3	—	—	88	386	39	118	24	94	107
—	—	—	63	488	80	635	1	634	2155
—	—	1	1240	2105	206	511	228	283	1396
—	1	—	1040	2967	804	300	61	239	1574

各地区乡镇林业工作

地　区	本年累计完成投资						
	合计	国家投资			地方投资		
		计	国家林业局投资	其他	计	省(区、市)	地(市)、县、乡
全国总计	**47281**	**14137**	**8701**	**5436**	**33144**	**8121**	**25023**
北　京	535	285	285	—	250	30	220
天　津	—	—	—	—	—	—	—
河　北	458	300	300	—	158	17	141
山　西	635	361	240	121	275	2	273
内蒙古	1642	589	500	89	1053	500	553
辽　宁	1064	340	340	—	724	—	724
吉　林	2233	500	500	—	1733	1372	361
黑龙江	645	353	320	33	292	—	292
上　海	150	60	60	—	90	30	60
江　苏	920	120	—	120	800	200	600
浙　江	290	195	180	15	95	—	95
安　徽	2629	547	462	85	2082	55	2027
福　建	3024	404	364	40	2620	471	2149
江　西	4681	401	381	20	4280	522	3758
山　东	1071	220	220	—	851	33	818
河　南	1555	300	300	—	1255	81	1174
湖　北	2747	1169	380	789	1578	290	1288
湖　南	3982	486	486	—	3497	371	3126
广　东	1129	180	160	20	949	40	909
广　西	1721	339	297	42	1382	315	1067
海　南	—	—	—	—	—	—	—
重　庆	435	292	182	110	144	100	44
四　川	5381	1869	620	1249	3512	1997	1515
贵　州	895	326	200	126	569	260	309
云　南	1160	360	360	—	800	500	300
西　藏	—	—	—	—	—	—	—
陕　西	2398	657	280	377	1741	115	1626
甘　肃	4087	2498	395	2103	1589	136	1453
青　海	255	183	110	73	73	25	48
宁　夏	216	165	140	25	51	—	51
新　疆	1140	480	480	—	660	660	—
新疆兵团	204	160	160	—	44	—	44

注：1. 有交通工具站数指配备机动交通工具的站数，该栏目下“本年新增”指本年新增加机动交通工具的站数。

2. 有通讯设备站数指配备电话或无线通讯设备的站数，本栏“本年新增”与第1条“本年新增”意思相同。

3. 有计算机站数指配备台式或便携式计算机设备的站数，本栏“本年新增”与第1条“本年新增”意思相同。

站建设完成投资情况

单位：万元、个、台、套

至本年底工作器械和办公设备配置情况					
有交通工具站数		有通讯设备站数		有计算机站数	
计	本年新增	计	本年新增	计	本年新增
8904	**466**	**14811**	**586**	**17762**	**1663**
113	16	144	4	144	9
54	4	60	1	61	2
319	8	597	10	732	31
349	26	482	74	613	120
299	8	296	5	495	55
342	10	506	19	535	80
274	22	402	5	618	18
180	4	403	24	652	63
—	—	103	—	103	—
72	—	111	4	117	2
182	6	447	14	491	29
357	11	606	4	693	43
512	14	698	9	705	21
372	35	588	37	735	143
598	21	985	67	932	39
565	25	993	24	959	63
392	6	641	4	695	47
398	6	1286	3	1701	105
359	62	532	50	561	43
429	29	676	20	857	68
—	—	—	—	—	—
148	11	226	7	261	79
405	32	1046	96	1158	167
654	14	680	8	1062	94
752	16	1159	46	1220	222
—	—	—	—	—	—
105	2	293	4	421	24
118	25	355	14	370	32
78	25	35	3	55	7
65	6	22	11	109	7
290	14	295	16	563	43
123	8	144	3	144	7

各地区乡镇林业工作站

地　区	营林情况						森林病虫鼠害防治面积
	本年新造林面积		本年新封山育林面积	本年育苗面积	本年抚育作业面积	四旁植树株数（万株）	
	计	林业重点工程造林面积					
全国总计	**3987922**	**1649117**	**1173821**	**402573**	**3919636**	**151944**	**4880308**
北　京	7731	7648	1510	5314	40820	71	22935
天　津	4672	4905	—	6234	41620	332	26871
河　北	192874	115129	39212	28252	365847	8947	220276
山　西	166820	138583	38593	30452	41375	7166	68785
内蒙古	303636	248338	119500	10304	93807	1631	284218
辽　宁	133410	92440	89694	12532	46429	3681	460322
吉　林	59336	24356	2609	3944	60513	1020	131714
黑龙江	29958	26866	19978	4576	96557	316	64757
上　海	1885	5392	—	5143	17021	20	2542
江　苏	37430	9920	224	29485	93475	5192	48069
浙　江	25103	6749	17745	11430	120864	1549	77725
安　徽	109263	25015	18664	14252	290025	10395	190389
福　建	186818	50549	77945	752	197490	2731	119481
江　西	155997	49101	55576	16413	208405	3679	76808
山　东	197151	26503	745	52343	210603	14657	262022
河　南	126108	32786	17853	57488	127604	13527	293812
湖　北	224242	53942	54891	30755	68220	10330	154011
湖　南	230513	23709	105433	325	213284	9002	292499
广　东	136785	59637	69823	1701	335652	5767	65509
广　西	90680	25254	26814	4939	467894	4426	47192
海　南	1266	1266	—	10	2800	24	1992
重　庆	170008	60554	22934	698	40225	8083	68627
四　川	117423	67340	51658	5033	101137	18321	417448
贵　州	281069	38894	85954	1200	164754	1368	108651
云　南	502896	158023	84745	2078	161130	6873	248156
西　藏	—	—	—	—	—	—	—
陕　西	102497	72884	50352	13871	58983	5387	204790
甘　肃	197773	64193	34822	19496	69674	3959	117467
青　海	40334	37746	33337	765	10298	968	108049
宁　夏	37622	31962	22667	5013	73770	549	114421
新　疆	109796	85954	29454	25106	65172	1643	501679
新疆兵团	6826	3482	1088	2668	34188	330	79089

注：1. 本表只统计本年基层林业工作站所单独或参与完成的主要工作。

2. 林业重点工程造林面积指林业站当年所完成的各项国家级林业重点工程面积的总和。

3. 本年抚育作业面积指幼林抚育作业面积与成林抚育作业面积之和。

4. 本年推广面积指林业站当年所完成的林业科技推广面积总和，不包括站办科技推广示范基地的面积。

5. 受委托行使林业行政执法权站数指截止到本年底的总站数。

职能作用主要指标情况

单位:公顷、个

受委托行使林业行政执法权站数	具有林业行政执法证人数	受理林政案件(件)	参与调处林权纠纷(件)	受理林业承包合同纠纷(件)	指导、扶持的林业经济合作组织个数(户)		培训林农(人次)	科技推广	
					计	带动农户		站办示范基地面积	本年推广面积
11254	**46192**	**48691**	**45157**	**11168**	**112555**	**3393769**	**9607424**	**326355**	**1193826**
5	231	37	44	34	1210	9470	67700	260	273
30	151	61	13	3	443	4917	30429	3624	3280
195	592	871	1005	237	1758	189151	697471	18118	111264
167	453	167	367	119	2699	58424	132498	5653	12275
281	816	1094	1013	467	6933	20284	152686	9434	93255
490	1342	1741	1599	475	10332	80684	99157	3464	17722
594	2570	6597	1202	381	861	19834	81101	703	2832
372	966	629	494	369	214	3008	22982	694	6863
—	3	—	—	—	487	11264	8702	331	4547
61	179	67	44	41	2984	47137	32011	23748	5783
161	822	439	449	66	1674	127732	148596	4802	27858
303	1634	2220	2479	652	2664	156233	175307	17865	41793
471	2151	2892	1398	404	2728	79295	77166	4114	12208
719	3193	2439	2676	512	1846	68014	63035	12873	42635
59	689	604	290	186	24205	401871	758956	11490	140552
165	886	928	1389	681	2318	125740	318607	12877	35473
611	3415	3829	3264	583	2595	202845	479211	29527	65391
1508	7367	4675	6402	952	4793	216948	328939	30173	47480
243	1372	855	1751	323	663	14193	20846	4395	8517
406	1931	1210	4503	417	8509	96015	174164	2437	2375
—	53	8	8	—	—	—	40	—	—
282	688	709	707	211	3636	81652	81824	7390	24288
1061	4429	3135	2019	363	2625	618975	1563197	17295	53912
854	2481	2293	3041	1569	14942	86343	228417	7474	20999
1361	4948	8611	6922	1262	3320	393877	1973157	14918	89833
—	—	—	—	—	—	—	—	—	—
339	1109	905	1510	708	1088	115446	357833	20799	61364
225	637	325	240	45	3818	82499	518427	14659	65598
38	159	89	16	7	1363	3253	8527	55	323
16	98	283	64	18	400	10025	75543	2073	24909
173	579	833	219	71	628	52286	798665	42996	152573
64	248	145	29	12	819	16354	132230	2113	17651

地区	林场个数				经营	
	合计	按经营形式分			合计	公益林
		集体林场	联办林场	户办林场		
全国总计	**45163**	**20762**	**6049**	**18352**	**10146614**	**4782487**
北 京	8	7	—	1	939	902
天 津	94	18	3	73	2562	2211
河 北	528	103	59	366	50558	22138
山 西	279	94	44	141	75221	58939
内蒙古	47	8	36	3	1550711	1543581
辽 宁	424	13	203	208	165254	65788
吉 林	79	31	1	47	116612	16201
黑龙江	10	6	—	4	7563	1713
上 海	—	—	—	—	—	—
江 苏	296	137	16	143	23158	16368
浙 江	1679	562	73	1044	112224	50179
安 徽	5341	2362	1197	1782	307918	112511
福 建	960	464	320	176	1248180	342121
江 西	2200	1106	393	701	568963	115031
山 东	1236	837	48	351	404036	318667
河 南	3469	700	548	2221	251320	140637
湖 北	8293	2395	488	5410	1976641	186010
湖 南	10047	5498	1628	2921	907282	389920
广 东	888	540	143	205	467235	241326
广 西	659	453	71	135	197093	36243
海 南	—	—	—	—	—	—
重 庆	173	146	10	17	72643	41212
四 川	740	522	114	104	66499	19839
贵 州	4282	3339	437	506	636582	383885
云 南	961	457	57	447	138768	30
西 藏	—	—	—	—	—	—
陕 西	387	206	14	167	67384	57599
甘 肃	1044	521	90	433	163524	64410
青 海	222	220	—	2	556314	553889
宁 夏	816	16	56	744	11098	1136
新 疆	1	1	—	—	333	—
新疆兵团	—	—	—	—	—	—

林场基本情况

单位：公顷、百立方米、百根、万元

面积		本年林业生产				年末实有从业人员	年经营收入
商品林	其他	造林面积	育苗面积	木材产量	毛竹产量		
4212485	**1151642**	**728050**	**64518**	**395568**	**369837**	**314903**	**508258**
37	—	—	—	—	—	50	70
260	91	317	301	330	—	268	581
19768	8652	14122	3077	5984	—	6781	12281
6037	10245	3179	950	41	—	1490	6484
1557	5574	7200	274	—	—	212	250
94254	5212	9930	1321	1704	—	1953	5608
65066	35344	2267	151	1766	—	390	1564
5850	—	1337	113	3	—	31	271
—	—	—	—	—	—	—	—
5712	1078	1381	301	1513	586	4552	24201
55963	6082	769	1201	5193	63702	10736	19504
189474	5933	16691	4049	4189	16720	22849	53119
895700	10359	55722	30221	117299	111896	20051	44346
432388	21544	26952	2174	13500	33246	17411	34429
68544	16826	16442	3423	32538	—	40056	58821
90491	20192	73086	6252	54650	2467	38136	42543
1102557	688073	116242	4412	42532	47982	56265	52815
501606	15756	45990	870	19565	68378	47918	71615
221176	4733	24647	353	41349	10851	4473	10960
156454	4397	3643	230	19369	17	3212	6191
—	—	—	—	—	—	—	—
25607	5824	5632	64	2252	520	740	4663
45538	1123	15740	158	8327	2842	3171	4712
179656	73041	46418	998	21024	1051	9148	10294
17441	121297	215290	318	1912	6379	17392	4631
—	—	—	—	—	—	—	—
5189	4595	2877	600	351	200	1606	940
22848	76267	15852	1157	176	3000	1923	23769
1867	558	5754	37	—	—	94	—
1447	8515	563	1514	—	—	3987	13599
—	333	8	—	—	—	8	—
—	—	—	—	—	—	—	—

各地区乡村

地 区	合 计	人员类别		文化程度		
		专职	兼职	大专以上	中专高中	初中以下
全国总计	**658783**	**299672**	**359111**	**21320**	**155929**	**481534**
北 京	53987	40026	13961	1211	8369	44407
天 津	2237	285	1952	123	504	1610
河 北	52979	21763	31216	593	12649	39737
山 西	30272	11306	18966	838	8291	21143
内蒙古	29433	16574	12859	4934	11719	12780
辽 宁	15744	14520	1224	1051	4055	10638
吉 林	4099	2123	1976	138	1113	2848
黑龙江	3635	748	2887	78	1204	2353
上 海	12184	12184	—	592	4522	7070
江 苏	10533	4417	6116	603	2812	7118
浙 江	18953	12623	6330	762	3100	15091
安 徽	21601	4963	16638	437	3021	18143
福 建	16922	7953	8969	564	5439	10919
江 西	19088	9085	10003	300	5765	13023
山 东	48223	23647	24576	550	12222	35451
河 南	37395	5872	31523	946	10926	25523
湖 北	44419	7796	36623	1515	10145	32759
湖 南	38516	11595	26921	1063	10140	27313
广 东	16450	12227	4223	535	6028	9887
广 西	10350	4063	6287	247	3037	7066
海 南	311	71	240	21	177	113
重 庆	14814	3567	11247	791	4671	9352
四 川	22444	3197	19247	850	3759	17835
贵 州	29440	10163	19277	697	5080	23663
云 南	61231	41688	19543	520	6244	54467
西 藏	—	—	—	—	—	—
陕 西	11029	1970	9059	619	4113	6297
甘 肃	11932	5890	6042	435	3395	8102
青 海	12645	5203	7442	107	739	11799
宁 夏	3161	544	2617	12	353	2796
新 疆	1125	869	256	188	586	351
新疆兵团	3631	2740	891	—	1751	1880

护林员情况

单位:人

年龄结构			报酬来源		
45 岁以下	46 至 60 岁	61 岁以上	财政补助	林业经费	村组自筹
216498	**369331**	**72954**	**272075**	**215224**	**171484**
12927	34430	6630	49156	57	4774
605	1527	105	265	72	1900
12617	32327	8035	26873	6102	20004
7862	16870	5540	11683	12776	5813
13525	13285	2623	12994	15154	1285
9802	5864	78	7835	7613	296
1921	2051	127	1673	906	1520
2058	1437	140	125	118	3392
2635	9532	17	12184	—	—
1689	6162	2682	3469	2290	4774
2701	12743	3509	13692	4161	1100
3265	13781	4555	1752	2029	17820
6039	9955	928	10852	4154	1916
6621	10713	1754	8034	5880	5174
10687	29710	7826	22835	10479	14909
9869	20407	7119	13058	7599	16738
8424	29738	6257	4347	8125	31947
9283	22201	7032	18779	8737	11000
8712	7516	222	12277	2358	1815
3768	6041	541	4774	3951	1625
144	150	17	311	—	—
3644	9331	1839	3574	9912	1328
7391	13966	1087	6672	7425	8347
16202	12351	887	3618	23774	2048
34319	25438	1474	11166	42851	7214
—	—	—	—	—	—
4159	6188	682	3355	6860	814
5274	5993	665	2956	7769	1207
6530	5779	336	3270	9257	118
1129	1786	246	147	2998	16
1003	121	1	349	660	116
1693	1938	—	—	1157	2474

附录三

森林主要灾害情况

ANNEX Ⅲ

中国

林业统计年鉴2015

全国森林主要灾害情况(一)

指　标　名　称	单　　位	2015年	2014年	2015年比2014年增减%
一、森林火灾				
1. 火灾次数	次	2936	3703	-20.71
其中:重大火灾	次	6	2	200.00
特大火灾	次	—	1	—
2. 火场总面积	公顷	33077	55340	-40.23
其中:受害森林面积	公顷	12940	19110	-32.29
3. 扑火经费	万元	4793.44	9897.54	-51.57
4. 出动扑火人工数	工日	363265	817316	-55.55
5. 伤亡人数				
(1)受伤人数	人	3	59	-94.92
(2)死亡人数	人	23	53	-56.60
二、林业有害生物				
1. 发生面积	千公顷	12184	12064	0.99
2. 防治面积	千公顷	8778	7874	11.47
3. 防治率	%	72.05	65.27	6.78

全国森林主要灾害情况(二)

指标名称	单位	2015年	2014年	2015年比2014年增减%
(一)森林病害				
1.发生面积	千公顷	1391	1373	1.29
2.防治面积	千公顷	977	867	12.69
3.防治率	%	70.27	63.16	7.11
(二)森林虫害				
1.发生面积	千公顷	8466	8413	0.64
2.防治面积	千公顷	6209	5995	3.57
3.防治率	%	73.34	71.26	2.07
(三)森林鼠害				
1.发生面积	千公顷	2148	2116	1.52
2.防治面积	千公顷	1502	960	56.40
3.防治率	%	69.91	45.38	24.53
(四)有害植物				
1.发生面积	千公顷	178	163	9.51
2.防治面积	千公顷	89	52	73.48
3.防治率	%	50.14	31.65	18.49

地区	森林火灾次数(次)					火场总面积(公顷)	受害森林面积(公顷)		
	合计	一般火灾	较大火灾	重大火灾	特大火灾		合计	其中	
								天然林	人工林
全国合计	**2936**	**1676**	**1254**	**6**	**—**	**33077**	**12940**	**1939**	**8611**
北京	—	—	—	—	—	—	—	—	—
天津	1	1	—	—	—	1	—	—	—
河北	74	66	8	—	—	471	86	—	39
山西	10	1	9	—	—	814	172	—	172
内蒙古	123	41	77	5	—	3847	3254	1122	887
辽宁	116	50	66	—	—	1922	885	68	603
吉林	125	94	31	—	—	541	226	4	168
黑龙江	94	87	7	—	—	787	158	109	49
上海	—	—	—	—	—	—	—	—	—
江苏	8	8	—	—	—	1	—	—	—
浙江	67	9	58	—	—	854	301	—	114
安徽	22	21	1	—	—	19	5	2	3
福建	114	5	108	1	—	2147	1416	157	1259
江西	40	9	31	—	—	1617	335	8	327
山东	10	5	5	—	—	75	34	—	34
河南	45	45	—	—	—	210	3	—	3
湖北	70	57	13	—	—	293	29	—	30
湖南	51	22	29	—	—	534	285	15	270
广东	273	61	212	—	—	3044	1300	50	1250
广西	949	591	358	—	—	7785	1769	74	1694
海南	137	65	72	—	—	1033	574	22	552
重庆	8	8	—	—	—	14	5	1	4
四川	220	183	37	—	—	1408	303	81	207
贵州	153	110	43	—	—	1964	607	30	577
云南	130	71	59	—	—	3024	806	70	247
西藏	3	2	1	—	—	186	23	10	—
陕西	53	34	19	—	—	135	85	—	85
甘肃	8	5	3	—	—	15	11	—	9
青海	6	5	1	—	—	163	143	—	19
宁夏	7	5	2	—	—	33	9	—	8
新疆	19	15	4	—	—	144	117	117	—

火灾情况(一)

损失林木		人员伤亡(人)				其他损失折款(万元)	出动扑火人工(工日)	出动车辆(台)		出动飞机(架次)	扑火经费(万元)
成林蓄积(立方米)	幼林株数(万株)	合计	轻伤	重伤	死亡			合计	其中:汽车		
228786	**5558**	**26**	**2**	**1**	**23**	**6371.45**	**363265**	**44132**	**32238**	**121**	**4793.44**
—	—	—	—	—	—	—	—	—	—	—	—
—	—	—	—	—	—	—	100	10	10	—	0.10
72	—	—	—	—	—	9.00	11967	1143	1082	—	35.22
11730	2	—	—	—	—	708.70	26382	1794	1366	—	575.70
20205	2085	—	—	—	—	3380.53	—	1556	1365	18	87.80
3880	422	7	1	—	6	88.00	30529	3764	3581	—	210.49
3904	7	—	—	—	—	128.85	11930	1342	1326	5	103.21
—	—	—	—	—	—	0.30	32172	2142	2137	3	73.85
—	—	—	—	—	—	—	—	—	—	—	—
—	—	—	—	—	—	—	632	126	126	—	12.85
7808	33	3	—	—	3	—	8124	1065	914	—	195.14
28	—	—	—	—	—	0.60	553	105	74	—	6.80
66660	57	2	—	—	2	144.94	20433	3297	1617	—	322.53
3055	21	—	—	—	—	224.53	7512	620	436	1	81.70
1181	4	—	—	—	—	1.03	5857	928	761	18	480.07
—	—	—	—	—	—	3.50	1691	171	171	1	35.20
156	5	1	—	—	1	10.70	2718	284	248	—	26.34
4370	21	3	1	1	1	188.09	7127	597	553	—	86.85
18816	38	2	—	—	2	177.27	26756	3407	1966	25	314.30
32221	882	5	—	—	5	397.70	38884	6298	3589	1	544.70
13752	33	—	—	—	—	117.18	8858	2562	786	—	50.97
146	—	—	—	—	—	13.34	3155	189	184	1	14.60
12113	1826	2	—	—	2	187.45	42087	4534	3261	20	651.66
5136	29	—	—	—	—	73.26	19636	2624	2287	—	198.95
23303	79	—	—	—	—	206.67	37596	4340	3222	9	550.36
—	—	—	—	—	—	—	5500	374	374	—	—
5	2	1	—	—	1	11.15	3422	337	325	15	31.85
—	—	—	—	—	—	0.90	3253	11	11	—	3.93
—	7	—	—	—	—	285.30	3973	323	308	—	35.60
10	1	—	—	—	—	—	706	54	54	—	1.40
236	5	—	—	—	—	12.47	1712	135	104	4	61.28

各地区森林

地区	已查明火													
	合计	生产性火源												
		计	烧荒烧炭	炼山造林	烧牧场	烧窑	烧隔离带	火车喷漏	火车甩瓦	机车喷火	其他	计	野外吸烟	取暖做饭
全国合计	**2468**	**729**	**518**	**49**	**1**	**—**	**—**	**—**	**—**	**1**	**160**	**1535**	**108**	**22**
北京	—	—	—	—	—	—	—	—	—	—	—	—	—	—
天津	1	1	1	—	—	—	—	—	—	—	—	—	—	—
河北	48	7	7	—	—	—	—	—	—	—	—	39	11	—
山西	9	—	—	—	—	—	—	—	—	—	—	7	—	—
内蒙古	101	4	3	—	—	—	—	—	—	—	1	39	1	—
辽宁	116	45	39	—	—	—	—	—	—	—	6	66	12	1
吉林	119	68	67	—	—	—	—	—	—	—	1	46	25	1
黑龙江	89	12	10	—	—	—	—	—	—	—	2	4	2	—
上海	—	—	—	—	—	—	—	—	—	—	—	—	—	—
江苏	8	—	—	—	—	—	—	—	—	—	—	6	2	—
浙江	61	33	32	1	—	—	—	—	—	—	—	28	6	—
安徽	20	2	—	2	—	—	—	—	—	—	—	17	1	—
福建	105	28	14	1	—	—	—	—	—	—	13	75	4	—
江西	37	6	4	2	—	—	—	—	—	—	—	23	3	—
山东	7	3	3	—	—	—	—	—	—	—	—	3	1	—
河南	27	9	9	—	—	—	—	—	—	—	—	18	1	—
湖北	66	11	8	3	—	—	—	—	—	—	—	54	2	—
湖南	49	20	10	7	—	—	—	—	—	—	3	28	1	1
广东	228	30	17	7	—	—	—	—	—	—	6	194	1	—
广西	853	255	175	14	1	—	—	—	—	1	64	585	9	2
海南	96	23	8	—	—	—	—	—	—	—	15	71	3	—
重庆	7	2	—	1	—	—	—	—	—	—	1	3	—	—
四川	157	38	21	3	—	—	—	—	—	—	14	113	8	6
贵州	111	66	31	6	—	—	—	—	—	—	29	41	2	1
云南	103	59	54	2	—	—	—	—	—	—	3	37	8	6
西藏	2	—	—	—	—	—	—	—	—	—	—	2	—	1
陕西	13	1	1	—	—	—	—	—	—	—	—	12	2	1
甘肃	8	—	—	—	—	—	—	—	—	—	—	8	1	—
青海	6	—	—	—	—	—	—	—	—	—	—	6	—	1
宁夏	6	1	1	—	—	—	—	—	—	—	—	5	1	—
新疆	15	5	3	—	—	—	—	—	—	—	2	5	1	1

火灾情况(二)

源次数(次)												未查明火源次数(次)	火案处理情况(人)		
非生产性用火							故意放火	外省(区)烧入	外国烧入	雷击火	其他自然火		已处理起数(起)	已处理人数	其中刑事处罚人数
上坟烧纸	烧山驱兽	小孩玩火	痴呆弄火	家火上山	电线引起	其他									
1044	**7**	**36**	**37**	**4**	**56**	**221**	**34**	**12**	**3**	**144**	**11**	**468**	**1456**	**1622**	**332**
—	—	—	—	—	—	—	—	—	—	—	—	—	—	—	—
—	—	—	—	—	—	—	—	—	—	—	—	—	—	—	—
2	—	1	1	—	—	24	1	1	—	—	—	26	34	52	5
1	—	—	—	—	4	2	—	—	—	2	—	1	8	12	3
18	—	1	—	—	2	17	—	—	1	56	1	22	75	3	—
19	—	2	2	2	3	25	3	2	—	—	—	—	116	98	24
15	—	—	1	—	2	2	3	1	—	1	—	6	125	483	17
—	—	—	2	—	—	—	—	—	—	73	—	5	19	71	—
—	—	—	—	—	—	—	—	—	—	—	—	—	—	—	—
—	—	1	1	—	—	2	1	—	—	—	1	—	1	1	—
12	—	—	1	—	3	6	—	—	—	—	—	6	33	33	12
11	—	—	—	—	—	5	1	—	—	—	—	2	17	16	2
52	—	2	—	—	3	14	—	—	—	—	2	9	54	45	26
14	—	2	1	—	1	2	—	3	—	—	5	3	35	21	15
—	—	—	—	—	—	2	1	—	—	—	—	3	4	4	2
12	—	2	—	—	—	3	—	—	—	—	—	18	24	18	—
29	—	—	1	—	1	21	—	1	—	—	—	4	29	26	3
17	1	1	2	—	2	3	1	—	—	—	—	2	41	37	24
168	2	2	3	2	3	13	2	2	—	—	—	45	119	81	47
537	1	5	6	—	6	19	12	1	—	—	—	96	410	314	56
44	—	—	—	—	2	22	2	—	—	—	—	41	7	5	3
1	—	—	1	—	—	1	1	—	—	1	—	1	5	2	1
47	1	9	4	—	17	21	—	—	—	6	—	63	112	113	8
29	—	—	3	—	2	4	3	—	—	—	1	42	79	70	32
4	2	6	7	—	4	—	3	1	2	1	—	27	93	102	49
—	—	—	—	—	—	1	—	—	—	—	—	1	—	—	—
6	—	—	1	—	—	2	—	—	—	—	—	40	4	4	—
3	—	1	—	—	—	3	—	—	—	—	—	—	5	7	—
3	—	1	—	—	—	1	—	—	—	—	—	—	3	3	3
—	—	—	—	—	1	3	—	—	—	—	—	1	4	1	—
—	—	—	—	—	—	3	—	—	—	4	1	4	—	—	—

各地区林业有害

地　　区	发生面积				寄主树种面积	发生率（%）
	总计	轻度	中度	重度		
全国合计	**12183504**	**8940919**	**2433675**	**808910**	**261594637**	**4.66**
北　京	39456	39175	281	—	880863	4.48
天　津	46302	41971	3769	562	236373	19.59
河　北	482497	393943	65525	23029	4933333	9.78
山　西	239000	206739	29806	2455	4618000	5.18
内蒙古	1228426	619882	356424	252120	33080013	3.71
辽　宁	650516	451817	144730	53969	5472000	11.89
吉　林	195435	153499	27901	14035	8257000	2.37
黑龙江	417388	171582	226561	19245	15477933	2.70
上　海	4533	4380	129	24	99000	4.58
江　苏	98147	86113	7583	4450	1815333	5.41
浙　江	115263	110257	3839	1167	6476058	1.78
安　徽	391066	312793	59134	19138	4309460	9.07
福　建	218703	175461	25646	17595	8012704	2.73
江　西	244611	209939	26311	8362	9533333	2.57
山　东	460531	437616	19515	3399	4139864	11.12
河　南	597870	515331	68360	14179	5254032	11.38
湖　北	449302	350771	76796	21735	8498500	5.29
湖　南	401687	329882	56451	15354	10036000	4.00
广　东	290667	258844	31488	335	7438620	3.91
广　西	396088	325825	55603	14659	12326364	3.21
海　南	25624	17445	6214	1965	1821532	1.41
重　庆	292665	244895	38757	9013	3823333	7.65
四　川	716091	470390	173590	72111	18670408	3.84
贵　州	200383	181007	15475	3901	7531587	2.66
云　南	462431	338473	94821	29136	21472587	2.15
西　藏	280733	128840	94227	57666	14715600	1.91
陕　西	424777	306469	93359	24949	10680663	3.98
甘　肃	374645	270970	88405	15270	7477737	5.01
宁　夏	284245	196714	72509	15022	1227626	23.15
青　海	260245	161638	81753	16854	4440769	5.86
新　疆	1760826	1369342	314805	76679	11642351	15.12
大兴安岭	133352	58914	73907	531	7195660	1.85

生物发生防治情况

单位:公顷

防治面积						防治率(%)	无公害防治率(%)
总计	化学药剂防治	植物源药剂防治	人工物理防治	生物(天敌)防治	其他		
8777692	**1030226**	**2055665**	**2298119**	**1940803**	**1452878**	**72.05**	**88.26**
39456	5681	—	13688	15971	4116	100.00	85.60
46228	7183	147	52	30260	8587	99.84	84.46
378955	44841	223757	49603	9063	51690	78.54	88.17
119002	13853	44508	19956	15592	25092	49.79	88.36
645576	157036	69469	98115	88525	232431	52.55	75.68
563229	16630	49331	92556	314704	90008	86.58	97.05
137399	33373	31717	40430	18521	13358	70.30	75.71
355933	6211	45183	41857	100677	162005	85.28	98.26
4373	415	2200	582	331	845	96.47	90.51
83670	4951	36421	8963	10610	22725	85.25	94.08
101476	12716	10630	64888	9346	3895	88.04	87.47
327538	64254	37643	140379	54623	30639	83.76	80.38
205551	590	6381	58963	120268	19349	93.99	99.71
132140	18358	6620	43821	43138	20203	54.02	86.11
450772	13960	385124	31703	19985	—	97.88	96.90
505463	81948	316053	44037	8639	54786	84.54	83.79
323969	22957	111886	95697	63434	29995	72.10	92.91
322546	14080	57000	70667	93667	87132	80.30	95.63
132045	17165	50331	25677	27303	11569	45.43	87.00
82930	2360	14657	55645	8960	1308	20.94	97.15
7019	1022	121	976	2995	1905	27.39	85.44
213333	9667	9856	11877	113295	68638	72.89	95.47
506860	92589	53007	56758	210534	93972	70.78	81.73
186953	4364	14431	94553	50063	23541	93.30	97.67
432322	113958	31041	124949	103834	58540	93.49	73.64
171201	17121	95483	10809	47789	—	60.98	90.00
327049	24237	26757	202347	23059	50648	76.99	92.59
202086	44940	23241	67741	13663	52500	53.94	77.76
109606	2152	21377	119	79133	6825	38.56	98.04
208350	23260	2490	97782	34691	50127	80.06	88.84
1333506	158355	161795	632928	208131	172298	75.73	88.12
121160	—	117010	—	—	4150	90.86	100.00

各地区森林病害

地　区	发生面积				寄主树种面积	发生率（%）
	总计	轻度	中度	重度		
全国合计	**1390506**	**980714**	**289011**	**120781**	**256142888**	**0.54**
北　京	2007	2007	—	—	138488	1.45
天　津	6543	5891	652	—	236373	2.77
河　北	27851	24466	2692	693	4933333	0.56
山　西	3036	2564	472	—	4618000	0.07
内蒙古	215132	89182	67089	58861	33080013	0.65
辽　宁	66226	40792	19988	5446	5472000	1.21
吉　林	21765	18431	2273	1061	8257000	0.26
黑龙江	35314	18909	15595	811	15477933	0.23
上　海	407	393	14	—	99000	0.41
江　苏	8716	5045	572	3099	1815333	0.48
浙　江	13578	12953	152	473	6476058	0.21
安　徽	49843	45086	3628	1129	4309460	1.16
福　建	9816	7707	944	1165	8012704	0.12
江　西	46879	43063	1815	2001	9533333	0.49
山　东	81312	76812	3762	738	4139864	1.96
河　南	121143	103927	13701	3516	5254032	2.31
湖　北	39261	33798	4229	1233	8498500	0.46
湖　南	32875	31328	537	1010	8818000	0.37
广　东	14366	12937	1415	14	7438620	0.19
广　西	39060	29734	8252	1074	12326364	0.32
海　南	424	350	65	10	1821532	0.02
重　庆	21745	11074	8605	2067	1468013	1.48
四　川	84589	66389	14476	3725	18670408	0.45
贵　州	15090	13022	1712	356	7531587	0.20
云　南	82424	69722	9961	2741	21472587	0.38
西　藏	80440	32940	31133	16367	14715600	0.55
陕　西	29343	22033	6008	1302	10680663	0.27
甘　肃	78951	41051	32464	5436	7477737	1.06
宁　夏	5070	4870	200	—	1227626	0.41
青　海	33157	21000	10774	1382	4440769	0.75
新　疆	106018	83568	17376	5074	10506296	1.01
大兴安岭	18126	9669	8457	—	7195660	0.25

发生防治情况

单位:公顷

防治面积						防治率(%)	无公害防治率(%)
总计	化学药剂防治	植物源药剂防治	人工物理防治	生物(天敌)防治	其他		
977130	**204716**	**174158**	**207013**	**160766**	**230478**	**70.27**	**79.05**
2007	—	—	269	—	1738	100.00	100.00
6479	480	—	10	—	5989	99.03	92.59
23597	9012	5545	2910	613	5518	84.73	61.81
2027	36	213	—	197	1581	66.77	98.23
94536	11589	24081	1087	21895	35885	43.94	87.74
56363	2849	874	20863	12935	18842	85.11	94.95
19168	12676	—	3616	1875	1001	88.07	33.87
29439	1251	2733	1541	33	23882	83.36	95.75
378	175	—	1	—	202	92.78	53.70
7947	231	116	4734	2867	—	91.18	97.09
12997	3019	137	8529	682	629	95.72	76.77
42695	8520	8795	12000	9176	4204	85.66	80.04
9504	96	61	6254	3006	87	96.82	98.99
22341	4094	1696	9283	3030	4238	47.66	81.67
78393	9425	59288	7960	1720	—	96.41	87.98
103022	42586	2741	21595	1226	34874	85.04	58.66
29304	5731	4627	7285	6250	5412	74.64	80.44
25000	2667	8000	7333	6000	1000	76.05	89.33
13106	1849	435	8512	—	2311	91.23	85.89
4945	—	1346	840	2448	311	12.66	100.00
103	—	—	25	—	78	24.40	100.00
17418	—	—	1618	—	15800	80.10	100.00
44824	3407	6323	940	19114	15040	52.99	92.40
9826	354	830	6981	353	1308	65.11	96.40
78880	28018	8963	21874	10463	9562	95.70	64.48
49100	7156	—	3218	38727	—	61.04	85.43
24266	1837	5496	10416	93	6426	82.70	92.43
52618	23480	2518	20013	834	5773	66.65	55.38
—	—	—	—	—	—	—	—
24521	793	1464	67	4563	17634	73.96	96.76
76325	23387	11877	17242	12666	11153	71.99	69.36
16000	—	16000	—	—	—	88.27	100.00

各地区森林虫害

地　区	发生面积				寄主树种面积	发生率（%）
	总计	轻度	中度	重度		
全国合计	**8466407**	**6309422**	**1591276**	**565709**	**261069367**	**3.24**
北　京	37450	37168	281	—	880863	4.25
天　津	39759	36081	3117	562	236373	16.82
河　北	415990	350807	49395	15787	4933333	8.43
山　西	190091	166818	21812	1461	4618000	4.12
内蒙古	756326	392434	211221	152671	33080013	2.29
辽　宁	579033	407253	123520	48260	5472000	10.58
吉　林	144902	109191	23041	12670	8257000	1.75
黑龙江	186300	90255	86891	9154	15477933	1.20
上　海	4126	3987	115	24	99000	4.17
江　苏	88443	80088	7004	1351	1815333	4.87
浙　江	101684	97303	3687	695	6476058	1.57
安　徽	341223	267707	55507	18009	4309460	7.92
福　建	208887	167755	24702	16430	8012704	2.61
江　西	197730	166874	24496	6361	9533333	2.07
山　东	379218	360804	15753	2661	4139864	9.16
河　南	476727	411405	54659	10663	5254032	9.07
湖　北	286786	214209	56878	15699	8498500	3.37
湖　南	368692	298434	55914	14344	10036000	3.67
广　东	248048	222455	25351	241	7438620	3.33
广　西	354843	294535	46776	13532	12326364	2.88
海　南	10470	8506	1657	307	1821532	0.57
重　庆	208770	173744	28339	6687	3823333	5.46
四　川	586148	375207	146088	64853	18670408	3.14
贵　州	179913	162652	13730	3532	7531587	2.39
云　南	365073	256384	82426	26262	21472587	1.70
西　藏	142367	60893	45220	36253	14715600	0.97
陕　西	304938	215007	71293	18638	10680663	2.86
甘　肃	161284	121167	35345	4772	7477737	2.16
宁　夏	88313	59859	21824	6629	1227626	7.19
青　海	107809	72009	32190	3609	4440769	2.43
新　疆	866302	599841	212872	53590	11117081	7.79
大兴安岭	38760	28588	10172	—	7195660	0.54

发生防治情况

单位：公顷

防治面积						防治率（%）	无公害防治率（%）
总计	化学药剂防治	植物源药剂防治	人工物理防治	生物（天敌）防治	其他		
6209237	**754359**	**1703438**	**1252806**	**1463646**	**1034988**	**73.34**	**87.85**
37450	5681	—	13420	15971	2378	100.00	84.83
39749	6703	147	42	30260	2598	99.97	83.14
319684	30899	215344	25863	6803	40774	76.85	90.33
92924	7432	44262	13209	14762	13259	48.88	92.00
390585	135549	29692	37788	39544	148012	51.64	65.30
503041	12490	48457	70126	301402	70566	86.88	97.52
94180	7759	31286	34510	16047	4578	65.00	91.76
157219	1628	27591	16258	34146	77597	84.39	98.96
3995	240	2200	581	331	643	96.83	93.99
74750	4720	36232	3329	7743	22725	84.52	93.69
88479	9696	10493	56359	8664	3266	87.01	89.04
284843	55734	28848	128379	45446	26435	83.48	80.43
196047	494	6320	52708	117262	19262	93.85	99.75
109797	14264	4924	34538	40108	15963	55.53	87.01
372379	4535	325836	23743	18265	—	98.20	98.78
402441	39362	313312	22442	7413	19913	84.42	90.22
234153	15860	104077	32676	57090	24449	81.65	93.23
297546	11413	49000	63334	87667	86132	80.70	96.16
99593	3782	46231	15261	27138	7181	40.15	96.20
76042	851	13311	54571	6312	997	21.43	98.88
4789	799	121	2	2995	872	45.74	83.32
167965	9667	9856	2413	105660	40369	80.45	94.24
437017	89182	44538	55285	174937	73075	74.56	79.59
172352	4004	13601	82803	49710	22233	95.80	97.68
344264	84071	22079	96062	93371	48682	94.30	75.58
96480	7152	76732	5156	7440	—	67.77	92.59
223883	20846	20054	119859	22276	40848	73.42	90.69
82486	17123	18400	11384	11239	24340	51.14	79.24
21064	2152	13349	119	912	4531	23.85	89.78
86826	22434	1025	10401	21997	30969	80.54	74.16
658516	127836	111569	170185	90735	158190	76.01	80.59
38700	—	34550	—	—	4150	99.85	100.00

各地区森林鼠害

地　区	发生面积				寄主树种面积	发生率（%）
	总计	轻度	中度	重度		
全国合计	**2148221**	**1505000**	**527385**	**115835**	**153154574**	**1.40**
北　京	—	—	—	—	—	—
天　津	—	—	—	—	—	—
河　北	38656	18670	13438	6548	4933333	0.78
山　西	45206	36891	7322	993	4618000	0.98
内蒙古	256968	138266	78113	40588	13960710	1.84
辽　宁	5257	3772	1222	263	170077	3.09
吉　林	28768	25877	2587	304	8257000	0.35
黑龙江	195774	62419	124075	9280	15477933	1.26
上　海	—	—	—	—	—	—
江　苏	—	—	—	—	—	—
浙　江	—	—	—	—	—	—
安　徽	—	—	—	—	—	—
福　建	—	—	—	—	—	—
江　西	—	—	—	—	—	—
山　东	—	—	—	—	—	—
河　南	—	—	—	—	—	—
湖　北	2661	2215	447	—	8498500	0.03
湖　南	120	120	—	—	118697	—
广　东	—	—	—	—	—	—
广　西	207	180	27	—	56839	—
海　南	—	—	—	—	—	—
重　庆	62150	60077	1813	260	589633	10.54
四　川	45354	28795	13026	3534	18670408	0.24
贵　州	5346	5300	33	13	7531587	0.07
云　南	3941	2163	1644	133	21472587	0.02
西　藏	57927	35007	17874	5046	14715600	0.39
陕　西	90496	69429	16058	5009	3333330	2.71
甘　肃	134410	108751	20596	5062	7477737	1.80
宁　夏	190862	131984	50485	8392	820926	23.25
青　海	119146	68495	38789	11862	4440769	2.68
新　疆	788506	685933	84557	18015	10815248	7.29
大兴安岭	76466	20657	55278	531	7195660	1.06

发生防治情况

单位:公顷

防治面积						防治率(%)	无公害防治率(%)
总计	化学药剂防治	植物源药剂防治	人工物理防治	生物(天敌)防治	其他		
1501882	**55468**	**171253**	**775324**	**315592**	**184246**	**69.91**	**96.31**
—	—	—	—	—	—	—	—
—	—	—	—	—	—	—	—
35674	4930	2868	20830	1647	5398	92.29	86.18
23384	6385	—	6747	—	10252	51.73	72.70
160455	9898	15696	59240	27086	48535	62.44	93.83
3825	1291	—	1567	367	600	72.76	66.25
24051	12938	431	2304	599	7779	83.60	46.21
169274	3332	14859	24059	66497	60527	86.46	98.03
—	—	—	—	—	—	—	—
—	—	—	—	—	—	—	—
—	—	—	—	—	—	—	—
—	—	—	—	—	—	—	—
—	—	—	—	—	—	—	—
—	—	—	—	—	—	—	—
—	—	—	—	—	—	—	—
—	—	—	—	—	—	—	—
1498	33	137	1234	94	—	56.29	97.77
—	—	—	—	—	—	—	—
—	—	—	—	—	—	—	—
200	—	—	—	200	—	97	100
—	—	—	—	—	—	—	—
27950	—	—	7846	7635	12469	44.97	100.00
25019	—	2146	533	16483	5856	55.16	100.00
4742	6	—	4736	—	—	88.69	99.87
3773	783	—	2693	—	297	95.75	79.24
25620	2813	18751	2435	1622	—	44.23	89.02
78899	1555	1207	72072	691	3375	87.19	98.03
66982	4338	2322	36345	1590	22387	49.83	93.52
88542	—	8027	—	78221	2294	46.39	100.00
96869	33	—	87181	8131	1523	81.30	99.97
598665	7132	38349	445501	104729	2954	75.92	98.81
66460	—	66460	—	—	—	86.91	100.00

各地区林业有害植物

地　区	发生面积				寄主树种面积	发生率（%）
	总计	轻度	中度	重度		
全国合计	**178371**	**145784**	**26003**	**6584**	**65765297**	**0.27**
北　京	—	—	—	—	—	—
天　津	—	—	—	—	—	—
河　北	—	—	—	—	—	—
山　西	667	467	200	—	4618000	0.01
内蒙古	—	—	—	—	—	—
辽　宁	—	—	—	—	—	—
吉　林	—	—	—	—	—	—
黑龙江	—	—	—	—	—	—
上　海	—	—	—	—	—	—
江　苏	988	980	8	—	1815333	—
浙　江	—	—	—	—	—	—
安　徽	—	—	—	—	—	—
福　建	—	—	—	—	—	—
江　西	2	2	—	—	73659	—
山　东	—	—	—	—	—	—
河　南	—	—	—	—	—	—
湖　北	120593	100548	15242	4803	8498500	1.42
湖　南	—	—	—	—	—	—
广　东	28254	23452	4722	80	7438620	0.38
广　西	1978	1376	549	54	12326364	—
海　南	14729	8590	4492	1648	1821532	0.81
重　庆	—	—	—	—	—	—
四　川	—	—	—	—	—	—
贵　州	33	33	—	—	7531587	—
云　南	10993	10203	790	—	21472587	0.05
西　藏	—	—	—	—	—	—
陕　西	—	—	—	—	—	—
甘　肃	—	—	—	—	—	—
宁　夏	—	—	—	—	—	—
青　海	133	133	—	—	169114	0.08
新　疆	—	—	—	—	—	—
大兴安岭	—	—	—	—	—	—

发生防治情况

单位:公顷

防治面积						防治率（%）	无公害防治率（%）
总计	化学药剂防治	植物源药剂防治	人工物理防治	生物（天敌）防治	其他		
89442	**15684**	**6817**	**62976**	**799**	**3167**	**50.14**	**82.46**
—	—	—	—	—	—	—	—
—	—	—	—	—	—	—	—
—	—	—	—	—	—	—	—
667	—	33	—	633	—	100	100
—	—	—	—	—	—	—	—
—	—	—	—	—	—	—	—
—	—	—	—	—	—	—	—
—	—	—	—	—	—	—	—
—	—	—	—	—	—	—	—
973	—	73	900	—	—	99	100
—	—	—	—	—	—	—	—
—	—	—	—	—	—	—	—
—	—	—	—	—	—	—	—
2	—	—	—	—	2	100	100
—	—	—	—	—	—	—	—
—	—	—	—	—	—	—	—
59013	1333	3045	54502	—	133	48.94	97.74
—	—	—	—	—	—	—	—
19345	11534	3665	1905	165	2077	68.47	40.38
1743	1508	—	234	—	—	88.10	13.45
2127	223	—	949	—	955	14.44	89.52
—	—	—	—	—	—	—	—
—	—	—	—	—	—	—	—
33	—	—	33	—	—	100	100
5405	1086	—	4320	—	—	49.17	79.91
—	—	—	—	—	—	—	—
—	—	—	—	—	—	—	—
—	—	—	—	—	—	—	—
—	—	—	—	—	—	—	—
133	—	—	133	—	—	100	100
—	—	—	—	—	—	—	—
—	—	—	—	—	—	—	—

各地区林业有害生物

地　区	林业有害生物防治检疫机构						林业植物检疫检查站		
	省级		地级		县级		检疫检查站		
	站数	人数	站数	人数	站数	人数	合计	固定	临时
全国合计	**35**	**688**	**387**	**2878**	**2677**	**17274**	**1314**	**1035**	**287**
北　京	1	31	—	—	15	176	13	13	—
天　津	1	8	—	—	12	155	4	4	—
河　北	1	17	15	140	149	826	31	31	—
山　西	1	18	20	138	115	636	—	—	—
内蒙古	2	31	12	189	121	1352	126	108	18
辽　宁	1	33	14	99	68	466	35	—	35
吉　林	1	16	9	78	76	502	—	—	—
黑龙江	2	15	17	117	121	638	175	175	—
上　海	1	18	—	—	9	193	—	—	—
江　苏	1	16	13	124	80	750	36	35	1
浙　江	1	16	11	80	82	425	72	60	12
安　徽	1	36	16	108	90	505	122	122	—
福　建	1	19	9	41	77	273	—	—	—
江　西	1	40	11	76	100	420	8	—	8
山　东	1	23	17	124	159	828	54	54	—
河　南	1	20	28	264	182	1215	—	—	—
湖　北	1	22	17	138	82	603	59	29	30
湖　南	1	6	14	58	110	608	84	79	5
广　东	1	23	20	104	90	388	1	1	—
广　西	1	15	14	107	96	464	—	—	—
海　南	1	18	2	13	16	84	32	16	16
重　庆	1	51	—	—	38	283	136	67	69
四　川	1	17	20	105	171	1159	3	—	3
贵　州	1	11	9	51	90	329	41	35	6
云　南	1	22	16	126	129	673	7	9	5
西　藏	1	9	5	20	—	—	7	7	—
陕　西	1	25	11	95	113	1359	110	97	13
甘　肃	1	28	24	208	83	820	62	62	—
宁　夏	1	21	5	55	15	126	2	3	—
青　海	1	7	8	44	30	186	14	14	—
新　疆	2	40	30	176	141	598	28	2	26
大兴安岭	1	16	—	—	17	234	52	12	40

防治检疫机构情况

单位:个、人

			林业有害生物基层测报站点						
检疫员			基层测报站、点				测报员		
合计	专职	兼职	合计	国家级	省级	市(县)级	合计	专职	兼职
37251	**18530**	**19694**	**27402**	**1000**	**1015**	**25885**	**67886**	**11847**	**56648**
729	320	409	2341	11	15	2315	2167	113	2054
137	76	61	141	9	2	129	236	81	155
763	490	273	2592	37	41	2514	4770	808	3962
—	—	—	431	34	23	374	1247	257	990
1967	1110	857	389	44	28	227	3090	575	2604
1318	490	828	611	44	36	531	3272	243	3029
1605	444	1249	981	33	10	938	1096	253	843
1203	541	937	485	48	50	716	1705	483	1296
311	147	164	90	7	23	60	152	75	77
1900	800	1100	442	31	13	400	1025	290	735
2472	1560	912	791	42	25	724	3096	359	2737
2396	1190	1206	549	37	10	502	1451	366	1085
1126	514	612	1113	40	37	1036	2617	479	2138
1698	896	802	2797	36	67	2694	2722	545	2177
2167	1270	897	1775	43	37	1695	4548	628	3920
1163	785	378	1170	38	12	1120	3406	967	2439
1097	560	537	659	36	33	590	1418	327	1091
1509	597	912	1389	40	—	1349	2786	430	2356
1150	897	253	642	43	32	567	1393	372	1156
775	438	337	461	39	8	412	3239	484	2755
241	76	165	224	10	50	164	670	61	609
1605	717	888	1127	24	14	1089	1522	283	1239
2007	731	1276	1854	40	50	1764	7320	720	6600
1069	254	815	328	35	28	266	1203	210	993
1358	852	1116	1039	35	1	1268	4852	544	4619
103	103	—	27	3	24	—	63	27	36
898	638	260	938	35	38	859	1764	407	1357
2413	911	1502	693	35	42	616	2532	506	2026
274	199	75	163	16	9	138	302	90	212
545	326	219	146	29	—	117	511	109	402
1086	503	583	997	38	257	702	1552	670	882
166	95	71	17	8	—	9	159	85	74

各地区林业有害生物

地区	资金投入情况						
	全国合计				省级		
	合计	财政资金	基建资金	社会投入	财政资金	基建资金	社会投入
全国合计	**393524**	**188152**	**52537**	**152835**	**50846**	**18743**	**1101**
北京	14504	6957	6859	688	1609	1609	—
天津	6103	2382	669	3052	1000	425	—
河北	16961	4756	3796	8410	800	—	—
山西	3316	1654	810	852	670	810	—
内蒙古	5276	2433	1247	1596	600	950	88
辽宁	7770	3758	15	3996	1200	—	—
吉林	6761	2176	2176	2409	1000	1000	—
黑龙江	5496	759	2949	1788	400	1000	—
上海	9181	4376	4376	429	3266	3266	—
江苏	23423	8699	2530	12194	4000	—	—
浙江	21459	17415	483	3561	4341	—	—
安徽	22205	11102	3226	7877	400	400	—
福建	17168	12821	591	3756	4786	—	113
江西	7715	3912	169	3633	1000	80	—
山东	42700	25806	201	16693	1000	—	—
河南	22937	10737	—	12200	1700	—	—
湖北	9881	4848	1102	3931	1815	—	—
湖南	11610	4440	2280	4890	1200	800	—
广东	20580	11145	7688	1747	2500	2500	—
广西	5490	2593	—	2897	1213	—	—
海南	2148	1312	340	496	140	207	—
重庆	19600	13700	—	5900	3700	—	900
四川	13100	7105	1057	4938	2754	—	—
贵州	2293	1631	139	524	615	—	—
云南	6951	1919	521	4511	75	—	—
西藏	3705	1852	1852	—	1832	1832	—
陕西	8589	6124	155	2311	1000	—	—
甘肃	23089	500	2483	20106	500	450	—
宁夏	1554	777	710	67	520	520	—
青海	3190	1595	1323	272	1000	1000	—
新疆	28550	8867	2571	17112	4210	1674	—
大兴安岭	219	—	219	—	—	219	—

防治资金投入和农药使用情况

单位:万元

地(市)级			县(市、区)级			农药使用情况			
财政资金	基建资金	社会投入	财政资金	基建资金	社会投入	微生物农药(千克)	天敌生物(亿头)	生物化学农药(千克)	化学农药(千克)
29604	**7637**	**2165**	**107701**	**26157**	**149569**	**11783621**	**1195808**	**15394706**	**3743384**
332	234	—	5016	5016	688	1006	52	291760	—
—	—	—	1382	244	3052	3000	—	346752	27184
992	1133	—	2963	2663	8410	7600	17	843287	139491
516	—	—	468	—	852	3000	30	152099	50860
46	105	—	1787	192	1508	58354	1801	425974	110902
1400	10	5	1158	5	3991	6000	70	306470	34170
300	300	—	876	876	2409	5681	580	178055	763028
91	379	103	268	1570	1685	18500	544	241827	33771
—	—	—	1110	1110	429	35500	—	162748	398784
800	134	220	3899	2396	11974	11706	13	400000	13871
1737	237	—	11337	246	3561	50744	1100027	192636	96368
1361	822	539	9342	2004	7338	42600	1	422000	205620
1745	36	100	6290	555	3543	919925	—	255168	160
166	23	—	2746	66	3633	100035	—	214260	70154
8089	—	—	16717	201	16693	49358	232	1776345	168195
3507	—	539	5530	—	11661	189632	25	12960	122920
901	378	242	2132	724	3689	152697	11	307569	130632
590	530	90	2650	950	4800	236000	75070	176250	26000
3139	2262	77	5506	2926	1670	55991	2723	145206	315037
393	—	—	987	—	2897	491246	1	14944	67623
385	—	200	787	133	296	19	3	9868	1952
—	—	—	10000	—	5000	488650	14587	46235	2416
1165	110	—	3186	947	4938	240713	—	590715	461015
536	30	2	480	109	522	63772	—	18156	8864
584	187	—	1260	334	4511	30185	—	629263	213499
—	—	—	20	20	—	8200	—	29600	4200
291	69	5	4833	86	2306	19722	1	177237	81681
—	242	—	—	1791	20106	153450	—	567800	41625
125	100	25	132	90	42	8000	—	5000	18500
84	84	—	511	239	272	20207	—	138777	1828
330	233	18	4327	664	17094	8312130	21	6216745	133035
—	—	—	—	—	—	—	—	99000	—

附录四

全国分县造林情况

ANNEX Ⅳ

中国

林业统计年鉴2015

分县造林完成情况

单位:公顷

地　区	人工造林	飞播造林	新封山育林	退化林修复	人工更新
全国合计	**4361827**	**128390**	**2152877**	**739281**	**299577**
北京市	**8133**	**—**	**7798**	**4338**	**62**
朝阳区	200	—	—	—	—
丰台区	70	—	—	—	—
海淀区	—	—	533	67	—
门头沟区	—	—	1133	667	—
房山区	1534	—	1466	1333	—
通州区	921	—	—	—	—
顺义区	1349	—	—	—	—
昌平区	698	—	667	—	—
大兴区	2637	—	—	79	—
怀柔区	155	—	667	533	—
平谷区	81	—	333	333	59
密云县	204	—	667	333	—
延庆县	284	—	1333	367	3
西山试验林场	—	—	333	200	—
十三陵林场	—	—	333	200	—
八达岭林场	—	—	333	160	—
松山国家级自然保护区	—	—	—	66	—
天津市	**8032**	**—**	**—**	**—**	**—**
东丽区	68	—	—	—	—
西青区	333	—	—	—	—
津南区	352	—	—	—	—
北辰区	541	—	—	—	—
武清区	1792	—	—	—	—
宝坻区	343	—	—	—	—
宁河区	1333	—	—	—	—
静海县	1333	—	—	—	—
蓟县	1692	—	—	—	—
滨海新区	245	—	—	—	—
河北省	**284083**	**—**	**58840**	**18338**	**5262**
石家庄市	**39262**	**—**	**8334**	**—**	**60**
长安区	342	—	—	—	—
新华区	267	—	—	—	—
井陉矿区	433	—	667	—	—
藁城区	2400	—	—	—	—
鹿泉区	2442	—	1000	—	—
栾城区	1960	—	—	—	—
井陉县	2113	—	1000	—	—
正定县	1500	—	—	—	—
行唐县	3580	—	667	—	—
灵寿县	6400	—	1333	—	—
高邑县	420	—	—	—	—
深泽县	867	—	—	—	—
赞皇县	6533	—	667	—	—
无极县	467	—	—	—	—
平山县	2734	—	2000	—	60

分县造林完成情况

单位:公顷

地　区	人工造林	飞播造林	新封山育林	退化林修复	人工更新
元氏县	1673	—	1000	—	—
赵县	825	—	—	—	—
晋州市	673	—	—	—	—
新乐市	3500	—	—	—	—
高新区	133	—	—	—	—
辛集市	187	—	—	—	—
唐山市	**19058**	**—**	**6201**	**—**	**2482**
路南区	113	—	—	—	2
路北区	53	—	—	—	—
古冶区	667	—	—	—	—
开平区	341	—	—	—	—
丰南区	2033	—	—	—	—
丰润区	1947	—	667	—	—
曹妃甸区	1914	—	—	—	—
滦县	2013	—	667	—	—
滦南县	2000	—	—	—	2000
乐亭县	1947	—	—	—	—
迁西县	1180	—	1333	—	—
玉田县	667	—	1200	—	—
汉沽管理区	100	—	—	—	20
高新技术产业开发区	75	—	—	—	—
海港开发区	87	—	—	—	—
唐山湾国际旅游岛林场	133	—	—	—	—
遵化市	2015	—	1000	—	—
迁安市	1773	—	1334	—	460
秦皇岛市	**8840**	**—**	**4053**	**—**	**10**
海港区	667	—	—	—	—
山海关区	67	—	—	—	—
北戴河区	49	—	—	—	10
青龙满族自治县	2989	—	1452	—	—
昌黎县	1000	—	267	—	—
抚宁县	1733	—	667	—	—
卢龙县	1871	—	667	—	—
经济技术开发区	19	—	—	—	—
北戴河新区	445	—	1000	—	—
邯郸市	**20145**	**—**	**5883**	**—**	**—**
邯山区	80	—	—	—	—
丛台区	116	—	—	—	—
复兴区	260	—	80	—	—
峰峰矿区	850	—	667	—	—
邯郸县	400	—	—	—	—
临漳县	1167	—	—	—	—
成安县	926	—	—	—	—
大名县	1500	—	—	—	—
涉　县	3000	—	1333	—	—
磁　县	1300	—	1334	—	—
肥乡县	600	—	—	—	—

分县造林完成情况

单位：公顷

地　区	人工造林	飞播造林	新封山育林	退化林修复	人工更新
永年县	2107	—	1136	—	—
邱　县	933	—	—	—	—
鸡泽县	310	—	—	—	—
广平县	333	—	—	—	—
馆陶县	1000	—	—	—	—
魏　县	750	—	—	—	—
曲周县	906	—	—	—	—
武安市	3507	—	1333	—	—
漳河林场	33	—	—	—	—
经济开发区	67	—	—	—	—
邢台市	**13944**	**—**	**4700**	**—**	**—**
桥东区	10	—	—	—	—
桥西区	107	—	—	—	—
邢台县	2586	—	2000	—	—
临城县	600	—	700	—	—
内丘县	1267	—	1000	—	—
柏乡县	240	—	—	—	—
隆尧县	692	—	—	—	—
任县	461	—	—	—	—
南和县	380	—	—	—	—
宁晋县	941	—	—	—	—
巨鹿县	700	—	—	—	—
新河县	552	—	—	—	—
广宗县	460	—	—	—	—
平乡县	533	—	—	—	—
威县	1100	—	—	—	—
清河县	493	—	—	—	—
临西县	547	—	—	—	—
南宫市	860	—	—	—	—
沙河市	1260	—	1000	—	—
高新技术产业开发区	115	—	—	—	—
大曹庄	40	—	—	—	—
保定市	**34234**	**—**	**14669**	**1080**	**121**
新市区	83	—	—	—	—
北市区	43	—	—	—	—
南市区	124	—	—	—	—
满城县	1667	—	667	—	—
清苑县	866	—	—	—	—
涞水县	4000	—	2667	—	—
阜平县	4133	—	2000	—	—
徐水县	733	—	—	—	14
定兴县	600	—	—	—	10
唐县	2667	—	1333	880	—
高阳县	800	—	—	—	—
容城县	750	—	—	—	—
涞源县	4000	—	2667	—	—
望都县	567	—	—	—	—

分县造林完成情况

单位：公顷

地　区	人工造林	飞播造林	新封山育林	退化林修复	人工更新
安新县	750	—	—	—	40
易县	4000	—	2667	—	—
曲阳县	2347	—	1335	—	—
蠡县	533	—	—	—	—
顺平县	1667	—	1333	—	—
博野县	534	—	—	—	—
雄县	806	—	—	—	10
涿州市	1227	—	—	—	47
安国市	567	—	—	—	—
高碑店市	533	—	—	200	—
高新区	84	—	—	—	—
白沟新城	153	—	—	—	—
定州市	2133	—	—	—	—
张家口市	**43098**	**—**	**4333**	**17169**	**—**
桥东区	267	—	—	—	—
桥西区	400	—	—	—	—
宣化区	800	—	—	—	—
下花园区	726	—	—	—	—
宣化县	1573	—	333	—	—
张北县	2466	—	—	6167	—
康保县	3000	—	—	3667	—
沽源县	1680	—	—	4000	—
尚义县	3468	—	—	3335	—
蔚县	2967	—	—	—	—
阳原县	1497	—	333	—	—
怀安县	2067	—	—	—	—
万全县	1933	—	333	—	—
怀来县	3467	—	667	—	—
涿鹿县	5467	—	667	—	—
赤城县	5087	—	667	—	—
崇礼县	5900	—	1333	—	—
高新技术产业开发区	333	—	—	—	—
承德市	**41530**	**—**	**9001**	**30**	**1586**
双桥区	1334	—	667	—	—
双滦区	600	—	667	—	—
营子区	400	—	333	—	—
承德县	2933	—	667	30	354
兴隆县	4793	—	1333	—	—
平泉县	3050	—	667	—	170
滦平县	5166	—	1000	—	—
隆化县	4567	—	1000	—	71
丰宁满族自治县	7582	—	1000	—	324
宽城满族自治县	2800	—	667	—	—
围场满族蒙古族自治县	8305	—	1000	—	667
沧州市	**15175**	**—**	**—**	**—**	**—**
新华区	233	—	—	—	—
运河区	667	—	—	—	—

分县造林完成情况

单位：公顷

地　区	人工造林	飞播造林	新封山育林	退化林修复	人工更新
沧县	1666	—	—	—	—
青县	1200	—	—	—	—
东光县	600	—	—	—	—
海兴县	2133	—	—	—	—
盐山县	390	—	—	—	—
肃宁县	333	—	—	—	—
南皮县	1376	—	—	—	—
吴桥县	1134	—	—	—	—
献县	1000	—	—	—	—
孟村回族自治县	1200	—	—	—	—
中捷农场	133	—	—	—	—
南大港农场	133	—	—	—	—
泊头市	400	—	—	—	—
任丘市	333	—	—	—	—
黄骅市	1333	—	—	—	—
河间市	911	—	—	—	—
廊坊市	**31945**	**—**	**333**	**—**	**—**
安次区	2737	—	—	—	—
广阳区	933	—	—	—	—
固安县	4667	—	—	—	—
永清县	4333	—	—	—	—
香河县	1967	—	—	—	—
大城县	3833	—	—	—	—
文安县	3573	—	—	—	—
大厂回族自治县	1093	—	—	—	—
霸州市	3973	—	—	—	—
三河市	4500	—	333	—	—
开发区	336	—	—	—	—
衡水市	**11406**	**—**	**—**	**59**	**362**
桃城区	800	—	—	—	—
枣强县	716	—	—	—	—
武邑县	1400	—	—	—	—
武强县	1300	—	—	—	—
饶阳县	1386	—	—	—	—
安平县	601	—	—	—	—
故城县	1210	—	—	—	—
景县	350	—	—	—	280
阜城县	1310	—	—	56	37
冀州市	823	—	—	—	—
深州市	1107	—	—	—	—
经济开发区	163	—	—	—	10
滨湖新区	240	—	—	3	35
木兰林管局	**2166**	**—**	**667**	**—**	**294**
塞罕坝机械林场	**333**	**—**	**—**	**—**	**347**
雾灵山自然保护区	**—**	**—**	**333**	**—**	**—**
小五台自然保护区	**—**	**—**	**333**	**—**	**—**
洪崖山国有林场	**627**	**—**	**—**	**—**	**—**

分县造林完成情况

单位：公顷

地　区	人工造林	飞播造林	新封山育林	退化林修复	人工更新
山西省	**220945**	**—**	**59999**	**5000**	**—**
太原市	**13714**	**—**	**4166**	**—**	**—**
杏花岭区	180	—	—	—	—
尖草坪区	93	—	—	—	—
万柏林区	—	—	267	—	—
晋源区	133	—	—	—	—
清徐县	533	—	467	—	—
阳曲县	2111	—	666	—	—
娄烦县	5287	—	1366	—	—
古交市	4947	—	1067	—	—
市直单位	430	—	333	—	—
大同市	**18269**	**—**	**3067**	**800**	**—**
南郊区	1459	—	334	—	—
新荣区	704	—	—	—	—
阳高县	2630	—	—	133	—
天镇县	2550	—	—	133	—
广灵县	2163	—	1200	133	—
灵丘县	2343	—	1200	—	—
浑源县	1157	—	333	134	—
左云县	2733	—	—	—	—
大同县	2530	—	—	267	—
阳泉市	**6053**	**—**	**1426**	**—**	**—**
郊区	1551	—	333	—	—
平定县	2148	—	893	—	—
盂县	2354	—	200	—	—
长治市	**18864**	**—**	**2360**	**933**	**—**
郊区	2	—	—	—	—
长治县	98	—	—	—	—
襄垣县	1473	—	—	—	—
屯留县	1354	—	200	—	—
平顺县	3363	—	760	—	—
黎城县	2205	—	200	—	—
壶关县	1447	—	200	—	—
长子县	1653	—	200	—	—
武乡县	1633	—	200	—	—
沁县	2143	—	200	433	—
沁源县	1797	—	200	—	—
潞城市	1696	—	200	500	—
晋城市	**3080**	**—**	**466**	**—**	**—**
城区	1	—	—	—	—
沁水县	888	—	133	—	—
阳城县	598	—	—	—	—
陵川县	972	—	333	—	—
泽州县	564	—	—	—	—
高平市	37	—	—	—	—
市直单位	20	—	—	—	—
朔州市	**9666**	**—**	**1666**	**—**	**—**

分县造林完成情况

单位:公顷

地　区	人工造林	飞播造林	新封山育林	退化林修复	人工更新
朔城区	2933	—	667	—	—
平鲁区	2780	—	333	—	—
山阴县	887	—	—	—	—
应县	1893	—	333	—	—
右玉县	953	—	—	—	—
怀仁县	220	—	333	—	—
晋中市	**14145**	**—**	**3226**	**600**	**—**
榆次区	2213	—	167	—	—
榆社县	1860	—	893	—	—
左权县	2113	—	200	600	—
和顺县	1920	—	200	—	—
昔阳县	1287	—	200	—	—
寿阳县	1000	—	267	—	—
太谷县	476	—	166	—	—
祁县	474	—	166	—	—
平遥县	1235	—	167	—	—
灵石县	1267	—	533	—	—
介休市	300	—	267	—	—
运城市	**21040**	**—**	**4293**	**—**	**—**
盐湖区	2293	—	200	—	—
临猗县	1420	—	200	—	—
万荣县	1400	—	400	—	—
闻喜县	1980	—	200	—	—
稷山县	1653	—	600	—	—
新绛县	1273	—	267	—	—
绛县	1587	—	133	—	—
垣曲县	2660	—	600	—	—
夏县	1327	—	133	—	—
平陆县	1754	—	893	—	—
芮城县	1427	—	200	—	—
永济市	1200	—	200	—	—
河津市	1066	—	267	—	—
忻州市	**39707**	**—**	**8367**	**—**	**—**
忻府区	2533	—	267	—	—
定襄县	714	—	333	—	—
五台县	1499	—	200	—	—
代县	2567	—	333	—	—
繁峙县	3740	—	—	—	—
宁武县	1459	—	534	—	—
静乐县	3000	—	567	—	—
神池县	2481	—	800	—	—
五寨县	2911	—	733	—	—
岢岚县	3471	—	800	—	—
河曲县	5067	—	933	—	—
保德县	3496	—	667	—	—
偏关县	4863	—	1400	—	—
原平市	1831	—	800	—	—

分县造林完成情况

单位:公顷

地　区	人工造林	飞播造林	新封山育林	退化林修复	人工更新
市直单位	75	—	—	—	—
临汾市	**20291**	**—**	**6468**	**1400**	**—**
尧都区	245	—	—	167	—
曲沃县	140	—	—	—	—
翼城县	184	—	—	—	—
襄汾县	976	—	800	—	—
洪洞县	458	—	600	—	—
古县	1401	—	—	333	—
安泽县	878	—	134	—	—
浮山县	410	—	—	333	—
吉县	2471	—	973	400	—
乡宁县	1747	—	667	—	—
大宁县	1900	—	667	—	—
隰县	2735	—	534	—	—
永和县	3099	—	734	—	—
蒲县	1513	—	726	—	—
汾西县	1487	—	433	—	—
侯马市	200	—	200	—	—
霍州市	447	—	—	167	—
吕梁市	**25307**	**—**	**7360**	**1267**	**—**
离石区	1294	—	266	—	—
文水县	535	—	533	—	—
交城县	1133	—	533	—	—
兴县	3334	—	601	—	—
临县	3620	—	760	—	—
柳林县	2321	—	467	—	—
石楼县	3350	—	333	133	—
岚县	1160	—	700	—	—
方山县	2699	—	700	—	—
中阳县	2606	—	500	467	—
交口县	834	—	366	—	—
孝义市	1614	—	1034	400	—
汾阳市	807	—	567	267	—
管涔山林局	**2800**	**—**	**2067**	**—**	**—**
五台山林局	**4467**	**—**	**1733**	**—**	**—**
关帝山林局	**5130**	**—**	**2200**	**—**	**—**
太行山林局	**4213**	**—**	**2867**	**—**	**—**
太岳山林局	**2573**	**—**	**2200**	**—**	**—**
吕梁山林局	**2380**	**—**	**2067**	**—**	**—**
中条山林局	**1733**	**—**	**1667**	**—**	**—**
黑茶山林局	**4893**	**—**	**1800**	**—**	**—**
杨树局	**2620**	**—**	**333**	**—**	**—**
省林职院林场	**—**	**—**	**200**	**—**	**—**
内蒙古自治区	**360896**	**79389**	**227733**	**26774**	**9262**
呼和浩特市	**29840**	**—**	**7000**	**—**	**—**
市直单位	18074	—	—	—	—
新城区	177	—	—	—	—

分县造林完成情况

单位:公顷

地　区	人工造林	飞播造林	新封山育林	退化林修复	人工更新
赛罕区	608	—	—	—	—
土默特左旗	270	—	—	—	—
托克托县	533	—	—	—	—
和林格尔县	2134	—	667	—	—
武川县	4190	—	1333	—	—
清水河县	3854	—	5000	—	—
包头市	**13833**	**—**	**23001**	**—**	**—**
东河区	250	—	1000	—	—
青山区	787	—	—	—	—
昆都仑区	153	—	667	—	—
石拐区	2780	—	4668	—	—
白云鄂博区	53	—	—	—	—
九原区	250	—	333	—	—
土默特右旗	5440	—	5333	—	—
固阳县	2573	—	3000	—	—
达尔罕茂明安联合旗	1474	—	8000	—	—
稀土高新技术开发区	73	—	—	—	—
乌海市	**182**	**—**	**—**	**—**	**—**
海勃湾区	18	—	—	—	—
海南区	164	—	—	—	—
赤峰市	**24648**	**6667**	**42666**	**931**	**4270**
红山区	207	—	—	—	—
元宝山区	400	—	667	—	140
松山区	1706	—	3000	—	13
阿鲁科尔沁旗	2667	—	5333	—	601
巴林左旗	1286	—	4333	102	8
巴林右旗	2533	—	6000	393	140
林西县	1067	—	2667	—	287
克什克腾旗	4333	—	7333	—	236
翁牛特旗	5266	6667	5333	—	253
宁城县	1588	—	2667	155	209
敖汉旗	2393	—	3000	280	2278
喀喇沁旗	1202	—	2333	1	105
呼伦贝尔市	**28360**	**—**	**11132**	**—**	**40**
海拉尔区	720	—	333	—	—
扎兰屯市	1786	—	—	—	—
牙克石市	1211	—	—	—	—
额尔古纳市	80	—	—	—	—
根河市	373	—	133	—	40
阿荣旗	1733	—	—	—	—
莫力达瓦达斡尔族自治旗	980	—	—	—	—
鄂伦春自治旗	127	—	—	—	—
鄂温克自治旗	2273	—	1333	—	—
新巴尔虎左旗	5688	—	3333	—	—
新巴尔虎右旗	5299	—	4667	—	—
陈巴尔虎旗	1253	—	—	—	—
免渡河	1333	—	—	—	—

分县造林完成情况

单位:公顷

地　区	人工造林	飞播造林	新封山育林	退化林修复	人工更新
乌奴尔	667	—	—	—	—
巴林	333	—	—	—	—
南木	333	—	—	—	—
红花尔基	3602	—	1333	—	—
柴河	429	—	—	—	—
大杨树	40	—	—	—	—
海拉尔	100	—	—	—	—
兴安盟	**36880**	**3087**	**23466**	**—**	**—**
乌兰浩特市	2700	—	1333	—	—
阿尔山	1380	—	3467	—	—
科尔沁右翼前旗	9400	—	5334	—	—
科尔沁右翼中旗	9966	3087	2000	—	—
扎赉特旗	6600	—	1333	—	—
突泉县	4634	—	4666	—	—
五岔沟	1333	—	3333	—	—
白狼	867	—	2000	—	—
通辽市	**48152**	**4667**	**38733**	**2072**	**4477**
科尔沁区	822	—	2200	—	—
霍林郭勒市	200	—	—	—	—
科尔沁左翼中旗	2333	667	5600	—	2025
科尔沁左翼后旗	19999	667	15600	164	1632
开鲁县	3733	—	—	295	—
库伦旗	6260	—	5333	280	153
奈曼旗	11667	3333	6667	1333	—
扎鲁特旗	3138	—	3333	—	667
锡林郭勒盟	**23729**	**12166**	**15799**	**—**	**—**
锡林浩特市	1667	—	1333	—	—
阿巴嘎旗	2486	2000	1000	—	—
苏尼特左旗	80	3333	1333	—	—
苏尼特右旗	73	2667	1333	—	—
东乌珠慕沁旗	6433	—	1333	—	—
西乌珠慕沁旗	640	—	4000	—	—
太仆寺旗	3433	—	—	—	—
镶黄旗	187	—	2333	—	—
正镶白旗	173	1500	1334	—	—
正蓝旗	1333	2666	1333	—	—
多伦县	7027	—	467	—	—
乌拉盖开发区	197	—	—	—	—
乌兰察布市	**38744**	**—**	**11333**	**—**	**—**
集宁区	1553	—	—	—	—
丰镇市	1966	—	1000	—	—
卓资县	3681	—	1667	—	—
化德县	4653	—	1000	—	—
商都县	1994	—	667	—	—
兴和县	2951	—	666	—	—
凉城县	10045	—	2333	—	—
察哈尔右翼前旗	2294	—	—	—	—

分县造林完成情况

单位：公顷

地　区	人工造林	飞播造林	新封山育林	退化林修复	人工更新
察哈尔右翼中旗	4400	—	2000	—	—
察哈尔右翼后旗	2406	—	—	—	—
四子王旗	2801	—	2000	—	—
鄂尔多斯市	**46322**	**12001**	**11668**	**—**	**—**
东胜区	4680	—	—	—	—
达拉特旗	6854	—	—	—	—
准格尔旗	5081	—	3000	—	—
鄂托克前旗	439	—	667	—	—
鄂托克旗	6734	5334	2667	—	—
杭锦旗	7575	6667	2667	—	—
乌审旗	8060	—	2000	—	—
伊金霍洛旗	3548	—	—	—	—
造林总场	2553	—	667	—	—
康巴什新区	798	—	—	—	—
巴彦淖尔市	**23614**	**21001**	**15401**	**—**	**342**
市直单位	1000	—	—	—	—
临河区	4212	—	—	—	106
五原县	4934	—	—	—	—
磴口县	4034	4000	3834	—	—
乌拉特前旗	3134	6000	—	—	17
乌拉特中旗	2533	—	8200	—	17
乌拉特后旗	1034	8334	2700	—	150
杭锦后旗	2733	2667	667	—	52
阿拉善盟	**41204**	**19800**	**25867**	**—**	**—**
市直单位	467	—	—	—	—
阿拉善左旗	24960	14667	12333	—	—
阿拉善右旗	12873	2667	7533	—	—
额济纳旗	1070	—	5334	—	—
经济开发区	1000	—	667	—	—
生态示范区	834	2466	—	—	—
二连浩特市	**100**	**—**	**1667**	**—**	**—**
内蒙古森工集团	**5288**	**—**	**—**	**23771**	**133**
辽宁省	**102615**	**—**	**100257**	**840**	**11565**
沈阳市	**8504**	**—**	**1000**	**—**	**—**
市辖区	33	—	—	—	—
苏家屯区	199	—	—	—	—
浑南区	331	—	—	—	—
沈北新区	362	—	—	—	—
于洪区	39	—	—	—	—
辽中县	763	—	—	—	—
康平县	3313	—	—	—	—
法库县	1326	—	1000	—	—
新民市	2138	—	—	—	—
大连市	**3016**	**—**	**—**	**—**	**—**
瓦房店市	1012	—	—	—	—
普兰店市	1004	—	—	—	—
庄河市	1000	—	—	—	—

分县造林完成情况

单位:公顷

地　区	人工造林	飞播造林	新封山育林	退化林修复	人工更新
鞍山市	**2537**	**—**	**800**	**102**	**32**
千山区	47	—	—	—	—
台安县	440	—	—	75	32
岫岩满族自治县	1647	—	800	16	—
海城市	403	—	—	11	—
抚顺市	**4881**	**—**	**3000**	**—**	**2393**
新抚区	47	—	—	—	—
东洲区	67	—	—	—	67
望花区	13	—	—	—	—
顺城区	108	—	—	—	—
开发区	40	—	—	—	—
抚顺县	606	—	1000	—	133
新宾满族自治县	2000	—	2000	—	786
清原满族自治县	2000	—	—	—	1407
本溪市	**634**	**—**	**2224**	**—**	**733**
市辖区	107	—	—	—	—
平山区	7	—	—	—	—
溪湖区	7	—	—	—	—
明山区	27	—	470	—	—
南芬区	20	—	216	—	—
本溪满族自治县	333	—	—	—	167
桓仁满族自治县	133	—	1538	—	566
丹东市	**2936**	**—**	**4000**	**738**	**1719**
市辖区	—	—	—	—	13
元宝区	—	—	—	—	13
振安区	—	—	—	—	27
宽甸满族自治县	934	—	2000	397	900
东港市	533	—	—	253	53
凤城市	1469	—	2000	88	713
锦州市	**12375**	**—**	**15000**	**—**	**800**
市辖区	133	—	—	—	53
太和区	200	—	—	—	—
黑山县	1333	—	—	—	—
义县	5709	—	6000	—	720
凌海市	3333	—	5000	—	27
北镇市	1667	—	4000	—	—
营口市	**286**	**—**	**—**	**—**	**13**
鲅鱼圈区	20	—	—	—	—
盖州市	133	—	—	—	13
大石桥市	133	—	—	—	—
阜新市	**11254**	**—**	**7000**	**—**	**2154**
阜新矿业集团	133	—	—	—	—
海州区	27	—	—	—	—
新邱区	167	—	—	—	—
太平区	7	—	—	—	—
清河门区	20	—	—	—	67
细河区	27	—	—	—	—

分县造林完成情况

单位:公顷

地　区	人工造林	飞播造林	新封山育林	退化林修复	人工更新
阜新蒙古族自治县	5540	—	3000	—	—
彰武县	5333	—	4000	—	2087
辽阳市	**1004**	**—**	**3467**	**—**	**273**
文圣区	60	—	—	—	7
宏伟区	41	—	—	—	—
弓长岭区	122	—	467	—	—
太子河区	7	—	—	—	—
辽阳县	406	—	3000	—	266
灯塔市	368	—	—	—	—
铁岭市	**8483**	**—**	**11766**	**—**	**267**
开发区	13	—	—	—	—
银州区	7	—	—	—	—
清河区	233	—	533	—	—
铁岭县	2332	—	3233	—	67
西丰县	1433	—	5000	—	200
昌图县	3333	—	—	—	—
调兵山市	44	—	—	—	—
开原市	1088	—	3000	—	—
朝阳市	**28380**	**—**	**38000**	**—**	**2373**
双塔区	1067	—	1000	—	13
龙城区	2000	—	2000	—	—
朝阳县	5400	—	7000	—	1333
建平县	5020	—	7000	—	67
喀喇沁左翼蒙古族自治县	4933	—	7000	—	—
北票市	5160	—	7000	—	—
凌源市	4800	—	7000	—	960
葫芦岛市	**18225**	**—**	**14000**	**—**	**454**
市辖区	400	—	—	—	—
连山区	1700	—	1000	—	—
南票区	2300	—	3000	—	—
绥中县	3329	—	3000	—	427
建昌县	7163	—	3000	—	27
兴城市	3333	—	4000	—	—
省直单位	**100**	**—**	**—**	**—**	**354**
实验林场	—	—	—	—	81
生态实验林场	33	—	—	—	147
海洋林场	—	—	—	—	89
森林经营研究所实验林场	67	—	—	—	33
干旱地区造林研究所林场	—	—	—	—	4
吉林省	**112003**	**—**	**4667**	**59633**	**23548**
长春市	**7526**	**—**	**333**	**93**	**851**
榆树市	1306	—	—	—	281
农安县	2860	—	—	—	268
德惠市	601	—	—	92	92
九台区	189	—	—	—	150
双阳区	1859	—	333	—	49
朝阳区	3	—	—	—	—

分县造林完成情况

单位:公顷

地　区	人工造林	飞播造林	新封山育林	退化林修复	人工更新
宽城区	—	—	—	—	4
绿园区	—	—	—	1	7
二道区	2	—	—	—	—
净月开发区	301	—	—	—	—
莲花山	338	—	—	—	—
高新开发区	67	—	—	—	—
吉林市	**28639**	**—**	**1000**	**212**	**1797**
桦甸市	4246	—	—	—	35
舒兰市	2590	—	—	—	69
蛟河市	5776	—	—	79	71
磐石市	5938	—	—	—	117
永吉县	3339	—	—	—	450
昌邑区	2496	—	1000	—	1
龙潭区	978	—	—	—	—
船营区	1060	—	—	—	36
丰满区	797	—	—	—	42
上营森林经营局	1414	—	—	133	846
直属林场	5	—	—	—	130
四平市	**9985**	**—**	**—**	**362**	**741**
公主岭市	964	—	—	134	100
双辽市	2211	—	—	40	—
梨树县	3333	—	—	188	563
伊通满族自治县	1267	—	—	—	44
铁东区	525	—	—	—	—
铁西区	30	—	—	—	8
辽河农垦区	304	—	—	—	10
直属林场	1351	—	—	—	16
辽源市	**3179**	**—**	**—**	**202**	**833**
东辽县	773	—	—	5	409
东丰县	2042	—	—	197	414
西安区	98	—	—	—	—
龙山区	259	—	—	—	6
市属林场	7	—	—	—	4
通化市	**6942**	**—**	**1333**	**417**	**1212**
梅河口市	1569	—	—	7	20
集安市	1840	—	—	—	286
通化县	584	—	—	255	369
柳河县	2000	—	—	—	168
辉南县	433	—	—	155	338
东昌区	50	—	—	—	27
二道江区	38	—	1333	—	—
直属林场	—	—	—	—	4
其他单位	420	—	—	—	—
经济开发区	8	—	—	—	—
白山市	**5043**	**—**	**667**	**216**	**1705**
长白朝鲜族自治县	269	—	—	—	484
抚松县	1505	—	—	216	183

分县造林完成情况

单位:公顷

地　区	人工造林	飞播造林	新封山育林	退化林修复	人工更新
靖宇县	493	—	—	—	—
临江市	1420	—	—	—	15
江源区	333	—	—	—	36
长白森林经营局	23	—	—	—	—
市直单位	1000	—	667	—	987
松原市	**8349**	**—**	**—**	**7**	**355**
长岭县	4238	—	—	—	—
前郭县	1287	—	—	7	—
扶余县	667	—	—	—	239
乾安县	1490	—	—	—	—
宁江区	530	—	—	—	116
其他单位	137	—	—	—	—
白城市	**17504**	**—**	**—**	**3474**	**1393**
大安市	600	—	—	—	212
洮南市	6153	—	—	633	851
通榆县	8976	—	—	2487	—
镇赉县	835	—	—	62	330
洮北区	701	—	—	292	—
其他单位	88	—	—	—	—
经济开发区	18	—	—	—	—
查干浩特区	133	—	—	—	—
延边朝鲜族自治州	**9429**	**—**	**667**	**623**	**1622**
延吉市	662	—	—	—	49
龙井市	1072	—	—	—	291
和龙市	935	—	—	111	55
图们市	256	—	—	368	41
珲春市	1112	—	—	—	—
敦化市	3221	—	667	136	1095
安图县	1455	—	—	—	40
汪清县	716	—	—	8	51
长白山森工集团	**5397**	**—**	**—**	**27904**	**2165**
黄泥河	467	—	—	63	2
敦化	172	—	—	—	—
大石头	399	—	—	4583	—
八家子	342	—	—	3337	31
和龙	40	—	—	4444	—
汪清	37	—	—	3188	68
大兴沟	279	—	—	2615	1
天桥岭	2435	—	—	191	524
白河	733	—	—	4366	1484
珲春	460	—	—	3045	55
安图森林经营局	33	—	—	2072	—
吉林森工集团	**8333**	**—**	**—**	**24922**	**10570**
临江	133	—	—	2338	102
三岔子	215	—	—	2667	3833
湾沟	—	—	—	3469	48
松江河	160	—	—	334	3370

分县造林完成情况

单位:公顷

地　区	人工造林	飞播造林	新封山育林	退化林修复	人工更新
泉阳	500	—	—	3275	40
露水河	78	—	—	3218	1953
白石山	1725	—	—	3000	1192
红石	5522	—	—	6621	32
省直单位	**1677**	**—**	**667**	**1201**	**304**
向海保护局	—	—	334	—	300
三湖保护局	133	—	333	—	—
蛟河实验局	1269	—	—	—	—
辉南森林经营局	275	—	—	1201	4
黑龙江省	**41093**	**—**	**67038**	**24775**	**2066**
哈尔滨市	**4602**	**—**	**10535**	**89**	**2**
市直市郊	538	—	600	—	2
五常县	494	—	3667	89	—
双城市	309	—	267	—	—
尚志市	641	—	—	—	—
巴彦县	333	—	1667	—	—
宾县	620	—	667	—	—
依兰县	400	—	667	—	—
延寿县	533	—	333	—	—
木兰县	334	—	333	—	—
通河县	200	—	2000	—	—
方正县	200	—	334	—	—
齐齐哈尔市	**6453**	**—**	**2701**	**—**	**731**
市直单位	193	—	334	—	—
铁锋区	3	—	—	—	—
富拉尔基区	—	—	—	—	20
碾子山区	3	—	333	—	—
梅里斯达斡尔族区	153	—	—	—	—
龙江县	534	—	—	—	—
依安县	667	—	—	—	690
泰来县	800	—	—	—	—
甘南县	533	—	167	—	21
富裕县	533	—	—	—	—
克山县	667	—	667	—	—
克东县	567	—	667	—	—
拜泉县	1067	—	—	—	—
讷河市	733	—	533	—	—
牡丹江市	**2314**	**—**	**6888**	**—**	**—**
市直单位	206	—	287	—	—
东宁县	908	—	1133	—	—
林口县	667	—	2867	—	—
绥芬河市	—	—	134	—	—
海林市	200	—	1000	—	—
宁安市	200	—	800	—	—
穆棱市	133	—	667	—	—
佳木斯市	**2673**	**—**	**8332**	**164**	**—**
市直单位	367	—	667	—	—

分县造林完成情况

单位:公顷

地　区	人工造林	飞播造林	新封山育林	退化林修复	人工更新
郊区	467	—	2333	111	—
桦南县	333	—	2333	—	—
桦川县	666	—	666	53	—
汤原县	200	—	333	—	—
抚远县	200	—	1333	—	—
同江市	200	—	—	—	—
富锦市	240	—	667	—	—
鸡西市	**441**	**—**	**754**	**—**	**—**
市直单位	267	—	—	—	—
鸡东县	67	—	667	—	—
虎林市	40	—	—	—	—
密山市	67	—	87	—	—
鹤岗市	**1067**	**—**	**2334**	**72**	**—**
市直单位	467	—	1000	72	—
萝北县	67	—	667	—	—
绥滨县	533	—	667	—	—
双鸭山市	**893**	**—**	**3627**	**33**	**—**
市直单位	467	—	960	—	—
集贤县	193	—	667	—	—
饶河县	200	—	667	33	—
宝清县	33	—	1333	—	—
伊春市	**4666**	**—**	**7334**	**—**	**—**
嘉荫县	1333	—	4000	—	—
铁力市	—	—	1667	—	—
伊春区	—	—	333	—	—
西林区	—	—	667	—	—
市区	3333	—	667	—	—
七台河市	**67**	**—**	**—**	**—**	**—**
市直单位	67	—	—	—	—
大庆市	**4514**	**—**	**1666**	**—**	**—**
市直单位	600	—	—	—	—
肇州县	700	—	—	—	—
肇源县	687	—	333	—	—
林甸县	527	—	—	—	—
杜尔伯特蒙古族自治县	2000	—	1333	—	—
绥化市	**6980**	**—**	**2533**	**—**	**1333**
宝山经济开发区	20	—	—	—	—
海伦市	753	—	—	—	—
海伦市国有林场管理局	333	—	1667	—	—
绥棱县	140	—	—	—	—
绥棱国有林场管理局	100	—	333	—	—
庆安县	667	—	—	—	—
北林区	433	—	200	—	—
望奎县	667	—	—	—	—
兰西县	667	—	—	—	—
青岗林场	1333	—	—	—	1333
明水县	667	—	333	—	—

分县造林完成情况

单位:公顷

地　区	人工造林	飞播造林	新封山育林	退化林修复	人工更新
安达市	667	—	—	—	—
肇东市	533	—	—	—	—
黑河市	**2334**	**—**	**10668**	**—**	**—**
市直单位	133	—	667	—	—
爱辉区	667	—	2667	—	—
嫩江县	400	—	3333	—	—
逊克县	200	—	333	—	—
孙吴县	267	—	667	—	—
北安市	467	—	1667	—	—
五大连池市	200	—	667	—	—
五大连池市风景区管委会	—	—	667	—	—
大兴安岭行署	**89**	**—**	**3999**	**—**	**—**
呼玛县	—	—	1333	—	—
塔河县	89	—	2666	—	—
尚志国有林场管理局	**200**	**—**	**3333**	**608**	**—**
庆安国有林场管理局	**—**	**—**	**2000**	**133**	**—**
省监狱管理局	**427**	**—**	**—**	**—**	**—**
辰能集团	**34**	**—**	**334**	**—**	**—**
龙煤集团	**667**	**—**	**—**	**—**	**—**
龙江森工集团	**2672**	**—**	**—**	**23676**	**—**
上海市	**3241**	**—**	**—**	**—**	**—**
宝山区	61	—	—	—	—
闵行区	108	—	—	—	—
嘉定区	78	—	—	—	—
浦东新区	515	—	—	—	—
金山区	246	—	—	—	—
青浦区	94	—	—	—	—
松江区	911	—	—	—	—
奉贤区	738	—	—	—	—
崇明县	490	—	—	—	—
江苏省	**42576**	**—**	**400**	**299**	**1941**
南京市	**2273**	**—**	**—**	**43**	**10**
浦口区	111	—	—	—	—
栖霞区	137	—	—	—	—
雨花台区	46	—	—	—	—
江宁区	500	—	—	—	—
六合区	469	—	—	—	10
溧水县	623	—	—	43	—
高淳县	387	—	—	—	—
无锡市	**688**	**—**	**400**	**—**	**23**
市直单位	25	—	—	—	—
锡山区	89	—	—	—	—
惠山区	92	—	—	—	—
滨湖区	16	—	—	—	—
江阴市	243	—	—	—	1
宜兴市	223	—	400	—	22
徐州市	**3408**	**—**	**—**	**36**	**257**

分县造林完成情况

单位:公顷

地　区	人工造林	飞播造林	新封山育林	退化林修复	人工更新
贾汪区	900	—	—	—	—
区丰县	667	—	—	—	—
区沛县	458	—	—	—	—
区铜山县	459	—	—	—	—
睢宁县	204	—	—	—	—
新沂市	239	—	—	—	95
邳州市	481	—	—	36	162
常州市	**1711**	**—**	**—**	**34**	**64**
新北区	355	—	—	—	—
武进区	362	—	—	—	—
溧阳市	584	—	—	21	49
金坛市	410	—	—	13	15
苏州市	**798**	**—**	**—**	**—**	**—**
高新区	8	—	—	—	—
吴中区	79	—	—	—	—
相城区	21	—	—	—	—
常熟市	101	—	—	—	—
张家港市	120	—	—	—	—
昆山市	181	—	—	—	—
吴江区	159	—	—	—	—
太仓市	107	—	—	—	—
工业园区	22	—	—	—	—
南通市	**9105**	**—**	**—**	**—**	**218**
经济技术开发区	218	—	—	—	218
崇川区	81	—	—	—	—
港闸区	268	—	—	—	—
海安县	867	—	—	—	—
如东县	1818	—	—	—	—
启东市	2698	—	—	—	—
如皋市	563	—	—	—	—
通州区	1496	—	—	—	—
海门市	915	—	—	—	—
滨海园区	181	—	—	—	—
连云港市	**5262**	**—**	**—**	**28**	**4**
市直单位	212	—	—	—	4
连云区	17	—	—	28	—
海州区	482	—	—	—	—
赣榆区	1511	—	—	—	—
东海县	1670	—	—	—	—
灌云县	900	—	—	—	—
灌南县	470	—	—	—	—
淮安市	**1786**	**—**	**—**	**—**	**335**
楚州区	453	—	—	—	—
淮阴区	172	—	—	—	45
清浦区	—	—	—	—	7
涟水县	333	—	—	—	—
洪泽县	216	—	—	—	107

分县造林完成情况

单位：公顷

地　区	人工造林	飞播造林	新封山育林	退化林修复	人工更新
盱眙县	290	—	—	—	69
金湖县	322	—	—	—	107
盐城市	**8174**	**—**	**—**	**27**	**286**
亭湖区	1005	—	—	—	9
响水县	534	—	—	—	—
滨海县	810	—	—	—	62
阜宁县	980	—	—	—	20
射阳县	547	—	—	27	2
建湖县	845	—	—	—	50
盐都区	1125	—	—	—	5
东台市	716	—	—	—	19
城南新区	550	—	—	—	—
大丰区	1062	—	—	—	119
扬州市	**1832**	**—**	**—**	**10**	**241**
市直单位	2	—	—	—	4
广陵区	151	—	—	—	—
邗江区	227	—	—	7	—
宝应县	424	—	—	—	82
仪征市	459	—	—	—	—
高邮市	365	—	—	—	65
江都区	204	—	—	3	90
镇江市	**1107**	**—**	**—**	**109**	**91**
市直单位	35	—	—	—	—
京口区	4	—	—	—	3
润州区	14	—	—	—	—
丹徒区	117	—	—	—	57
丹阳市	508	—	—	30	17
扬中市	78	—	—	—	—
句容市	351	—	—	79	14
泰州市	**2767**	**—**	**—**	**12**	**386**
海陵区	166	—	—	—	1
高港区	222	—	—	—	—
兴化市	1237	—	—	—	310
靖江市	340	—	—	12	—
泰兴市	390	—	—	—	—
姜堰区	412	—	—	—	75
宿迁市	**3665**	**—**	**—**	**—**	**26**
宿城区	574	—	—	—	—
宿豫区	684	—	—	—	—
沭阳县	617	—	—	—	26
泗阳县	487	—	—	—	—
泗洪县	1303	—	—	—	—
浙江省	**20985**	**—**	**31739**	**6931**	**11940**
杭州市	**2644**	**—**	**2387**	**1077**	**3395**
江干区	33	—	—	—	—
拱墅区	20	—	1	—	—
西湖区	—	—	7	—	—

分县造林完成情况

单位：公顷

地　区	人工造林	飞播造林	新封山育林	退化林修复	人工更新
滨江区	—	—	—	—	—
萧山区	280	—	—	—	—
余杭区	122	—	—	—	26
桐庐县	467	—	233	67	470
淳安县	466	—	323	343	767
建德市	453	—	400	—	987
富阳区	240	—	333	667	200
临安市	563	—	1090	—	945
宁波市	**2035**	**—**	**9718**	**614**	**152**
海曙区	—	—	—	—	—
江东区	—	—	—	—	—
江北区	35	—	—	—	—
北仑区	267	—	247	33	15
大榭开发区	5	—	—	42	—
镇海区	60	—	—	—	1
鄞州区	223	—	8764	—	17
东钱湖旅游度假区	—	—	—	—	3
象山县	410	—	250	150	30
宁海县	562	—	442	—	47
余姚市	169	—	15	313	24
慈溪市	130	—	—	43	2
奉化市	174	—	—	33	13
温州市	**3628**	**—**	**3703**	**355**	**247**
市直属单位	—	—	—	—	—
鹿城区	33	—	67	—	—
龙湾区	98	—	—	—	4
瓯海区	244	—	249	—	—
洞头县	267	—	233	—	—
永嘉县	448	—	1688	133	55
平阳县	328	—	—	—	11
苍南县	887	—	—	—	43
文成县	196	—	267	222	79
泰顺县	174	—	666	—	23
瑞安市	507	—	533	—	—
乐清市	446	—	—	—	32
嘉兴市	**1333**	**—**	**—**	**30**	**12**
秀城区	67	—	—	—	—
秀洲区	179	—	—	—	—
嘉善县	71	—	—	—	—
海盐县	223	—	—	—	—
海宁市	227	—	—	—	—
平湖市	329	—	—	30	12
桐乡市	237	—	—	—	—
湖州市	**1243**	**—**	**11678**	**250**	**114**
市直属单位	7	—	—	—	—
吴兴区	100	—	—	—	9
南浔区	174	—	—	—	—

分县造林完成情况

单位：公顷

地　区	人工造林	飞播造林	新封山育林	退化林修复	人工更新
德清县	678	—	—	—	2
长兴县	105	—	10678	—	92
安吉县	179	—	1000	250	11
绍兴市	**591**	**—**	**437**	**133**	**37**
市直属单位	—	—	—	—	—
越城区	10	—	—	—	1
高新技术开发区	—	—	—	—	—
绍兴县	34	—	171	—	—
新昌县	103	—	—	—	15
诸暨市	242	—	133	133	9
上虞市	69	—	—	—	10
嵊州市	133	—	133	—	2
金华市	**1526**	**—**	**1464**	**880**	**1246**
市直属单位	—	—	—	—	—
婺城区	109	—	—	67	333
金东区	64	—	33	127	59
经济技术开发区	21	—	21	19	—
武义县	182	—	313	—	388
浦江县	102	—	—	—	85
磐安县	58	—	405	—	272
兰溪市	66	—	271	—	44
义乌市	446	—	—	—	27
东阳市	378	—	141	—	26
永康市	100	—	280	667	12
衢州市	**1431**	**—**	**616**	**—**	**2168**
市直属单位	—	—	—	—	—
柯城区	24	—	—	—	41
衢江区	374	—	—	—	65
常山县	277	—	—	—	194
开化县	373	—	—	—	1387
龙游县	167	—	333	—	54
江山市	216	—	283	—	427
舟山市	**139**	**—**	**74**	**38**	**10**
市直属单位	7	—	7	—	—
定海区	14	—	—	—	10
普陀区	33	—	—	—	—
岱山县	40	—	67	38	—
嵊泗县	45	—	—	—	—
台州市	**1944**	**—**	**406**	**434**	**796**
市直属	—	—	—	—	—
椒江区	56	—	—	—	7
黄岩区	115	—	137	—	18
路桥区	230	—	—	—	—
玉环县	194	—	—	21	8
三门县	91	—	—	—	5
天台县	330	—	87	—	200
仙居县	208	—	75	—	249

分县造林完成情况

单位:公顷

地　区	人工造林	飞播造林	新封山育林	退化林修复	人工更新
温岭市	286	—	—	—	4
临海市	434	—	107	413	305
丽水市	**4471**	**—**	**1256**	**3120**	**3763**
市直属单位	—	—	—	—	—
莲都区	42	—	81	867	213
青田县	433	—	—	200	20
缙云县	67	—	300	100	590
遂昌县	1132	—	516	789	264
松阳县	715	—	123	514	707
云和县	274	—	—	372	298
庆元县	253	—	49	—	869
景宁畲族自治县	380	—	187	—	300
龙泉市	1175	—	—	278	502
安徽省	**146000**	**—**	**80002**	**7954**	**2985**
合肥市	**14052**	**—**	**3200**	**—**	**—**
庐阳区	16	—	—	—	—
瑶海区	678	—	—	—	—
包河区	88	—	—	—	—
蜀山区	1626	—	—	—	—
长丰县	1865	—	—	—	—
肥东县	3194	—	800	—	—
肥西县	2292	—	800	—	—
庐江县	2269	—	800	—	—
巢湖市	2024	—	800	—	—
淮北市	**3016**	**—**	**667**	**—**	**—**
烈山区	433	—	667	—	—
杜集区	381	—	—	—	—
相山区	190	—	—	—	—
濉溪县	2012	—	—	—	—
亳州市	**10513**	**—**	**—**	**—**	**—**
谯城区	2388	—	—	—	—
涡阳县	2175	—	—	—	—
蒙城县	3253	—	—	—	—
利辛县	2697	—	—	—	—
宿州市	**14851**	**—**	**3501**	**380**	**200**
埇桥区	4609	—	867	—	—
砀山县	1065	—	—	—	200
萧县	2195	—	1667	—	—
灵璧县	3289	—	667	100	—
泗县	2786	—	100	280	—
市直单位	907	—	200	—	—
蚌埠市	**7046**	**—**	**200**	**267**	**203**
龙子湖区	322	—	—	—	—
蚌山区	214	—	—	—	—
禹会区	580	—	—	—	—
淮上区	612	—	—	—	—
怀远县	2069	—	200	67	53

分县造林完成情况

单位:公顷

地　区	人工造林	飞播造林	新封山育林	退化林修复	人工更新
五河县	1816	—	—	—	—
固镇县	1433	—	—	200	150
阜阳市	**9417**	**—**	**—**	**255**	**667**
颍州区	1087	—	—	—	—
颍东区	1593	—	—	25	—
颍泉区	935	—	—	—	—
界首市	757	—	—	230	667
临泉县	1158	—	—	—	—
太和县	2396	—	—	—	—
阜南县	1091	—	—	—	—
颍上县	400	—	—	—	—
淮南市	**1890**	**—**	**—**	**—**	**—**
大通区	362	—	—	—	—
田家庵区	207	—	—	—	—
谢家集区	279	—	—	—	—
八公山区	126	—	—	—	—
潘集区	260	—	—	—	—
毛集区	133	—	—	—	—
凤台县	523	—	—	—	—
滁州市	**24043**	**—**	**10234**	**687**	**—**
琅琊区	217	—	—	—	—
南谯区	1043	—	2000	—	—
天长市	1368	—	—	—	—
明光市	5007	—	1667	—	—
来安县	3741	—	1493	—	—
全椒县	2088	—	1740	169	—
定远县	6235	—	1667	—	—
凤阳县	4344	—	1667	—	—
管店总场	—	—	—	321	—
沙河集总场	—	—	—	197	—
六安市	**14312**	**—**	**10332**	**1800**	**112**
金安区	2315	—	1333	—	—
裕安区	2679	—	1333	216	112
叶集区	632	—	—	—	—
寿县	1945	—	1333	—	—
霍邱县	2069	—	1333	—	—
舒城县	1513	—	1333	1511	—
金寨县	1992	—	2000	—	—
霍山县	1167	—	1667	73	—
马鞍山市	**4871**	**—**	**3867**	**—**	**—**
博望区	774	—	—	—	—
花山区	377	—	—	—	—
雨山区	182	—	—	—	—
当涂县	787	—	533	—	—
含山县	1133	—	1667	—	—
和县	1618	—	1667	—	—
芜湖市	**9436**	**—**	**3999**	**—**	**—**

分县造林完成情况

单位:公顷

地　区	人工造林	飞播造林	新封山育林	退化林修复	人工更新
镜湖区	206	—	—	—	—
鸠江区	1473	—	—	—	—
弋江区	349	—	—	—	—
三山区	428	—	—	—	—
芜湖县	1314	—	—	—	—
繁昌县	682	—	1333	—	—
南陵县	1092	—	1333	—	—
无为县	3612	—	1333	—	—
市直单位	280	—	—	—	—
宣城市	**8044**	**—**	**10667**	**1202**	**222**
宣州区	1297	—	1667	—	33
宁国市	1228	—	1333	850	—
郎溪县	1563	—	1333	—	—
广德县	1257	—	1667	—	—
泾县	1157	—	1667	—	189
绩溪县	768	—	1333	162	—
旌德县	774	—	1667	190	—
铜陵市	**1741**	**—**	**—**	**—**	**485**
狮子山区	119	—	—	—	—
铜陵郊区	313	—	—	—	—
铜陵县	1309	—	—	—	485
池州市	**5213**	**—**	**7000**	**2516**	**696**
贵池区	1716	—	1734	—	—
九华山区	9	—	—	—	—
东至县	2638	—	1800	2516	696
石台县	119	—	1733	—	—
青阳县	731	—	1733	—	—
安庆市	**14495**	**—**	**14668**	**377**	**—**
迎江区	195	—	—	—	—
大观区	495	—	—	—	—
宜秀区	480	—	1667	110	—
桐城市	1513	—	1667	—	—
怀宁县	1079	—	1667	—	—
枞阳县	996	—	1333	—	—
潜山县	1244	—	1667	133	—
太湖县	2427	—	1667	—	—
宿松县	2454	—	1667	—	—
望江县	2024	—	1333	—	—
岳西县	1588	—	2000	134	—
黄山市	**3060**	**—**	**11667**	**470**	**400**
屯溪区	108	—	667	—	—
徽州区	39	—	1667	—	—
黄山区	508	—	2000	—	—
歙县	897	—	2000	267	—
休宁县	385	—	2000	—	—
黟县	249	—	1333	133	—
祁门县	853	—	2000	—	400

分县造林完成情况

单位:公顷

地　区	人工造林	飞播造林	新封山育林	退化林修复	人工更新
市直单位	21	—	—	70	—
福建省	**33919**	**—**	**139412**	**26308**	**54185**
福州市	**4730**	**—**	**13333**	**2036**	**2708**
市直单位	190	—	—	—	—
平潭综合实验区	655	—	3333	—	—
马尾区	66	—	—	—	109
晋安区	92	—	667	—	50
闽侯县	1041	—	1666	580	—
连江县	220	—	1000	673	509
罗源县	690	—	1000	—	342
闽清县	56	—	2000	241	1239
永泰县	886	—	2000	268	—
福清县	454	—	1000	274	289
长乐市	380	—	667	—	170
厦门市	**166**	**—**	**13333**	**694**	**—**
海沧区	33	—	1000	101	—
集美区	28	—	2400	177	—
同安区	59	—	6933	282	—
翔安区	46	—	3000	134	—
莆田市	**1692**	**—**	**5867**	**2617**	**953**
湄洲岛国家旅游度假区	41	—	—	3	—
城厢区	226	—	—	420	41
涵江区	261	—	—	210	124
荔城区	90	—	—	13	10
秀屿区	222	—	533	314	40
仙游县	797	—	5334	1653	738
北岸管委会	55	—	—	4	—
三明市	**7224**	**—**	**23298**	**3925**	**14223**
梅列区	125	—	667	80	227
三元区	87	—	1333	166	467
明溪县	772	—	667	223	1648
清流县	834	—	3334	103	1694
宁化县	1060	—	2666	80	721
大田县	666	—	6000	811	1050
尤溪县	1007	—	667	482	2559
沙县	413	—	667	100	1426
将乐县	1006	—	1567	206	1399
泰宁县	434	—	3385	89	1105
建宁县	359	—	1675	1464	562
永安市	461	—	670	121	1365
泉州市	**2495**	**—**	**12056**	**3831**	**2174**
鲤城区	21	—	—	11	—
丰泽区	33	—	—	8	—
洛江区	22	—	267	93	153
泉港区	10	—	—	191	61
惠安县	265	—	667	102	30
安溪县	808	—	6298	1610	67

分县造林完成情况

单位:公顷

地　区	人工造林	飞播造林	新封山育林	退化林修复	人工更新
永春县	472	—	2019	739	323
德化县	362	—	2000	477	559
台商投资区	118	—	138	121	—
石狮市	54	—	—	7	—
晋江市	63	—	—	113	476
南安市	267	—	667	359	505
漳州市	**1815**	**—**	**10756**	**3014**	**9154**
芗城区	62	—	—	—	109
龙文区	69	—	—	—	106
云霄县	205	—	1335	317	895
漳浦县	262	—	1336	726	1109
诏安县	200	—	1336	465	914
长泰县	176	—	1342	119	856
东山县	81	—	334	571	15
南靖县	173	—	1402	102	1382
平和县	201	—	1334	153	1550
华安县	146	—	1336	301	1355
龙海市	240	—	1001	260	863
南平市	**7404**	**—**	**24022**	**3543**	**14025**
延平区	739	—	2357	202	1488
顺昌县	595	—	—	109	1428
浦城县	939	—	4333	215	1355
光泽县	403	—	4667	411	835
松溪县	336	—	—	269	623
政和县	401	—	2333	431	574
邵武市	1141	—	4333	1082	2641
武夷山市	450	—	2333	425	776
建瓯市	1267	—	2333	130	2314
建阳市	1133	—	1333	269	1991
龙岩市	**2779**	**—**	**23413**	**3614**	**8782**
新罗区	466	—	1521	468	471
长汀县	594	—	8000	812	1275
永定区	323	—	1667	410	855
上杭县	370	—	2282	509	2156
武平县	290	—	3824	459	1846
连城县	290	—	3807	529	1048
漳平市	446	—	2312	427	1131
宁德市	**5614**	**—**	**13334**	**3034**	**2166**
蕉城区	794	—	1467	310	252
霞浦县	738	—	3333	902	412
古田县	477	—	667	79	333
屏南县	870	—	1200	43	349
寿宁县	1009	—	—	189	227
周宁县	177	—	800	320	367
柘荣县	518	—	2000	234	—
福安市	473	—	1867	265	28
福鼎市	558	—	2000	692	198

分县造林完成情况

单位:公顷

地 区	人工造林	飞播造林	新封山育林	退化林修复	人工更新
江西省	**141678**	**—**	**59368**	**27129**	**5519**
南昌市	**4723**	**—**	**667**	**—**	**—**
市辖区	210	—	—	—	—
湾里区	77	—	67	—	—
南昌县	1034	—	67	—	—
新建县	1433	—	200	—	—
安义县	700	—	133	—	—
进贤县	1269	—	200	—	—
景德镇市	**2940**	**—**	**1801**	**424**	**—**
市辖区	872	—	200	—	—
昌江区	27	—	67	—	—
浮梁县	874	—	1067	424	—
乐平市	1167	—	467	—	—
萍乡市	**5151**	**—**	**1967**	**7798**	**—**
市直单位	200	—	200	520	—
安源区	200	—	67	—	—
经济开发区	24	—	67	—	—
湘东区	1053	—	267	1399	—
莲花县	1342	—	833	1393	—
上栗县	1107	—	200	667	—
芦溪县	1225	—	333	3819	—
九江市	**15849**	**—**	**5507**	**786**	**300**
市辖区	53	—	100	—	—
庐山区	333	—	67	—	—
九江县	839	—	133	33	—
武宁县	2867	—	1400	—	—
修水县	3500	—	1867	753	300
永修县	1750	—	333	—	—
德安县	849	—	267	—	—
星子县	710	—	133	—	—
都昌县	1667	—	267	—	—
湖口县	698	—	67	—	—
彭泽县	1320	—	400	—	—
瑞昌市	1200	—	373	—	—
共青城	63	—	—	—	—
庐山管理局	—	—	100	—	—
新余市	**3608**	**—**	**1000**	**873**	**—**
市辖区	167	—	167	—	—
渝水区	1162	—	253	—	—
仙女湖	447	—	80	200	—
高新开发区	281	—	—	—	—
分宜县	1551	—	500	673	—
鹰潭市	**3128**	**—**	**1133**	**233**	**—**
月湖区	67	—	—	—	—
龙虎山	200	—	67	—	—
余江县	914	—	333	—	—
贵溪市	1947	—	733	233	—

分县造林完成情况

单位:公顷

地 区	人工造林	飞播造林	新封山育林	退化林修复	人工更新
赣州市	**34109**	**—**	**24744**	**4493**	**1756**
市辖区	—	—	133	—	—
章贡区	347	—	133	—	—
赣县	1960	—	1333	66	67
信丰县	2296	—	1013	328	—
大余县	1741	—	533	233	—
上犹县	1850	—	667	—	—
崇义县	2065	—	867	240	—
安远县	2400	—	3000	222	—
龙南县	1760	—	1000	—	—
定南县	2460	—	3000	1110	780
全南县	1753	—	2333	—	273
宁都县	3440	—	1467	80	—
于都县	2253	—	1132	200	200
兴国县	2460	—	667	640	—
会昌县	2067	—	933	247	—
寻乌县	1753	—	5000	—	—
石城县	880	—	600	460	133
瑞金市	1688	—	533	667	303
南康市	936	—	400	—	—
吉安市	**23191**	**—**	**7347**	**1623**	**2304**
市辖区	—	—	—	—	33
吉州区	180	—	—	—	—
青原区	551	—	67	—	133
吉安县	2450	—	327	178	250
吉水县	2400	—	800	98	100
峡江县	1372	—	533	—	—
新干县	1334	—	333	—	—
永丰县	2100	—	467	540	193
泰和县	1116	—	1000	120	1131
遂川县	2560	—	1133	187	—
万安县	1733	—	600	—	90
安福县	4200	—	667	500	227
永新县	2175	—	667	—	—
井冈山市	987	—	753	—	147
井冈山国家级自然保护区	33	—	—	—	—
宜春市	**18019**	**—**	**6099**	**3904**	**976**
明月山	133	—	133	—	133
袁州区	2690	—	667	267	—
奉新县	1267	—	533	862	67
万载县	1469	—	533	2530	—
上高县	1783	—	333	—	—
宜丰县	1700	—	667	—	400
靖安县	1167	—	600	178	—
铜鼓县	1586	—	1333	—	—
丰城市	2567	—	633	67	—
樟树市	1330	—	200	—	—

分县造林完成情况

单位:公顷

地　区	人工造林	飞播造林	新封山育林	退化林修复	人工更新
高安市	2327	—	467	—	376
抚州市	**12707**	**—**	**3866**	**5228**	**80**
临川区	1200	—	200	—	—
南城县	1167	—	600	—	—
黎川县	1178	—	933	—	—
南丰县	1000	—	—	—	—
崇仁县	860	—	467	928	—
乐安县	1712	—	—	1126	—
宜黄县	1667	—	—	—	—
金溪县	1025	—	400	—	—
资溪县	565	—	333	2800	80
东乡县	1033	—	400	—	—
广昌县	1300	—	533	374	—
上饶市	**18253**	**—**	**5237**	**1767**	**103**
三清山风景名胜区	201	—	134	—	—
信州区	87	—	67	47	—
上饶县	1833	—	667	667	—
广丰区	1457	—	400	653	63
玉山县	1267	—	400	—	—
铅山县	1067	—	667	400	—
横峰县	874	—	200	—	—
弋阳县	762	—	467	—	—
余干县	2400	—	267	—	—
鄱阳县	3100	—	500	—	40
万年县	2200	—	334	—	—
婺源县	1282	—	934	—	—
德兴市	1723	—	200	—	—
山东省	**206552**	**—**	**1333**	**10417**	**2905**
济南市	**12013**	**—**	**—**	**—**	**—**
历下区	206	—	—	—	—
市中区	628	—	—	—	—
槐荫区	267	—	—	—	—
天桥区	92	—	—	—	—
历城区	837	—	—	—	—
长清区	2331	—	—	—	—
开发区	136	—	—	—	—
平阴县	1086	—	—	—	—
济阳县	1202	—	—	—	—
商河县	1883	—	—	—	—
章丘市	3345	—	—	—	—
青岛市	**10070**	**—**	**1333**	**1200**	**337**
黄岛区	2133	—	—	—	259
崂山区	54	—	—	1000	—
城阳区	152	—	—	—	—
胶州市	1735	—	467	—	—
即墨市	1667	—	333	200	15
平度市	2316	—	—	—	—

分县造林完成情况

单位:公顷

地区	人工造林	飞播造林	新封山育林	退化林修复	人工更新
莱西市	2013	—	533	—	63
淄博市	**9908**	**—**	**—**	**—**	**—**
高新区	33	—	—	—	—
文昌湖区	267	—	—	—	—
淄川区	2370	—	—	—	—
张店区	234	—	—	—	—
博山区	2048	—	—	—	—
临淄区	359	—	—	—	—
周村区	200	—	—	—	—
桓台县	424	—	—	—	—
高青县	953	—	—	—	—
沂源县	3020	—	—	—	—
枣庄市	**11980**	**—**	**—**	**3485**	**114**
高新区	100	—	—	—	—
市中区	1762	—	—	680	12
薛城区	1527	—	—	—	—
峄城区	1735	—	—	—	—
台儿庄区	1640	—	—	1975	—
山亭区	1958	—	—	—	—
滕州市	3258	—	—	830	102
东营市	**3597**	**—**	**—**	**—**	**—**
东营区	333	—	—	—	—
河口区	411	—	—	—	—
垦利县	1188	—	—	—	—
利津县	1076	—	—	—	—
广饶县	589	—	—	—	—
烟台市	**13562**	**—**	**—**	**—**	**—**
高新区	67	—	—	—	—
芝罘区	294	—	—	—	—
福山区	853	—	—	—	—
牟平区	1492	—	—	—	—
莱山区	401	—	—	—	—
长岛国家级自然保护区	140	—	—	—	—
龙口市	1427	—	—	—	—
莱阳市	1168	—	—	—	—
莱州市	1559	—	—	—	—
蓬莱市	948	—	—	—	—
招远市	1500	—	—	—	—
栖霞市	1623	—	—	—	—
海阳市	1556	—	—	—	—
昆嵛山保护区	267	—	—	—	—
开发区	267	—	—	—	—
潍坊市	**21067**	**—**	**—**	**150**	**65**
高新区	74	—	—	—	—
滨海区	1135	—	—	—	—
峡山区	413	—	—	—	—
经济区	20	—	—	—	—

分县造林完成情况

单位：公顷

地　区	人工造林	飞播造林	新封山育林	退化林修复	人工更新
保税区	20	—	—	—	—
潍城区	407	—	—	—	—
寒亭区	467	—	—	—	—
坊子区	429	—	—	—	—
奎文区	34	—	—	—	—
临朐县	2022	—	—	—	—
昌乐县	2256	—	—	—	—
青州市	2605	—	—	—	—
诸城市	2402	—	—	—	—
寿光市	2798	—	—	—	65
安丘市	2217	—	—	—	—
高密市	1720	—	—	—	—
昌邑市	2048	—	—	150	—
济宁市	**15236**	**—**	**—**	**4981**	**—**
任城区	596	—	—	—	—
微山县	671	—	—	4870	—
鱼台县	663	—	—	—	—
金乡县	761	—	—	—	—
嘉祥县	1193	—	—	—	—
汶上县	1131	—	—	—	—
泗水县	3849	—	—	—	—
梁山县	1141	—	—	—	—
曲阜市	1510	—	—	—	—
兖州市	387	—	—	—	—
邹城市	3334	—	—	111	—
泰安市	**14678**	**—**	**—**	**20**	**—**
泰山区	80	—	—	—	—
岱岳区	2335	—	—	—	—
宁阳县	2919	—	—	—	—
东平县	2214	—	—	20	—
新泰市	3770	—	—	—	—
肥城市	3360	—	—	—	—
威海市	**7173**	**—**	**—**	**306**	**—**
环翠区	1267	—	—	—	—
文登区	1968	—	—	133	—
荣成市	1440	—	—	—	—
乳山市	2060	—	—	173	—
工业新区	300	—	—	—	—
经济开发区	67	—	—	—	—
高新区	71	—	—	—	—
日照市	**6975**	**—**	**—**	**—**	**929**
山海天旅游度假区	107	—	—	—	—
市直单位	33	—	—	—	—
国际海洋城	49	—	—	—	—
东港区	901	—	—	—	—
岚山区	899	—	—	—	—
五莲县	2262	—	—	—	929

分县造林完成情况

单位:公顷

地　区	人工造林	飞播造林	新封山育林	退化林修复	人工更新
莒县	2724	—	—	—	—
莱芜市	**4400**	**—**	**—**	**—**	**—**
经济开发区	68	—	—	—	—
雪野旅游区	1575	—	—	—	—
莱城区	1438	—	—	—	—
高新区	167	—	—	—	—
钢城区	1152	—	—	—	—
临沂市	**22295**	**—**	**—**	**—**	**559**
高新区	267	—	—	—	—
经济技术开发区	471	—	—	—	—
蒙山旅游区	548	—	—	—	—
临港经济开发区	427	—	—	—	—
兰山区	754	—	—	—	—
罗庄区	510	—	—	—	—
河东区	550	—	—	—	—
沂南县	2325	—	—	—	75
郯城县	2142	—	—	—	—
沂水县	3245	—	—	—	352
苍山县	2148	—	—	—	24
费县	1365	—	—	—	55
平邑县	2369	—	—	—	—
莒南县	1992	—	—	—	53
蒙阴县	1933	—	—	—	—
临沭县	1249	—	—	—	—
德州市	**13832**	**—**	**—**	**—**	**—**
经济技术开发区	534	—	—	—	—
德城区	800	—	—	—	—
陵城区	1000	—	—	—	—
宁津县	1335	—	—	—	—
庆云县	1100	—	—	—	—
临邑县	1217	—	—	—	—
齐河县	2130	—	—	—	—
平原县	1000	—	—	—	—
夏津县	1106	—	—	—	—
武城县	1268	—	—	—	—
乐陵市	1335	—	—	—	—
禹城市	1007	—	—	—	—
聊城市	**12336**	**—**	**—**	**—**	**—**
江北水城旅游度假区	289	—	—	—	—
高新区	267	—	—	—	—
经济技术开发区	540	—	—	—	—
东昌府区	1243	—	—	—	—
阳谷县	1334	—	—	—	—
莘县	1852	—	—	—	—
茌平县	1335	—	—	—	—
东阿县	1627	—	—	—	—
冠县	1545	—	—	—	—

分县造林完成情况

单位:公顷

地 区	人工造林	飞播造林	新封山育林	退化林修复	人工更新
高唐县	1403	—	—	—	—
临清市	901	—	—	—	—
滨州市	**13249**	**—**	**—**	**—**	**580**
经济技术开发区	268	—	—	—	40
滨城区	1052	—	—	—	—
惠民县	2290	—	—	—	—
阳信县	1401	—	—	—	—
无棣县	2258	—	—	—	—
沾化县	2082	—	—	—	—
博兴县	1629	—	—	—	540
邹平县	1631	—	—	—	—
北海新区	267	—	—	—	—
高新区	371	—	—	—	—
菏泽市	**14181**	**—**	**—**	**275**	**321**
市直单位	105	—	—	—	—
牡丹区	988	—	—	2	—
曹县	2263	—	—	52	316
单县	2470	—	—	221	5
成武县	1404	—	—	—	—
巨野县	1872	—	—	—	—
郓城县	2485	—	—	—	—
鄄城县	990	—	—	—	—
定陶县	1094	—	—	—	—
东明县	510	—	—	—	—
河南省	**154749**	**13332**	**31931**	**16808**	**—**
郑州市	**3446**	**—**	**—**	**945**	**—**
中牟县	1287	—	—	—	—
巩义市	329	—	—	—	—
荥阳市	545	—	—	229	—
新密市	404	—	—	70	—
新郑市	167	—	—	—	—
登封市	714	—	—	646	—
开封市	**7855**	**—**	**—**	**31**	**—**
龙亭区	86	—	—	—	—
顺河回族区	77	—	—	—	—
鼓楼区	45	—	—	31	—
禹王台区	80	—	—	—	—
杞县	590	—	—	—	—
通许县	937	—	—	—	—
尉氏县	2861	—	—	—	—
开封县	1957	—	—	—	—
兰考县	1222	—	—	—	—
洛阳市	**15553**	**2667**	**5344**	**2687**	**—**
西工区	13	—	—	—	—
洛龙区	193	—	—	51	—
孟津县	1697	—	705	—	—
新安县	1744	666	—	66	—

分县造林完成情况

单位:公顷

地　区	人工造林	飞播造林	新封山育林	退化林修复	人工更新
栾川县	803	667	—	—	—
嵩县	2580	—	200	360	—
汝阳县	2000	667	667	—	—
宜阳县	2333	667	905	67	—
洛宁县	2067	—	2867	2143	—
伊川县	1797	—	—	—	—
偃师市	326	—	—	—	—
平顶山市	**6276**	**—**	**67**	**868**	**—**
卫东区	34	—	—	—	—
石龙区	21	—	—	—	—
湛河区	21	—	—	—	—
新城区	105	—	—	—	—
宝丰县	497	—	—	66	—
叶县	578	—	—	—	—
鲁山县	1759	—	—	602	—
郏县	481	—	67	—	—
舞钢市	460	—	—	—	—
汝州市	2320	—	—	200	—
安阳市	**8013**	**—**	**2284**	**80**	**—**
文峰区	33	—	—	—	—
龙安区	100	—	—	—	—
安阳县	692	—	400	—	—
汤阴县	824	—	—	—	—
滑县	746	—	—	80	—
内黄县	1021	—	—	—	—
林州市	4597	—	1884	—	—
鹤壁市	**10866**	**1999**	**999**	**157**	**—**
鹤山区	1091	—	333	30	—
山城区	955	—	333	95	—
淇滨区	2912	666	—	—	—
浚县	1759	—	—	—	—
淇县	4149	1333	333	32	—
新乡市	**5100**	**2000**	**600**	**51**	**—**
凤泉区	60	—	—	5	—
牧野区	5	—	—	—	—
新乡县	145	—	—	—	—
获嘉县	93	—	—	—	—
原阳县	1151	—	—	—	—
延津县	420	—	—	—	—
封丘县	200	—	—	—	—
长垣县	321	—	—	—	—
卫辉市	1205	667	200	46	—
辉县市	1500	1333	400	—	—
焦作市	**5294**	**1333**	**66**	**46**	**—**
市辖区	306	—	—	—	—
解放区	67	—	—	—	—
中站区	157	—	—	33	—

分县造林完成情况

单位:公顷

地　区	人工造林	飞播造林	新封山育林	退化林修复	人工更新
马村区	73	—	—	—	—
高新区	170	—	—	—	—
山阳区	187	—	66	—	—
修武县	380	—	—	—	—
博爱县	1253	666	—	13	—
武陟县	1039	—	—	—	—
温县	863	—	—	—	—
沁阳市	572	667	—	—	—
孟州市	227	—	—	—	—
濮阳市	**8512**	**—**	**—**	**14**	**—**
市辖区	222	—	—	—	—
高新区	146	—	—	—	—
清丰县	1285	—	—	—	—
南乐县	1338	—	—	—	—
范县	1943	—	—	6	—
台前县	1352	—	—	—	—
濮阳县	2226	—	—	8	—
许昌市	**4495**	**1333**	**—**	**58**	**—**
魏都区	48	—	—	—	—
东城区	103	—	—	—	—
开发区	62	—	—	—	—
许昌县	684	—	—	—	—
鄢陵县	274	—	—	—	—
襄城县	574	—	—	58	—
禹州市	1630	1333	—	—	—
长葛市	1120	—	—	—	—
漯河市	**1166**	**—**	**—**	**—**	**—**
源汇区	151	—	—	—	—
郾城区	358	—	—	—	—
召陵区	19	—	—	—	—
舞阳县	177	—	—	—	—
临颍县	461	—	—	—	—
三门峡市	**12380**	**2667**	**907**	**905**	**—**
湖滨区	467	—	—	—	—
渑池县	1862	667	907	165	—
陕县	1540	—	—	133	—
卢氏县	4154	1333	—	376	—
义马市	470	—	—	198	—
灵宝市	3887	667	—	33	—
南阳市	**26531**	**—**	**13999**	**4728**	**—**
市辖区	381	—	—	14	—
宛城区	160	—	—	—	—
卧龙区	203	—	—	—	—
南召县	2209	—	3000	—	—
方城县	3749	—	—	—	—
西峡县	4410	—	3333	1623	—
镇平县	538	—	—	556	—

分县造林完成情况

单位:公顷

地　区	人工造林	飞播造林	新封山育林	退化林修复	人工更新
内乡县	1583	—	1000	130	—
淅川县	6686	—	1333	1688	—
社旗县	909	—	133	—	—
唐河县	633	—	200	584	—
新野县	1579	—	—	—	—
桐柏县	2400	—	4667	133	—
邓州市	1091	—	333	—	—
商丘市	**4357**	**—**	**—**	**311**	**—**
市辖区	33	—	—	133	—
梁园区	167	—	—	—	—
睢阳区	364	—	—	63	—
民权县	661	—	—	—	—
睢县	486	—	—	—	—
宁陵县	580	—	—	115	—
柘城县	867	—	—	—	—
虞城县	433	—	—	—	—
夏邑县	347	—	—	—	—
永城市	419	—	—	—	—
信阳市	**15155**	**—**	**4466**	**5092**	**—**
浉河区	1305	—	933	1493	—
平桥区	3745	—	933	344	—
罗山县	2089	—	—	825	—
光山县	1690	—	1933	650	—
新县	1811	—	667	423	—
商城县	972	—	—	409	—
固始县	696	—	—	100	—
潢川县	1522	—	—	195	—
淮滨县	458	—	—	414	—
息县	867	—	—	239	—
周口市	**7877**	**—**	**—**	**63**	**—**
川汇区	97	—	—	—	—
扶沟县	1267	—	—	63	—
西华县	1032	—	—	—	—
商水县	700	—	—	—	—
沈丘县	734	—	—	—	—
郸城县	687	—	—	—	—
淮阳县	983	—	—	—	—
太康县	1135	—	—	—	—
鹿邑县	743	—	—	—	—
项城市	499	—	—	—	—
驻马店市	**8885**	**—**	**3199**	**372**	**—**
驿城区	974	—	—	67	—
西平县	696	—	—	—	—
上蔡县	867	—	—	—	—
平舆县	472	—	—	—	—
正阳县	463	—	—	133	—
确山县	736	—	—	—	—

分县造林完成情况

单位：公顷

地　区	人工造林	飞播造林	新封山育林	退化林修复	人工更新
泌阳县	2517	—	3066	67	—
汝南县	1028	—	—	—	—
遂平县	1046	—	133	105	—
新蔡县	86	—	—	—	—
济源市	**2988**	**1333**	**—**	**400**	**—**
湖北省	**186022**	**—**	**98177**	**—**	**3918**
武汉市	**5419**	**—**	**—**	**—**	**—**
汉南区	192	—	—	—	—
蔡甸区	1880	—	—	—	—
江夏区	667	—	—	—	—
黄陂区	1858	—	—	—	—
新洲区	822	—	—	—	—
黄石市	**7231**	**—**	**133**	**—**	**—**
大冶市	2821	—	—	—	—
阳新县	4410	—	133	—	—
十堰市	**18186**	**—**	**16128**	**—**	**—**
市直单位	33	—	667	—	—
茅箭区	187	—	867	—	—
张湾区	353	—	600	—	—
郧阳区	4247	—	1873	—	—
郧西县	2906	—	2853	—	—
竹山县	1274	—	2593	—	—
竹溪县	5120	—	2860	—	—
房县	2233	—	1800	—	—
丹江口市	1600	—	1548	—	—
武当山特区	233	—	467	—	—
宜昌市	**9084**	**—**	**20104**	**—**	**—**
市直单位	87	—	866	—	—
点军区	—	—	333	—	—
猇亭区	—	—	333	—	—
夷陵区	559	—	4180	—	—
远安县	824	—	1858	—	—
兴山县	593	—	3680	—	—
秭归县	1640	—	1427	—	—
长阳土家族自治县	1027	—	1800	—	—
五峰土家族自治县	1833	—	2333	—	—
宜都市	540	—	3094	—	—
当阳市	1067	—	—	—	—
枝江市	914	—	200	—	—
襄阳市	**12604**	**—**	**5907**	**—**	**873**
市直单位	13	—	—	—	—
高新区	13	—	—	—	—
襄城区	1186	—	80	—	—
樊城区	633	—	—	—	—
襄州区	1219	—	—	—	—
南漳县	2660	—	1320	—	853
谷城县	1340	—	2140	—	—

分县造林完成情况

单位:公顷

地　区	人工造林	飞播造林	新封山育林	退化林修复	人工更新
保康县	1280	—	1267	—	—
老河口市	640	—	200	—	—
枣阳市	1060	—	633	—	—
宜城市	2560	—	267	—	20
鄂州市	**2640**	**—**	**—**	**—**	**—**
荆门市	**11241**	**—**	**534**	**—**	**127**
市直单位	—	—	—	—	4
东宝区	1094	—	—	—	—
掇刀区	563	—	—	—	56
漳河新区	548	—	—	—	—
京山县	3193	—	267	—	—
沙洋县	1723	—	—	—	67
钟祥市	3087	—	267	—	—
屈家岭管理局	1033	—	—	—	—
孝感市	**8711**	**—**	**600**	**—**	**121**
孝南区	1224	—	—	—	60
孝昌县	1800	—	267	—	—
大悟县	1715	—	333	—	—
云梦县	833	—	—	—	—
应城市	813	—	—	—	—
安陆市	1660	—	—	—	—
汉川市	666	—	—	—	61
荆州市	**14899**	**—**	**133**	**—**	**—**
市直单位	727	—	—	—	—
沙市区	133	—	—	—	—
荆州区	787	—	—	—	—
公安县	2373	—	—	—	—
监利县	2653	—	—	—	—
江陵县	1293	—	—	—	—
石首市	3800	—	—	—	—
洪湖市	1720	—	—	—	—
松滋市	1413	—	133	—	—
黄冈市	**22253**	**—**	**3466**	**—**	**1101**
黄州区	466	—	—	—	967
团风县	2453	—	400	—	—
红安县	3593	—	333	—	—
罗田县	1307	—	400	—	—
英山县	1520	—	533	—	—
浠水县	1727	—	200	—	134
蕲春县	3793	—	533	—	—
黄梅县	2028	—	267	—	—
麻城市	3813	—	533	—	—
武穴市	873	—	267	—	—
龙感湖管理区	680	—	—	—	—
咸宁市	**27683**	**—**	**21960**	**—**	**67**
市直单位	—	—	—	—	67
咸安区	2207	—	—	—	—

分县造林完成情况

单位:公顷

地　区	人工造林	飞播造林	新封山育林	退化林修复	人工更新
嘉鱼县	1834	—	—	—	—
通城县	4273	—	133	—	—
崇阳县	6766	—	20000	—	—
通山县	9416	—	1034	—	—
赤壁市	3187	—	793	—	—
随州市	**15598**	**—**	**8256**	**—**	**—**
市直单位	113	—	—	—	—
曾都区	1367	—	200	—	—
广水市	7033	—	7033	—	—
随县	6127	—	266	—	—
大洪山管理区	121	—	—	—	—
浙河林业管理站	837	—	757	—	—
恩施土家族苗族自治州	**24707**	**—**	**18622**	**—**	**206**
州直单位	67	—	333	—	—
恩施市	3000	—	1200	—	—
利川市	2593	—	3100	—	168
建始县	3556	—	2840	—	—
巴东县	1846	—	2360	—	—
宣恩县	6861	—	2333	—	—
咸丰县	2154	—	3100	—	38
来凤县	2683	—	2223	—	—
鹤峰县	1947	—	1133	—	—
仙桃市	**787**	**—**	**—**	**—**	**660**
潜江市	**2647**	**—**	**—**	**—**	**763**
天门市	**1027**	**—**	**—**	**—**	**—**
神农架林区	**1133**	**—**	**2334**	**—**	**—**
神农架林管局	1133	—	1667	—	—
神农架保护区	—	—	667	—	—
省直单位	**172**	**—**	**—**	**—**	**—**
太子山林管局	172	—	—	—	—
湖南省	**215728**	**—**	**188577**	**134710**	**20814**
长沙市	**6667**	**—**	**8329**	**6435**	**825**
长沙县	783	—	933	533	620
望城区	877	—	466	36	12
宁乡县	2700	—	791	1400	193
浏阳市	2307	—	6139	4466	—
株洲市	**14273**	**—**	**10688**	**9466**	**734**
天元区	200	—	—	—	—
株洲区	1280	—	1000	1333	67
攸县	3640	—	2667	2333	200
茶陵县	3612	—	2687	2333	333
炎陵县	2200	—	1667	1800	134
醴陵市	3341	—	2667	1667	—
湘潭市	**3880**	**—**	**7560**	**2550**	**367**
雨湖区	180	—	533	13	13
九华经济开发区	20	—	33	—	—
岳塘区	13	—	33	—	20

分县造林完成情况

单位:公顷

地　区	人工造林	飞播造林	新封山育林	退化林修复	人工更新
湘潭县	1780	—	3067	1333	—
湘乡市	1434	—	2967	1178	334
韶山市	360	—	760	13	—
昭山示范区	60	—	134	13	—
高新开发区	33	—	33	—	—
衡阳市	**19587**	**—**	**14205**	**22916**	**1846**
珠晖区	120	—	67	—	—
雁蜂区	33	—	67	—	—
石鼓区	87	—	71	—	—
蒸湘区	110	—	67	—	—
南岳区	200	—	667	—	—
衡阳县	2209	—	2333	3406	407
衡南县	1972	—	2200	733	100
衡山县	667	—	533	1133	133
衡东县	2733	—	1800	2533	333
祁东县	2001	—	1800	711	140
耒阳市	4800	—	2200	9733	533
常宁市	4655	—	2400	4667	200
邵阳市	**19178**	**—**	**17020**	**7052**	**6227**
双清区	133	—	—	—	—
大祥区	866	—	400	—	—
北塔区	200	—	200	—	—
邵东县	2233	—	1620	334	140
新邵县	1965	—	867	487	413
邵阳县	2007	—	1333	—	267
隆回县	2427	—	2333	1400	200
洞口县	1473	—	2067	1740	2465
绥宁县	1993	—	2333	1133	1074
新宁县	2333	—	1667	44	267
城步苗族自治县	1614	—	2200	1814	1334
武冈市	1934	—	2000	100	67
岳阳市	**17800**	**—**	**11534**	**6999**	**333**
岳阳楼区	47	—	800	—	—
云溪区	533	—	—	—	—
君山区	1133	—	200	—	—
岳阳县	2467	—	2467	800	—
华容县	1867	—	534	133	—
湘阴县	1667	—	533	—	—
平江县	5267	—	3000	3333	333
汨罗市	2133	—	2000	400	—
临湘市	2000	—	2000	2333	—
市直辖区	686	—	—	—	—
常德市	**18121**	**—**	**11334**	**5940**	**—**
武陵区	67	—	667	—	—
鼎城区	2700	—	1000	3000	—
安乡县	2667	—	667	—	—
汉寿县	3133	—	1333	2667	—

分县造林完成情况

单位:公顷

地　区	人工造林	飞播造林	新封山育林	退化林修复	人工更新
澧县	2867	—	1667	—	—
临澧县	980	—	1333	—	—
桃源县	3913	—	2333	133	—
石门县	787	—	1667	—	—
津市市	1007	—	667	140	—
张家界市	**7000**	**—**	**11332**	**3334**	**146**
永定区	2200	—	2666	667	133
武陵源区	167	—	2000	133	—
慈利县	2300	—	3333	1267	13
桑植县	2333	—	3333	1267	—
益阳市	**15408**	**—**	**8002**	**13534**	**554**
资阳区	1467	—	667	—	—
高新区	67	—	—	—	—
赫山区	1667	—	1334	2000	47
南县	2067	—	—	—	—
桃江县	933	—	2000	4667	40
安化县	3467	—	3334	6667	467
沅江市	4667	—	667	—	—
大通湖	1073	—	—	200	—
郴州市	**21932**	**—**	**19333**	**15146**	**3869**
北湖区	839	—	801	467	487
苏仙区	1016	—	1068	1600	—
桂阳县	3746	—	2866	2012	—
宜章县	3001	—	2333	1000	333
永兴县	3008	—	2066	2200	280
嘉禾县	1867	—	1133	467	200
临武县	3087	—	2667	1200	—
汝城县	1315	—	1400	1667	945
桂东县	833	—	1133	733	600
安仁县	1841	—	1666	1800	267
资兴市	1379	—	2200	2000	757
永州市	**27183**	**—**	**21090**	**17290**	**2970**
零陵区	1426	—	1333	2266	53
冷水滩区	1000	—	1333	1381	—
祁阳县	2373	—	1666	3000	67
东安县	2008	—	1436	1333	133
双牌县	2947	—	1934	3000	—
道县	2667	—	2000	1727	390
江永县	1333	—	1733	200	—
宁远县	3789	—	1666	2000	—
蓝山县	2800	—	1933	1666	667
新田县	2567	—	2833	333	100
江华瑶族自治县	2667	—	1823	133	1560
金洞管理区	1333	—	1067	151	—
回龙圩管理区	40	—	333	33	—
经济技术开发区	233	—	—	67	—
怀化市	**24441**	**—**	**18268**	**14251**	**2604**

分县造林完成情况

单位:公顷

地　区	人工造林	飞播造林	新封山育林	退化林修复	人工更新
鹤城区	1153	—	735	—	—
中方县	2000	—	1133	1533	—
沅陵县	2633	—	1667	1200	759
辰溪县	2064	—	1533	1495	87
溆浦县	2800	—	2067	1867	467
会同县	2067	—	1533	2200	267
麻阳苗族自治县	1667	—	1467	400	—
新晃侗族自治县	1467	—	1467	90	—
芷江侗族自治县	1959	—	1267	467	—
靖州苗族自治县	2163	—	1866	933	533
通道侗族自治县	2266	—	1533	1000	371
洪江市	2002	—	1467	2733	100
洪江区	200	—	533	333	—
市直辖区	—	—	—	—	20
娄底市	**9959**	**—**	**12668**	**6720**	**339**
娄星区	680	—	667	467	—
双峰县	2346	—	2000	1333	73
新化县	3060	—	5333	2467	133
冷水江市	1180	—	1334	400	133
涟源市	2693	—	3334	2053	—
湘西土家族苗族自治州	**10299**	**—**	**17214**	**3077**	**—**
吉首市	1067	—	1333	112	—
泸溪县	2600	—	2783	733	—
凤凰县	1010	—	2375	283	—
花垣县	433	—	793	867	—
保靖县	359	—	533	466	—
古丈县	887	—	2328	483	—
永顺县	3103	—	7034	—	—
龙山县	840	—	35	133	—
广东省	**118463**	**—**	**124885**	**76846**	**81137**
广州市	**—**	**—**	**1008**	**1011**	**—**
增城市	—	—	—	775	—
从化区	—	—	1008	236	—
深圳市	**143**	**—**	**—**	**1591**	**20**
大鹏新区	9	—	—	—	—
龙华新区	13	—	—	—	—
罗湖区	1	—	—	—	—
福田区	5	—	—	—	—
南山区	7	—	—	—	—
宝安区	15	—	—	1496	—
龙岗区	20	—	—	—	20
盐田区	2	—	—	95	—
光明新区	15	—	—	—	—
坪山新区	40	—	—	—	—
市直单位	16	—	—	—	—
珠海市	**1569**	**—**	**893**	**2**	**109**
香洲区	—	—	—	—	67

分县造林完成情况

单位:公顷

地　区	人工造林	飞播造林	新封山育林	退化林修复	人工更新
斗门区	871	—	893	—	—
金湾区	400	—	—	2	42
万山海洋开发实验区	1	—	—	—	—
高新技术产业开发区	76	—	—	—	—
横琴新区	220	—	—	—	—
淇澳—担杆岛自然保护区	1	—	—	—	—
汕头市	**1266**	**—**	**2266**	**862**	**—**
濠江区	200	—	360	120	—
潮阳区	533	—	953	272	—
潮南区	533	—	953	470	—
佛山市	**—**	**—**	**333**	**493**	**—**
南海区	—	—	—	45	—
顺德区	—	—	—	7	—
三水区	—	—	—	80	—
高明区	—	—	333	318	—
云勇林场	—	—	—	43	—
韶关市	**20141**	**—**	**16099**	**6152**	**10797**
武江区	515	—	—	—	773
浈江区	600	—	—	—	687
曲江区	1133	—	5459	—	267
始兴县	1085	—	—	—	640
仁化县	1320	—	713	573	647
翁源县	5275	—	1333	2842	2433
乳源瑶族自治县	3701	—	2820	—	267
新丰县	233	—	807	—	2173
乐昌市	4882	—	2300	—	1600
南雄市	1397	—	2667	2465	740
韶关林场	—	—	—	134	52
曲江林场	—	—	—	—	131
仁化林场	—	—	—	—	205
河口林场	—	—	—	—	62
九曲水林场	—	—	—	138	73
华溪林场	—	—	—	—	47
河源市	**22235**	**—**	**19582**	**9786**	**2692**
源城区	—	—	—	333	—
紫金县	2000	—	6900	6123	—
龙川县	11008	—	2300	—	—
连平县	2691	—	3333	604	2638
和平县	6173	—	4667	—	—
东源县	—	—	—	1533	—
新丰江林管局	—	—	2000	753	—
牛岭水林场	54	—	—	54	54
下石林场	—	—	—	33	—
黎明林场	273	—	—	273	—
桂山林场	36	—	382	—	—
红星林场	—	—	—	80	—
梅州市	**25349**	**—**	**21770**	**15408**	**1099**

分县造林完成情况

单位:公顷

地　区	人工造林	飞播造林	新封山育林	退化林修复	人工更新
梅江区	286	—	—	333	333
梅县	3860	—	2000	1106	453
大埔县	667	—	2000	3333	113
丰顺县	5886	—	6433	4673	—
五华县	10923	—	7217	—	—
平远县	1727	—	667	—	—
蕉岭县	—	—	—	750	—
兴宁市	2000	—	3453	5213	200
惠州市	**1465**	**—**	**3185**	**1666**	**2881**
惠城区	108	—	180	216	9
惠阳区	233	—	1113	608	869
仲恺区	179	—	133	—	—
博罗县	—	—	333	577	1630
惠东县	800	—	1426	—	—
龙门县	145	—	—	234	—
梁化林场	—	—	—	—	43
九龙峰林场	—	—	—	31	—
象头山林场	—	—	—	—	47
平安林场	—	—	—	—	51
鸡笼山林场	—	—	—	—	80
水东陂林场	—	—	—	—	84
油田林场	—	—	—	—	68
汕尾市	**14091**	**—**	**11553**	**—**	**70**
城区	800	—	1427	—	—
红海湾开发区	955	—	—	—	—
海丰县	3396	—	2980	—	—
陆河县	2078	—	1193	—	70
陆丰市	6133	—	4760	—	—
吉溪林场	267	—	473	—	—
红岭林场	100	—	180	—	—
罗经嶂林场	67	—	120	—	—
东海岸林场	195	—	240	—	—
湖东林场	100	—	180	—	—
东莞市	**—**	**—**	**794**	**446**	**—**
银瓶山森林公园	—	—	200	—	—
大岭山森林公园	—	—	—	30	—
大屏嶂森林公园	—	—	—	13	—
市直单位	—	—	594	403	—
中山市	**—**	**—**	**—**	**167**	**—**
江门市	**2310**	**—**	**3414**	**377**	**12713**
蓬江区	53	—	247	—	180
新会区	—	—	2194	—	1693
台山市	171	—	—	—	3500
开平市	180	—	333	—	2667
鹤山市	126	—	307	—	1673
恩平市	606	—	—	—	1711
古兜山林场	125	—	—	—	—

分县造林完成情况

单位:公顷

地　区	人工造林	飞播造林	新封山育林	退化林修复	人工更新
大沙林场	140	—	—	—	376
狮山林场	101	—	—	—	74
河排林场	543	—	333	357	420
西坑林场	113	—	—	20	153
古斗林场	102	—	—	—	171
四堡林场	50	—	—	—	95
阳江市	**467**	**—**	**1361**	**1321**	**2534**
阳西县	60	—	—	—	667
阳东区	200	—	360	—	667
阳春市	207	—	667	867	1000
阳江林场	—	—	167	367	67
花滩林场	—	—	167	87	133
湛江市	**556**	**—**	**3252**	**1196**	**10003**
坡头区	—	—	180	100	33
麻章区	—	—	—	—	133
开发区	—	—	621	33	133
遂溪县	—	—	262	—	402
徐闻县	157	—	1427	643	509
廉江市	236	—	333	—	1737
雷州市	133	—	240	—	1000
吴川市	—	—	60	379	408
防护林场	—	—	—	—	187
东海林场	30	—	129	—	—
吴川林场	—	—	—	41	114
市直单位	—	—	—	—	5347
茂名市	**3645**	**—**	**6033**	**7498**	**3868**
市辖区	60	—	—	73	—
茂南区	—	—	—	—	103
高州市	2460	—	3313	1780	2267
化州市	207	—	—	333	667
信宜市	—	—	1333	3723	67
电白区	314	—	667	1283	53
八一林场	—	—	—	—	55
厚元林场	133	—	240	—	34
东镇林场	18	—	—	—	—
新田林场	133	—	240	133	—
荷塘林场	67	—	—	—	—
文楼林场	100	—	—	—	75
播扬林场	—	—	—	—	120
平定林场	—	—	—	—	87
丽岗林场	153	—	240	—	213
电白林场	—	—	—	40	127
河尾山林场	—	—	—	133	—
肇庆市	**2717**	**—**	**2132**	**6770**	**6785**
广宁县	—	—	—	2433	153
怀集县	520	—	333	—	3333
封开县	1417	—	333	2667	—

分县造林完成情况

单位:公顷

地　区	人工造林	飞播造林	新封山育林	退化林修复	人工更新
德庆县	380	—	333	1000	—
高要市	—	—	—	—	2167
四会市	67	—	—	137	733
北岭山林场	333	—	1133	180	60
清桂林场	—	—	—	67	73
葵洞林场	—	—	—	46	13
大南山林场	—	—	—	67	13
大水口林场	—	—	—	67	33
大坑山林场	—	—	—	33	40
新岗林场	—	—	—	73	167
清远市	**7988**	**—**	**9096**	**2386**	**10603**
清城区	100	—	333	33	313
佛冈县	167	—	333	—	1335
阳山县	1347	—	1333	—	1193
连山壮族瑶族自治县	—	—	667	—	867
连南瑶族自治县	667	—	1000	—	693
清新区	1987	—	667	133	2333
英德市	2727	—	3333	240	883
连州市	993	—	1000	867	1600
银盏林场	—	—	—	124	170
笔架山林场	—	—	—	—	80
天堂山林场	—	—	—	—	21
英德林场	—	—	—	—	281
长江坝林场	—	—	—	—	40
金鸡林场	—	—	—	245	75
铁溪林场	—	—	—	67	110
羊角山林场	—	—	97	44	97
小龙林场	—	—	—	267	125
龙坪林场	—	—	333	166	—
杨梅林场	—	—	—	200	387
潮州市	**4367**	**—**	**8393**	**1255**	**—**
湘桥区	167	—	300	—	—
潮安区	1867	—	3333	270	—
饶平县	2333	—	4760	985	—
揭阳市	**7993**	**—**	**8100**	**—**	**—**
榕城区	260	—	—	—	—
揭东区	1000	—	1787	—	—
揭西县	3366	—	2380	—	—
惠来县	2367	—	2380	—	—
普宁市	800	—	1193	—	—
后溪林场	200	—	360	—	—
云浮市	**1557**	**—**	**1620**	**5583**	**3470**
云城区	251	—	620	180	367
新兴县	200	—	333	—	1333
郁南县	213	—	—	2007	333
云安区	333	—	667	980	1000
罗定市	560	—	—	2100	307

分县造林完成情况

单位:公顷

地　区	人工造林	飞播造林	新封山育林	退化林修复	人工更新
大云雾林场	—	—	—	67	59
龙埇林场	—	—	—	100	20
飞马林场	—	—	—	146	13
同乐林场	—	—	—	3	15
水台林场	—	—	—	—	23
雷州林业局	**—**	**—**	**—**	**3726**	**10883**
省直林场	**471**	**—**	**3541**	**9150**	**2610**
西江林业局	133	—	460	—	1456
乳阳林业局	—	—	1008	7760	—
龙眼洞林场	—	—	—	—	4
天井山林场	105	—	233	533	266
樟木头林场	—	—	800	—	215
乐昌林场	133	—	460	—	—
连山林场	100	—	347	463	127
东江林场	—	—	—	263	342
九连山林场	—	—	233	131	200
车八岭国家级自然保护区	**133**	**—**	**460**	**—**	**—**
广西壮族自治区	**100764**	**—**	**47959**	**7185**	**41667**
南宁市	**5431**	**—**	**3014**	**—**	**1094**
兴宁区	277	—	—	—	—
青秀区	392	—	—	—	122
江南区	268	—	—	—	95
西乡塘区	333	—	—	—	133
良庆区	338	—	53	—	—
邕宁区	432	—	53	—	—
武鸣县	468	—	133	—	106
隆安县	542	—	377	—	—
马山县	758	—	1425	—	214
上林县	489	—	—	—	56
宾阳县	484	—	772	—	123
横县	620	—	181	—	246
经济开发区	30	—	20	—	—
柳州市	**5383**	**—**	**509**	**1388**	**3377**
城中区	—	—	—	7	—
柳南区	13	—	—	—	37
柳北区	40	—	—	—	110
柳江县	452	—	—	—	13
柳城县	512	—	—	—	—
鹿寨县	1820	—	—	—	15
融安县	1278	—	509	—	1195
融水苗族自治县	1121	—	—	144	1258
三江侗族自治县	147	—	—	1237	731
柳东新区	—	—	—	—	20
桂林市	**8466**	**—**	**14658**	**1615**	**3025**
雁山区	42	—	800	—	—
阳朔县	133	—	1482	—	15
临桂县	1036	—	2000	—	339

分县造林完成情况

单位：公顷

地　区	人工造林	飞播造林	新封山育林	退化林修复	人工更新
灵川县	854	—	600	—	—
全州县	1334	—	2432	—	534
兴安县	334	—	860	133	467
永福县	1029	—	1533	—	54
灌阳县	1065	—	710	—	262
龙胜各族自治县	514	—	—	1090	670
资源县	334	—	—	—	333
平乐县	907	—	1189	225	125
荔浦县	617	—	1556	—	—
恭城瑶族自治县	267	—	1496	167	227
梧州市	**3708**	**—**	**—**	**33**	**3693**
长洲区	242	—	—	—	19
苍梧县	1052	—	—	33	965
藤县	1079	—	—	—	328
蒙山县	382	—	—	—	642
岑溪市	555	—	—	—	1103
龙圩区	398	—	—	—	637
北海市	**73**	**—**	**—**	**—**	**1288**
银海区	—	—	—	—	100
合浦县	73	—	—	—	1188
防城港市	**5136**	**—**	**—**	**—**	**1167**
港口区	667	—	—	—	—
防城区	2071	—	—	—	39
上思县	1934	—	—	—	1000
东兴市	464	—	—	—	128
钦州市	**3278**	**—**	**—**	**—**	**2790**
钦南区	485	—	—	—	1232
钦北区	748	—	—	—	436
灵山县	1455	—	—	—	814
浦北县	590	—	—	—	77
钦州港区	—	—	—	—	231
贵港市	**3143**	**—**	**—**	**—**	**1631**
港北区	354	—	—	—	157
港南区	359	—	—	—	347
覃塘区	298	—	—	—	56
平南县	525	—	—	—	405
桂平市	1607	—	—	—	667
玉林市	**1405**	**—**	**—**	**222**	**2658**
玉州区	14	—	—	—	46
福绵区	—	—	—	—	133
容县	415	—	—	222	640
陆川县	260	—	—	—	152
博白县	347	—	—	—	753
兴业县	126	—	—	—	307
北流市	243	—	—	—	628
百色市	**24910**	**—**	**8977**	**1652**	**4866**
右江区	4388	—	—	—	85

分县造林完成情况

单位：公顷

地　区	人工造林	飞播造林	新封山育林	退化林修复	人工更新
田阳县	2000	—	2305	600	200
田东县	1880	—	310	40	—
平果县	1226	—	710	—	77
德保县	704	—	1140	—	30
靖西县	667	—	1740	—	—
那坡县	1296	—	652	267	—
凌云县	1407	—	1120	—	133
乐业县	2946	—	667	—	457
田林县	3793	—	—	400	3264
西林县	2033	—	—	280	303
隆林各族自治县	2570	—	333	65	317
贺州市	**7660**	**—**	**3333**	**—**	**2230**
八步区	4437	—	1333	—	1061
平桂区	1392	—	—	—	333
昭平县	864	—	—	—	533
钟山县	334	—	—	—	301
富川瑶族自治县	633	—	2000	—	—
河池市	**22104**	**—**	**5580**	**468**	**4178**
金城江区	1201	—	—	—	296
南丹县	1867	—	—	246	279
天峨县	1704	—	—	—	876
凤山县	689	—	110	—	667
东兰县	5135	—	3269	—	392
罗城仫佬族自治县	2533	—	667	—	547
环江毛南族自治县	1200	—	200	—	310
巴马瑶族自治县	2259	—	1000	—	206
都安瑶族自治县	2133	—	—	—	131
大化瑶族自治县	2500	—	334	—	35
宜州市	883	—	—	222	440
来宾市	**2568**	**—**	**4100**	**734**	**2797**
兴宾区	476	—	635	—	192
忻城县	415	—	1377	—	195
象州县	365	—	1333	222	975
武宣县	796	—	—	512	538
金秀瑶族自治县	408	—	—	—	870
合山市	108	—	755	—	28
崇左市	**3685**	**—**	**6787**	**—**	**545**
江州区	195	—	—	—	284
扶绥县	767	—	1354	—	—
宁明县	1180	—	1319	—	147
龙州县	817	—	821	—	—
大新县	247	—	—	—	30
天等县	211	—	2413	—	—
凭祥市	268	—	880	—	85
高峰林场	**—**	**—**	**—**	**111**	**554**
七坡林场	**3**	**—**	**—**	**196**	**472**
东门林场	**468**	**—**	**—**	**—**	**468**

分县造林完成情况

单位:公顷

地　区	人工造林	飞播造林	新封山育林	退化林修复	人工更新
派阳山林场	**518**	**—**	**—**	**118**	**214**
钦廉林场	**—**	**—**	**—**	**—**	**2270**
六万林场	**236**	**—**	**—**	**—**	**287**
博白林场	**509**	**—**	**—**	**—**	**461**
维都林场	**—**	**—**	**—**	**—**	**358**
三门江林场	**—**	**—**	**—**	**—**	**273**
黄冕林场	**—**	**—**	**—**	**—**	**78**
大桂山林场	**1007**	**—**	**333**	**648**	**201**
雅长林场	**1001**	**—**	**668**	**—**	**358**
南宁树木园	**72**	**—**	**—**	**—**	**17**
热林中心	**—**	**—**	**—**	**—**	**316**
海南省	**10241**	**—**	**—**	**1440**	**9961**
海口市	1517	—	—	—	867
三亚市	46	—	—	—	4
五指山市	1	—	—	—	164
文昌市	1197	—	—	—	269
琼海市农林局	244	—	—	—	415
万宁市	472	—	—	—	425
定安县	346	—	—	—	131
屯昌县	259	—	—	—	1635
澄迈县	307	—	—	—	585
临高县	570	—	—	—	743
儋州市	438	—	—	—	1004
白沙黎族自治县	273	—	—	—	666
昌江黎族自治县	475	—	—	—	67
东方市	526	—	—	—	335
乐东黎族自治县	799	—	—	—	378
陵水黎族自治县	133	—	—	—	184
保亭黎族自治县	71	—	—	—	211
琼中黎族苗族自治县	71	—	—	—	1691
霸王岭林业局	—	—	—	1440	—
岛东林场	2348	—	—	—	—
上埇林场	—	—	—	—	40
澄迈林场	67	—	—	—	63
儋州林场	—	—	—	—	84
岛西林场	51	—	—	—	—
东寨港国家级自然保护区	30	—	—	—	—
重庆市	**150853**	**—**	**88921**	**6921**	**—**
万州区	7333	—	2667	—	—
涪陵区	4667	—	2667	—	—
沙坪坝区	67	—	—	—	—
九龙坡区	26	—	—	—	—
南岸区	—	—	—	280	—
北碚区	1333	—	—	—	—
綦江区	3333	—	2666	—	—
大足区	3333	—	1733	—	—
渝北区	2000	—	—	—	—

分县造林完成情况

单位:公顷

地　区	人工造林	飞播造林	新封山育林	退化林修复	人工更新
巴南区	2000	—	667	—	—
黔江区	4667	—	3410	—	—
长寿区	3333	—	1333	—	—
江津区	3333	—	2000	667	—
合川区	3333	—	—	—	—
永川区	3333	—	2000	—	—
南川区	5400	—	2969	—	—
潼南区	3333	—	1829	—	—
铜梁区	3333	—	1333	—	—
荣昌区	3333	—	1333	—	—
璧山区	3333	—	2000	—	—
梁平县	3333	—	—	167	—
城口县	8000	—	5467	—	—
丰都县	5340	—	3918	107	—
垫江县	5333	—	1333	—	—
武隆县	5633	—	3793	200	—
忠县	5333	—	667	—	—
开县	5333	—	4667	—	—
云阳县	6000	—	4450	1333	—
奉节县	6500	—	6000	1333	—
巫山县	6000	—	5733	167	—
巫溪县	6438	—	7355	2667	—
石柱土家族自治县	5453	—	2810	—	—
秀山土家族苗族自治县	6000	—	2934	—	—
酉阳土家族苗族自治县	6000	—	5142	—	—
彭水苗家族自治县	6667	—	5378	—	—
万盛区	2667	—	667	—	—
四川省	**264567**	**—**	**59496**	**82328**	**2551**
成都市	**2636**	**—**	**—**	**1060**	**248**
龙泉驿区	—	—	—	133	—
金堂县	867	—	—	133	—
双流县	67	—	—	67	—
大邑县	33	—	—	107	—
蒲江县	27	—	—	—	—
新津县	97	—	—	—	—
都江堰市	225	—	—	47	—
彭州市	1120	—	—	120	109
邛崃市	67	—	—	423	139
崇州市	133	—	—	30	—
自贡市	**4307**	**—**	**—**	**2234**	**—**
自流井区	67	—	—	67	—
贡井区	300	—	—	67	—
大安区	480	—	—	267	—
沿滩区	347	—	—	187	—
荣县	1973	—	—	666	—
富顺县	1140	—	—	980	—
攀枝花市	**3920**	**—**	**1667**	**—**	**—**

分县造林完成情况

单位:公顷

地　区	人工造林	飞播造林	新封山育林	退化林修复	人工更新
盐边林业局	133	—	333	—	—
东区	80	—	533	—	—
西区	67	—	—	—	—
仁和区	867	—	67	—	—
米易县	1140	—	667	—	—
盐边县	1633	—	67	—	—
泸州市	**19269**	**—**	**647**	**7662**	**473**
江阳区	342	—	—	—	—
纳溪区	814	—	—	3387	—
龙马潭区	227	—	—	—	—
泸县	1380	—	—	13	—
合江县	3733	—	—	2040	—
叙永县	8780	—	—	2000	373
古蔺县	3993	—	647	222	100
德阳市	**2840**	**—**	**200**	**2954**	**233**
旌阳区	267	—	—	400	—
中江县	1333	—	—	1067	—
罗江县	300	—	200	233	—
广汉市	220	—	—	167	—
什邡市	320	—	—	287	233
绵竹市	400	—	—	800	—
绵阳市	**9733**	**—**	**800**	**3347**	**—**
涪城区	333	—	800	67	—
游仙区	467	—	—	653	—
三台县	2086	—	—	867	—
盐亭县	940	—	—	667	—
安县	780	—	—	33	—
梓潼县	1167	—	—	733	—
北川羌族自治县	1033	—	—	—	—
平武县	2200	—	—	—	—
江油市	727	—	—	327	—
广元市	**16316**	**—**	**—**	**2767**	**—**
利州区	986	—	—	—	—
元坝区	1453	—	—	100	—
朝天区	3026	—	—	2000	—
旺苍县	3733	—	—	—	—
青川县	2986	—	—	—	—
剑阁县	1466	—	—	667	—
苍溪县	2666	—	—	—	—
遂宁市	**4700**	**—**	**—**	**1600**	**—**
船山区	334	—	—	—	—
安居区	833	—	—	733	—
蓬溪县	1733	—	—	—	—
射洪县	1200	—	—	867	—
大英县	600	—	—	—	—
内江市	**2266**	**—**	**133**	**880**	**—**
市中区	533	—	—	247	—

分县造林完成情况

单位:公顷

地　区	人工造林	飞播造林	新封山育林	退化林修复	人工更新
东兴区	333	—	—	—	—
威远县	1067	—	133	500	—
资中县	200	—	—	—	—
隆昌县	133	—	—	133	—
乐山市	**10999**	**—**	**9244**	**5998**	**133**
市中区	680	—	—	—	—
沙湾区	33	—	—	200	133
金口河区	533	—	—	133	—
犍为县	667	—	—	—	—
井研县	333	—	—	1333	—
夹江县	400	—	—	666	—
沐川县	1333	—	—	1000	—
川南林业局	—	—	9000	—	—
峨边彝族自治县	2280	—	244	333	—
马边彝族自治县	3940	—	—	1000	—
峨眉山市	800	—	—	1333	—
南充市	**12393**	**—**	**333**	**3772**	**—**
顺庆区	620	—	—	333	—
高坪区	667	—	333	333	—
嘉陵区	200	—	—	200	—
南部县	3526	—	—	707	—
营山县	1667	—	—	667	—
蓬安县	1240	—	—	493	—
仪陇县	1540	—	—	373	—
西充县	1000	—	—	333	—
阆中市	1933	—	—	333	—
眉山市	**8307**	**—**	**—**	**133**	**—**
东坡区	1407	—	—	—	—
仁寿县	2167	—	—	—	—
彭山县	800	—	—	—	—
洪雅县	2000	—	—	—	—
丹棱县	800	—	—	—	—
青神县	1133	—	—	133	—
宜宾市	**18140**	**—**	**—**	**18993**	**1312**
翠屏区	1600	—	—	1133	—
宜宾县	2267	—	—	2467	—
南溪县	2000	—	—	1800	133
江安县	1887	—	—	2666	—
长宁县	1433	—	—	2867	53
高县	2453	—	—	1893	60
珙县	1000	—	—	1667	—
筠连县	1800	—	—	1467	133
兴文县	1200	—	—	2333	233
屏山县	2500	—	—	700	700
广安市	**10039**	**—**	**666**	**4400**	**—**
前锋区	1466	—	533	1533	—
广安区	2133	—	—	1000	—

分县造林完成情况

单位:公顷

地　区	人工造林	飞播造林	新封山育林	退化林修复	人工更新
岳池县	1847	—	—	—	—
武胜县	1060	—	133	—	—
邻水县	2533	—	—	1200	—
华蓥市	1000	—	—	667	—
达州市	**14366**	**—**	**1400**	**3372**	**—**
通川区	387	—	—	706	—
达川区	2160	—	—	1400	—
宣汉县	4333	—	733	800	—
开江县	1560	—	—	133	—
大竹县	1087	—	—	—	—
渠县	2806	—	667	—	—
万源市	2033	—	—	333	—
雅安市	**12879**	**—**	**8675**	**2600**	**125**
雨城区	80	—	—	—	—
名山区	87	—	—	—	—
荥经县	1366	—	—	—	—
汉源县	2166	—	487	—	—
石棉县	600	—	—	—	—
天全县	4153	—	4293	2600	—
芦山县	2733	—	—	—	125
宝兴县	1694	—	3895	—	—
巴中市	**20879**	**—**	**—**	**3191**	**—**
巴州区	2153	—	—	—	—
恩阳区	1333	—	—	—	—
通江县	7506	—	—	—	—
南江县	5300	—	—	3191	—
平昌县	4587	—	—	—	—
资阳市	**6252**	**—**	**—**	**—**	**—**
雁江区	680	—	—	—	—
安岳县	867	—	—	—	—
乐至县	2532	—	—	—	—
简阳市	2173	—	—	—	—
阿坝藏族羌族自治州	**10257**	**—**	**3198**	**797**	**—**
汶川县	1420	—	—	200	—
理县	267	—	—	—	—
茂县	594	—	—	173	—
松潘县	753	—	200	—	—
九寨沟县	497	—	—	—	—
金川县	3200	—	—	—	—
小金县	1525	—	—	—	—
黑水县	1015	—	—	424	—
马尔康县	1	—	—	—	—
阿坝县	204	—	—	—	—
若尔盖县	467	—	—	—	—
红原县	114	—	—	—	—
壤塘林业局	—	—	333	—	—
观音桥林业局	—	—	333	—	—

分县造林完成情况

单位:公顷

地　区	人工造林	飞播造林	新封山育林	退化林修复	人工更新
马尔康林业局	—	—	333	—	—
小金林业局	—	—	333	—	—
林业筑路工程处	—	—	667	—	—
南坪林业局	200	—	333	—	—
黑水林业局	—	—	333	—	—
松潘林业局	—	—	333	—	—
甘孜藏族自治州	**11378**	**—**	**2333**	**4600**	**—**
康定市	468	—	—	500	—
泸定县	2000	—	—	1334	—
丹巴县	240	—	—	—	—
九龙县	2254	—	—	—	—
道孚县	857	—	—	—	—
炉霍县	534	—	—	—	—
甘孜县	133	—	—	—	—
新龙县	1273	—	—	67	—
德格县	200	—	—	—	—
白玉县	220	—	—	—	—
石渠县	13	—	—	—	—
理塘县	200	—	—	—	—
巴塘县	1207	—	—	333	—
乡城县	333	—	—	—	—
稻城县	107	—	—	—	—
得荣县	1139	—	—	200	—
力邱河林业局	—	—	333	—	—
道孚林业局	—	—	333	334	—
炉霍林业局	—	—	333	333	—
翁达林业局	—	—	333	333	—
新龙林业局	200	—	—	333	—
白玉林业局	—	—	334	—	—
工程处	—	—	667	833	—
凉山彝族自治州	**60358**	**—**	**6200**	**11968**	**27**
西昌市	2000	—	—	—	27
木里藏族自治县	547	—	747	—	—
盐源县	6740	—	—	—	—
德昌县	5680	—	—	2500	—
会理县	1567	—	—	—	—
会东县	8300	—	—	667	—
宁南县	8220	—	—	3647	—
普格县	3440	—	—	—	—
布拖县	1667	—	—	667	—
金阳县	3973	—	—	667	—
昭觉县	3920	—	—	—	—
喜德县	3260	—	—	667	—
冕宁县	831	—	—	667	—
越西县	2080	—	—	—	—
甘洛县	3880	—	4120	—	—
美姑县	1127	—	—	467	—

分县造林完成情况

单位:公顷

地　区	人工造林	飞播造林	新封山育林	退化林修复	人工更新
雷波县	1393	—	—	1353	—
雷波林业局	667	—	—	—	—
凉北林业局	533	—	666	666	—
林业第五筑路工程处	533	—	667	—	—
省直单位	**2333**	**—**	**24000**	**—**	**—**
长江造林局	1333	—	13667	—	—
大渡河造林局	1000	—	10333	—	—
贵州省	**329509**	**—**	**153737**	**—**	**—**
贵阳市	**9061**	**—**	**11432**	**—**	**—**
南明区	187	—	—	—	—
云岩区	116	—	—	—	—
花溪区	1007	—	2266	—	—
经开区	26	—	189	—	—
乌当区	724	—	1565	—	—
白云区	517	—	1222	—	—
观山湖区	274	—	59	—	—
开阳县	1186	—	1318	—	—
息烽县	678	—	1379	—	—
修文县	874	—	2211	—	—
小河区	—	—	—	—	—
清镇市	1955	—	1223	—	—
长坡岭	—	—	—	—	—
阿哈湖	—	—	—	—	—
市局	1518	—	—	—	—
贵安新区	706	—	—	—	—
遵义市	**29660**	**—**	**19239**	**—**	**—**
红花岗区	1025	—	1051	—	—
汇川区	854	—	1409	—	—
遵义县	2904	—	1238	—	—
桐梓县	4064	—	792	—	—
绥阳县	1555	—	1266	—	—
正安县	3005	—	1681	—	—
道真仡佬族苗族自治县	2157	—	1264	—	—
务川仡佬族苗族自治县	1810	—	1477	—	—
凤冈县	484	—	991	—	—
湄潭县	1726	—	1014	—	—
余庆县	1327	—	1876	—	—
习水县	2705	—	2288	—	—
赤水市	1922	—	—	—	—
仁怀市	1757	—	1904	—	—
新浦新区	393	—	988	—	—
市林业局	1971	—	—	—	—
六盘水市	**15048**	**—**	**4308**	**—**	**—**
钟山区	1652	—	1189	—	—
六枝特区	4466	—	1135	—	—
水城县	4366	—	581	—	—
盘县	4302	—	1403	—	—

分县造林完成情况

单位:公顷

地　区	人工造林	飞播造林	新封山育林	退化林修复	人工更新
市林业局	262	—	—	—	—
安顺市	**43563**	**—**	**20292**	**—**	**—**
西秀区	10019	—	1025	—	—
平坝县	1065	—	1411	—	—
普定县	3335	—	1722	—	—
镇宁布依族苗族自治县	10809	—	1179	—	—
关岭布依族苗族自治县	8285	—	4631	—	—
开发区	222	—	145	—	—
黄果树	824	—	691	—	—
紫云苗族布依族自治县	8876	—	9490	—	—
市林业局	128	—	—	—	—
龙宫	—	—	—	—	—
毕节市	**52483**	**—**	**25356**	**—**	**—**
七星关区	10874	—	7105	—	—
大方县	5563	—	6620	—	—
黔西县	5560	—	762	—	—
百管委	1607	—	200	—	—
金沙县	6236	—	1154	—	—
织金县	5708	—	7281	—	—
纳雍县	4634	—	700	—	—
威宁彝族回族苗族自治县	5851	—	1117	—	—
赫章县	4431	—	417	—	—
双山新区	1067	—	—	—	—
经开区	469	—	—	—	—
市林业局	483	—	—	—	—
铜仁市	**46943**	**—**	**11990**	**—**	**—**
碧江区	1978	—	1131	—	—
万山区	2016	—	1116	—	—
江口县	4506	—	1299	—	—
玉屏侗族自治县	1952	—	952	—	—
石阡县	3175	—	2961	—	—
思南县	2744	—	1191	—	—
印江土家族苗族自治县	3757	—	1124	—	—
德江县	3927	—	582	—	—
沿河土家族自治县	7278	—	935	—	—
松桃苗族自治县	14541	—	698	—	—
市林业局	1070	—	—	—	—
黔东南苗族侗族自治州	**24223**	**—**	**21738**	**—**	**—**
凯里市	1719	—	1175	—	—
黄平县	2428	—	1718	—	—
施秉县	518	—	1012	—	—
三穗县	1001	—	625	—	—
镇远县	305	—	5333	—	—
岑巩县	1476	—	995	—	—
天柱县	1873	—	2044	—	—
锦屏县	2722	—	—	—	—
剑河县	994	—	2083	—	—

分县造林完成情况

单位:公顷

地　区	人工造林	飞播造林	新封山育林	退化林修复	人工更新
台江县	235	—	364	—	—
黎平县	5692	—	667	—	—
榕江县	110	—	—	—	—
从江县	3382	—	246	—	—
雷山县	293	—	2941	—	—
麻江县	752	—	1328	—	—
丹寨县	428	—	1208	—	—
雷公山	—	—	—	—	—
州林业局	295	—	—	—	—
黔南布依族苗族自治州	**52646**	**—**	**25172**	**—**	**—**
都匀市	2298	—	1654	—	—
都匀开发区	150	—	—	—	—
福泉市	3350	—	1000	—	—
荔波县	7431	—	6185	—	—
贵定县	1765	—	2210	—	—
瓮安县	2387	—	1939	—	—
独山县	4072	—	1107	—	—
平塘县	2962	—	4367	—	—
罗甸县	6261	—	633	—	—
长顺县	2765	—	1198	—	—
龙里县	3887	—	3380	—	—
惠水县	9103	—	1000	—	—
三都水族自治县	4881	—	500	—	—
州林业局	1333	—	—	—	—
黔西南布依族苗族自治州	**55077**	**—**	**14209**	**—**	**—**
兴义市	7568	—	600	—	—
兴仁县	7782	—	4454	—	—
普安县	10923	—	794	—	—
晴隆县	6524	—	453	—	—
贞丰县	7192	—	957	—	—
望谟县	2288	—	1213	—	—
册亨县	7716	—	2773	—	—
安龙县	3701	—	2466	—	—
巧马林场	40	—	—	—	—
义龙新区	700	—	500	—	—
顶效开发区	—	—	—	—	—
州普晴林场	—	—	—	—	—
州林科所	—	—	—	—	—
州林业局	643	—	—	—	—
厅直单位	**99**	**—**	**—**	**—**	**—**
扎佐林场	17	—	—	—	—
龙里林场	82	—	—	—	—
云南省	**350510**	**—**	**151574**	**74864**	**5581**
昆明市	**10174**	**—**	**24780**	**666**	**—**
五华区	135	—	1650	333	—
盘龙区	398	—	1360	—	—
官渡区	200	—	2933	—	—

分县造林完成情况

单位:公顷

地　区	人工造林	飞播造林	新封山育林	退化林修复	人工更新
西山区	325	—	2022	—	—
东川区	1000	—	667	—	—
呈贡区	567	—	1333	—	—
晋宁县	—	—	667	—	—
富民县	1020	—	2000	—	—
宜良县	2268	—	2334	333	—
石林彝族自治县	730	—	2180	—	—
嵩明县	653	—	1667	—	—
禄劝彝族苗族自治县	933	—	2863	—	—
寻甸回族彝族自治县	1945	—	2437	—	—
安宁市	—	—	667	—	—
曲靖市	**20659**	**—**	**18131**	**3000**	**—**
麒麟区	947	—	1654	333	—
马龙县	607	—	1360	—	—
陆良县	3340	—	—	667	—
师宗县	4946	—	3893	—	—
罗平县	2560	—	3521	—	—
富源县	1913	—	227	—	—
会泽县	3506	—	2209	—	—
沾益县	1700	—	1567	2000	—
宣威市	1140	—	3700	—	—
玉溪市	**25310**	**—**	**11568**	**4667**	**—**
红塔区	270	—	3730	—	—
江川县	1780	—	1400	333	—
澄江县	3985	—	3033	667	—
通海县	592	—	739	—	—
华宁县	3118	—	—	—	—
易门县	3033	—	1333	667	—
峨山彝族自治县	3653	—	—	1000	—
新平彝族傣族自治县	3513	—	1333	1333	—
元江哈尼族彝族傣族自治县	5366	—	—	667	—
保山市	**14767**	**—**	**2167**	**8599**	**—**
隆阳区	4213	—	800	2000	—
施甸县	2527	—	1367	1333	—
腾冲县	2927	—	—	2133	—
龙陵县	1907	—	—	667	—
昌宁县	3193	—	—	2466	—
昭通市	**48196**	**—**	**19145**	**9338**	**—**
昭阳区	4810	—	1000	670	—
鲁甸县	2187	—	1257	1333	—
巧家县	5953	—	2200	667	—
盐津县	3933	—	1667	667	—
大关县	5240	—	3000	667	—
永善县	6700	—	1000	667	—
绥江县	2001	—	1334	1334	—
镇雄县	6313	—	1795	667	—
彝良县	6293	—	3980	1333	—

分县造林完成情况

单位:公顷

地　区	人工造林	飞播造林	新封山育林	退化林修复	人工更新
威信县	4433	—	1912	1333	—
水富县	333	—	—	—	—
丽江市	**21483**	**—**	**12913**	**2333**	**—**
古城区	2607	—	3333	1000	—
玉龙纳西族自治县	3713	—	2600	—	—
永胜县	5473	—	2000	333	—
华坪县	4103	—	2307	667	—
宁蒗彝族自治县	5587	—	2673	333	—
普洱市	**15979**	**—**	**1666**	**1665**	**5445**
思茅区	667	—	258	—	—
宁洱哈尼族彝族自治县	883	—	314	—	—
墨江哈尼族自治县	2333	—	333	333	—
景东彝族自治县	1630	—	—	—	61
景谷傣族彝族自治县	1667	—	761	—	—
镇沅彝族哈尼族拉祜族自治县	1400	—	—	333	—
江城哈尼族彝族自治县	3267	—	—	—	—
孟连傣族拉祜族佤族自治县	466	—	—	333	—
澜沧拉祜族自治县	2333	—	—	333	5384
西盟佤族自治县	1333	—	—	333	—
临沧市	**46013**	**—**	**5339**	**—**	**—**
临翔区	6333	—	—	—	—
凤庆县	8133	—	—	—	—
云县	5767	—	—	—	—
永德县	4953	—	1000	—	—
镇康县	2547	—	933	—	—
双江拉祜族佤族布朗族傣族自治县	6687	—	—	—	—
耿马傣族佤族自治县	4133	—	1473	—	—
沧源佤族自治县	7460	—	1933	—	—
楚雄彝族自治州	**26527**	**—**	**6468**	**7402**	**—**
楚雄市	6507	—	667	667	—
双柏县	3847	—	1467	1333	—
牟定县	1060	—	—	67	—
南华县	3353	—	—	667	—
姚安县	4100	—	—	1000	—
大姚县	2200	—	1000	1000	—
永仁县	1907	—	667	667	—
元谋县	1266	—	667	667	—
武定县	1267	—	667	667	—
禄丰县	1020	—	1333	667	—
红河哈尼族彝族自治州	**27016**	**—**	**9893**	**14334**	**136**
个旧市	1723	—	634	333	—
开远市	2354	—	1627	—	—
蒙自市	1077	—	167	1334	136
屏边苗族自治县	2707	—	1048	2334	—
建水县	2199	—	2422	—	—
石屏县	1160	—	—	2333	—
弥勒县	2433	—	2000	—	—

分县造林完成情况

单位:公顷

地　区	人工造林	飞播造林	新封山育林	退化林修复	人工更新
泸西县	1715	—	1015	667	—
元阳县	2067	—	—	1333	—
红河县	2000	—	—	2000	—
金平苗族瑶族傣族自治县	3267	—	—	1333	—
绿春县	2733	—	—	1667	—
河口瑶族自治县	1581	—	980	1000	—
文山壮族苗族自治州	**25911**	**—**	**14523**	**2667**	**—**
文山县	3000	—	2220	—	—
砚山县	4200	—	1000	—	—
西畴县	1799	—	1736	1000	—
麻栗坡县	1524	—	2553	—	—
马关县	1526	—	724	—	—
丘北县	4200	—	3000	—	—
广南县	3600	—	2714	—	—
富宁县	6062	—	576	1667	—
西双版纳傣族自治州	**5666**	**—**	**2667**	**3000**	**—**
景洪市	2266	—	1333	1000	—
勐海县	2267	—	667	—	—
勐腊县	1133	—	667	2000	—
大理白族自治州	**11815**	**—**	**11456**	**6528**	**—**
市直单位	433	—	867	—	—
漾濞彝族自治县	1701	—	667	1333	—
祥云县	247	—	—	1000	—
宾川县	1069	—	1333	667	—
弥渡县	1543	—	667	667	—
南涧彝族自治县	200	—	—	1000	—
巍山彝族回族自治县	689	—	666	—	—
永平县	769	—	667	528	—
云龙县	989	—	667	—	—
洱源县	1231	—	1666	—	—
剑川县	1747	—	1333	1333	—
鹤庆县	1197	—	2923	—	—
德宏傣族景颇族自治州	**8819**	**—**	**—**	**333**	**—**
瑞丽市	333	—	—	—	—
芒市	3293	—	—	—	—
梁河县	533	—	—	133	—
盈江县	4327	—	—	67	—
陇川县	333	—	—	133	—
怒江傈僳族自治州	**19408**	**—**	**3001**	**7666**	**—**
泸水县	3167	—	667	2000	—
福贡县	5067	—	667	667	—
贡山独龙族怒族自治县	2867	—	1000	2333	—
兰坪白族普米族自治县	8307	—	667	2666	—
迪庆藏族自治州	**22767**	**—**	**7857**	**2666**	**—**
香格里拉市	5997	—	2830	1000	—
德钦县	5833	—	2520	333	—
维西傈僳族自治县	10937	—	2507	1333	—

分县造林完成情况

单位:公顷

地 区	人工造林	飞播造林	新封山育林	退化林修复	人工更新
西藏自治区	**29436**	**—**	**53350**	**—**	**—**
陕西省	**222564**	**34670**	**69799**	**52053**	**—**
西安市	**5118**	**—**	**400**	**333**	**—**
灞桥区	33	—	—	—	—
阎良区	200	—	—	—	—
临潼区	597	—	200	—	—
长安区	200	—	—	—	—
蓝田县	1764	—	—	333	—
周至县	1391	—	200	—	—
户县	733	—	—	—	—
高陵区	80	—	—	—	—
沣东新城	120	—	—	—	—
铜川市	**5174**	**667**	**3000**	**560**	**—**
市辖区	70	—	—	—	—
王益区	67	—	—	—	—
印台区	668	—	733	—	—
耀州区	2236	—	1200	560	—
宜君县	2133	667	1067	—	—
宝鸡市	**11663**	**4667**	**10200**	**3413**	**—**
渭滨区	67	—	—	—	—
陈仓区	1677	667	1334	515	—
凤翔县	467	1000	800	—	—
岐山县	892	1000	1000	600	—
扶风县	1505	—	1133	152	—
眉县	1186	—	1333	653	—
陇县	1668	—	467	—	—
千阳县	1400	—	333	533	—
麟游县	1467	1000	1266	—	—
凤县	1267	1000	667	—	—
太白县	67	—	533	960	—
辛家山林业局	—	—	667	—	—
马头滩林业局	—	—	667	—	—
咸阳市	**14110**	**2666**	**8200**	**966**	**—**
秦都区	133	—	—	—	—
渭城区	215	—	—	—	—
三原县	800	—	467	—	—
泾阳县	933	—	466	333	—
乾县	1267	—	867	—	—
礼泉县	2067	—	800	—	—
永寿县	1200	533	1600	—	—
彬县	2400	667	800	100	—
长武县	1467	—	1333	—	—
旬邑县	1867	1133	867	—	—
淳化县	1333	333	1000	533	—
武功县	208	—	—	—	—
兴平市	220	—	—	—	—
渭南市	**17182**	**—**	**10733**	**5279**	**—**

分县造林完成情况

单位:公顷

地区	人工造林	飞播造林	新封山育林	退化林修复	人工更新
临渭区	1500	—	1333	667	—
华县	666	—	1067	—	—
潼关县	1667	—	1133	467	—
大荔县	2648	—	333	2120	—
合阳县	1633	—	1467	333	—
澄城县	1667	—	866	333	—
蒲城县	1517	—	1067	333	—
白水县	1667	—	1067	533	—
富平县	2750	—	1200	160	—
华阴市	1467	—	1200	333	—
韩城市	3254	—	1200	1480	—
延安市	**69145**	**6335**	**9200**	**427**	**—**
宝塔区	5793	—	866	—	—
延长县	2573	—	400	—	—
延川县	10047	—	—	—	—
子长县	7033	667	333	—	—
安塞县	5334	667	467	—	—
志丹县	8933	667	800	—	—
吴起县	15187	667	—	—	—
甘泉县	1600	—	533	—	—
富县	866	1000	667	—	—
洛川县	1346	667	867	—	—
宜川县	6667	1000	400	—	—
黄龙县	2033	1000	1400	427	—
黄陵县	667	—	—	—	—
劳山林业局	200	—	333	—	—
桥北林业局	133	—	400	—	—
桥山林业局	333	—	467	—	—
黄龙山林业局	400	—	1267	—	—
汉中市	**5859**	**4669**	**4467**	**—**	**—**
汉台区	67	—	400	—	—
南郑县	466	667	200	—	—
城固县	67	667	333	—	—
洋县	533	667	400	—	—
西乡县	468	667	333	—	—
勉县	733	667	400	—	—
宁强县	1000	667	400	—	—
略阳县	600	—	467	—	—
镇巴县	1132	667	400	—	—
留坝县	467	—	467	—	—
佛坪县	326	—	667	—	—
榆林市	**48052**	**—**	**5667**	**8933**	**—**
榆阳区	6467	—	667	333	—
神木县	10000	—	667	333	—
府谷县	4667	—	667	333	—
横山县	4666	—	—	—	—
靖边县	4653	—	2333	467	—

分县造林完成情况

单位:公顷

地区	人工造林	飞播造林	新封山育林	退化林修复	人工更新
定边县	6667	—	1333	—	—
绥德县	1400	—	—	1400	—
米脂县	1333	—	—	67	—
佳县	1798	—	—	2667	—
吴堡县	1267	—	—	400	—
清涧县	2667	—	—	2933	—
子洲县	2467	—	—	—	—
安康市	**31774**	**7666**	**4798**	**14210**	**—**
汉滨区	8174	1333	400	1873	—
汉阴县	2533	667	533	867	—
石泉县	1734	2000	533	330	—
宁陕县	1800	—	533	7733	—
紫阳县	2325	1000	333	1000	—
岚皋县	3200	1333	667	533	—
平利县	2967	—	533	800	—
镇坪县	1400	—	333	667	—
旬阳县	4954	1333	333	187	—
白河县	2687	—	600	220	—
商洛市	**10634**	**8000**	**3066**	**16452**	**—**
商州区	2167	1000	333	3000	—
洛南县	1834	1333	333	2433	—
丹凤县	1467	1000	333	2333	—
商南县	1133	1000	667	1687	—
山阳县	1500	1333	667	4333	—
镇安县	1083	1667	400	—	—
柞水县	1450	667	333	2666	—
杨陵区	**133**	**—**	**—**	**—**	**—**
省森林资源管理局	**—**	**—**	**8468**	**—**	**—**
宁西林业局	—	—	667	—	—
太白林业局	—	—	2000	—	—
宁东林业局	—	—	2667	—	—
汉西林业局	—	—	667	—	—
龙草坪林业局	—	—	1000	—	—
长青林业局	—	—	1467	—	—
楼观台实验林场	**466**	**—**	**400**	**—**	**—**
甘肃省	**254308**	**—**	**62283**	**2773**	**—**
兰州市	**3250**	**—**	**2867**	**—**	**—**
兰州新区	733	—	867	—	—
市辖区	67	—	—	—	—
七里河区	67	—	—	—	—
红古区	133	—	—	—	—
永登县	466	—	334	—	—
皋兰县	430	—	333	—	—
榆中县	1354	—	1333	—	—
金昌市	**1166**	**—**	**2067**	**—**	**—**
金川区	733	—	1000	—	—
永昌县	433	—	1067	—	—

分县造林完成情况

单位:公顷

地 区	人工造林	飞播造林	新封山育林	退化林修复	人工更新
白银市	**17891**	**—**	**5067**	**—**	**—**
白银区	940	—	3333	—	—
平川区	1740	—	333	—	—
靖远县	4957	—	1134	—	—
会宁县	6587	—	—	—	—
景泰县	3667	—	267	—	—
天水市	**11013**	**—**	**400**	**—**	**—**
秦州区	1333	—	200	—	—
麦积区	2133	—	200	—	—
清水县	1980	—	—	—	—
秦安县	2200	—	—	—	—
甘谷县	1000	—	—	—	—
武山县	1500	—	—	—	—
张家川回族自治县	867	—	—	—	—
武威市	**37693**	**—**	**27506**	**—**	**—**
国家林业局甘肃濒危动物保护中心	—	—	667	—	—
凉州区	16067	—	8000	—	—
民勤县	9440	—	4000	—	—
古浪县	9093	—	8333	—	—
天祝藏族自治县	2360	—	4173	—	—
石羊河林业总场	733	—	2000	—	—
苏武山林场	—	—	333	—	—
张掖市	**7111**	**—**	**2914**	**—**	**—**
甘州区	1000	—	400	—	—
肃南裕固族自治县	878	—	1981	—	—
民乐县	1044	—	533	—	—
临泽县	1333	—	—	—	—
高台县	1000	—	—	—	—
山丹县	1856	—	—	—	—
平凉市	**17453**	**—**	**2932**	**—**	**—**
工业园区	293	—	133	—	—
市直单位	133	—	—	—	—
崆峒区	2200	—	400	—	—
泾川县	2287	—	333	—	—
灵台县	1800	—	400	—	—
崇信县	2393	—	400	—	—
华亭县	2134	—	333	—	—
庄浪县	2033	—	267	—	—
静宁县	3180	—	—	—	—
关山林管局	1000	—	666	—	—
酒泉市	**5800**	**—**	**2066**	**—**	**—**
肃州区	733	—	333	—	—
金塔县	1180	—	—	—	—
瓜州县	1640	—	—	—	—
肃北蒙古族自治县	33	—	333	—	—
阿克塞哈萨克族自治县	20	—	—	—	—
玉门市	827	—	400	—	—

分县造林完成情况

单位:公顷

地　区	人工造林	飞播造林	新封山育林	退化林修复	人工更新
敦煌市	1367	—	1000	—	—
庆阳市	**71440**	**—**	**1600**	**2666**	**—**
西峰区	3454	—	—	—	—
庆城县	10393	—	—	1333	—
环县	11020	—	800	—	—
华池县	10193	—	—	—	—
合水县	3020	—	—	—	—
正宁县	4014	—	—	—	—
宁县	9313	—	—	—	—
镇原县	10307	—	—	1333	—
华池林业总场	4020	—	400	—	—
合水林业总场	3333	—	200	—	—
正宁林业总场	267	—	—	—	—
湘乐林业总场	2106	—	200	—	—
定西市	**12120**	**—**	**4067**	**—**	**—**
市辖区	466	—	467	—	—
安定区	1733	—	400	—	—
通渭县	1574	—	1733	—	—
陇西县	1133	—	—	—	—
渭源县	880	—	400	—	—
临洮县	1467	—	200	—	—
漳县	1800	—	—	—	—
岷县	3067	—	867	—	—
陇南市	**29218**	**—**	**—**	**—**	**—**
市辖区	333	—	—	—	—
武都区	8267	—	—	—	—
成县	1067	—	—	—	—
文县	3667	—	—	—	—
宕昌县	5165	—	—	—	—
康县	3900	—	—	—	—
西和县	1506	—	—	—	—
礼县	3267	—	—	—	—
徽县	1513	—	—	—	—
两当县	200	—	—	—	—
康南林业总场	333	—	—	—	—
临夏回族自治州	**26187**	**—**	**4399**	**—**	**—**
临夏市	367	—	—	—	—
临夏县	5127	—	733	—	—
康乐县	2993	—	400	—	—
永靖县	4160	—	2133	—	—
广河县	2533	—	333	—	—
和政县	2740	—	400	—	—
东乡族自治县	3733	—	400	—	—
积石山保安族东乡族撒拉族自治县	4367	—	—	—	—
州直单位	167	—	—	—	—
甘南藏族自治州	**7132**	**—**	**2198**	**—**	**—**
合作市	133	—	—	—	—

分县造林完成情况

单位:公顷

地　区	人工造林	飞播造林	新封山育林	退化林修复	人工更新
临潭县	1000	—	333	—	—
卓尼县	800	—	200	—	—
舟曲县	3400	—	333	—	—
迭部县	1533	—	333	—	—
玛曲县	133	—	333	—	—
碌曲县	133	—	333	—	—
夏河县	—	—	333	—	—
省直单位	**6834**	**—**	**4200**	**107**	**—**
民勤连古城国家级自然保护区管理局	133	—	—	—	—
太统—崆峒山国家级自然保护区管理局	400	—	134	—	—
白龙江林业管理局	3000	—	1467	107	—
小陇山林业实验局	2135	—	1333	—	—
兴隆山国家级自然保护区管理局	—	—	333	—	—
莲花山国家级自然保护区管理局	200	—	—	—	—
敦煌西湖国家级自然保护区管理局	—	—	267	—	—
尕海—则岔国家级自然保护区管理局	—	—	333	—	—
太子山自然保护区管理局	200	—	—	—	—
三北防护林建设局	—	—	333	—	—
林业技术推广总站	67	—	—	—	—
治沙所	133	—	—	—	—
甘肃矿区	300	—	—	—	—
农垦公司	266	—	—	—	—
青海省	**53042**	**—**	**59626**	**—**	**—**
西宁市	**12328**	**—**	**6133**	**—**	**—**
市直单位	2642	—	—	—	—
城东区	139	—	—	—	—
城中区	920	—	—	—	—
城北区	441	—	—	—	—
大通回族土族自治县	2892	—	3600	—	—
湟中县	3478	—	2533	—	—
湟源县	1816	—	—	—	—
海东地区	**13738**	**—**	**11133**	**—**	**—**
市直单位	132	—	—	—	—
平安县	1832	—	—	—	—
民和回族土族自治县	1738	—	467	—	—
乐都县	3625	—	2267	—	—
互助土族自治县	3203	—	3400	—	—
化隆回族自治县	1573	—	2133	—	—
循化撒拉族自治县	1635	—	2866	—	—
海北藏族自治州	**1069**	**—**	**7266**	**—**	**—**
门源回族自治县	20	—	—	—	—
祁连县	836	—	3533	—	—
海晏县	213	—	2400	—	—
刚察县	—	—	1333	—	—

分县造林完成情况

单位:公顷

地　区	人工造林	飞播造林	新封山育林	退化林修复	人工更新
黄南藏族自治州	**511**	**—**	**2667**	**—**	**—**
同仁县	268	—	—	—	—
尖扎县	243	—	1333	—	—
泽库县	—	—	1334	—	—
海南藏族自治州	**14612**	**—**	**16093**	**—**	**—**
共和县	11484	—	7307	—	—
同德县	100	—	2000	—	—
贵德县	1387	—	1333	—	—
兴海县	203	—	3333	—	—
贵南县	1438	—	2120	—	—
果洛藏族自治州	**420**	**—**	**667**	**—**	**—**
玛沁县	67	—	—	—	—
班玛县	353	—	—	—	—
久治县	—	—	667	—	—
玉树藏族自治州	**70**	**—**	**134**	**—**	**—**
玉树县	33	—	—	—	—
杂多县	4	—	—	—	—
称多县	33	—	134	—	—
海西蒙古族藏族自治州	**7324**	**—**	**14534**	**—**	**—**
州直单位	153	—	—	—	—
德令哈市	3064	—	10033	—	—
格尔木市	212	—	—	—	—
乌兰县	1216	—	667	—	—
都兰县	2650	—	733	—	—
天峻县	12	—	767	—	—
大柴旦	—	—	667	—	—
芒崖	13	—	1000	—	—
冷湖	4	—	667	—	—
省三江集团	**1630**	**—**	**666**	**—**	**—**
贵南草业开发公司	363	—	—	—	—
湖东种羊场	667	—	333	—	—
门源种马场	600	—	333	—	—
省监狱管理局	**—**	**—**	**333**	**—**	**—**
西宁监狱	—	—	333	—	—
省直单位	**1340**	**—**	**—**	**—**	**—**
南北山绿化指挥部办公室	973	—	—	—	—
玛可河林业局	367	—	—	—	—
宁夏回族自治区	**37895**	**—**	**36743**	**6675**	**—**
银川市	**3741**	**—**	**3333**	**—**	**—**
市直单位	62	—	—	—	—
兴庆区	166	—	—	—	—
金凤区	14	—	—	—	—
西夏区	96	—	—	—	—
永宁县	134	—	—	—	—
贺兰县	312	—	—	—	—
灵武市	200	—	1333	—	—

分县造林完成情况

单位:公顷

地　区	人工造林	飞播造林	新封山育林	退化林修复	人工更新
白芨滩保护区	2133	—	2000	—	—
滨河新区	624	—	—	—	—
石嘴山市	**1430**	**—**	**1000**	**—**	**—**
市直单位	200	—	—	—	—
大武口区	67	—	—	—	—
惠农区	581	—	333	—	—
平罗县	582	—	667	—	—
吴忠市	**8104**	**—**	**11000**	**2133**	**—**
市直单位	160	—	667	—	—
利通区	831	—	1333	—	—
红寺堡区	1849	—	2667	—	—
青铜峡市	267	—	667	—	—
盐池县	1944	—	2333	2133	—
同心县	3040	—	2000	—	—
太阳山	13	—	1333	—	—
固原市	**13931**	**—**	**9743**	**2334**	**—**
市直单位	136	—	—	—	—
原州区	4024	—	1667	—	—
西吉县	2333	—	1333	667	—
隆德县	2427	—	1333	667	—
泾源县	970	—	667	—	—
彭阳县	4041	—	2743	1000	—
六盘山保护区	—	—	2000	—	—
中卫市	**10268**	**—**	**6001**	**1208**	**—**
市直单位	1807	—	2667	—	—
中宁县	469	—	667	1208	—
海原县	4986	—	2667	—	—
沙坡头区	3006	—	—	—	—
区直单位	**187**	**—**	**5666**	**1000**	**—**
金沙林场	40	—	—	—	—
仁存度护岸林场	13	—	333	—	—
哈巴湖保护区	—	—	2000	1000	—
贺兰山保护区	—	—	2000	—	—
罗山保护区	134	—	1333	—	—
区农垦集团	**234**	**—**	**—**	**—**	**—**
新疆维吾尔自治区	**149553**	**999**	**87233**	**39122**	**2708**
乌鲁木齐市	**1853**	**—**	**—**	**—**	**—**
天山区	293	—	—	—	—
沙依巴克区	160	—	—	—	—
高新区	320	—	—	—	—
水磨沟区	167	—	—	—	—
经开区	333	—	—	—	—
达坂城区	160	—	—	—	—
米东区	240	—	—	—	—
乌鲁木齐县	180	—	—	—	—
克拉玛依市	**1413**	**—**	**1334**	**—**	**—**

分县造林完成情况

单位:公顷

地　区	人工造林	飞播造林	新封山育林	退化林修复	人工更新
吐鲁番地区	**2200**	**—**	**2666**	**160**	**4**
高昌区	1067	—	—	—	—
鄯善县	600	—	1333	—	—
托克逊县	533	—	1333	160	4
哈密地区	**370**	**—**	**3667**	**67**	**—**
哈密市	267	—	667	67	—
巴里坤哈萨克自治县	67	—	333	—	—
伊吾县	36	—	2667	—	—
昌吉回族自治州	**14292**	**—**	**10000**	**200**	**—**
昌吉市	2732	—	667	—	—
阜康市	2932	—	2333	—	—
州直单位	67	—	—	—	—
国家农业科技园区	466	—	—	—	—
呼图壁县	133	—	1000	—	—
玛纳斯县	3166	—	1333	—	—
奇台县	3096	—	2000	200	—
吉木萨尔县	700	—	667	—	—
木垒哈萨克自治县	1000	—	2000	—	—
博尔塔拉蒙古自治州	**2329**	**—**	**4953**	**—**	**62**
博乐市	275	—	800	—	26
精河林场	—	—	887	—	—
精河县	1400	—	1333	—	23
温泉县	647	—	—	—	13
阿拉山口	7	—	1933	—	—
巴音郭楞蒙古自治州	**10552**	**—**	**9734**	**—**	**256**
库尔勒市	1933	—	—	—	253
轮台县	1000	—	—	—	—
尉犁县	1602	—	4667	—	—
若羌县	532	—	—	—	—
且末县	2300	—	1733	—	—
焉耆回族自治县	602	—	333	—	3
和静县	649	—	—	—	—
和硕县	1314	—	2667	—	—
博湖县	420	—	334	—	—
沙依东园艺场	200	—	—	—	—
阿克苏地区	**15152**	**—**	**3667**	**2237**	**—**
阿克苏市	1800	—	1000	—	—
温宿县	4133	—	—	417	—
库车县	1133	—	—	—	—
沙雅县	1533	—	—	1050	—
新和县	1533	—	667	—	—
拜城县	400	—	—	—	—
乌什县	2800	—	2000	737	—
阿瓦提县	1400	—	—	—	—
柯坪县	420	—	—	33	—
克孜勒苏柯尔克孜自治州	**4054**	**—**	**2400**	**—**	**—**

分县造林完成情况

单位:公顷

地　区	人工造林	飞播造林	新封山育林	退化林修复	人工更新
阿图什市	814	—	1333	—	—
阿克陶县	1739	—	334	—	—
阿合奇县	834	—	333	—	—
乌恰县	667	—	400	—	—
喀什地区	**25608**	**—**	**4600**	**29954**	**174**
喀什市	936	—	—	552	—
疏附县	1733	—	933	783	3
疏勒县	1609	—	—	922	—
英吉沙县	2845	—	667	746	46
泽普县	1067	—	—	7742	—
莎车县	3467	—	—	11412	—
叶城县	1716	—	—	5510	—
麦盖提县	3933	—	667	2287	85
岳普湖县	1067	—	1000	—	—
伽师县	1631	—	667	—	40
巴楚县	5319	—	333	—	—
塔什库尔干塔吉克自治县	285	—	333	—	—
和田地区	**16334**	**—**	**6000**	**2235**	**921**
和田市	1100	—	—	200	338
和田县	5091	—	—	—	41
墨玉县	1511	—	1667	—	259
皮山县	1153	—	—	2035	101
洛浦县	2460	—	3333	—	100
策勒县	1621	—	—	—	44
于田县	3000	—	—	—	25
民丰县	398	—	1000	—	13
伊犁哈萨克自治州	**6900**	**—**	**3666**	**1933**	**301**
伊宁市	207	—	—	667	3
奎屯市	67	—	—	—	—
伊宁县	1335	—	1000	853	158
察布查尔锡伯自治县	1493	—	—	66	97
霍城县	1400	—	—	—	—
巩留县	931	—	1333	—	—
新源县	600	—	333	80	15
昭苏县	131	—	—	—	—
特克斯县	333	—	667	67	—
尼勒克县	403	—	333	200	28
塔城地区	**9314**	**—**	**6368**	**533**	**346**
塔城市	800	—	667	200	—
乌苏市	2933	—	667	—	133
额敏县	333	—	—	200	133
沙湾县	2714	—	667	—	80
托里县	200	—	367	133	—
裕民县	667	—	1333	—	—
和布克赛尔蒙古自治县	1667	—	2667	—	—
阿勒泰地区	**13093**	**—**	**7400**	**—**	**10**

分县造林完成情况

单位:公顷

地 区	人工造林	飞播造林	新封山育林	退化林修复	人工更新
阿勒泰市	1500	—	400	—	—
布尔津县	2127	—	—	—	—
富蕴县	2433	—	2667	—	—
福海县	900	—	—	—	—
哈巴河县	2433	—	—	—	10
青河县	3467	—	1333	—	—
吉木乃县	100	—	2667	—	—
喀纳斯自然保护区管理局	133	—	333	—	—
区直单位	**—**	**999**	**—**	**259**	**37**
天山西部国有林管理局	—	333	—	259	—
阿尔泰山国有林管理局	—	666	—	—	33
天山东部国有林管理局	—	—	—	—	4
石河子市	**113**	**—**	**—**	**—**	**—**
新疆生产建设兵团	**25976**	**—**	**20778**	**1544**	**597**
农一师	**5359**	**—**	**1333**	**628**	**247**
1 团	166	—	—	—	—
2 团	553	—	—	—	14
3 团	200	—	—	—	—
4 团	233	—	—	—	233
5 团	493	—	1333	—	—
6 团	287	—	—	—	—
7 团	173	—	—	—	—
8 团	307	—	—	—	—
阿拉尔农场	93	—	—	160	—
10 团	533	—	—	—	—
11 团	1001	—	—	—	—
12 团	613	—	—	—	—
13 团	220	—	—	—	—
14 团	373	—	—	—	—
16 团	7	—	—	468	—
幸福农场	107	—	—	—	—
农二师	**2910**	**—**	**1333**	**—**	**—**
21 团	162	—	—	—	—
22 团	13	—	—	—	—
24 团	80	—	—	—	—
25 团	27	—	—	—	—
27 团	40	—	—	—	—
29 团	273	—	—	—	—
30 团	153	—	—	—	—
31 团	534	—	—	—	—
33 团	415	—	—	—	—
34 团	641	—	—	—	—
36 团	140	—	—	—	—
38 团	217	—	—	—	—
223 团	140	—	1333	—	—
37 团	75	—	—	—	—

分县造林完成情况

单位:公顷

地　区	人工造林	飞播造林	新封山育林	退化林修复	人工更新
农三师	**4746**	**—**	**1333**	**—**	**—**
41 团	359	—	—	—	—
42 团	753	—	—	—	—
44 团	467	—	1333	—	—
45 团	529	—	—	—	—
46 团	303	—	—	—	—
48 团	499	—	—	—	—
49 团	400	—	—	—	—
50 团	34	—	—	—	—
51 团	168	—	—	—	—
53 团	734	—	—	—	—
伽师总场	363	—	—	—	—
东风农场	137	—	—	—	—
农四师	**706**	**—**	**—**	**146**	**37**
61 团	305	—	—	—	—
62 团	31	—	—	—	—
63 团	65	—	—	—	27
64 团	21	—	—	—	10
66 团	48	—	—	—	—
67 团	20	—	—	—	—
68 团	15	—	—	—	—
69 团	5	—	—	—	—
70 团	40	—	—	—	—
71 团	9	—	—	—	—
72 团	19	—	—	—	—
73 团	57	—	—	—	—
74 团	7	—	—	43	—
75 团	3	—	—	—	—
76 团	27	—	—	—	—
77 团	14	—	—	—	—
78 团	10	—	—	103	—
79 团	10	—	—	—	—
农五师	**1434**	**—**	**—**	**—**	**280**
81 团	95	—	—	—	25
83 团	377	—	—	—	78
84 团	81	—	—	—	13
86 团	267	—	—	—	35
87 团	47	—	—	—	17
88 团	42	—	—	—	30
89 团	43	—	—	—	28
90 团	295	—	—	—	35
91 团	187	—	—	—	19
农六师	**3117**	**—**	**—**	**—**	**—**
101 团	6	—	—	—	—

分县造林完成情况

单位:公顷

地　区	人工造林	飞播造林	新封山育林	退化林修复	人工更新
102 团	63	—	—	—	—
103 团	200	—	—	—	—
105 团	466	—	—	—	—
106 团	80	—	—	—	—
新湖农场	680	—	—	—	—
芳草湖农场	760	—	—	—	—
红旗农场	560	—	—	—	—
军户农场	7	—	—	—	—
共青团农场	29	—	—	—	—
六运湖农场	2	—	—	—	—
土墩子农场	160	—	—	—	—
奇台农场	94	—	—	—	—
北塔山牧场	7	—	—	—	—
师直单位	3	—	—	—	—
农七师	**2112**	**—**	**—**	**384**	**—**
天北河川	80	—	—	—	—
123 团	123	—	—	—	—
124 团	200	—	—	—	—
125 团	328	—	—	37	—
126 团	192	—	—	347	—
127 团	171	—	—	—	—
128 团	171	—	—	—	—
129 团	327	—	—	—	—
130 团	212	—	—	—	—
131 团	251	—	—	—	—
137 团	28	—	—	—	—
奎屯农场	29	—	—	—	—
农八师	**3073**	**—**	**400**	**—**	**—**
121 团	683	—	—	—	—
133 团	399	—	—	—	—
134 团	78	—	—	—	—
136 团	175	—	—	—	—
141 团	52	—	—	—	—
142 团	116	—	—	—	—
143 团	99	—	—	—	—
144 团	47	—	—	—	—
石河子总场	171	—	—	—	—
147 团	320	—	—	—	—
148 团	151	—	—	—	—
149 团	45	—	400	—	—
150 团	723	—	—	—	—
152 团	8	—	—	—	—
玛管处	6	—	—	—	—
农九师	**580**	**—**	**6666**	**—**	**—**

分县造林完成情况

单位:公顷

地　区	人工造林	飞播造林	新封山育林	退化林修复	人工更新
161 团	15	—	1333	—	—
162 团	7	—	—	—	—
163 团	10	—	—	—	—
164 团	19	—	—	—	—
165 团	17	—	1333	—	—
166 团	29	—	667	—	—
167 团	57	—	667	—	—
168 团	60	—	2000	—	—
169 团	27	—	—	—	—
170 团	331	—	666	—	—
团结农场	8	—	—	—	—
农十师	**336**	**—**	**1713**	**386**	**—**
181 团	21	—	—	—	—
182 团	90	—	—	350	—
183 团	46	—	—	—	—
184 团	55	—	—	36	—
185 团	46	—	—	—	—
186 团	17	—	1713	—	—
187 团	28	—	—	—	—
188 团	33	—	—	—	—
农十二师	**111**	**—**	**—**	**—**	**—**
头屯河农场	13	—	—	—	—
三坪农场	14	—	—	—	—
104 团	20	—	—	—	—
五一农场	12	—	—	—	—
西山农场	14	—	—	—	—
221 团	21	—	—	—	—
222 团	17	—	—	—	—
农十三师	**80**	**—**	**8000**	**—**	**31**
红星 1 场	9	—	—	—	1
红星 2 场	5	—	—	—	4
红星 4 场	14	—	8000	—	—
黄田农场	40	—	—	—	4
火箭农场	4	—	—	—	9
柳树泉农场	4	—	—	—	3
红山农场	3	—	—	—	10
淖毛湖农场	1	—	—	—	—
农十四师	**1412**	**—**	**—**	**—**	**2**
47 团	110	—	—	—	2
皮山农场	619	—	—	—	—
一牧场	134	—	—	—	—
224 团	549	—	—	—	—
大兴安岭	**872**	**—**	**—**	**18820**	**—**

附录五

全国历年主要统计指标完成情况

ANNEX Ⅴ

全国历年

年 份	人工造林	飞播造林	新封山育林	更新造林	森林抚育
1949～1952	170.73			2.25	
1953	111.29			1.65	
1954	116.62			3.88	
1955	171.05			3.92	
1956	572.33			9.41	
1957	435.51			5.58	
1958	609.87			39.11	
1959	544.27	0.70		56.03	
1960	413.69	0.70		48.37	
1961	143.23	0.90		15.71	
1962	118.87	1.00		10.63	
1963	151.60	1.41		18.30	
1964	289.32	1.81		20.65	
1965	340.32	2.21		23.89	
1966	435.18	18.15		32.10	
1967	354.10	36.30		30.30	
1968	285.88	55.45		24.00	
1969	275.33	72.60		23.30	
1970	297.65	90.75		32.50	
1971	340.44	112.07		30.75	
1972	347.33	116.24		31.90	
1973	392.55	105.74		35.67	
1974	411.47	88.77		36.20	
1975	443.77	53.61		42.20	
1976	432.31	60.27		42.08	
1977	421.85	57.47		41.64	
1978	412.57	37.06		45.84	
1979	391.03	57.90		40.93	
1980	394.00	61.20		42.19	
1981	368.10	42.91		44.26	
1982	411.58	37.98		43.88	
1983	560.31	72.13		50.88	
1984	729.07	96.29		55.20	
1985	694.88	138.80		63.83	
1986	415.82	111.58		57.74	
1987	420.73	120.69		70.35	
1988	457.48	95.85		63.69	
1989	410.95	91.38		71.91	
1990	435.33	85.51		67.15	

注：1. 1985 年以前，造林成活率达到 40% 即统计造林面积，以后为达到 85% 以上统计。

2. 本表自 2015 年新封山育林面积包含有林地和灌木林地封育，飞播造林面积包含飞播营林。

3. 森林抚育面积特指中、幼龄林抚育。

营造林面积

单位：万公顷

年　份	人工造林	飞播造林	新封山育林	更新造林	森林抚育
1991	475.18	84.27		66.41	262.27
1992	508.37	94.67		67.36	262.68
1993	504.44	85.90		73.92	297.59
1994	519.02	80.24		72.27	328.75
1995	462.94	58.53		75.10	366.60
1996	431.50	60.44		79.48	418.76
1997	373.78	61.72		79.84	432.04
1998	408.60	72.51		80.63	441.30
1999	427.69	62.39		104.28	612.01
2000	434.50	76.01		91.98	501.30
2001	397.73	97.57		51.53	457.44
2002	689.60	87.49		37.90	481.68
2003	843.25	68.64		28.60	457.77
2004	501.89	57.92		31.93	527.15
2005	322.13	41.64		40.75	501.06
2006	244.61	27.18	112.09	40.82	550.96
2007	273.85	11.87	105.05	39.09	649.76
2008	368.43	15.41	151.54	42.40	623.53
2009	415.63	22.63	187.97	34.43	636.26
2010	387.28	19.59	184.12	30.67	666.17
2011	406.57	19.69	173.40	32.66	733.45
2012	382.07	13.64	163.87	30.51	766.17
2013	420.97	15.44	173.60	30.31	784.72
2014	405.29	10.81	138.86	29.25	901.96
2015	436.18	12.84	215.29	29.96	781.26
1949～1952	170.73			2.25	
1953～1957	1406.80			24.45	
1958～1962	1829.93	3.30		169.86	
1963～1965	781.25	5.43		62.85	
1966～1970	1648.14	273.26		142.20	
1971～1975	1935.56	476.43		176.73	
1976～1980	2051.76	273.90		212.69	
1981～1985	2763.95	388.11		258.05	
1986～1990	2140.31	505.01		330.84	
1991～1995	2469.95	403.61		355.06	1517.89
1996～2000	2076.06	333.06		436.21	2405.41
2001～2005	2754.60	353.26		190.71	2425.10
2006～2010	1689.80	96.68	740.77	187.41	3126.69
2011～2015	2051.08	72.42	865.02	152.68	3967.56
1949～2015	25769.92	3184.47	1605.79	2701.97	13442.65

全国历年林业重点

年　份	合　计	天然林资源保护工程	退耕还林工程		京津风沙源治理工程	
			小计	其中：退耕地造林		小　计
1979～1985年	1010.98					1010.98
1986年	110.67					110.67
1987年	106.48					106.48
1988年	106.39					106.39
1989年	100.18					100.18
1990年	166.21					166.21
“七五”小计	**589.93**					**589.93**
1991年	208.22					208.22
1992年	230.80					230.80
1993年	234.46				13.28	221.18
1994年	250.63				13.98	236.65
1995年	261.93				16.86	245.07
“八五”小计	**1186.04**				**44.12**	**1141.92**
1996年	248.17				16.50	231.67
1997年	244.94				21.60	223.35
1998年	271.80	29.04			23.16	219.60
1999年	316.95	47.76	44.79	38.15	21.16	203.25
2000年	309.90	42.64	68.36	32.84	28.03	170.88
“九五”小计	**1391.76**	**119.43**	**113.15**	**70.99**	**110.43**	**1048.75**
2001年	307.13	94.81	87.10	38.61	21.73	103.49
2002年	673.17	85.61	442.36	203.98	67.64	77.56
2003年	824.24	68.83	619.61	308.59	82.44	53.35
2004年	478.06	64.15	321.75	82.49	47.33	44.83
2005年	309.96	42.48	189.84	66.74	40.82	36.82
“十五”小计	**2592.56**	**355.87**	**1660.66**	**700.41**	**259.96**	**316.06**
2006年	280.17	77.48	105.05	21.85	40.95	56.68
2007年	267.83	73.29	105.60	5.95	31.51	57.42
2008年	343.35	100.90	118.97	0.22	46.90	76.58
2009年	457.55	136.09	88.67	0.07	43.48	189.31
2010年	366.79	88.55	98.26	0.03	43.91	136.06
“十一五”小计	**1715.68**	**476.31**	**516.55**	**28.12**	**206.77**	**516.05**
2011年	309.30	55.36	73.02	0.01	54.52	126.40
2012年	275.39	48.52	65.53		54.17	107.18
2013年	256.90	46.03	62.89		62.61	85.36
2014年	192.69	41.05	37.86	0.01	23.91	89.87
2015年	284.05	64.48	63.60	44.63	22.33	133.64
“十二五”小计	**1318.32**	**255.44**	**302.90**	**44.64**	**217.53**	**542.46**
总　计	**9805.27**	**1207.04**	**2593.27**	**844.16**	**838.81**	**5166.15**

注：1. 太行山绿化工程1990年造林面积35.46万公顷系指1984～1990年的造林面积，其中1990年造林面积为10.97万

2. 自2006年起将无林地和疏林地封育面积计入造林总面积，2015年将有林地和灌木林地封育面积计入造林总面积。

生态工程完成造林面积

单位:万公顷

三北及长江流域等重点防护林体系工程					
三北防护林工程	长江流域防护林工程	沿海防护林工程	珠江流域防护林工程	太行山绿化工程	平原绿化工程
1010.98					
110.67					
106.48					
106.39					
95.61	4.57				
98.33	32.41			35.46	
517.49	**36.99**			**35.46**	
117.05	46.24	22.36		22.57	
125.52	58.46	23.58		23.24	
116.00	57.30	13.12		27.52	7.24
125.55	54.60	15.28		35.82	5.40
133.33	53.57	10.33		42.70	5.14
617.44	**270.17**	**84.67**		**151.86**	**17.78**
134.23	46.40	7.22		40.25	3.59
126.61	44.78	6.35	5.67	36.63	3.31
124.40	44.86	6.03	3.99	34.37	5.96
124.54	36.98	4.45	3.21	29.34	4.73
105.32	20.69	5.69	3.07	29.85	6.26
615.09	**193.71**	**29.73**	**15.93**	**170.44**	**23.84**
54.17	16.27	9.09	2.71	14.13	7.13
45.38	11.03	5.57	4.66	7.62	3.32
27.53	10.88	3.86	4.47	5.00	1.62
23.23	11.33	3.02	3.18	3.09	0.98
21.79	6.59	2.27	3.07	2.85	0.25
172.10	**56.10**	**23.80**	**18.07**	**32.69**	**13.29**
32.68	7.87	1.70	2.88	11.47	0.09
38.15	7.64	2.39	1.74	7.39	0.11
49.79	7.23	7.42	3.70	8.03	0.41
125.59	22.21	21.22	8.21	11.92	0.17
92.82	11.88	17.32	6.68	6.92	0.43
339.04	**56.83**	**50.05**	**23.21**	**45.73**	**1.20**
73.78	20.48	20.99	7.23	3.66	0.26
67.87	15.79	14.54	5.16	3.81	
51.86	13.04	11.86	4.40	3.57	0.64
59.63	10.74	9.69	2.69	4.92	2.19
76.60	23.72	18.85	9.66	4.81	
329.74	**83.78**	**75.92**	**29.14**	**20.77**	**3.10**
3601.89	**697.57**	**264.17**	**86.36**	**456.95**	**59.22**

公顷;京津风沙源治理工程 1993 ~ 2000 年数据为原全国防沙治沙工程数据。

全国历年林业重点生态工程实际

指标名称		合计	天然林资源保护工程	退耕还林工程	京津风沙源治理工程	
						小 计
1979～1989年	实际完成投资	62295				62295
	其中:国家投资	35443				35443
1990年	实际完成投资	25537				25537
	其中:国家投资	13469				13469
1991年	实际完成投资	34949				34949
	其中:国家投资	20247				20247
1992年	实际完成投资	44640				44640
	其中:国家投资	22888				22888
1993年	实际完成投资	118913			3351	66925
	其中:国家投资	32351			1914	27613
1994年	实际完成投资	144563			6822	79326
	其中:国家投资	36779			3064	32187
1995年	实际完成投资	162611			7259	86411
	其中:国家投资	43062			3523	36285
“八五”小计	**实际完成投资**	**505676**			**17432**	**312251**
	其中:国家投资	**155327**			**8501**	**139220**
1996年	实际完成投资	203110			15741	124720
	其中:国家投资	54772			4506	47433
1997年	实际完成投资	244737			33782	152324
	其中:国家投资	68989			12247	52494
1998年	实际完成投资	495760	227761		37741	176215
	其中:国家投资	285611	206365		10176	63797
1999年	实际完成投资	761756	409225	33595	35477	235521
	其中:国家投资	506707	351309	33595	8198	108432
2000年	实际完成投资	1106412	608414	154075	43102	300821
	其中:国家投资	881704	582886	146623	15655	136540
“九五”小计	**实际完成投资**	**2811775**	**1245400**	**187670**	**165843**	**989601**
	其中:国家投资	**1797783**	**1140560**	**180218**	**50782**	**408696**
2001年	实际完成投资	1795799	949319	314547	183275	303066
	其中:国家投资	1355797	887717	248459	59283	145743
2002年	实际完成投资	2558004	933712	1106096	123238	316711
	其中:国家投资	2250647	881617	1061504	120022	157582

完成投资及国家投资情况(一)

单位:万元

三北及长江流域等重点防护林体系工程						野生动植物保护及自然保护区建设工程
三北防护林工程	长江流域防护林工程	沿海防护林工程	珠江流域防护林工程	太行山绿化工程	平原绿化工程	
53781	1167			7347		
33076	427			1940		
16733	6676			2128		
10291	2616			562		
19750	7747	5214		2238		
14315	3205	1983		744		
24921	10342	7250		2127		
15978	3608	2613		689		
35080	15112	9773		4436	2524	
18076	5283	2346		949	959	
38928	18587	9485		6903	5423	
19589	6535	1899		1643	2521	
42459	18308	10268		7443	7933	
21454	5474	2089		2253	5015	
161138	**70096**	**41990**		**23147**	**15880**	
89412	**24105**	**10930**		**6278**	**8495**	
71169	23114	16548		7371	6518	
30802	7455	2531		2085	4560	
80567	21095	12653	16430	12247	9332	
34704	7196	2198	502	2853	5041	
90289	27774	21029	12060	11970	13093	
37206	11154	3340	1557	5411	5129	
118754	31384	22897	16463	24232	21791	
57383	16345	5717	2775	14195	12017	
143682	31273	31551	14392	23781	56142	
71602	18427	13768	6831	13327	12585	
504461	**134640**	**104678**	**59345**	**79601**	**106876**	
231697	**60577**	**27554**	**11665**	**37871**	**39332**	
102468	53406	40026	10678	16169	80319	20917
56163	22736	14425	6499	8832	37088	12109
139272	45837	41164	17657	17151	55630	39261
66512	27942	13839	15481	10920	22888	28460

全国历年林业重点生态工程实际

指标名称		合计	天然林资源保护工程	退耕还林工程	京津风沙源治理工程	
						小　计
2003 年	实际完成投资	3339160	679020	2085573	258781	232083
	其中:国家投资	2978139	650304	1926019	239513	136239
2004 年	实际完成投资	3510242	681985	2142905	267666	352661
	其中:国家投资	2983123	640983	1920609	261857	135782
2005 年	实际完成投资	3616302	620148	2404111	332625	192556
	其中:国家投资	3212387	584777	2185928	325408	91292
“十五”小计	**实际完成投资**	**14819507**	**3864184**	**8053232**	**1165585**	**1397077**
	其中:国家投资	**12780093**	**3645398**	**7342519**	**1006083**	**666638**
2006 年	实际完成投资	3533372	643750	2321449	327666	179501
	其中:国家投资	3255411	604120	2224633	310029	85398
2007 年	实际完成投资	3480379	820496	2084085	320929	165879
	其中:国家投资	3029091	666496	1915544	298768	91273
2008 年	实际完成投资	4202355	973000	2489727	323871	337349
	其中:国家投资	3626077	923500	2210195	310795	139275
2009 年	实际完成投资	5087347	817253	3217569	403175	557076
	其中:国家投资	4179556	688199	2886310	355377	209602
2010 年	实际完成投资	4720065	731299	2927290	382406	570888
	其中:国家投资	3617431	591086	2499773	329166	138550
“十一五”小计	**实际完成投资**	**21023518**	**3985798**	**13040120**	**1758047**	**1810693**
	其中:国家投资	**17707566**	**3473401**	**11736455**	**1604135**	**664098**
2011 年	实际完成投资	5322129	1826744	2463373	250395	664819
	其中:国家投资	4343147	1696826	1949855	223978	394431
2012 年	实际完成投资	5283825	2186318	1977649	356646	630274
	其中:国家投资	4050116	1710230	1545329	321863	380467
2013 年	实际完成投资	5361512	2301529	1962668	378669	569772
	其中:国家投资	4378163	2020503	1557260	357304	354732
2014 年	实际完成投资	6659502	2610936	2230905	106583	1512854
	其中:国家投资	5448154	2204105	1916113	81217	1098931
2015 年	实际完成投资	7056599	2983638	2752809	111595	954103
	其中:国家投资	6299919	2838326	2520733	107268	637340
“十二五”小计	**实际完成投资**	**29681022**	**11909165**	**11387404**	**1203888**	**4331822**
	其中:国家投资	**24519169**	**10469990**	**9489290**	**1091630**	**2865901**
总　计	**实际完成投资**	**68329053**	**21004547**	**32668426**	**4310795**	**8903739**
	其中:国家投资	**56959942**	**18729349**	**28748482**	**3761131**	**4779996**

完成投资及国家投资情况(二)

单位:万元

三北及长江流域等重点防护林体系工程						野生动植物保护及自然保护区建设工程
三北防护林工程	长江流域防护林工程	沿海防护林工程	珠江流域防护林工程	太行山绿化工程	平原绿化工程	
85437	41442	29155	13136	10436	52477	52406
49105	27758	20127	11083	8097	20069	25609
86645	109028	51946	11922	13048	80072	44465
44014	26017	29705	9797	11268	14981	22133
85231	53607	23029	9134	14620	6936	51452
41252	12808	19704	7039	10095	394	24450
499053	**303320**	**185320**	**62527**	**71423**	**275434**	**208501**
257046	**117261**	**97800**	**49899**	**49212**	**95420**	**112761**
84328	24386	42553	6509	13949	7776	54718
38539	8262	20637	4647	13108	205	30750
94026	13912	37819	3994	13213	2915	79580
48202	9964	23290	2811	6541	465	55464
184078	34916	94009	7142	16804	400	69800
99184	13119	18429	4043	4275	225	41963
270310	101057	140019	23828	21663	199	80097
133198	27000	35953	8979	4422	50	39948
284589	49422	192579	27177	16471	650	100107
68632	19557	33802	12519	4000	40	57740
917331	**223693**	**506979**	**68650**	**82100**	**11940**	**384302**
387755	**77902**	**132111**	**32999**	**32346**	**985**	**225865**
322215	98832	200344	26204	12948	4276	114253
208105	42627	117478	14984	11167	70	77727
325088	99667	165824	25796	13899		132938
210938	40869	96239	19977	12444		92227
274469	65806	178784	21154	17539	12020	148874
170664	33863	116389	11354	10442	12020	88364
406704	98569	278075	21229	13196	695081	198224
253193	33154	140431	14930	12664	644559	147788
551846	103717	247150	31420	19970		254454
370283	85227	138168	23913	19749		196252
1880322	**466591**	**1070177**	**125803**	**77552**	**711377**	**848743**
1213183	**235740**	**608705**	**85158**	**66466**	**656649**	**602358**
4016086	**1199507**	**1909144**	**316325**	**341171**	**1121507**	**1441546**
2212169	**516012**	**877100**	**179721**	**194113**	**800881**	**940984**

全国历年木材、竹材及木材加工、林产化学主要产品产量(一)

时期	木材（万立方米）	竹材（万根）	锯材（万立方米）	人造板(万立方米)				松香（吨）	栲胶（吨）	紫胶（吨）
				总计	其中					
					胶合板	纤维板	刨花板			
1949 年	567.00									
1950 年	664.40									
1951 年	764.40									
1952 年	1233.20	*2710.00	*1151.40	*4.5	*4.5			*78056	*88	*180
三年恢复时期	**3229.00**	**2710.00**	**1151.40**	**4.50**	**4.50**			**78056**	**88**	**180**
1953 年	1753.90	2643	664.00	3.54	3.54			22267	120	15
1954 年	2220.60	5021	759.90	4.65	4.65			45905	157	105
1955 年	2093.30	5902	678.20	5.18	5.18			80091	568	142
1956 年	2104.80	12490	890.80	5.64	5.64			109992	1275	154
1957 年	2786.90	9348	824.10	6.98	6.98			116799	1633	143
“一五”时期	**10959.50**	**35404**	**3817.00**	**25.99**	**25.99**			**375054**	**3753**	**559**
1958 年	3579.40	14873	1187.60	12.57	12.57			98373	3679	245
1959 年	4517.70	15547	1454.70	16.47	15.31	1.16		79387	11266	201
1960 年	4129.30	8869	1622.90	20.71	14.76	5.96		78429	13650	245
1961 年	2193.50	4993	778.70	9.58	7.43	2.15		39227	6661	332
1962 年	2374.60	6076	672.80	9.52	7.42	1.55	0.54	33595	4800	241
“二五”时期	**16794.50**	**50358**	**5716.70**	**68.86**	**57.49**	**10.83**	**0.54**	**329011**	**40056**	**1264**
1963 年	3250.20	6853	826.40	13.60	10.43	1.86	1.30	97982	6078	180
1964 年	3800.00	6726	1063.90	16.89	11.95	2.80	2.14	162914	9276	220
1965 年	3978.00	7031	1160.10	22.06	13.90	5.02	3.14	167172	13064	440
三年调整时期	**11028.20**	**20610**	**3050.40**	**52.55**	**36.28**	**9.68**	**6.59**	**428068**	**28418**	**840**
1966 年	4192.40	6991	1117.80	23.13	15.04	6.24	1.85	178943	15789	640
1967 年	3249.60	7223	1157.40	16.78	12.23	3.46	1.09	166119	14320	800
1968 年	2791.20	6603	909.10	14.07	10.59	2.59	0.90	181911	13100	1400
1969 年	3283.30	6619	1004.80	20.06	14.67	4.18	1.21	204158	18969	1100
1970 年	3781.80	6958	1100.30	24.04	17.07	5.47	1.50	189288	22098	1800
“三五”时期	**17298.30**	**34394**	**5289.40**	**98.08**	**69.60**	**21.94**	**6.55**	**920419**	**84276**	**5740**
1971 年	4067.30	7542	1104.90	27.81	17.21	8.73	1.87	200411	23209	1873
1972 年	4253.50	7629	957.80	31.74	18.24	10.82	2.68	240074	21850	1076
1973 年	4466.90	11493	993.10	35.20	18.84	13.14	3.22	261467	17581	1302
1974 年	4607.10	9954	1009.00	33.99	17.62	13.34	3.03	289287	18085	1562
1975 年	4702.70	9073	1069.10	37.37	19.21	15.49	2.67	266224	20861	915
“四五”时期	**22097.50**	**45691**	**5133.90**	**166.10**	**91.13**	**61.51**	**13.46**	**1257463**	**101586**	**6728**
1976 年	4572.80	10439	1001.10	38.11	18.44	17.02	2.65	237773	19066	807
1977 年	4967.20	10799	1125.20	45.87	20.85	22.13	2.89	259150	23959	783
1978 年	5162.30	11181	1105.50	62.45	25.22	32.88	4.36	282027	30130	1384
1979 年	5438.93	10507	1271.40	77.46	29.24	42.93	5.29	297034	33831	2234
1980 年	5359.31	9621	1368.70	91.43	32.99	50.62	7.82	327283	36314	2134
“五五”时期	**25500.54**	**52547**	**5871.90**	**315.32**	**126.74**	**165.58**	**23.00**	**1403267**	**143300**	**7342**
1981 年	4942.31	8656	1301.06	99.61	35.11	56.83	7.67	406214	40159	1095
1982 年	5041.25	10183	1360.85	116.67	39.41	66.99	10.27	400784	36000	1397

注:标有 * 号的产品产量数据为 1949 ~ 1952 年合计数。

全国历年木材、竹材及木材加工、林产化学主要产品产量(二)

时期	木材(万立方米)	竹材(万根)	锯材(万立方米)	人造板(万立方米)				松香(吨)	栲胶(吨)	紫胶(吨)
				总计	其中					
					胶合板	纤维板	刨花板			
1983 年	5232.32	9601	1394.48	138.95	45.48	73.45	12.74	246916	34131	1045
1984 年	6384.81	9117	1508.59	151.38	48.97	73.59	16.48	307993	36523	1489
1985 年	6323.44	5641	1590.76	165.93	53.87	89.50	18.21	255736	36875	2102
“六五”时期	**27924.13**	**43198**	**7155.74**	**672.54**	**222.84**	**360.36**	**65.37**	**1617643**	**183688**	**7128**
1986 年	6502.42	7716	1505.20	189.44	61.08	102.70	21.03	293500	42059	1661
1987 年	6407.86	11855	1471.91	247.66	77.63	120.65	37.78	395692	50306	1909
1988 年	6217.60	26211	1468.40	289.88	82.69	148.41	48.31	376482	41862	1482
1989 年	5801.80	15238	1393.30	270.56	72.78	144.27	44.20	409463	26411	833
1990 年	5571.00	18714	1284.90	244.60	75.87	117.24	42.80	344003	20402	829
“七五”时期	**30500.68**	**79734**	**7123.71**	**1242.14**	**370.05**	**633.27**	**194.12**	**1819140**	**181040**	**6714**
1991 年	5807.30	29173	1141.50	296.01	105.40	117.43	61.38	343300	19516	876
1992 年	6173.60	40430	1118.70	428.90	156.47	144.45	115.85	419503	26141	732
1993 年	6392.20	43356	1401.30	579.79	212.45	180.97	157.13	503681	26176	931
1994 年	6615.10	50430	1294.30	664.72	260.62	193.03	168.20	437269	18177	1001
1995 年	6766.90	44792	4183.80	1684.60	759.26	216.40	435.10	481264	19662	1393
“八五”时期	**31755.10**	**208181**	**9139.60**	**3654.02**	**1494.20**	**852.28**	**937.66**	**2185017**	**109672**	**4933**
1996 年	6710.27	42175	2442.40	1203.26	490.32	205.50	338.28	501221	23766	1450
1997 年	6394.79	44921	2012.40	1648.48	758.45	275.92	360.44	675758	19814	579
1998 年	5966.20	69253	1787.60	1056.33	446.52	219.51	266.30	416016	14081	255
1999 年	5236.80	53921	1585.94	1503.05	727.64	390.59	240.96	434528	10972	294
2000 年	4723.97	56183	634.44	2001.66	992.54	514.43	286.77	386760	7510	778
“九五”时期	**29032.03**	**266453**	**8462.78**	**7412.78**	**3415.47**	**1605.95**	**1492.75**	**2414283**	**76143**	**3356**
2001 年	4552.03	58146	763.83	2111.27	904.51	570.11	344.53	377793	9446	431
2002 年	4436.07	66811	851.61	2930.18	1135.21	767.42	369.31	395273	9132	561
2003 年	4758.87	96867	1126.87	4553.36	2102.35	1128.33	547.41	443306	11970	1078
2004 年	5197.33	109846	1532.54	5446.49	2098.62	1560.46	642.92	485863	12113	1117
2005 年	5560.31	115174	1790.29	6392.89	2514.97	2060.56	576.08	606594	7668	779
“十五”时期	**24504.61**	**446844**	**6065.13**	**21434.19**	**8755.66**	**6086.88**	**2480.25**	**2308829**	**50329**	**3966**
2006 年	6611.78	131176	2486.46	7428.56	2728.78	2466.60	843.26	845959	10564	3569
2007 年	6976.65	139761	2829.10	8838.58	3561.56	2729.85	829.07	1061658	13733	3430
2008 年	8108.34	126220	2840.95	9409.95	3540.86	2906.56	1142.23	945590	9337	2891
2009 年	7068.29	135650	3229.77	11546.65	4451.24	3488.56	1431.00	1001574	11000	1992
2010 年	8089.62	143008	3722.63	15360.83	7139.66	4354.54	1264.20	1205991	10925	2080
“十一五”时期	**36854.68**	**675814**	**15108.92**	**52584.57**	**21422.11**	**15946.12**	**5509.76**	**5060772**	**55559**	**13962**
2011 年	8145.92	153929	4460.25	20919.29	9869.63	5562.12	2559.39	1253651	9129	2046
2012 年	8174.87	164412	5568.19	22335.79	10981.17	5800.35	2349.55	1091832	6926	1971
2013 年	8438.50	187685	6297.60	25559.91	13725.19	6402.10	1884.95	1424300	8403	4955
2014 年	8233.30	222440	6836.98	27371.79	14970.03	6462.63	2087.53	1497738	5013	4575
2015 年	7218.21	235466	7430.38	28679.52	16546.25	6618.53	2030.19	1531163	7584	2747
“十二五”时期	**40210.79**	**963932**	**30593.39**	**124866.30**	**66092.26**	**30845.74**	**10911.62**	**6798684**	**37055**	**16294**
总　计	**327689.57**	**2925870**	**113679.97**	**212597.94**	**102184.32**	**56600.12**	**21641.67**	**26995706**	**1094963**	**79006**

全国历年林业投资完成情况(一)

单位:万元

年　份	林业投资完成额	其中:国家投资
1950 年	1010	1010
1951 年	1666	1666
1952 年	5524	5524
三年恢复时期	**8199**	**8200**
1953 年	13874	13874
1954 年	12415	12415
1955 年	11483	11483
1956 年	17733	17733
1957 年	21393	21393
“一五”时期	**76897**	**76898**
1958 年	32666	32666
1959 年	61240	51648
1960 年	84021	74052
1961 年	34396	31284
1962 年	39329	29085
“二五”时期	**251652**	**218735**
1963 年	63498	52506
1964 年	81209	68759
1965 年	80974	69974
三年调整时期	**225680**	**191239**
1966 年	79469	62657
1967 年	60233	44232
1968 年	47492	34054
1969 年	56252	39680
1970 年	62235	42977
“三五”时期	**305681**	**223600**
1971 年	76123	50339
1972 年	89978	58055
1973 年	93597	64052
1974 年	99317	63436
1975 年	98806	55519
“四五”时期	**457821**	**291401**
1976 年	68669	49659
1977 年	58757	46008
1978 年	108360	65604
1979 年	141326	91364
1980 年	144954	68481
“五五”时期	**522066**	**321116**

全国历年林业投资完成情况(二)

单位:万元

年 份	林业投资完成额	其中:国家投资
1981 年	140752	64928
1982 年	168725	70986
1983 年	164399	77364
1984 年	180111	85604
1985 年	183303	81277
“六五”时期	**837291**	**380159**
1986 年	231994	83613
1987 年	247834	97348
1988 年	261413	91504
1989 年	237553	90604
1990 年	246131	107246
“七五”时期	**1224925**	**470315**
1991 年	272236	134816
1992 年	329800	138679
1993 年	409238	142025
1994 年	476997	141198
1995 年	563972	198678
“八五”时期	**2052243**	**755396**
1996 年	638626	200898
1997 年	741802	198908
1998 年	874648	374386
1999 年	1084077	594921
2000 年	1677712	1130715
“九五”时期	**5016865**	**2499828**
2001 年	2095636	1551602
2002 年	3152374	2538071
2003 年	4072782	3137514
2004 年	4118669	3226063
2005 年	4593443	3528122
“十五”时期	**18032904**	**13981372**
2006 年	4957918	3715114
2007 年	6457517	4486119
2008 年	9872422	5083432
2009 年	13513349	7104764
2010 年	15533217	7452396
“十一五”时期	**50334423**	**27841825**
2011 年	26326068	11065990
2012 年	33420880	12454012
2013 年	37822690	13942080
2014 年	43255140	16314880
2015 年	42901420	16298683
“十二五”时期	**183726198**	**70075645**
总 计	**263072845**	**117335729**

附录六

2006～2015年主要林产品进出口情况

ANNEX Ⅵ

2006～2015 年主要林产

产品			2006 年	2007 年	2008 年	2009 年
总计		出口	26377042	31930993	33488310	36316317
		进口	25798689	32360169	38439466	33902486
原木	针叶原木	出口	94	17	21	274
		进口	1713618	2404879	2414186	2234430
	阔叶原木	出口	1275	1194	965	4306
		进口	2215648	2950955	2769073	1852088
	合计	出口	1368	1211	986	4580
		进口	3929266	5355834	5183259	4086518
锯材		出口	356490	392669	412265	346344
		进口	1697715	1774871	2039427	2327863
单板		出口	171508	200086	243925	172678
		进口	118163	135718	98504	63736
特形材		出口	731094	519003	448662	371345
		进口	27429	21636	19774	15547
刨花板		出口	25183	34758	45873	32712
		进口	101730	106352	91859	88913
纤维板		出口	635782	1085801	1094538	884401
		进口	195714	168916	140415	119570
胶合板		出口	2910501	3577941	3400530	2523949
		进口	197174	170383	167469	89042
木制品		出口	3791812	3828644	3522246	3324597
		进口	61572	70251	75033	84081
家具		出口	8783827	10683050	11017339	12035202
		进口	117585	220383	311952	297671
木片		出口	64321	25249	9034	887
		进口	119140	158338	182490	353802
木浆		出口	16480	27487	6916	22351
		进口	4354322	5498741	6660933	6795615
废纸		出口	5	18	1	48
		进口	2748047	4041970	5556926	3796054
纸和纸制品		出口	1457284	1844016	2070567	6129326
		进口	4215202	4287379	4363240	3879784
木炭		出口	26111	20114	22979	26065
		进口	5922	9914	14663	17552
松香		出口	365260	274265	271944	181729
		进口	5815	6686	4739	6104

品进出口金额(一)

单位:千美元

2010年	2011年	2012年	2013年	2014年	2015年
46316686	55033714	58690787	64454614	71412007	74262543
47506554	65299100	61948082	64088332	67605223	63603710
51	38	1724	—	289	—
3240796	4864608	7250935	5114048	5440581	3657984
10475	6730	—	6656	7773	4140
2830298	3408524	3760576	4203304	6341506	4402247
10526	6768	1724	6656	8062	4140
6071094	8273132	3490359	9317352	11782087	8060231
342001	360493	331346	325737	298200	206795
3878172	5721322	5524195	6829924	8088849	7506603
210865	273559	234420	235983	276757	283714
88064	118568	135155	142005	183822	162113
433189	377244	359769	334364	355706	293881
19708	29668	30988	28193	35357	41178
41387	56411	66454	93181	136337	114107
114283	122232	116921	127891	141666	141018
1114253	1435693	1613657	1523620	1630949	1425474
124654	107114	93740	100575	110055	108396
3402140	4339929	4795625	5033698	5813258	5487696
116042	119681	119546	103104	131966	121126
4114612	4536235	4854951	5160484	5932432	6457198
121953	156709	274723	500161	715093	763723
16157214	17118709	18331201	19440770	22091885	22854641
387711	546457	596047	707904	888821	884025
558	726	30	57	21	102
673817	1159600	1331814	1554275	1545100	1693669
11344	34119	12694	14008	12433	16818
8774104	11852421	10904715	11316770	12004565	12701792
119	616	691	418	265	280
5352897	6967452	6275973	5930000	5347795	5283161
7554688	10454553	11800706	14232066	15859260	17097590
4610590	5055272	4600238	4373700	4308915	4046869
35748	39094	44428	64472	89129	108964
22952	44877	58017	62857	62022	50057
486750	593328	268287	272145	296592	194439
8830	8577	17549	47616	25367	40434

2006～2015 年主要林产

产品			2006 年	2007 年	2008 年	2009 年
水果	柑橘属	出口	161510	257633	437373	592697
		进口	54642	54670	67312	74224
	鲜苹果	出口	372552	512645	698398	713518
		进口	25277	34674	45188	54108
	鲜梨	出口	147713	161765	215087	220716
		进口	23	16	27	23
	鲜葡萄	出口	19234	32944	47437	85926
		进口	69654	63180	95018	172077
	鲜猕猴桃	出口	—	—	22309	33082
		进口	—	—	1537	1900
	山竹果	出口	1	—	—	—
		进口	25217	62230	69565	144383
	鲜榴莲	出口	—	—	—	—
		进口	53929	71250	92850	124373
	鲜龙眼	出口	2160	2718	2770	857
		进口	85219	98239	124192	157334
	鲜火龙果	出口			121	161
		进口			55236	94538
坚果	核桃	出口	56691	53887	60224	19849
		进口	6324	6218	12624	28502
	板栗	出口	57404	62244	62981	68208
		进口	20264	18304	18531	18108
	松子仁	出口	103081	81610	47675	142974
		进口	63	1091	6955	7875
	开心果	出口	5488	5906	13098	5622
		进口	14664	43178	76554	77461
干果	梅干及李干	出口	970	2136	1942	2311
		进口	1071	1500	1783	2865
	龙眼干、肉	出口	1079	1018	1005	1249
		进口	32991	52849	53530	88737
	柿饼	出口	12105	15983	10630	9098
		进口	37	18	—	—
	红枣	出口	10717	10709	12187	17399
		进口	5	3	14	20
	葡萄干	出口	30880	36329	47225	65311
		进口	15695	17917	19686	18340
果汁	柑橘属果汁	出口	7402	10525	14424	14218
		进口	85830	122646	97790	106311
	苹果汁	出口	594846	1243994	1130079	655526
		进口	297	1224	4634	718
其他		出口	5456183	6924636	8116983	7640042
		进口	7412689	9683594	7559270	6718656

注：1. 资料来源：海关总署信息中心；

2. 木浆中未包括从回收纸与纸板中提取的木浆；

3. 纸和纸制品中未包括回收纸和纸板及印刷品等；

4. 2006～2008 年以造纸工业纸浆消耗价值中原生木浆价值的比例将从回收的纸与纸板中提取的纤维浆、回收纸与纸板 2006 年取 0.22；2007 年取 0.214；2008 年取 0.221；2009 年取 0.80；2010 年取 0.78；2011 年取 0.8；2012 年取

5. 2006～2008 年以造纸工业纸浆消耗价值中原生木浆价值的比例将纸和纸制品出口额折算为木制林产品价值，2009～ 取 0.26，2009 年取 0.81；2010 年取 0.79；2011 年取 0.81；2012 年取 0.86；2013 年取 0.89；2014 年取 0.89；2015 年

6. 将印刷品、手稿、打字稿等的进(出)口额＝进(出)口折算量×纸和纸制品的平均价格。

品进出口金额(二)

单位:千美元

2010年	2011年	2012年	2013年	2014年	2015年
615797	726457	971902	1155959	1170064	1258434
106072	148576	150776	166152	229953	267179
831627	914326	959913	1030074	1027619	1031232
75932	115830	92578	67465	46278	146957
243263	285559	325154	361737	350656	442537
75	1043	3793	6041	10148	12935
104943	162273	336036	268561	358756	761873
189471	324280	425205	514608	602607	586628
44719	2803	1592	3026	4646	4463
2571	81910	138843	121626	195481	266718
1	1	1	—	—	—
147018	145837	196000	231455	158470	238200
1	4	—	—	—	—
149562	234304	399762	543165	592625	567943
711	2451	2813	2158	3105	10187
193182	314287	395965	448088	328267	341923
300	719	1093	736	329	345
105305	200154	326473	410163	529932	662882
24536	47654	54660	63087	71524	60735
48596	55204	73373	61000	62120	42335
73434	75865	85864	84255	82517	77858
22090	17893	26937	24578	18360	10504
159277	153902	174671	212315	234068	258135
5619	21990	22467	26953	53440	64841
7334	10889	35959	28830	13482	10306
203136	116623	134940	80886	66195	75964
3844	4943	6766	6479	4235	2294
4942	8274	9718	9745	4251	3267
1742	1674	1868	1535	1657	2392
64630	86455	82020	86062	56678	26565
13896	11100	16040	13476	14826	8830
—	1	—	—	—	—
17447	22611	26808	24638	28535	35320
90	58	70	8	8	4
69960	102067	73901	83392	74344	56891
23010	34943	41525	37881	37952	50952
16064	19946	11107	11209	10880	10914
109036	172899	153505	155367	153185	124160
747088	1081240	1142004	906622	638698	561250
606	1087	1383	2269	3209	4454
9459801	11782556	11746517	13455234	14525425	15122709
9727522	23016281	14830100	10756768	19280066	18504906

出口额折算为木制林产品价值，2009～2015 年按木纤维浆(原生木浆和废纸中的木浆)价值比例折算。各年的折算系数为：0. 85；2013 年取 0. 88；2014 年取 0. 89；2015 年取 0. 90；

2015 年按木纤维浆(原生木浆和废纸中的木浆)价值比例折算。各年的折算系数为：2006 年取 0. 27，2007 年取 0. 26，2008 年取 0. 91；

2006～2015 年主要林产

产品			单位	2006 年	2007 年	2008 年	2009 年
原木	针叶原木	出口	立方米	113	66	100	851
		进口	立方米	19717608	23270909	18577008	20302606
	阔叶原木	出口	立方米	4169	3655	2725	11885
		进口	立方米	12435326	13861696	10992626	7756655
	合计	出口	立方米	4282	3721	2825	12736
		进口	立方米	32152934	37132605	29569634	28059261
锯材		出口	立方米	829990	763544	717475	561106
		进口	立方米	6153148	6557793	7181828	9935167
单板		出口	立方米	143893	152746	146283	114327
		进口	立方米	134002	130215	91894	72327
特形材		出口	吨	518926	363790	310052	251560
		进口	吨	16523	13755	12333	7953
刨花板		出口	立方米	141658	179824	193171	124944
		进口	立方米	541102	524918	374137	446543
纤维板		出口	立方米	1968316	3056768	2382562	2031141
		进口	立方米	924481	702512	504505	452979
胶合板		出口	立方米	8303695	8715903	7185060	5634800
		进口	立方米	413429	304098	293937	179178
木制品		出口	吨	2304919	2207534	1750049	1563994
		进口	吨	47047	52585	60187	39734
家具		出口	件	248149710	280364654	242633034	247470421
		进口	件	1290094	2468740	3147981	3298999
木片		出口	吨	596242	214540	73014	7247
		进口	吨	895437	1139607	1056387	2766012
木浆		出口	吨	32007	50781	10628	35045
		进口	吨	7881293	8383914	9460349	13578483
废纸		出口	吨	24	108	4	220
		进口	吨	19623353	22562110	24205826	27501707
纸和纸制品		出口	吨	1145650	1457278	1356450	4802753
		进口	吨	4604689	4208691	3735959	3495948
木炭		出口	吨	46652	42643	50976	54922
		进口	吨	39406	75003	136266	156678
松香		出口	吨	367148	329214	276517	193291
		进口	吨	2872	3122	1076	2927

品进出口数量(一)

2010 年	2011 年	2012 年	2013 年	2014 年	2015 年
174	41	—	—	2042	—
24274023	31465280	26769151	33163602	35839252	30059122
28208	14339	3569	13128	9702	12070
10073466	10860568	11123565	11995831	15355616	14509893
28382	14380	3569	13128	11744	12070
34347489	42325848	37892716	45159433	51194868	44569015
539433	544194	479847	458284	408970	288288
14812175	21606705	20669661	24042966	25739161	26597691
158158	246914	205644	204347	255744	265447
109517	200231	342983	599518	986173	998698
302159	254144	247267	225281	212089	176867
10513	13442	14108	11818	16072	21624
165527	86786	216685	271316	372733	254430
539368	547030	540749	586779	577962	638947
2569456	3291031	3609069	3068658	3205530	3014850
400071	306210	211524	226156	238661	220524
7546940	9572461	10032149	10263412	11633086	10766786
213672	188371	178781	154695	177765	165884
1858712	1876915	1865571	1935606	2175183	2269553
43652	55484	198006	445186	670641	760350
298327198	289157492	286991126	287405234	316268837	327246688
4361353	5497244	6368316	7384560	9845973	10191956
5342	5094	69	69	42	85
4631704	6565328	7580364	9157137	8850785	9818990
14433	31520	19504	22759	18393	25441
11299952	14354611	16380763	16781790	17893771	19791810
621	2853	2067	923	661	631
24352214	27279353	30067145	29236781	27518476	29283876
5157993	5997827	6444274	7622315	8520484	8358720
3536533	3477712	3254368	2971246	2945544	2986103
63398	67463	64192	75550	80373	74075
175518	188697	167655	209273	219758	172780
249801	231148	167784	133136	122469	85322
3589	2659	9918	30413	11343	23357

2006～2015 年主要林产

产品			产品	2006 年	2007 年	2008 年	2009 年
水果	柑橘属	出口	吨	435127	564471	862105	1113002
		进口	吨	78931	74421	79946	91652
	鲜苹果	出口	吨	804226	1019840	1153326	1174191
		进口	吨	31075	36396	42395	54116
	鲜梨	出口	吨	375298	405189	446656	463159
		进口	吨	16	14	9	13
	鲜葡萄	出口	吨	34293	55790	63303	100225
		进口	吨	46021	42775	51613	89775
	鲜猕猴桃	出口	吨	—	—	18769	26835
		进口	吨	—	—	1669	1749
	山竹果	出口	吨	1	—	—	—
		进口	吨	17161	40404	41084	91719
	鲜榴莲	出口	吨	—	—	—	—
		进口	吨	85220	105667	138929	196147
	鲜龙眼	出口	吨	3150	3560	2221	945
		进口	吨	168482	174625	196451	256037
	鲜火龙果	出口	吨			282	418
		进口	吨			118248	195044
坚果	核桃	出口	吨	33617	28081	26179	10582
		进口	吨	6290	7813	9033	21102
	板栗	出口	吨	43379	45409	40920	46640
		进口	吨	13343	11151	11890	10820
	松子仁	出口	吨	9948	7882	4178	7862
		进口	吨	8	196	882	935
	开心果	出口	吨	3931	3953	7691	2469
		进口	吨	9129	19290	29605	21545
干果	梅干及李干	出口	吨	484	736	475	551
		进口	吨	1095	1372	1552	3034
	龙眼干、肉	出口	吨	287	254	222	232
		进口	吨	58895	80996	76117	133616
	柿饼	出口	吨	7122	8546	5660	5001
		进口	吨	123	7	—	—
	红枣	出口	吨	9539	9496	7884	8668
		进口	吨	1	—	17	5
	葡萄干	出口	吨	23392	25680	30620	41345
		进口	吨	11109	12338	12570	11743
果汁	柑橘属果汁	出口	吨	8984	11941	16895	20220
		进口	吨	64454	65324	47566	65108
	苹果汁	出口	吨	673047	1042326	692574	799505
		进口	吨	348	1028	2270	467

注：1. 资料来源：海关总署信息中心；
2. 表中数据体积与重量按刨花板 650 千克/立方米，单板 750 千克/立方米的标准换算；2006 年纤维板分别按硬质纤维准：密度 >800 千克/立方米的取 950 千克/立方米、500 千克/立方米 < 密度 <800 千克/立方米的取 650 千克/立方
3. 木浆中未包括从回收纸和纸板中提取的木浆；
4. 纸和纸制品中未包括回收的废纸和纸板、印刷品、手稿等；
5. 2006～2008 年废纸、纸和纸制品出口量按纸和纸产品中的原生木浆比例折算，2009～2015 年按木纤维浆(原生木浆年为 0.214；2008 年为 0.221；2009 年为 0.80；2010 年为 0.78；2011 年为 0.80；2012 年为 0.85；2013 年为 0.88；
6. 核桃进(出)口量包括未去壳核桃和核桃仁的折算量，其中核桃仁的折算量是以 40% 的出仁率将核桃仁数量折算为壳板栗数量折算为未去壳板栗数量；开心果进(出)口量包括未去壳开心果和去壳开心果的折算量，其中去壳开心果
7. 柑橘属水果中包括橙、葡萄柚、柚、蕉柑、其他柑橘、柠檬酸橙、其他柑橘属水果。

品进出口数量(二)

2010 年	2011 年	2012 年	2013 年	2014 年	2015 年
933089	901557	1082217	1041421	979882	920513
105275	131739	126154	128621	161833	214890
1122953	1034635	975878	994664	865070	833017
66882	77085	61505	38642	28148	87563
437804	402778	409584	381374	297260	373125
13	527	2479	3122	7379	7930
89359	106477	152292	105152	125879	208015
81744	122909	168409	185228	211019	215899
33162	1891	934	1478	2175	2007
2041	43114	51979	48243	62829	90178
1	4	1	0	—	—
90918	83573	101141	112945	82798	104480
4	11	—	—	—	—
172205	210938	286510	321950	315509	298793
1177	1704	1894	1892	1754	3915
291336	338846	323328	365227	326079	354149
440	430	607	347	179	146
218355	339710	469245	538542	603876	813480
12086	17952	18024	18189	17571	13660
25918	22837	27801	28385	26409	13137
37002	37767	35081	39046	35594	34590
11983	9197	10666	11788	9874	6694
7027	9633	11579	10683	11428	13444
503	2481	2279	1948	3750	4228
3382	5178	11008	5193	3360	2596
52781	24952	28039	13651	10779	11348
954	1157	1522	1504	935	469
5635	9065	8269	6838	1613	1171
283	264	248	193	216	297
62036	77370	58551	64471	35810	16203
6505	4657	6080	5036	5492	3113
—	—	—	—	—	—
7686	6873	8522	7784	7822	9573
51	37	17	1	1	—
39850	47959	30633	36005	30201	25500
13855	20624	22358	20073	22592	34818
22563	20541	6102	5661	5265	5076
71364	78156	61904	70459	69701	64356
788409	613912	591633	601490	458590	474959
464	819	1034	1769	2747	4770

板 950 千克/立方米、中密度纤维板 650 千克/立方米、绝缘板 250 千克/立方米的标准折算；2007 ~ 2015 年纤维板折算标
米、350 千克/立方米 < 密度 < 500 千克/立方米的取 425 千克/立方米、密度 < 350 千克/立方米的取 250 千克/立方米；

和废纸中的木浆)比例折算。纸和纸制品出口量按纸和纸产品中木浆比例折算，出口量的折算系数：2006 年为 0.22；2007
2014 年为 0.89；2015 年为 0.90；
未去壳的核桃数量；板栗进(出)口量包括未去壳板栗和去壳板栗的折算量，其中去壳板栗的折算量是以 80% 的出仁率将去
的折算量是以 50% 的出仁率将去壳开心果数量折算为未去壳开心果数量；

附录七

野生动植物进出口情况

ANNEX Ⅶ

中国
林业统计年鉴 2015

全国野生动植物进出口情况(一)

指标名称				单位	2015 年
一、进出口证明书核发数量				**份**	**41449**
1. 进口	小计			份	28252
	动物			份	16618
	植物			份	11634
2. 出口	小计			份	10737
	动物			份	1989
	植物			份	8748
3. 再出口	小计			份	2460
	动物			份	969
	植物			份	1491
二、物种证明核发数量				**份**	**30528**
1. 进口	小计			份	25589
	动物			份	6852
	植物			份	18737
2. 出口	小计			份	4939
	动物			份	1564
	植物			份	3375
三、进出口管理费				**万元**	**4846**
1. 进口	小计			万元	3001
	动物			万元	1093
	植物			万元	1908
2. 出口	小计			万元	1845
	动物			万元	493
	植物			万元	1351
四、进出口贸易额				**万元**	**1992740**
(一)进出口证明书贸易额	合计			万元	712046
	1. 进口	小计		万元	501673
		动物	计	万元	121578
			观赏活体类	万元	33338
			实验类	万元	416
			毛皮类	万元	77756
			食用类	万元	591
			药用或中成药类	万元	2437
			其他	万元	7041
		植物	计	万元	380095
			观赏类	万元	4225
			食用类	万元	5664
			用材类	万元	297200
			药用或中成药类	万元	65043
			其他	万元	7962

全国野生动植物进出口情况(二)

指标名称				单位	2015年
(一)进出口证明书贸易额	2. 出口	小计		万元	124100
		动物	计	万元	76883
			观赏活体类	万元	2405
			实验类	万元	15359
			毛皮类	万元	19511
			食用类	万元	3075
			药用或中成药类	万元	35063
			其他	万元	1471
		植物	计	万元	47217
			观赏类	万元	14961
			食用类	万元	14763
			用材类	万元	322
			药用或中成药类	万元	14399
			其他	万元	2771
	3. 再出口	小计		万元	86273
		动物	计	万元	66456
			观赏活体类	万元	—
			实验类	万元	—
			毛皮类	万元	5789
			食用类	万元	59349
			药用或中成药类	万元	—
			其他	万元	1318
		植物	计	万元	19817
			观赏类	万元	—
			食用类	万元	4657
			用材类	万元	6495
			药用或中成药类	万元	8314
			其他	万元	351
(二)物种证明贸易额	合计			万元	1280693
	1. 进口	小计		万元	1217819
		动物		万元	122051
		植物		万元	1095783
	2. 出口	小计		万元	62859
		动物		万元	10125
		植物		万元	52735

各办事处野生动植

单位	进出口证明书核发数量(份)									
	合计	进口			出口			再出口		
		小计	动物	植物	小计	动物	植物	小计	动物	植物
总计	**41449**	**28252**	**16618**	**11634**	**10737**	**1989**	**8748**	**2460**	**969**	**1491**
濒管办北京办事处	2418	1703	1614	89	584	385	199	131	128	3
濒管办内蒙古自治区办事处	57	19	16	3	38	12	26	—	—	—
濒管办长春办事处	4176	1489	199	1290	2553	28	2525	134	5	129
濒管办黑龙江省办事处	9801	8840	12	8828	4	1	3	957	—	957
濒管办上海办事处	12055	10920	10694	226	816	642	174	319	277	42
濒管办福州办事处	1231	546	402	144	421	33	388	264	264	—
濒管办合肥办事处	344	209	131	78	104	23	81	31	29	2
濒管办武汉办事处	33	29	5	24	4	3	1	—	—	—
濒管办广州办事处	6881	4391	3479	912	1883	716	1167	607	261	346
濒管办成都办事处	1213	20	17	3	1189	52	1137	4	4	—
濒管办云南省办事处	3123	66	30	36	3057	82	2975	—	—	—
濒管办西安办事处	111	16	15	1	83	11	72	12	—	12
濒管办乌鲁木齐办事处	6	4	4	—	1	1	—	1	1	—
濒管办贵阳办事处	—	—	—	—	—	—	—	—	—	—

注：北京办事处下辖北京、天津、河北、山西核发点，长春办事处下辖吉林、辽宁核发点，上海办事处下辖上海、浙江、江苏核
辖广东、广西、海南核发点，成都办事处下辖四川、重庆、西藏核发点。贵阳办事处下辖贵州、湖南核发点，尚未办理证书。

物进出口情况(一)

物种证明核发数量(份)							进出口管理费(万元)						
合计	进口			出口			合计	进口			出口		
	小计	动物	植物	小计	动物	植物		小计	动物	植物	小计	动物	植物
30528	**25589**	**6852**	**18737**	**4939**	**1564**	**3375**	**4846**	**3001**	**1093**	**1908**	**1845**	**493**	**1351**
1367	1310	537	773	57	23	34	163	89	61	28	74	68	6
15	15	8	7	—	—	—	21	11	11	—	9	5	4
1383	1001	243	758	382	26	356	1330	285	148	137	1045	109	936
20	16	15	1	4	—	4	1305	1285	1	1284	20	—	20
9490	7812	3162	4650	1678	381	1297	1159	1053	738	315	107	80	27
1192	915	733	182	277	—	277	136	103	18	85	33	4	29
729	481	215	266	248	3	245	68	30	18	11	38	31	7
84	84	5	79	—	—	—	2	2	—	1	—	—	—
13431	11603	1849	9754	1828	1118	710	290	117	95	22	172	139	33
261	151	64	87	110	13	97	17	—	—	—	17	2	15
2354	2174	1	2173	180	—	180	318	24	—	24	293	54	240
190	18	18	—	172	—	172	35	—	—	—	35	1	34
12	9	2	7	3	—	3	3	2	2	—	1	1	—
—	—	—	—	—	—	—	—	—	—	—	—	—	—

发点，福州办事处下辖福建、江西核发点，合肥办事处下辖安徽、山东核发点，武汉办事处下辖湖北、河南核发点，广州办事处下

各办事处野生动植

单位	进出口									
	总计	进出口证明书								
		合计	进口							
			小计	动物						
				计	观赏活体类	实验类	毛皮类	食用类	药用或中成药类	其他
总计	**1992740**	**712046**	**501673**	**121578**	**33338**	**416**	**77756**	**591**	**2437**	**7041**
濒管办北京办事处	433181	213089	157446	13057	674	307	8975	—	326	2776
濒管办内蒙古自治区办事处	1300	1285	724	712	—	—	712	—	—	—
濒管办长春办事处	21976	21948	15883	1579	358	—	983	—	—	238
濒管办黑龙江省办事处	147957	146566	138642	30	—	—	—	—	—	30
濒管办上海办事处	407086	97305	86022	58711	744	110	54950	40	99	2768
濒管办福州办事处	112853	97266	11976	1748	1361	—	112	170	—	104
濒管办合肥办事处	51902	3492	2811	2699	2432	—	199	—	—	68
濒管办武汉办事处	2153	897	761	634	634	—	—	—	—	—
濒管办广州办事处	677748	109624	86182	42116	27136	—	11608	380	2012	978
濒管办成都办事处	5268	4475	672	217	—	—	217	—	—	—
濒管办云南省办事处	122285	13690	487	47	—	—	—	—	—	47
濒管办西安办事处	6978	2385	43	16	—	—	—	—	—	16
濒管办乌鲁木齐办事处	2051	24	24	14	—	—	—	—	—	14
濒管办贵阳办事处	—	—	—	—	—	—	—	—	—	—

物进出口情况(二)

贸易额(万元)														
贸易额														
							出口							
	植物						小计	动物						
	计	观赏类	食用类	用材类	药用或中成药类	其他		计	观赏活体类	实验类	毛皮类	食用类	药用或中成药类	其他
	380095	**4225**	**5664**	**297200**	**65043**	**7962**	**124100**	**76883**	**2405**	**15359**	**19511**	**3075**	**35063**	**1471**
	144389	2746	—	86341	50329	4972	49300	31947	1297	1056	18220	—	10281	1092
	12	—	—	—	—	12	561	329	329	—	—	—	—	—
	14304	—	—	8932	5372	—	5235	572	—	—	—	—	510	63
	138612	—	—	137235	—	1378	1437	—	—	—	—	—	—	—
	27311	215	1927	22731	2276	163	6551	4291	18	1928	463	1711	171	—
	10229	14	8	9945	—	262	25940	23747	—	—	—	128	23618	1
	112	61	—	51	—	—	639	477	—	—	64	—	413	—
	127	—	—	—	127	—	136	125	—	—	—	125	—	—
	44066	1168	3730	31833	6328	1007	15317	12307	698	9966	764	563	—	315
	455	—	—	—	328	126	3581	277	—	65	—	211	—	—
	440	21	—	133	282	3	13203	2743	63	2343	—	337	—	—
	27	—	—	—	—	27	2200	70	—	—	—	—	70	—
	11	—	—	—	—	11	—	—	—	—	—	—	—	—
	—	—	—	—	—	—	—	—	—	—	—	—	—	—

各办事处野生动植

单位	进出口								
	进出口证明书								
	出口								
	植物						小计		
	计	观赏类	食用类	用材类	药用或中成药类	其他		计	观赏活体类
总计	**47217**	**14961**	**14763**	**322**	**14399**	**2771**	**86273**	**66456**	**—**
濒管办北京办事处	17354	8432	—	—	8922	—	6343	5331	—
濒管办内蒙古自治区办事处	231	231	—	—	—	—	—	—	—
濒管办长春办事处	4663	—	1678	322	31	2632	830	260	—
濒管办黑龙江省办事处	1437	—	1387	—	—	50	6487	—	—
濒管办上海办事处	2260	1288	—	—	972	—	4732	792	—
濒管办福州办事处	2194	944	—	—	1250	—	59349	59349	—
濒管办合肥办事处	162	146	—	—	16	—	43	31	—
濒管办武汉办事处	12	—	12	—	—	—	—	—	—
濒管办广州办事处	3010	1629	309	—	983	89	8125	471	—
濒管办成都办事处	3304	126	2116	—	1062	—	222	222	—
濒管办云南省办事处	10460	2165	7132	—	1163	—	—	—	—
濒管办西安办事处	2130	—	2130	—	—	—	142	—	—
濒管办乌鲁木齐办事处	—	—	—	—	—	—	—	—	—
濒管办贵阳办事处	—	—	—	—	—	—	—	—	—

物进出口情况(三)

贸易额(万元)										
贸易额										
再出口										
动物					植物					
实验类	毛皮类	食用类	药用或中成药类	其他	计	观赏类	食用类	用材类	药用或中成药类	其他
—	**5789**	**59349**	**—**	**1318**	**19817**	**—**	**4657**	**6495**	**8314**	**351**
—	4012	—	—	1318	1012	—	—	—	1012	—
—	—	—	—	—	—	—	—	—	—	—
—	260	—	—	—	571	—	—	—	571	—
—	—	—	—	—	6487	—	—	6278	—	209
—	792	—	—	—	3940	—	3735	205	—	—
—	—	59349	—	—	—	—	—	—	—	—
—	31	—	—	—	12	—	—	12	—	—
—	—	—	—	—	—	—	—	—	—	—
—	471	—	—	—	7654	—	922	—	6732	—
—	222	—	—	—	—	—	—	—	—	—
—	—	—	—	—	—	—	—	—	—	—
—	—	—	—	—	142	—	—	—	—	142
—	—	—	—	—	—	—	—	—	—	—
—	—	—	—	—	—	—	—	—	—	—

各办事处野生动植物进出口情况(四)

单　位	进出口贸易额(万元)						
	物种证明贸易额						
	合计	进口			出口		
		小计	动物	植物	小计	动物	植物
总计	**1280693**	**1217819**	**122051**	**1095783**	**62859**	**10125**	**52735**
濒管办北京办事处	220092	213221	10314	202907	6870	1147	5724
濒管办内蒙古自治区办事处	15	—	8	7	—	—	—
濒管办长春办事处	28	11	10	1	17	—	17
濒管办黑龙江省办事处	1391	1094	1070	23	298	—	298
濒管办上海办事处	309782	280660	54441	226220	29121	4967	24154
濒管办福州办事处	15588	9355	1581	7774	6232	—	6232
濒管办合肥办事处	48410	45260	21306	23954	3150	103	3047
濒管办武汉办事处	1256	1256	166	1089	—	—	—
濒管办广州办事处	568124	559554	32687	526866	8570	3867	4703
濒管办成都办事处	793	325	118	207	468	41	428
濒管办云南省办事处	108596	104987	—	104987	3609	—	3609
濒管办西安办事处	4593	139	139	—	4454	—	4454
濒管办乌鲁木齐办事处	2027	1958	211	1746	70	—	70
濒管办贵阳办事处	—	—	—	—	—	—	—

附录八

世界主要国家林业情况

ANNEX Ⅷ

中国

林业统计年鉴2015

2015年世界主要国家森林面积及变化

国家(地区)	土地面积（千公顷）	2015年森林面积		2010～2015年森林面积变化		2015年森林立木蓄积	2010～2015年森林立木蓄积变化	
		森林面积（千公顷）	占国土面积的百分比(%)	年变化量（千公顷）	年变化率（%）		年变化量（千立方米/年）	年变化率（%）
非洲								
中非共和国	62298	22170	35.6	-16	-0.1	3751	-5	-0.1
刚果民主共和国	226705	152578	67.3	-311	-0.2	35115	-72	-0.2
加蓬	25767	23000	89.3	200	0.9	5405	47	0.9
苏丹	186665	19210	10.3	-174	-0.9	1378	-9	-0.6
亚洲								
日本	36450	24958	68.5	-2	—	—	—	—
蒙古	155356	12553	8.1	-97	-0.8	1406	11	0.8
大韩民国	9710	6184	63.7	-8	-0.1	918	24	2.8
印度尼西亚	171857	91010	53.0	-684	-0.7	10227	-223	-2.1
老挝人民民主共和国	23080	18761	81.3	189	1.0	920	-4	-0.4
马来西亚	32855	22195	67.6	14	0.1	5034	90	1.9
缅甸	65755	29041	44.2	-546	-1.8	1342	-18	-1.3
泰国	51089	16399	32.1	30	0.2	1506	-6	-0.4
越南	31007	14773	47.6	129	0.9	878	7	0.8
欧洲								
芬兰	30390	22218	73.1	—	—	2320	—	—
法国	54766	16989	31.0	113	0.7	2935	57	2.1
德国	34861	11419	32.8	2	—	3663	9	0.3
意大利	29414	9297	31.6	54	0.6	1385	21	1.6
俄罗斯联邦	1637687	814931	49.8	-41	—	81488	-7	—
西班牙	49880	18418	36.9	34	0.2	1212	19	1.6
瑞典	41034	28073	68.4	—	—	2989	8	0.3
北美洲和中美洲								
加拿大	909351	347069	38.2	-47	—	—	—	—
墨西哥	194395	66040	34.0	-92	-0.1	4727	-5	-0.1
美利坚合众国	916192	310095	33.8	275	0.1	40699	423	1.1
大洋洲								
澳大利亚	768230	124751	16.2	308	0.2	—	—	—
新西兰	26331	10152	38.6	—	—	3975	15	0.4
巴布亚新几内亚	46312	33559	72.5	-3	—	5195	—	—
南美洲								
巴西	835814	493538	59.0	-984	-0.2	96745	-120	-0.1
智利	74353	17735	23.9	301	1.8	—	—	—
哥伦比亚	110950	58502	52.7	-27	—	—	—	—
苏里南	16066	15332	95.4	-4	—	3816	-1	—
委内瑞拉	88205	46683	52.9	-164	-0.3	—	—	—

说明：资料来源为联合国粮食及农业组织《2015年全球森林资源评估报告》。

2014 年世界主要国家林产品产量、贸易量和消费量(一)

国家(地区)	工业原木(千立方米)				锯 材(千立方米)			
	产 量	进口量	出口量	消费量	产 量	进口量	出口量	消费量
世界总计	**3700368**	**140432**	**142729**	**3698071**	**438734**	**129514**	**133085**	**435163**
非洲合计	**728485**	**982**	**5888**	**723579**	**9634**	**10176**	**2340**	**17470**
刚果民主共和国	85900	7	148	85758	150	2	45	108
加蓬	3270	—	33	3237	650	1	610	41
乌干达	46190	9	35	46163	440	7	1	446
南非	26406	329	307	26428	1553	319	73	1798
尼日利亚	74865	1	772	74094	2002	1	13	1990
亚洲合计	**1118695**	**72597**	**8281**	**1183010**	**119542**	**54727**	**7853**	**166416**
日本	21130	4200	521	24809	10616	6809	57	17368
大韩民国	6675	3775	4	10447	2343	1961	12	4291
印度	356690	6531	14	363206	6889	552	79	7361
印度尼西亚	113020	128	36	113112	4169	235	956	3448
马来西亚	20405	37	3498	16944	4463	226	1971	2718
泰国	33491	251	44	33697	2850	803	1937	1716
越南	26654	2111	176	28588	6000	1889	413	7476
欧洲合计	**722064**	**61099**	**79905**	**703258**	**147242**	**36989**	**78589**	**105642**
芬兰	58510	6290	869	63930	10940	371	7469	3842
法国	53596	1713	5053	50256	7787	2491	1126	9152
德国	54356	9050	3425	59981	21783	4652	7521	18914
意大利	7744	4158	194	11709	1430	4632	304	5759
波兰	40565	2934	3155	40344	4615	714	736	4592
俄罗斯联邦	203000	19	21051	181968	33900	37	22587	11350
瑞典	72700	8505	644	80560	17760	437	12141	6056
北美洲合计	**552952**	**5407**	**21591**	**536768**	**118155**	**23643**	**36447**	**105351**
加拿大	154259	4345	7297	151307	43351	1387	29505	15234
美利坚合众国	398693	1062	14294	385460	74803	22242	6942	90103
大洋洲合计	**74249**	**28**	**25497**	**48780**	**9050**	**839**	**2108**	**7782**
澳大利亚	30044	2	2621	27425	4807	698	304	5201
新西兰	29956	4	16564	13396	3971	42	1709	2304
巴布亚新几内亚	10682	—	4010	6672	82	8	41	49
拉美和加勒比合计	**503923**	**319**	**1566**	**502676**	**35110**	**3140**	**5748**	**32502**
巴西	267653	51	196	267507	15227	33	1499	13762
智利	58712	—	28	58684	7999	35	2893	5140
墨西哥	44204	18	62	44161	2471	2071	20	4522
乌拉圭	12424	4	158	12270	513	10	242	281

说明:资料来源为联合国粮食及农业组织《2014 年林产品年鉴》。

2014年世界主要国家林产品产量、贸易量和消费量(二)

国家(地区)	人造板(千立方米)				纸　浆(千吨)				纸张和纸板(千吨)			
	产 量	进口量	出口量	消费量	产 量	进口量	出口量	消费量	产 量	进口量	出口量	消费量
世界总计	**387639**	**77812**	**82790**	**382661**	**172926**	**57818**	**58589**	**172155**	**400237**	**109973**	**111756**	**398455**
非洲合计	**3068**	**2676**	**537**	**5208**	**2657**	**439**	**1115**	**1980**	**3516**	**5224**	**617**	**8124**
刚果民主共和国	4	2	2	5	—	—	—	—	3	15	1	17
加蓬	365	1	182	183	—	—	—	—	—	6	2	4
乌干达	21	6	1	26	—	—	—	—	—	88	2	85
南非	978	228	35	1171	2451	148	1096	1503	2257	626	411	2472
尼日利亚	97	292	—	389	23	16	1	37	19	524	1	542
亚洲合计	**237024**	**25211**	**30850**	**231384**	**31266**	**29365**	**4869**	**55761**	**183513**	**26561**	**19859**	**190215**
日本	4905	4918	24	9799	9058	1754	393	10419	26477	1989	1367	27099
大韩民国	3561	2894	61	6394	553	2273	5	2821	11653	1004	3345	9312
印度	3126	762	83	3805	2308	1159	5	3462	10247	2401	632	12016
印度尼西亚	7119	652	3608	4163	6677	1601	3589	4689	10247	541	4014	6775
马来西亚	6792	861	4784	2869	235	174	69	340	1750	1571	306	3016
泰国	5400	451	4096	1755	1010	550	141	1419	4525	1007	972	4560
越南	1562	655	1130	1088	540	226	45	721	1742	1258	99	2901
欧洲合计	**77706**	**33971**	**36562**	**75116**	**45806**	**19625**	**16766**	**48665**	**104698**	**53927**	**66156**	**92470**
芬兰	1365	353	1113	604	10471	396	3010	7858	10408	427	9738	1097
法国	5309	2075	2820	4564	1655	1974	536	3094	8191	4812	4210	8793
德国	12266	5063	5658	11672	2597	4751	1314	6034	22540	11419	13685	20274
意大利	3584	2759	891	5451	411	3375	33	3753	8648	4846	3341	10153
波兰	9405	1986	2025	9366	1075	810	82	1804	4200	3554	2213	5540
俄罗斯联邦	13121	2679	3774	12026	7503	158	1990	5671	8023	1611	2661	6973
瑞典	614	1055	212	1457	11531	391	3454	8468	10419	831	9650	1600
北美洲合计	**46387**	**12393**	**9296**	**49485**	**65489**	**6045**	**17556**	**53978**	**84195**	**12664**	**20473**	**76387**
加拿大	12358	2781	7009	8130	17686	289	9680	8294	11102	2641	8406	5337
美利坚合众国	34029	9609	2287	41352	47803	5756	7875	45684	73093	10023	12066	71050
大洋洲合计	**3626**	**715**	**1132**	**3210**	**2899**	**336**	**898**	**2337**	**3904**	**2145**	**1664**	**4385**
澳大利亚	1665	493	265	1883	1431	291	3	1719	3171	1460	1177	3455
新西兰	1860	180	847	1193	1468	42	895	615	733	599	481	851
巴布亚新几内亚	91	9	13	87	—	—	—	—	—	24	1	23
拉美和加勒比合计	**19827**	**2844**	**4414**	**18257**	**24809**	**2010**	**17385**	**9434**	**20410**	**9453**	**2988**	**26875**
巴西	11841	102	2167	9776	16831	429	11028	6232	10368	1144	1718	9794
智利	2950	242	1331	1860	5209	18	4670	557	1231	538	483	1286
墨西哥	1229	1160	35	2354	238	889	—	1127	4855	3270	242	7883
乌拉圭	259	49	222	86	1500	28	1497	31	122	65	43	144